LA FENICE

COLLANA DI SCIENZE DELL'ANTICHITÀ

diretta da

GUSTAVO TRAVERSARI

SEGRETERIA DI REDAZIONE

Manuela Fano Santi
Università degli Studi
Dipartimento di Scienze Storico-Archeologiche e Orientalistiche
Palazzo Bernardo - S. Polo, 1977/A
30125 Venezia - Telef. (041) 87992

—————Ninina Cuomo di Caprio—————

LA CERAMICA
IN ARCHEOLOGIA

Antiche tecniche di lavorazione e moderni metodi d'indagine

«L'ERMA» di BRETSCHNEIDER - ROMA

ISBN 88-7062-565-6

Presentazione

Il volume di Ninina Cuomo di Caprio, sorto nell'ambito delle ricerche ed esperienze del Dipartimento di Scienze storico-archeologiche e orientalistiche dell'Università di Venezia, è frutto di una vasta esperienza nel campo ceramico, di una sicura conoscenza delle moderne tecniche analitiche e di una proficua attività didattica.

A Venezia, in questi ultimi anni, si è voluto dare vita all'insegnamento dell'Archeometria ad integrazione del corso di Archeologia. Lo studente, che si avvia a diventare archeologo, non può oggi ignorare le fondamentali cognizioni che sono alla base della tecnologia ceramica, in modo da poter investigare i materiali che compongono il manufatto ceramico e i relativi metodi di lavorazione, avvalendosi anche delle moderne indagini di laboratorio, dato che, com'è noto, i reperti fittili archeologici sono spesso alla base dell'interpretazione degli scavi stratigrafici e quindi della ricostruzione storica dei monumenti e dei siti antichi. Analizzare in dettaglio determinati aspetti tecnici di un reperto non è mai un'esercitazione fine a sé stessa, ma serve per meglio risalire alla comprensione dell'unità d'insieme e quindi pervenire a una più corretta interpretazione storica, fine ultimo di una qualsiasi ricerca.

La pubblicazione della Cuomo di Caprio, rispondendo a una carenza emersa nel campo degli studi di archeologia, porta un contributo al tentativo di unire il filone storico-umanistico a quello tecnico-scientifico. Ciò costituisce un "salto di qualità" quanto mai proficuo, e al riguardo basti ricordare, tanto per fare degli esempi, gli apporti positivi dati dall'uso delle tecniche analitiche nell'ambito degli studi di provenienza, nonché dall'informatica applicata all'archeologia.

Come la stessa autrice afferma, il volume si rivolge particolarmente agli studenti, per cui la trattazione di problemi teorici e pratici, pur essendo rigorosamente rispettosa degli aspetti scientifici, si sforza di essere chiara e comprensibile, sforzo tanto più lodevole in quanto gli studenti della Facoltà di Lettere e di Filosofia, provenienti prevalentemente da studi umanistici, non sempre hanno dimestichezza con formule e col linguaggio scientifico, e trovano qui un prezioso aiuto per il loro apprendimento scolastico, premessa indispensabile per acquisire poi un solido bagaglio di esperienza professionale.

L'insegnamento dell'Archeometria dovrebbe avere il suo momento concreto e conclusivo in lezioni pratiche da svolgere in laboratori sperimetali dotati di idonee attrezzature. È auspicabile che Venezia, una delle prime Università italiane ad affrontare il problema delle scienze sussidiarie dell'archeologia sul piano didattico, venga nel prossimo futuro dotata di appositi laboratori di modo che teoria e pratica si sposino felicemente, come dovrebbe essere per ogni fruttuoso insegnamento moderno.

Quanto è esposto nel volume non mancherà di essere una costante guida illuminante anche per chi, pur giovane ed inesperto, volesse conseguire esperienza archeologica sul terreno, partecipando a campagne di scavo in Italia e all'estero. Invero è qui da affermare con Terenzio (Heaut. I, 2, 209-210): "Hoc scitumst: periclum ex aliis facere, tibi quod ex usu siet". "È cosa saggia trarre esperienza dagli altri, per quello che può essere utile".

Gustavo Traversari

Venezia, 1 Febbraio 1985

INTRODUZIONE

Opera ea nascitur et fabrica et ratiocinatione
(Vitruvio, De Architectura, I,1,1)

Questa pubblicazione riprende le lezioni di tecnologia ceramica da me tenute all'Istituto di Studi Classici dell'Università di Venezia durante gli anni accademici 1981-82 e 1982-83, e ne amplia i confini allo scopo di delineare un programma per eventuali corsi o seminari da realizzare in futuro.

L'iniziativa di includere un ciclo di lezioni dedicate alla tecnologia antica nell'insegnamento di Archeologia e Storia dell'Arte Greca e Romana, ora afferente al Dipartimento di Scienze storico-archeologiche e orientalistiche, è stata promossa dal Prof. Gustavo Traversari, Direttore dello stesso Dipartimento, e costituisce un'innovazione nella Facoltà di Lettere e Filosofia di Venezia.

Sono grata al Prof. Traversari per la fiducia che ha avuto in me. La sua apertura mentale e la sua determinazione hanno consentito di affrontare un problema avvertito da tempo nell'ambiente archeologico universitario: offrire allo studente la possibilità di studiare il reperto, nella fattispecie quello ceramico, anche dal punto di vista tecnico. Lo studente va messo in grado di individuare i materiali di cui il manufatto è composto, conoscere i relativi metodi di lavorazione e apprendere i principi fondamentali delle più importanti analisi di laboratorio, al fine di accertare tutte le caratteristiche del manufatto stesso, e, se possibile, risalire ai centri di produzione. Sempre restando fondamentale l'analisi tipologico-stilistica per una corretta collocazione storica del reperto, l'utilità delle indagini tecniche quale supporto complementare all'esame strettamente formale è oggi pienamente riconosciuta, per cui non si può non utilizzare, o comunque ignorare, i metodi e i risultati ottenibili con tali indagini. Da qui deriva l'esigenza di fornire allo studente le cognizioni necessarie affinché egli possa poi avvalersene.

A queste aspettative si ispira l'insegnamento dell'archeometria, ovvero delle scienze sussidiarie dell'archeologia. Tra queste, un ruolo di fondamentale importanza riveste la tecnologia applicata all'archeologia, intesa nell'accezione più ampia del termine, ossia come un confluire di

3

nozioni riguardanti sia le antiche tecniche di lavorazione sia i moderni metodi analitici. Le tecniche di lavorazione riguardano l'aspetto materiale del reperto archeologico, cioè le materie prime, gli strumenti di lavoro e i sistemi lavorativi quali presumibilmente sono stati usati nell'antichità, nonché l'applicazione e l'evoluzione di tali sistemi attraverso i secoli. Alla trattazione sistematica di siffatte tecniche si affianca la moderna tecnologia di analisi nel fornire i mezzi di verifica e di ulteriore approfondimento delle conoscenze acquisite.

La tecnologia, così concepita, è dunque una materia interdisciplinare, che si basa su rami differenti del sapere umano, traendo da ognuno di essi parte della sua essenza. È una disciplina dal programma in fase di formazione, non ancora ben definito, che si rivolge al passato pur utilizzando le risorse del progresso scientifico del presente, e il cui campo è scarsamente coltivato perché intermedio fra materie di studio molto diverse tra loro.

I confini incerti e gli aspetti interdisciplinari rendono difficile delineare la figura tipica di chi dovrebbe essere preposto all'insegnamento. L'insegnante "ideale" dovrebbe essere contemporaneamente archeologo, chimico, fisico e geologo. A questo bagaglio culturale nel campo sia umanistico sia scientifico egli dovrebbe affiancare cognizioni pratiche della tecnica ceramica, nonché ovviamente della metallurgica, dell'arte del vetro, della tessitura, etc. qualora l'insegnamento, come doveroso, riguardasse non solo la ceramica ma anche i metalli, i vetri, i tessuti ed altro. È chiaro infatti che le sole conoscenze teoriche non sono sufficienti per comprendere appieno i manufatti antichi, ottenuti con procedimenti artigianali, ragione per cui il docente dovrebbe possedere una buona esperienza pratica che vada, ad esempio, dal modellare un vaso al tornio al riprodurre una moneta per fusione, e così via. Egli dovrebbe altresì avere una buona competenza nel campo etnografico poiché dalla conoscenza delle tradizioni artigianali può derivare una migliore comprensione delle antiche tecniche di lavorazione.

Tutte queste competenze, ed altre ancora, dovrebbe possedere l'insegnante "ideale". A una ipotesi teorica ottimale corrisponde talvolta una realtà opposta, e il caso attuale ne è una prova. Chi scrive queste note è lungi dall'avere i requisiti ipotizzati. D'altra parte rientra nei doveri umani passare agli altri, e soprattutto ai giovani, il frutto della propria esperienza, per quanto limitata e modesta essa sia. Soltanto questa convinzione ha spinto la scrivente ad accettare di cimentarsi nel ciclo di lezioni che hanno dato lo spunto alla presente pubblicazione.

Trasmettere la propria esperienza significa, in questo caso, proporre allo studente non solo un recupero, seppure minimo, dell'antica manualità da ottenere attraverso sperimentazioni dirette e concrete, ma anche guidarlo verso un approfondimento doveroso delle scienze cosiddette esatte.

Tutto questo porta a considerare anche la figura dello studente. Se è difficile, almeno al momento attuale, individuare il profilo dell'insegnante, è altrettanto vero che lo studente di archeologia non sempre è preparato psicologicamente ad avvicinarsi ad altri campi che non siano strettamente pertinenti alle materie di studio della Facoltà prescelta. Occorre pertanto trovare le strade migliori per suscitare in lui interesse verso l'aspetto materiale del reperto archeologico e verso le indagini chimico-fisiche che possono essere eseguite. Occorre rendere evidente il legame che unisce differenti indagini affinché sia chiaro che dall'insieme di esse deriverà la conoscenza globale del reperto. In questo quadro vario ed articolato, l'esame tecnico verrà ad assumere il giusto rilievo accanto all'analisi stilistica.

È forse bene chiarire immediatamente che non si intende qui auspicare una specializzazione estremamente spinta nel campo tecnologico, quasi in contrapposizione all'esame stilistico. Se l'indagine tecnica viene eseguita in maniera autonoma, indipendentemente dal contesto storico-formale del reperto, ciò è unicamente per necessità oggettive e al fine di acquisire elementi di conoscenza sicuri, non influenzati da fattori esterni. Per fare alcuni esempi, la temperatura di cottura di un reperto fittile è un dato certo e indipendente dall'ambiente culturale da cui proviene il reperto stesso, così come l'analisi chimica di un manufatto indica la percentuale degli elementi chimici presenti e non è influenzata né dalla datazione né dalla tipologia, né da altri fattori non tecnici. In conclusione, a mio avviso i dati tecnici sono da considerare alla stregua di una fotografia che fissa una situazione e ne evidenzia il maggior numero possibile di dettagli.

In una seconda fase della ricerca spetta all'archeologo-umanista, con le sue cognizioni storico-artistiche, utilizzare i dati tecnici per ampliare i risultati dell'esame stilistico e tipologico, e trarne le logiche deduzioni. È infatti l'archeologo-umanista a trovarsi nella posizione adatta per raccogliere tutti i frammenti di informazione ottenuti tramite i molteplici esami condotti sul reperto e comporli a guisa di tessere di mosaico in un'unica composizione significativa.

Nel lavoro di gruppo, che l'alto grado di specializzazione raggiunto nei tempi moderni rende sempre più necessario, si può forse prevedere l'inserimento di una nuova figura, quella dell'archeologo-tecnico. Dopo studi appropriati e ricerche sperimentali a largo raggio, lo studente di oggi potrà diventare in futuro un archeologo-tecnico, in grado di trarre tutti i dati possibili dall'esame macroscopico del reperto, e unirvi l'informazione altrettanto preziosa che deriva dall'esame microscopico; in grado di proporre le analisi di laboratorio adatte per risolvere determinati problemi specifici, e di muoversi con competenza nei laboratori a fianco dei ricercatori scientifici, comprendendone appieno il linguaggio tecnico; in grado infine di recepire e sapere applicare vantaggiosamente all'archeologia le innovazioni che l'ulteriore sviluppo della tecnologia moderna renderà disponibili in futuro.

L'iniziativa del Dipartimento di Scienze storico-archeologiche e orientalistiche dell'Università di Venezia di includere annualmente nel corso delle discipline archeologiche un ciclo di lezioni dedicate alla tecnologia antica, come qui si prospetta, è un primo passo per il raggiungimento di tale mèta.

Dopo questa premessa di carattere generale, ritengo opportuno aggiungere alcune considerazioni sui criteri che hanno guidato la stesura della presente trattazione.

Ho ritenuto conveniente dedicare queste prime lezioni alla ceramica in considerazione della funzione trainante e fondamentale che le viene riconosciuta in archeologia. Varietà tipologica, copiosità, diffusione, quasi-indistruttibilità, possibilità di ricavare informazioni anche dai frammenti, sono i principali fattori che qualificano la ceramica come "fossile-guida" per antonomasia. Gli attenti studi dal punto di vista stilistico e tipologico, di cui è stata ed è tuttora oggetto, ne hanno fatto una delle più importanti fonti di documentazione per la ricostruzione del passato e uno strumento di datazione la cui precisione ben difficilmente potrà essere superata. Tutte queste considerazioni convalidano l'opportunità di privilegiare il manufatto ceramico come argomento di studio sotto il profilo tecnico.

Dovendo riprendere un ciclo di lezioni, ho creduto opportuno seguire l'impostazione che era stata data di comune accordo con il Prof. Gustavo Traversari, senza apportare varianti sostanziali e rispettando la suddivisione in:

— Tecnologia ceramica   (parte prima)
— Analisi chimico-fisiche di laboratorio   (parte seconda)
— Fonti letterarie antiche   (appendice)

È forse superfluo sottolineare che ognuna delle parti avrebbe potuto ampiamente fornire materia per l'intero corso di insegnamento. La scarsità del tempo disponibile ha costretto a restringere i temi affrontati e a limitarsi all'essenziale, rimandando ai corsi che saranno svolti in futuro il compito dei possibili approfondimenti. In particolare, il commento delle fonti letterarie antiche sotto il profilo tecnico, pur essendo molto utile per arricchire il patrimonio culturale dello studente sulle tradizioni della tecnologia ceramica, è stato meno sviluppato (e qui viene presentato sotto forma di appendice), in quanto argomento non strettamente attinente alle materie tecniche trattate nella prima e nella seconda parte.

L'intendimento didattico, proprio di un corso di insegnamento, è stato volutamente conservato nella presente trattazione, che nel suo carattere generale intende offrire allo studente la possibilità di un ripasso della materia e fornire un testo di rapida consultazione, dove egli possa ritrovare una serie di informazioni essenziali, da utilizzare quale piattaforma per ulteriori avanzamenti nello studio. Su taluni argomenti ho ritenuto opportuno insistere riprendendoli in più capitoli, indicando sempre tra parentesi il riferimento al capitolo dove ciascuno di essi è trattato con maggiore ampiezza. Queste ripetizioni sono motivate, e ritengo giustificate, dalle finalità didattiche, qui prevalenti.

Nella prima e nella seconda parte è stato inoltre seguito il criterio di intervallare i capitoli con degli inserti, evidenziati da caratteri tipografici differenti da quelli usati per il testo, che richiamano nozioni di carattere generale, per facilitare l'apprendimento degli argomenti specifici. La bibliografia è stata ridotta al minimo, citando opere di larga diffusione, facilmente reperibili nelle biblioteche universitarie, e tralasciando la citazione di articoli specialistici, ai quali lo studente può comunque risalire attraverso i testi fondamentali.

I cicli di lezioni tenuti all'Università di Venezia sono stati ampiamente illustrati mediante la proiezione di diapositive che hanno dato un supporto visivo agli argomenti, agevolandone la comprensione. Nel tentativo di supplire a questa mancanza sono stati qui inseriti alcuni disegni, ma l'elevato costo della stampa ha costretto a restringere drasticamente la parte iconografica, volendo limitare il più possibile il prezzo del volume, come si addice a una pubblicazione dedicata agli studenti universitari.

Passiamo ora a qualche breve considerazione di ordine generale sulle parti in cui sono state suddivise le lezioni.

I. TECNOLOGIA CERAMICA

Grazie a studi rigorosi, l'analisi stilistica dei manufatti ceramici si va sempre più imponendo quale valido strumento di datazione relativa, permettendo agli archeologi di delineare delle serie tipologiche inquadrate entro precisi intervalli storici. Polarizzando l'attenzione degli studiosi, l'analisi stilistica ha però fatto passare in subordine l'aspetto materiale del reperto. Scarsi sono gli studi che dedicano lo spazio necessario all'esame tecnico dei manufatti; sovente imprecisa e contraddittoria è la terminologia usata per indicare materiali e tecniche di lavorazione. Ne consegue che lo studente non trova facilmente il filo conduttore nelle pubblicazioni specialistiche e non riesce a padroneggiare appieno l'uso dei differenti termini. Inoltre, egli si sente talvolta ''respinto'' da termini tecnici dei quali è difficile individuare l'aggancio con il reperto archeologico e non si rende esattamente conto del perchè, ad esempio, sia necessario conoscere il coefficiente di dilatazione termica dei materiali ceramici e i modi di propagazione del calore.

Si è pertanto ritenuto opportuno offrire in queste lezioni una descrizione delle fasi di lavorazione della ceramica, ripercorrendo idealmente il cammino di un manufatto fittile dalla modellazione in plastica argilla alla trasformazione dentro la fornace in corpo ceramico. Nell'esporre le tecniche di lavorazione si è talvolta fatto riferimento alle aree di diffusione dove esse sono state maggiormente applicate e sviluppate, nonché alle epoche storiche di maggiore fioritura, in modo da offrire l'occasione per accertare nelle popolazioni antiche l'influenza reciproca tra tecnologia e stato sociale.

Durante le lezioni, laddove possibile, ci si è avvalsi di esemplificazioni pratiche, mostrando agli studenti campioni di materie prime, strumenti di lavorazione, riproduzioni moderne di manufatti antichi e così via. Durante le lezioni dedicate alle argille, ad esempio, erano disponibili campioni di differenti tipi di esse, di degrassante e di altri minerali, così come nelle lezioni dedicate alla modellazione a calco sono state presentate alcune matrici di lucerne (di fattura moderna) e i calchi da esse ottenuti.

L'esemplificazione pratica ha indubbiamente facilitato le spiegazioni teoriche, seppure essa non sia sufficiente di per sé a creare nello studente una comprensione approfondita. A mio avviso, per ottenere tale scopo si dovrebbe offrire allo studente la possibilità di affiancare alle conoscenze teoriche le cognizioni che derivano dalla pratica. In altre parole, in appositi laboratori muniti di attrezzature adeguate, lo studente dovrebbe acquisire un'esperienza diretta eseguendo delle verifiche a livello sperimentale della varie fasi della lavorazione ceramica, dalla modellazione alla cottura del manufatto. Per quanto limitata possa essere siffatta esperienza manuale, gli servirebbe pur sempre a conseguire dimestichezza concreta con le materie prime e con le tecniche di lavorazione, il che lo metterebbe in grado di meglio distinguere le caratteristiche dei reperti archeologici allorquando dovesse affrontare i numerosi interrogativi che comporta la classificazione del materiale di uno scavo.

Da questo recupero della manualità, deriverebbero un approfondimento e una migliore penetrazione delle conoscenze teoriche: il coefficiente di dilatazione termica e i modi di propagazione del calore acquisterebbero significato concreto, passando dalla teoria alla pratica. Si otterrebbe altresì lo scopo di dare importanza all'associazione tra capacità mentali e abilità manuali, e si verrebbe ad attuare, seppure in un ambito circoscritto, quella che oggigiorno nei paesi anglosassoni va sotto il nome di "archeologia sperimentale", però in stretta aderenza alla realtà storica e senza cedimenti a ipotesi di fantasia.

II. ANALISI CHIMICO-FISICHE DI LABORATORIO

La seconda parte delle lezioni si riferisce alle moderne tecnologie di analisi, una materia dai molti aspetti interdisciplinari. Illustrare alcune analisi di laboratorio, seppure in maniera non approfondita, significa necessariamente entrare nel dominio delle scienze sperimentali, in particolare della chimica, della fisica e della mineralogia. Ovviamente, non si richiede allo studente di archeologia di essere, o diventare, un chimico o un fisico, ma semplicemente di "rispolverare" nozioni acquisite nella scuola media superiore e di accostarsi con spirito aperto e interessato al campo scientifico, tenendo presenti le numerose forme di interazione tra questo e l'archeologia.

Poiché le lezioni sono incentrate sulla ceramica, sono state prese in considerazione le analisi applicabili a questo tipo di materiale e che offrono una vasta casistica nella bibliografia specializzata, tralasciando le tecniche ancora in fase di sperimentazione.

Il primo capitolo è dedicato al colore, uno dei parametri fondamentali per la classificazione dei reperti archeologici, e si sofferma sul metodo di identificazione del colore mediante confronto visivo.

Seguono le analisi mineralogico-petrografiche: l'esame stereomicroscopico permette di approfondire la conoscenza degli aspetti del manufatto ceramico; l'esame mineralogico su sezioni sottili e l'analisi per diffrazione di raggi X permettono di determinare la struttura e le proprietà che caratterizzano ogni specie minerale. Fanno seguito le analisi elementari che determinano i macro e micro-elementi di una sostanza, eseguibili con metodi tradizionali quali l'analisi chimica quantitativa per via umida, o con moderne tecniche strumentali quali le tecniche spettrometriche. In questi ultimi anni le analisi mineralogiche ed elementari hanno trovato una proficua applicazione negli studi di provenienza, in quanto l'individuazione di gruppi omogenei di reperti aventi composizione chimica analoga può portare a localizzarne il luogo di produzione, o quantomeno ad individuare le possibili aree geografiche di provenienza.

L'analisi degli elementi presenti in traccia, integrata dagli esami ottici microscopici, può permettere anche di individuare cambiamenti nei sistemi di lavorazione, fornendo un'implicita conferma a ipotesi di mutamenti di tipo antropico formulate in base all'esame stilistico. I dati acquisiti tramite le differenti analisi possono inoltre contribuire a una migliore conoscenza del commercio e delle antiche correnti di traffico giacché i contenitori ceramici erano nell'antichità il mezzo di imballaggio più durevole e di maggior diffusione.

I capitoli successivi si rivolgono, infine, alle analisi di datazione assoluta: l'analisi di termoluminescenza è utilizzabile particolarmente per la datazione di reperti di età preistorica e protostorica, sebbene trovi utile campo di applicazione anche nella verifica dell'autenticità di manufatti ceramici di incerta o dubbia provenienza.

Le analisi, ora sommariamente indicate, rappresentano un valido supporto per l'archeologia, e hanno un potenziale che, sfruttato al meglio, potrà portare a risultati sempre più proficui e pertinenti. È pertanto opportuno che l'archeologo ne conosca le prestazioni e i limiti, e che sia in grado di valutare altri fattori essenziali quali il costo, la disponibilità di laboratori che abbiano esperienza nell'applicare le tecniche analitiche all'archeologia, e altri dati, come evidenziato dall'apposita tabella riassuntiva (Inserto T). La competenza acquisita permetterà all'archeologo di selezionare campioni che siano quanto più possibile rappresentativi, e di scegliere le analisi più adatte ai problemi da risolvere, senza lasciarsi trascinare dalle mode e dal fascino di tecnologie estremamente sofisticate che spesso producono soltanto "numeri" non utilizzabili praticamente.

La conoscenza delle possibilità di applicazione delle differenti analisi è essenziale anche agli effetti della corretta impostazione dei programmi di ricerca: per essere significativi gli studi di provenienza richiedono una campionatura a tappeto e la determinazione per ogni campione di numerosi macro e micro-elementi. La mole di lavoro richiesta e il relativo costo rendono auspicabile l'impostazione di programmi a largo raggio e a lungo termine, possibilmente in collaborazione tra Università e Centri di studio specializzati, dove la suddivisione dei compiti eviti sprechi di energie e dove l'uniformità delle procedure permetta ai laboratori l'integrazione vicendevole dei dati. Tramite questi programmi di ricerca si potrà arrivare in futuro a creare delle banche di dati che accumulino e conservino i dati via via resi noti dai differenti laboratori, elaborati statisticamente con l'ausilio del computer, al fine di facilitare la localizzazione dei centri produttori dei reperti riportati alla luce dagli scavi archeologici (II. 3.6).

Questo programma rappresenta per il momento una speranza proiettata nel futuro; occorre però iniziare sino d'ora a preparare a queste tematiche i giovani archeologi, poiché ad essi sarà demandato domani il compito di realizzare quanto attualmente è soltanto motivo di auspicio.

APPENDICE

FONTI LETTERARIE ANTICHE

L'osservazione diretta di manufatti antichi, strumenti e impianti di lavorazione, riportati alla luce dagli scavi archeologici, va integrata con lo studio delle fonti scritte per arrivare a delineare una storia della tecnologia attraverso il tempo e lo spazio. Sebbene le notizie tramandateci dagli antichi scrittori siano spesso superficiali, acritiche, frammentarie, talvolta fantastiche, fuse con credenze religiose o legate ad aspetti che attengono all'arte e alla terapia medica, esse costituiscono tuttavia un mosaico di informazioni che contribuiscono a fare luce sui metodi primitivi di lavorazione, punto di partenza delle tecniche che attraverso i secoli si sono poi sviluppate sino a raggiungere il livello odierno.

È ovvio infatti che nessuno degli strumenti da noi oggi usato è scaturito all'improvviso dal nulla. Ognuno di essi rappresenta il risultato di innumerevoli sperimentazioni, frutto di lunghi travagli intellettuali e materiali: un filo ideale lega la pietra magica per saggiare i metalli preziosi citata da Teofrasto agli esami condotti da Georgius Agricola per appurare la quantità di metallo presente in un minerale, alle analisi chimiche condotte oggigiorno in laboratorio con tecniche strumentali sofisticate per individuare i macro e i micro-componenti di una sostanza.

Dall'attenta lettura delle fonti scritte e dallo studio delle nozioni che se ne possono desumere, deriva la possibilità di delineare una storia della tecnologia intesa come storia delle innovazioni tecniche realizzate dall'uomo lungo i secoli, collegate tra loro e influenzantisi a vicenda. Dall'aratro alle sofisticate macchine moderne, attrezzi e tecniche di lavorazione accompagnano il cammino dell'uomo e ne attestano lo sforzo compiuto lungo i secoli per avvantaggiarsi delle risorse della natura e raggiungere uno stato di benessere. L'evoluzione è importante sia in sé, sia per le ripercussioni sulla struttura della società: questa a sua volta influenza e condiziona il progresso tecnologico a seconda dei fattori di carattere politico-sociale che emergono nelle diverse epoche storiche.

In questo primo ciclo di lezioni la scarsità del tempo disponibile ha costretto a condensare la disamina delle fonti letterarie in una panoramica generale. Soltanto per due autori, Vitruvio e Plinio, è stata condotta una ricerca specifica, scegliendo come tema i principali materiali coloranti usati in età romana. Mettere a confronto sul piano tecnico le notizie fornite dai due autori ha dato occasione per esemplificare le ampie possibilità offerte dalle fonti antiche non solo dal punto di vista letterario ma anche da quello tecnico.

La storia della tecnologia è un campo di grande attualità, ancora scarsamente esplorato, e ogni ricerca tesa a ricostruirne o approfondirne le differenti fasi sarebbe feconda di risultati. L'origine delle materie prime, degli strumenti e delle tecniche di lavorazione potrebbe essere meglio investigata nell'intento di chiarire molte zone d'ombra che tuttora sussistono, così come il confronto del linguaggio degli antichi scrittori con quello usato nelle officine, in epoche del passato ben delimitate, potrebbe collocare taluni manufatti nel contesto storico che oggi per essi manca. In queste ricerche si dovrebbe tenere conto sia delle enciclopedie medievali, prezioso ponte con l'antichità, sia dei trattati rinascimentali, anello di collegamento con l'età moderna. La presente trattazione intende richiamare l'argomento e fornire agli studenti spunti meritevoli di ulteriore sviluppo.

Per quanto riguarda le citázioni bibliografiche si è ritenuto opportuno indicare soltanto i testi critici più conosciuti o di più facile reperibilità nelle biblioteche universitarie. Ovviamente, ciò non toglie che lo studente possa ricorrere ad altre edizioni, anche allo scopo di acquisire maggiori conoscenze sulla fortuna critica dei singoli autori.

AVVERTENZE PER I RIFERIMENTI INTERNI

I.   indica la parte prima;
II.   indica la parte seconda;
App. indica l'appendice.

Seguono due numeri, in cifre arabe, che indicano rispettivamente il capitolo e il sottocapitolo.

I disegni sono opera dei seguenti disegnatori:

— Elena Cristoferi, Faenza
— Laura Morandi, Milano
— Mauro Ricci, Faenza

PARTE PRIMA

TECNOLOGIA CERAMICA

L'importanza della funzione svolta dalla ceramica quale "fossile-guida" negli scavi archeologici è ormai riconosciuta da tutti gli studiosi. All'accettazione generale di questo criterio si contrapponeva in passato la scarsa attenzione data all'aspetto tecnico del manufatto fittile: il reperto veniva di regola accettato tal quale, senza indagare come fosse stato realizzato; all'importanza data alla forma e alla decorazione non corrispondeva uguale interesse per i procedimenti grazie ai quali forma e decorazione erano state ottenute.

Nei tempi moderni si è però fatto strada il concetto che occorra integrare lo studio tipologico-stilistico con quello tecnico, estendendolo quando possibile a verifiche sperimentali, e ciò nel convincimento che un esame globale permetta una migliore conoscenza del reperto archeologico. Per condurre l'indagine tecnica con pari rigore metodologico dell'analisi stilistica, va da sé che tale indagine debba includere sia l'esame macroscopico sia l'esame microscopico del reperto, con l'eventuale supporto di specifiche analisi di laboratorio.

L'esame macroscopico comprende l'accertamento delle caratteristiche principali del manufatto, quali gli aspetti del corpo ceramico, il tipo di modellazione (a mano, a tornio, a calco), il tipo di rivestimento eventualmente presente (argilloso o vetroso), gli effetti di cottura e così via. Tale esame presuppone la conoscenza dei metodi di lavorazione impiegati dagli antichi vasai, metodi che è nostro compito cercare di individuare attraverso l'osservazione diretta dei reperti, delle strutture e degli attrezzi per la lavorazione ceramica riportati alla luce dagli scavi archeologici, nonché attraverso la conoscenza dei metodi di lavorazione impiegati ancora oggi dai vasai tradizionali nelle aree geografiche poco sviluppate.

Occorre in proposito tenere presente che l'attività artigianale ceramica si fonda su tradizioni conservatrici che lasciano scarso spazio a innovazioni, in quanto la materia prima abbondante e di costo pressoché nullo, l'attrezzatura modesta e limitata nonché la mano d'opera in prevalenza non specializzata, hanno portato a una produzione di basso prezzo, spesso usata come surrogato molto economico degli oggetti metallici. Tutto questo ha tolto incentivo a progressi tecnici di rilievo, per modo che i sistemi di lavorazione e le attrezzature sono rimaste immutate lungo i secoli. Il sopravvivere di tale situazione nelle aree sottosviluppate ha permesso agli studiosi, e consente tuttora, di raccogliere informazioni preziose sui metodi di lavorazione che si può ragionevolmente presumere siano uguali, o quantomeno molto simili, a quelli usati nell'antichità.

Dalla conoscenza delle tecniche lavorative, che vanno dalla preparazione dell'argilla alla cottura in fornace del manufatto, deriva la possibilità per l'archeologo di condurre l'esame macroscopico del reperto in maniera esaustiva e competente, fermo restando che per approfondire l'indagine è opportuno ricorrere all'esame microscopico ed eseguire delle verifiche sperimentali, ogni qual volta ciò sia possibile. Tutto ciò presuppone da parte dell'archeologo una solida conoscenza della tecnologia ceramica, intendendo con questo termine lo studio delle trasformazioni cui vengono sottoposte le materie prime ceramiche durante la lavorazione, studio che non può essere disgiunto da nozioni di chimica, mineralogia e geologia. L'arte del vasaio, come era chiamata da Piccolpasso nel XVI secolo, non può infatti essere oggi intesa solo come studio delle tecniche di lavorazione, ma deve anche estendersi alla ricerca delle cause che producono determinati effetti. Occorre rendersi conto come le proprietà di una materia prima dipendano dalla sua struttura interna, e come possano essere influenzate dai processi di lavorazione, tenendo presenti i fenomeni geologici naturali che hanno prodotto tale materia prima, in particolare l'argilla.

Tuttavia, non essendo la presente trattazione uno studio sistematico di tecnologia ceramica ma più semplicemente una trattazione a carattere generale, ci si è limitati a richiamare all'attenzione dello studente alcune nozioni di mineralogia, geologia e chimica, intervallando i capitoli dedicati alle fasi della lavorazione ceramica con appositi inserti.

Quanto alle fasi della lavorazione ceramica, esse vengono descritte nella loro successione lavorativa, seguendo idealmente il cammino percorso dal manufatto dal momento della modellazione in argilla sino alla trasformazione in oggetto finito. A partire dalla composizione e dalla preparazione della materia prima sino alla cottura in fornace, si è cercato di fornire allo studente una traccia che gli permetta di comprendere il procedimento di lavorazione della ceramica nel suo insieme, tralasciando varianti e dettagli che possono trovare posto soltanto in pubblicazioni specialistiche. Lo studente potrà comunque approfondire gli aspetti delle singole fasi di lavorazione consultando i testi citati nella guida alla bibliografia.

Va da sè che l'esame macroscopico può, e in alcuni casi deve, essere integrato con specifiche analisi di laboratorio: per queste e per l'esame microscopico si rimanda alla parte seconda della presente trattazione.

I.1 L'ARGILLA

L'argilla, materia prima della ceramica, è il punto di partenza per un qualsiasi studio in campo ceramico. L'associazione che nasce spontanea nel pensiero, vaso-argilla, bene sottolinea il legame che unisce il prodotto finito alla sua materia prima.

Una conoscenza approfondita delle proprietà dell'argilla è essenziale ai fini di un'appropriata valutazione dei reperti fittili, e permette all'archeologo di trarre corrette deduzioni dal confronto della produzione ceramica di differenti aree. Infatti, in una regione dove siano reperibili soltanto argille di cattiva qualità, ben difficilmente possono essere state prodotte ceramiche di buon livello qualitativo, salvo importazione della materia prima, ipotesi tutt'altro che probabile nell'antichità. Anche la valutazione dei metodi di lavorazione è da correlare alla qualità della materia prima, essendo inconsueto riscontrare eccellenza di tradizioni artigianali laddove l'argilla sia di qualità scadente.

L'argilla viene qui presa in esame sotto diversi aspetti, e precisamente dal punto di vista mineralogico, geologico e tecnologico.

I.1.1 L'ARGILLA DAL PUNTO DI VISTA MINERALOGICO

Sotto il profilo mineralogico, per "argilla" si intende una roccia composta prevalentemente da uno o più "minerali delle argille". Questi chimicamente sono classificati come silicati idrati di alluminio, talora con quantità subordinate di altri elementi quali magnesio, sodio, potassio, calcio e ferro; sono formati da cristalli le cui dimensioni generalmente non superano qualche micron, e solo eccezionalmente si presentano sotto forma di materiale amorfo o criptocristallino.

Dal punto di vista cristallografico, i minerali delle argille appartengono ai fillosilicati, che prendono nome dal termine greco *fullon* (foglia) a causa della loro struttura lamellare che è condizionata dal tipo di reticolo cristallino, come viene chiamata l'impalcatura di atomi, omogenea e periodicamente ripetuta, che contraddistingue ogni specie minerale cristallina.

Nel reticolo cristallino dei fillosilicati il motivo strutturale è dato dalla sovrapposizione di strati di tetraedri a strati di ottaedri. I tetraedri hanno ai vertici atomi di ossigeno e al centro un atomo di silicio talvolta sostituito da alluminio, mentre gli ottaedri hanno ai vertici atomi di ossigeno e ossidrili (gruppi monovalenti di ossigeno e idrogeno), e al centro un atomo di alluminio talvolta sostituito da un elemento bivalente quale ferro o magnesio. Con diverse e talora molto complesse modalità, gli strati di tetraedri e di ottaedri formano i cosiddetti "pacchetti" (chiamati anche "foglietti"), che rappresentano l'unità fondamentale di ogni specie; il ripetersi dei pacchetti forma il reticolo cristallino del minerale.

A seconda delle forze di legame chimico tra i pacchetti, si possono avere nell'interstrato tra pacchetto e pacchetto sia cationi monovalenti e bivalenti (potassio, sodio, calcio), sia molecole d'acqua. A queste molecole viene dato il nome di "acqua d'interstrato", oppure "acqua interfogliare". Tale acqua è tipica di alcuni minerali argillosi (soprattutto della montmorillonite), ed essendo debolmente legata nel reticolo è facilmente eliminabile mediante riscaldamento a bassa temperatura. Ben diversa è la posizione degli ossidrili che entrano negli ottaedri del pacchetto, ai quali viene dato il nome di "acqua chimicamente combinata"; essi sono parte essenziale della struttura del reticolo, e a causa del forte legame chimico tra gli atomi richiedono un riscaldamento ad elevata temperatura per essere eliminati. Quando ciò avviene, il reticolo viene distrutto, in un processo irreversibile (I.6.2).

Occorre qui ricordare che esiste anche la cosiddetta "acqua d'impasto", ossia l'acqua aggiunta all'argilla per conferirle plasticità e poterla modellare (I.1.3). Essa si dispone attorno alle particelle argillose e non coinvolge il reticolo cristallino, ragione per cui può essere aggiunta o tolta, anche a temperatura ambiente, in un processo reversibile.

È necessario pertanto tenere ben presenti le differenze sostanziali che esistono tra i diversi tipi di acqua prima menzionati, differenze che possono essere così sintetizzate: l'acqua d'impasto e l'acqua d'interstrato possono essere aggiunte e tolte in un processo reversibile, mentre l'eliminazione dell'acqua chimicamente combinata è irreversibile e porta alla distruzione del reticolo cristallino del minerale argilloso.

L'ordinata sovrapposizione delle singole unità fondamentali che si ripetono periodicamente nell'edificio cristallino (ossia gli strati sovrapposti di tetraedri e di ottaedri, cui si aggiunge l'intestrato tra i pacchetti), costituisce un valore caratteristico per ogni minerale argilloso. Tale valore viene comunemente chiamato "spessore", ed è utilizzato come base per la classificazione dei diversi tipi strutturali di minerali argillosi. Lo spessore viene misurato in Ångstrom, e varia tra 7 Å della caolinite e 15 Å della montmorillonite (ricordiamo che 1 Å = 10^{-7} mm. Per la tabella riassuntiva delle misure, vedere Inserto L).

Nella classificazione dei minerali argillosi si prendono in considerazione parecchi gruppi, quasi sempre riconoscibili mediante analisi per diffrazione di raggi X (II.2.3). Sono particolarmente diffusi in natura ed importanti dal punto di vista pratico la caolinite, la montmorillonite, l'illite e la vermiculite. Altri minerali, tra i quali la clorite, la sepiolite, l'attapulgite e le allofane, rivestono minore importanza nel campo ceramico.

Ogni minerale argilloso ha un comportamento suo proprio quando viene inumidito e quando viene sottoposto a calore. A seconda del tipo, variano sia la quantità di acqua d'impasto necessaria per fargli acquisire plasticità, sia il grado di plasticità (I.1.3). Se sottoposto a calore, ciascun minerale argilloso perde acqua e ossidrili a ben determinate temperature, formando alla fine del ciclo termico dei composti più o meno refrattari.

Passiamo ora brevemente in rassegna i principali gruppi.

GRUPPO DELLA CAOLINITE.

Questo gruppo comprende diverse specie di minerali argillosi, tra i quali il più importante è la caolinite. Questa è caratterizzata da un reticolo cristallino avente come pacchetto fondamentale uno strato di tetraedri sovrapposto a uno strato di ottaedri, con uno spessore complessivo di circa 7 Å. La formula chimica strutturale è: $Al_4[(OH)_8Si_4O_{10}]$; la formula chimica più usata nei laboratori tecnici è: $Al_2O_3.2SiO_2.2H_2O$. Si presenta sotto forma di minutissime lamelle di lucentezza madreperlacea, spesso riunite in ammassi untuosi al tatto, opachi, di colore bianco o anche grigio-giallastro a seconda delle impurezze contenute. Ha scarsa durezza (scala di Mohs 2-2,5).

Il caolino, la roccia di cui la caolinite è il costituente essenziale, prende nome da Kau-Ling, una collina situata in una località della Cina vicino al Fiume Giallo, da cui già nell'antichità veniva estratto materiale di ottima qualità. Di colore bianco, ha grande importanza industriale essendo utilizzato per produrre la porcellana e, in epoca moderna, per svariati usi tra cui ricordiamo quello di dare consistenza alla carta senza colorarla. Da un punto di vista tecnico si è soliti distinguere differenti tipi di caolino a seconda del grado di purezza, bianchezza e plasticità. Da notare che, rispetto ad altri minerali argillosi, il caolino è poco plastico, presumibilmente a causa della struttura compatta del suo reticolo cristallino e della sua granulometria poco fine; anche la mancanza di sostanze organiche contribuisce alla scarsa plasticità (I.1.3).

Impropriamente sotto il profilo mineralogico, viene talvolta usato il termine "argille caoliniche" per indicare sia i caolini aventi una forte quantità di impurezze, soprattutto di altri minerali argillosi, sia le argille a base non caolinica che in cottura assumono colore bianco (Inserto B).

Al gruppo della caolinite appartengono altri minerali tra i quali la dickite e la nacrite.

GRUPPO DELLA MONTMORILLONITE, CHIAMATO ANCHE GRUPPO DELLE SMECTITI

La montmorillonite è caratterizzata da microcristalli a grana estremamente fine; il suo reticolo cristallino ha un pacchetto fondamentale formato da uno strato ottaedrico compreso tra due strati tetraedrici e da cationi interstrato mono e bivalenti (sodio, magnesio, calcio) che hanno la capacità di circondarsi con un numero variabile di molecole d'acqua (la già citata acqua interfogliare). Lo spessore complessivo dell'unità strutturale varia da 12 Å per una montmorillonite sodica a circa 15 Å per una calcica. Si presenta sotto forma di minutissime squame, spesso riunite in masse terrose microcristalline, untuose al tatto, friabili, di colore generalmente biancastro, a volte tendente al grigio-giallastro o anche al verde. Trae il suo nome dalla città di Montmorillon in Francia.

La montmorillonite è dotata di due proprietà caratteristiche: la prima è l'espandibilità del reticolo cristallino legata alla quantità variabile di molecole d'acqua o di altre molecole anche di grandi dimensioni, soprattutto organiche, che possono inserirsi nell'interstrato. La seconda proprietà è il potere di scambio ionico, dovuto al fatto che i cationi interstrato sono facilmente allontanabili e sostituibili con altri. Queste proprietà fanno sì che le bentoniti, le rocce di cui la montmorillonite è il costituente essenziale, siano oggi molto sfruttate ai fini industriali per la purificazione di oli minerali, vini, carburanti, ecc.

Il minerale in questione ha anche una particolare proprietà, detta tissotropica: al contatto con acqua forma sospensioni colloidali che, se lasciate in riposo, flocculano, ossia si agglomerano e assumono una certa consistenza. Per questa proprietà le bentoniti vengono utilizzate per sostenere pareti di scavi in luoghi umidi, e per impermeabilizzare tratti di terreno.

GRUPPO DELL'ILLITE.

L'illite è caratterizzata da un reticolo cristallino avente un pacchetto fondamentale a tre strati, ossia uno strato ottaedrico compreso tra due strati tetraedrici, con intercalati tra pacchetto e pacchetto ioni potassio, in quantità assai variabile, talora sostituiti da molecole di acqua. Lo spessore dell'unità strutturale è di circa 10 Å.

L'illite trae il suo nome dallo stato dell'Illinois negli U.S.A.; è un minerale argilloso tra i più comuni, caratteristico dei sedimenti argillosi marini.

Pur non rientrando tra i minerali delle argille, presentano una struttura simile a quella dell'illite alcuni minerali micacei quali la muscovite e la biotite, che si trovano comunemente come accessori delle argille. La muscovite (mica potassica, detta anche mica bianca) rappresenta uno dei minerali più comuni e diffusi in natura; bianca o verdina, lucente, dotata di perfetta sfaldabilità, essa è molto usata in campo termico ed elettrico per le sue proprietà isolanti e di infrangibilità. La biotite (mica ferromagnesiaca, detta anche mica nera) è anch'essa molto diffusa in natura e dotata di perfetta sfaldabilità, nera o bruna, lucente, può talvolta assumere tonalità dorate a causa di fenomeni di ossidazione avvenuti durante la sua "vita" geologica.

GRUPPO DELLA CLORITE.

La clorite è caratterizzata da un reticolo cristallino avente un pacchetto fondamentale formato da tre strati più uno, ossia uno strato ottaedrico centrale compreso tra due strati tetraedrici, cui si sovrappone un ulteriore strato ottaedrico. Lo spessore complessivo del pacchetto è di circa 14 Å. Trae il suo nome dal greco *chloros* (verde).

Comprende una grande varietà di specie che hanno analogie con le miche ma sono caratterizzate da un elevato contenuto di molecole d'acqua e dall'assenza o quasi di alcali. Sono abbondanti in natura, lucenti, tenere e facilmente rigabili anche con l'unghia (scala di Mohs 2 - 2,5).

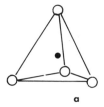
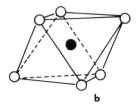

○   ossigeno
⊙   ossidrile
●   alluminio (ferro,magnesio)
•   silicio (talvolta alluminio)

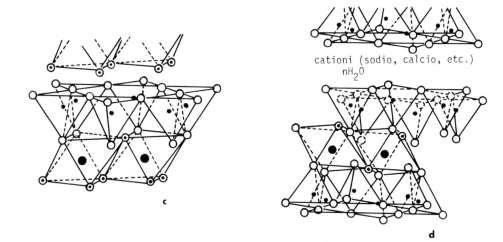

cationi (sodio, calcio, etc.)
nH_2O

Fig. 1 - Struttura atomica dei fillosilicati

a) tetraedro: un atomo di silicio è equidistante rispetto a quattro atomi di ossigeno
b) ottaedro: un atomo di alluminio (oppure ferro o magnesio) è equidistante rispetto a sei atomi di ossigeno o ossidrili
c) reticolo cristallino della caolinite
d) reticolo cristallino della montmorillonite

GRUPPO DELLE VERMICULITI.

Il reticolo cristallino della vermiculite ha un pacchetto fondamentale a tre strati, ossia uno strato centrale di ottaedri compreso tra due strati di tetraedri, con cationi interpacchetto (magnesio e calcio) che possono a loro volta legarsi ad un numero variabile di molecole d'acqua. Lo spessore dell'unità strutturale è di circa 14 Å.

La vermiculite è considerata un minerale secondario derivante dall'alterazione idrotermale della mica biotite ed è presente in molti depositi argillosi, sotto forma di minutissime scaglie. Il nome proviene dalla forma a piccoli vermetti che i minerali del gruppo assumono allorché sottoposti a riscaldamento: le lamine di vermiculite, se riscaldate rapidamente a una temperatura superiore ai 300°C, perdono l'acqua chimicamente combinata e si sfogliano, espandendosi in forme contorte dall'aspetto vermiculare. Vengono oggi largamente usate come isolante termico e acustico.

GRUPPO DELLA SEPIOLITE E DELL'ATTAPULGITE (O PALYGORSKITE).

Il reticolo cristallino è caratterizzato da pacchetti a tre strati, disposti però trasversalmente alle lamine, e non parallelamente come in tutti gli altri fillosilicati. Questo provoca una struttura a forma di nastri allungati, da cui deriva il nome di "nastriformi" dato ai minerali di questo gruppo, che contengono magnesio. Chiamata anche "schiuma di mare", la sepiolite deriva dall'alterazione del serpentino, e forma masse biancastre molto porose, tenere e leggere (peso specifico 2), utilizzate per ricavarne pipe e altri oggetti per fumatori.

GRUPPO DELLE ALLOFANE.

Questo gruppo è composto da minerali amorfi, o per meglio dire da minerali aventi una organizzazione cristallina non bene definita. Le caratteristiche delle allofane sono ancora poco note, e poiché esse risultano amorfe ai raggi X occorre attendere lo sviluppo di nuove tecniche di laboratorio per approfondire il loro esame. Sono abbastanza comuni in natura, formano aggregati fragili, incolori o talvolta leggermente colorati in azzurro o in verde tenue.

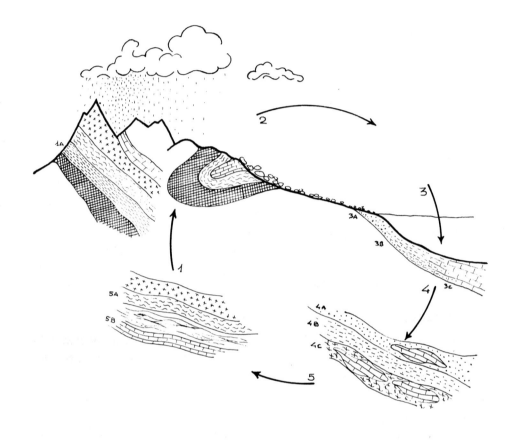

Fig. 2 - Esempio di un ciclo geologico

1)   OROGENESI: formazione delle catene montuose per piegamento o fagliatura
1A) rocce ignee, sedimentarie e metamorfiche

2)   ALTERAZIONE METEORICA, CON EROSIONE

3)   TRASPORTO E SEDIMENTAZIONE IN AMBIENTE MARINO
3A) sedimenti grossolani e sabbie
3B) sedimenti argillosi
3C) sedimenti calcarei detritici e più o meno organogeni

4)   SEPPELLIMENTO E DIAGENESI
4A) arenarie e conglomerati
4B) argille e argilloscisti
4C) calcari e dolomie

5)   METAMORFISMO (nel caso in cui i sedimenti arrivino a grandi profondità nella crosta terrestre)
5A) rocce metamorfiche: micascisti, gneiss, etc.
5B) marmi

INSERTO A

ROCCE E MINERALI

L'involucro solido esterno della Terra è formato da rocce che affiorando sulla superficie terrestre danno luogo ad alture, colline e catene montuose. Le rocce sono composte da minerali, ossia da materiali inorganici naturali, solidi, caratterizzati dalla composizione chimica definita e dal reticolo cristallino (una struttura regolare di atomi, discontinua e periodica, che è tipica di ogni minerale). Quando la roccia è formata da un solo minerale, con piccole quantità di altri minerali, è chiamata "monominerale" (es.: marmo di Carrara, un aggregato di cristalli di calcite, carbonato di calcio, $CaCO_3$); quando è formata da più minerali è chiamata "poliminerale" (es.: granito, un insieme di quarzo e silicati).

A seconda della loro origine, le rocce vengono distinte in ignee (o magmatiche), sedimentarie e metamorfiche. Le argille rientrano nel gruppo delle rocce sedimentarie detritiche.

— Le rocce ignee, o magmatiche, si sono formate per consolidamento dei magmi, cioè di masse di materiali fusi all'interno della Terra ad altissime temperature e aventi presumibilmente la stessa composizione chimica dei silicati. Quando il processo di solidificazione avviene a seguito di eruzioni vulcaniche, le rocce sono denominate vulcaniche o effusive, mentre sono denominate plutoniche o intrusive quando la solidificazione del magma avviene nelle profondità inaccessibili della Terra. Della famiglia delle rocce effusive ricordiamo i porfidi quarziferi e i basalti, delle rocce intrusive i graniti. I componenti mineralogici più importanti sono quarzo, feldspati, miche, anfiboli, pirosseni, olivina. Nelle rocce effusive è componente essenziale anche il vetro vulcanico, dovuto a un rapido raffreddamento del magma.

— Le rocce sedimentarie sono formate da materiali eterogenei, derivati dalla degradazione di rocce preesistenti, depositati sulla superficie terrestre in ambiente subaereo o subacqueo, poi eventualmente sottoposti a trasformazioni chimico-fisiche che li hanno trasformati in rocce coerenti. Il processo di formazione può avvenire in ambiente continentale (di tipo

fluviale, lacustre, palustre, glaciale, desertico), o in ambiente marino (di tipo lagunare, costiero, abissale).

A seconda che il materiale sia stato trasportato sino al luogo di sedimentazione in forma solida oppure in soluzione, le rocce sedimentarie sono suddivise in detritiche e chimiche. In queste ultime rientrano principalmente i calcari e le rocce definite biochimiche o organogene, composte essenzialmente da resti fossili, calcarei o silicei, di organismi animali o vegetali che si sono depositati nell'ambiente di origine.

Chiamate anche rocce clastiche, le rocce detritiche hanno come componenti mineralogici più importanti il quarzo, i feldspati, le miche (muscovite e biotite), i carbonati e i minerali dalle argille. Il quarzo è il minerale più comune, sebbene anche i carbonati siano assai diffusi sotto forma di calcite, dolomite, magnesite, e talora di aragonite. A seconda delle dimensioni granulometriche dei componenti principali, tali rocce vengono suddivise in conglomerati, arenarie, siltiti e argille. Nelle argille (I.1.2) sono presenti caolinite, montmorillonite, illite, clorite e altri minerali del gruppo, nonché ossidi e idrossidi di ferro, talvolta concentrati in depositi che rappresentano il residuo poco solubile di rocce ferrifere (lateriti) alterate dagli agenti atmosferici. È infine da rilevare la presenza di sostanze organiche, di origine vegetale o animale, sotto forma di resti di organismi risalenti alle passate ere geologiche, oppure sotto forma di sostanze in soluzione di cui le argille, essendo molto fini, si impregnano facilmente. Da depositi di sostanze organiche, talora di dimensioni molto vaste, si ritiene abbiano avuto origine i giacimenti di idrocarburi.

CLASSIFICAZIONI GRANULOMETRICHE
delle rocce sedimentarie detritiche

Rocce incoerenti	Rocce coerenti	dimensioni in mm			
		Scala di Wentworth		Scala tecnica	
ghiaia	conglomerati	64 - 4	>4	>20	
ghiaietta	conglomerati	4 - 2	4 - 2	20 - 2	
sabbia molto grossa	arenarie	2 - 1	2 - 1		
sabbia grossa	arenarie	1 - 0,5	1 - 1/2	2 - 0,2	
sabbia media	arenarie	0,5 - 0,25	1/2 - 1/4		
sabbia fine	arenarie	0,25 - 0,125	1/4 - 1/8	0,2 - 0,02	
limo	siltiti	0,125 - 0,062	1/8 - 1/16		
argille limose	siltiti	0,062 - 0,004		0,02 - 0,002	
argille fini	argille	<0,004	<1/16	0,002 - 0,0002	

— *Le rocce metamorfiche sono formate da rocce preesistenti che hanno subìto profonde trasformazioni mineralogiche e strutturali a causa di forti aumenti di temperatura e di pressione avvenuti nelle profondità della crosta terrestre. Il processo metamorfico agisce su tutte le rocce, siano queste magmatiche, oppure sedimentarie, o anche metamorfiche formatesi precedentemente. Esso avviene essenzialmente attraverso fenomeni di ricristallizzazione, con formazione di minerali di specie diversa dai minerali originari, e che sono stabili nelle nuove condizioni di pressione e di temperatura. Ad esempio, i fenomeni di ricristallizzazione del calcare portano alla formazione del marmo; le arenarie si trasformano in quarziti, le argille in scisti. Nelle rocce metamorfiche si trovano, con diversi rapporti quantitativi e strutturali, tutti i principali componenti delle rocce magmatiche e delle rocce sedimentarie, quali il quarzo, i feldspati e le miche.*

I.1.2 L'ARGILLA DAL PUNTO DI VISTA GEOLOGICO

Sotto l'aspetto geologico, per "argille" si intendono rocce sedimentarie dalla composizione mineralogica molto variabile, che includono ovviamente i minerali delle argille ma non soltanto quelli. Sebbene siano rocce molto comuni, costituendo circa l'80% dei depositi sedimentari presenti sulla crosta terrestre, non è stato ancora raggiunto un accordo definitivo circa la terminologia e la classificazione, permanendo tuttora aspetti incerti e controversi. In linea generale le argille vengono suddivise in due gruppi, a seconda che nei loro componenti prevalgano le particelle detritiche più grossolane o quelle più fini. In ambedue i gruppi la percentuale dei componenti varia a seconda delle modalità in cui nelle passate ere geologiche è avvenuto il processo di formazione delle argille stesse (Inserto B).

Al primo gruppo appartengono le argille contraddistinte da granulometria minuta, formate essenzialmente da minerali delle sabbie (composti da quarzo e da feldspati), con alta percentuale di miche e scarsa quantità di minerali argillosi. La granulometria è compresa tra 62 micron

(= 1/16 di mm) e 4 micron, salvo beninteso la presenza di minime quantità di materiali aventi granulometria superiore. Vengono chiamate ''argille limose'' e talvolta ''siltite'' dal termine inglese *silt* (limo). Essendo prevalentemente sabbiose, queste argille mancano di plasticità e allo stato naturale sono poco adatte per la lavorazione ceramica.

Al secondo gruppo appartengono le argille definite ''fini'', essendo composte essenzialmente da particelle detritiche inferiori a 4 micron (o inferiori a 2 micron, secondo alcuni geologi). Sono le argille utilizzate dal vasaio, dotate di buona plasticità e degli altri requisiti necessari per la lavorazione ceramica. I principali componenti delle argille fini sono i seguenti:

a) Minerali delle argille.

Le rocce sedimentarie detritiche hanno sempre tra i loro componenti uno o più minerali delle argille, sebbene questi di rado ne costituiscono il componente principale, come avviene per il caolino, formato prevalentemente dal minerale caolinite, e per le bentoniti, formate prevalentemente dal minerale montmorillonite.

Tra i minerali argillosi maggiormente diffusi in natura ricordiamo la caolinite, l'illite e la montmorillonite, già descritte nelle pagine precedenti. Sono questi due ultimi minerali a costituire le particelle più fini delle rocce, in quanto i cristalli di illite e di montmorillonite non superano di regola la dimensione di qualche micron.

b) Minerali delle sabbie.

Sono composti essenzialmente da quarzo e da feldspati, presenti in frammenti di dimensioni prevalentemente micrometriche, talvolta anche millimetriche. Abbondano pure le miche, di tipo muscovite (mica bianca) e/o biotite (mica nera), già descritte nel gruppo dell'illite.

Il quarzo (SiO_2, biossido di silicio cristallino naturale), detto anche ''silice libera'', svolge un ruolo importante nella lavorazione ceramica, sia durante la modellazione del manufatto, sia durante la cottura, tanto da venire comunemente identificato come il degrassante *tout court*. Argille troppo ricche di quarzo mancano di plasticità, mentre argille che ne sono povere mancano di nerbo: in ambedue i casi non sono adatte alla modellazione e la loro composizione deve essere modificata mediante opportuni correttivi.

Durante la cottura, le temperature a cui avvengono le trasformazioni strutturali del quarzo costituiscono le zone critiche del ciclo termico dei manufatti ceramici, per cui il fornaciaio deve rallentare l'immissione del combustibile onde evitare il rischio di rotture (1.6.2). A causa delle sue forti dilatazioni e contrazioni al variare della temperatura, il quarzo, se presente in forte percentuale, incide negativamente sull'accordo dilatometrico tra l'argilla usata per modellare il manufatto e il suo rivestimento, aumentando le probabilità che si formino scaglie e cavilli (Inserto G).

c) Sostanze diverse quali sostanze organiche, calcare, composti del ferro e altri materiali, la cui importanza consiste non tanto nella quantità, che di solito è piuttosto limitata, bensì negli effetti causati in via diretta e indiretta. Le principali caratteristiche di queste sostanze vengono indicate qui di seguito.

— Le sostanze organiche hanno origine animale e vegetale, rappresentando spesso i resti di organismi rimasti inglobati durante la formazione delle rocce, e sottoposti a lenta putrefazione lungo i millenni. Il processo putrefattivo influenza il grado di plasticità dell'argilla in quanto produce un colloide organico che ne aumenta il carattere plastico (I.1.3).

La presenza di sostanze organiche influenza in crudo il colore dell'argilla che si scurisce, tendendo al bruno-nerastro quanto più aumentano la quantità e il grado di putrefazione delle sostanze stesse (I.1.3).

— Il calcare è una roccia il cui componente principale è la calcite (carbonato di calcio, $CaCO_3$), pur contenendo talvolta anche dolomite (carbonato doppio di calcio e magnesio, formula chimica $CaCO_3.MgCO_3$, formula strutturale $Ca.Mg(CO_3)_2$), e minerali argillosi. I calcari fanno transizione ad altri gruppi di rocce sedimentarie: se contengono oltre il 35% di minerali argillosi passano alle "marne", che assumono il nome di "terre marnose" o "argille marnose" quando hanno tali caratteristiche di plasticità da poter essere lavorate, ad esempio per la produzione dei laterizi.

Nell'argilla, il calcare è presente in quantità variabili, da percentuali minime sino a superare il 20%, nel qual caso l'argilla viene definita "calcarea" e, a seconda del tipo di lavorazione cui è destinata, può essere utilizzata tal quale oppure richiede appropriate modifiche. Molto diffuse in natura, oggi come in passato le argille calcaree sono preferite dal vasaio per le buone caratteristiche di lavorazione. Gli effetti più importanti della presenza del calcare si avvertono durante la cottura: il calcare agisce da fondente e per il suo potere legante conferisce solidità al corpo ceramico, cementando tra loro i diversi componenti. L'uso di argilla calcarea facilita l'applicazione del rivestimento, a causa della sua forte porosità, e facilita anche l'accordo dilatometrico con il rivestimento, evitando difetti quali la scaglia (Inserto G).

Qualora sia presente in granulometria molto fine, il calcare influisce anche sul colore in cotto, ossia sul colore che l'argilla acquista quando si trasforma in corpo ceramico (I.1.3). Il suo effetto è schiarente, e quando è presente in forte percentuale riesce ad annullare, o perlomeno a ridurre, l'effetto degli ossidi di ferro che invece tendono ad arrossare il corpo ceramico. Usando argille calcaree è quindi possibile ottenere manufatti dal corpo ceramico molto chiaro, aventi tonalità variabili dal giallo tenue al rosato più o meno intenso.

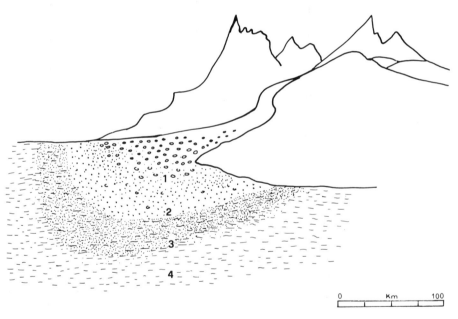

Fig. 3 - Sedimentazione alla foce di un fiume

1) sedimenti sabbiosi con minerali argillosi (arenarie)
2) sedimenti sabbiosi fini con minerali argillosi (arenarie a grana fine)
3) deposizioni limose (argille limose o siltiti)
4) deposizioni argillose (argille fini)

Effetti negativi provocati dalla presenza di calcare possono essere la porosità eccessiva del corpo ceramico e la formazione dei cosiddetti "calcinelli", minuscoli glomeruli di ossido di calcio derivati dalla decarbonatazione dei carbonati durante la cottura. Se si impregnano dell'umidità atmosferica, questi glomeruli possono rigonfiarsi e spaccarsi, butterando la superficie del manufatto anche a distanza di tempo.

— I composti del ferro possono essere presenti nell'argilla sotto forma di ossidi e di idrossidi, e sono importanti sia per il loro potere legante sia perché colorano in cottura il corpo ceramico, provocandone l'arrossamento. A parità di condizioni di cottura, tanto più alta è la loro percentuale, tanto maggiore è l'effetto colorante. Da valori molto bassi essi possono arrivare a superare il 15%, come nel caso di alcune argille ferrugginose, di solito usate per la produzione dei laterizi. Molto ricco di ferro è anche il cosiddetto "bolo", usato ancora oggi per ottenere un ingobbio colorato (I.4.1).

Composti del ferro talvolta presenti nelle argille sono le piriti (solfuro di ferro, FeS_2), molto dannose in quanto si decompongono ad alta temperatura, provocando sulla superficie del manufatto macchie scure e talvolta anche efflorescenze dovute a solfati (I.6.2).

— Altri materiali che occasionalmente fanno parte dell'argilla sono i gusci di microfossili e i resti fossili in genere, macro e micro, di norma aventi composizione calcarea. Mentre i macrofossili possono essere eliminati facilmente durante la lavorazione, i microfossili restano sovente inglobati nell'argilla, provocando talora effetti dannosi durante e dopo la cottura dei manufatti, analogamente ai difetti causati dai calcinelli calcarei.

— Nell'argilla possono essere rinvenuti anche frammenti di rocce alterate, noduli di selce e altri materiali eterogenei. La presenza o l'assenza di questi materiali, la quantità in cui essi sono presenti e le loro caratteristiche granulometriche dipendono dal processo di formazione dell'argilla, a partire dall'alterazione della roccia madre sino alle modalità con le quali sono avvenuti il trasporto delle particelle disgregate, la loro deposizione nei bacini idrici e infine il processo di diagenesi (Inserto B).

INSERTO B

PROCESSO DI FORMAZIONE DELLE ARGILLE

Il processo di formazione delle rocce sedimentarie detritiche, che includono anche le argille, inizia con l'alterazione delle rocce silicatiche affioranti sulla superficie terrestre, di qualsiasi tipo esse siano, cui viene dato il nome di "rocce madri". Gli agenti atmosferici sono i principali fattori di disgregazione: gli sbalzi di temperatura tra giorno e notte provocano nelle rocce delle fessurazioni che l'acqua ivi infiltratasi, unitamente all'azione del gelo e disgelo e ai periodi di bagnato e di asciutto, contribuisce vieppiù ad infittire ed allargare. Dalle rocce si staccano grandi e piccoli massi che precipitano per forza di gravità, causando ulteriori frantumazioni. Analoga azione fisica di disgregazione e di erosione è esercitata dal vento e dalla pioggia, cui è da aggiungere il processo chimico provocato dalle acque, piovane o di superficie, che attaccano i componenti delle rocce causandone l'alterazione e talvolta rendendoli solubili mediante un complesso meccanismo di trasformazione chiamato "idrolisi".

I frammenti delle rocce, che prendono il nome di detriti o materiale detritico, vengono trasportati soprattutto dai fiumi, ma anche dal vento o dai ghiacciai, in bacini di sedimentazione, che possono essere continentali o marini. Quando il trasporto è effettuato dalle acque, hanno importanza le dimensioni del materiale detritico in quanto le sostanze in soluzione e i detriti molto fini, trasportati in sospensione, vengono allontanati rapidamente dal luogo di origine e depositati talvolta a grande distanza, mentre i detriti più pesanti, quali le ghiaie e i ciottoli, vengono trasportati più lentamente e depositati sovente lungo il percorso. Ha un ruolo importante anche la velocità del trasporto: le correnti, forti o deboli, influiscono sulla capacità di trascinamento delle acque e, indirettamente, sull'abrasione provocata sui detriti dagli urti e dall'attrito con il letto del fiume.

I detriti si depositano lungo il cammino oppure quando giungono nei bacini di sedimentazione, cadendo sul fondo dapprima i più pesanti seguiti dai più fini e infine, in condizioni adatte, dalle sostanze in soluzione. Ne consegue una deposizione a strati, spesso nettamente visibili e separati l'uno dall'altro. L'arrivo di nuove ondate di detriti provoca il seppellimento del materiale già depositato, sopra il quale si accumulano

34

altri strati, sino a raggiungere lungo le ere geologiche centinaia e anche migliaia di metri di spessore. Via via che il processo di sedimentazione continua, aumentano la temperatura e la pressione esercitata sugli strati inferiori che subiscono mutamenti di struttura e talora anche di composizione trasformandosi in rocce coerenti. Questo processo prende il nome di "diagenesi" e a seconda delle condizioni in cui si svolge provoca nei sedimenti una litificazione più o meno spinta, dando luogo a rocce sedimentarie compatte oppure a rocce sedimentarie più o meno incoerenti.

Se il processo di trasformazione continua nelle profondità della crosta terrestre, in adeguate condizioni di pressione e di temperatura avvengono ulteriori modificazioni che vanno sotto il nome di "metamorfismo", per cui i minerali originali scompaiono, e gli elementi chimici che li compongono si riordinano in reticoli cristallini di tipo diverso, formando minerali di altro tipo, più stabili nelle nuove condizioni di pressione e temperatura. Si formano così le rocce metamorfiche, già descritte in precedenza (Inserto A). Qualora queste rocce vengano portate in superficie per l'erosione dei livelli sovrastanti o perché sollevate da movimenti tellurici, inizia col tempo un nuovo processo di disintegrazione, seguito dai diversi stadi di trasporto e di sedimentazione prima descritti. In altre parole, cicli di distruzione e di formazione si susseguono senza soluzione di continuità da milioni di anni addietro a oggi, e avvengono tuttora sotto i nostri stessi occhi, con l'estrema lentezza tipica dei fenomeni geologici.

Per quanto riguarda specificamente le argille, agli effetti del processo di formazione esse sono distinte in due tipi, primarie e secondarie.

— Le argille primarie, dette anche residuali, si sono formate in conseguenza di una complessa alterazione della roccia madre, e si diversificano dalle altre rocce sedimentarie detritiche in quanto sono rimaste nel luogo stesso di formazione, senza subire trasporto e senza essere state soggette agli inquinamenti derivanti dai cambiamenti di ambiente. Predomina in esse il caolino, di regola in strati di limitato e variabile spessore poggianti sopra le rocce, ignee o metamorfiche, che hanno svolto la funzione di roccia madre. I componenti principali di queste rocce (feldspati, feldspatoidi e altri silicati contenenti alluminio) hanno subìto attacchi di natura chimica che ne hanno causato la caolinizzazione attraverso l'idrolisi, un lungo processo di trasformazione di tipo idrotermale, i cui molteplici aspetti non sono ancora del tutto chiariti. In linea generale, si ritiene che in ambiente acido, in presenza di acqua e di anidride carbonica, e in determinate condizioni di pressione e di temperatura, avvenga una sostituzione degli elementi che compongono i minerali. Atomi di idrogeno sostituiscono atomi di sodio, potassio e calcio che passano in soluzione nelle acque di superficie; le modificazioni che avvengono nel reticolo cristallino rendono possibile la trasformazione dei minerali in silicati idrati di alluminio, tra i quali la caolinite occupa il primo posto.

La maggiore o minore intensità dell'idrolisi dipende anche dal clima della zona essendo più forte quando aumentano la temperatura e le precipitazioni atmosferiche. In generale, le aree geografiche ricche di caolino sono caratterizzate da alta piovosità e buon drenaggio del terreno, fattori questi che tendono a rimuovere la silice e gli alcali, favorendo la presenza di minerali d'alterazione ricchi di alluminio. Giacimenti di caolino sono stati localizzati al di sotto di formazioni di carbone che hanno svolto la funzione di manto protettivo, evitandone il dilavamento.

È da aggiungere che esistono anche depositi di caolino secondario in quanto nelle passate ere geologiche le sue particelle sono state allontanate dal luogo di erosione ed alterazione della roccia madre e trasportate in bacini idrici. Il processo di trasporto non ha però provocato inquinamenti di rilievo, e il caolino si è depositato in strati uniformi su vaste aree, mantenendo pressocché inalterate le sue caratteristiche originarie e inglobando minime percentuali di impurezze.

Importanti giacimenti di caolino, residuale o secondario, sono noti in Gran Bretagna, Spagna, Francia, Germania, Cecoslovacchia, oltre naturalmente a quelli della Cina, già conosciuti nell'antichità. L'Italia è priva di giacimenti di caolino, e soltanto alcuni ristretti depositi di argille caoliniche sono stati localizzati nel Lazio.

Può essere questa un'occasione per accennare alla differenza tra caolino e argilla caolinica. In generale si usa un termine oppure l'altro a seconda del luogo e del processo di formazione, del grado di purezza e di bianchezza della materia prima: si chiama "caolino" la materia prima pura, "argilla caolinica" la materia prima avente un elevato tenore di impurezze e che ha subìto una fase di trasporto. In realtà, però, non esiste un netto confine tra i due termini, essendo l'uso dell'uno o dell'altro legato alle consuetudini locali e commerciali, dal che nascono talvolta confusioni ed errati riferimenti.

È infine da ricordare che una delle caratteristiche fondamentali del caolino e delle argille primarie caoliniche è il colore bianco, o comunque tendente al bianco, in crudo e soprattutto in cotto.

— Le argille secondarie, chiamate anche argille di trasporto, sono rocce sedimentarie il cui processo di formazione nelle trascorse ere geologiche è passato attraverso fasi di trasporto e di sedimentazione, come indicato all'inizio del presente inserto. Ad opera delle correnti d'acqua o del vento, i frammenti rocciosi sono stati trasportati dal luogo originario della roccia madre sino ai bacini di sedimentazione, e hanno subìto inquinamenti di maggiore o minore entità, inglobando impurezze di natura e dimensioni diverse, quali sostanze organiche, calcite, ossidi di ferro e così via. La composizione mineralogica e granulometrica delle argille secondarie risulta pertanto profondamente influenzata dalle modalità di trasporto, dall'ambiente di sedimentazione e dal processo di diagenesi.

Ne consegue che gli strati dei depositi argillosi possono avere caratteristiche molto differenti tra loro. In uno stesso bacino di sedimentazione possono coesistere argille non uniformi: strati di argilla calcarea possono alternarsi ad altri ricchi di ossidi di ferro, e strati ricchi di sabbia possono essere sovrapposti ad altri che ne sono privi. In ambiente marino si sono depositate argille contraddistinte talvolta dalla presenza di resti fossili, mentre in ambiente lacustre si trovano argille ricche di carbonato di calcio avente origine chimica, e di sostanze organiche spesso provenienti dalla vegetazione palustre. Non è rara la presenza di solfuri di ferro sotto forma di pirite.

Le argille secondarie sono di gran lunga più frequenti e più abbondanti delle argille primarie, e rappresentano la materia prima impiegata abitualmente dal vasaio. Di regola sono dotate di buona plasticità, e hanno la caratteristica di assumere in cottura un colore più o meno tendente al rosso (I.1.3). È tuttavia da aggiungere che in alcune località si rinvengono delle argille che pur essendo secondarie acquistano in cottura colore bianco. Ciò può dipendere dalla roccia madre, che non conteneva componenti mineralogici importanti agli effetti della colorazione, e dal fatto che durante le fasi di trasporto e di sedimentazione queste particolari argille non hanno inglobato impurezze tali da avere delle conseguenze agli effetti della colorazione. Si tratta però di casi poco comuni: l'Italia, terra ricchissima di argille secondarie che cuociono rosso, è povera di argille secondarie che cuociono bianco. Tra queste ultime si può citare la "Terra di Vicenza", chiamata impropriamente "caolino di Schio", che è un'argilla illitica di colore bianco.

Alla grande variabilità naturale della composizione dell'argilla vanno ad aggiungersi le modifiche apportate dal vasaio durante le fasi della lavorazione, e le ulteriori trasformazioni che avvengono nell'argilla du-

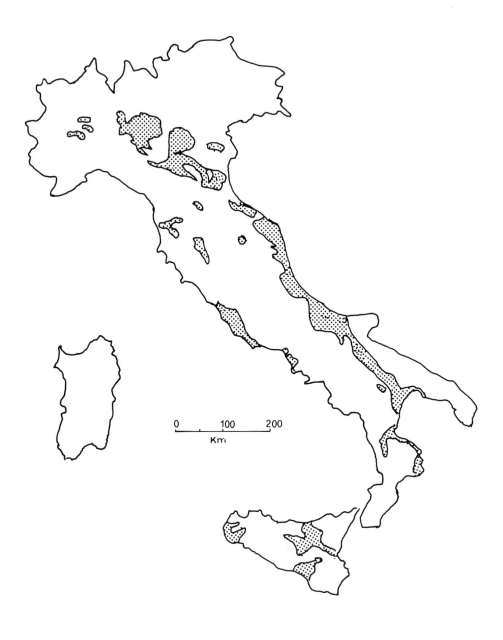

Fig. 4 - Principali bacini argillosi in Italia

rante la cottura. Tutti questi fattori si riflettono sul manufatto finito, ren-dendo incerta la possibilità di risalire dal manufatto ceramico alle aree geografiche di provenienza, qualora l'esame venga condotto soltanto a li-vello macroscopico. È pertanto necessario che le ipotesi sulla provenienza dei reperti fittili archeologici vengano suffragate da specifiche analisi di laboratorio, che permettano di accertare l'eventuale presenza di minerali fortemente indicativi di un'area geografica ristretta, e che diano la possi-bilità di determinare la concentrazione dei macro e micro-elementi che caratterizzano la materia prima (II.2.2-II.2.3, da II.3.1 a II.3.6).

I.1.3 L'ARGILLA DAL PUNTO DI VISTA TECNOLOGICO

Sotto l'aspetto tecnologico, per "argilla" si intende la materia pri-ma del manufatto ceramico, ossia una sostanza solida, inorganica, natu-rale, non metallica, da modellare a freddo e da consolidare a caldo.

È questa la definizione tradizionale che bene si adatta alle lavorazio-ni antiche, mentre altre definizioni recentemente adottate sono basate sulle innovazioni tecnologiche moderne ed esulano dal campo che qui in-teressa.

Le proprietà principali dell'argilla sono: plasticità, contrazione di volume, colorazione, refrattarietà, resistenza.

PLASTICITÀ

Sotto l'azione di una forza, quale ad esempio la pressione esercitata dalle mani del vasaio, l'argilla può essere modellata in una determinata forma dotata di grande coesione, mantenendo inalterata tale forma anche quando la pressione cessa. È questa la proprietà fondamentale dell'argil-la, che ne permette la modellazione nelle forme più svariate.

L'argilla allo stato naturale si presenta più o meno umida: per acqui-stare plasticità richiede acqua in quantità appropriata, ossia quanta ne è necessaria affinché ogni particella argillosa venga completamente avvolta da un velo acqueo. Se l'acqua, chiamata acqua d'impasto, è in difetto, l'impasto argilloso diventa friabile, mentre diventa fluido se l'acqua è in eccesso. Quando l'argilla viene lasciata essiccare, dopo l'evaporazione dell'acqua d'impasto essa perde la plasticità e ritorna allo stato secco, salvo a ritornare plastica se nuovamente inumidita (I.1.1).

La causa della plasticità dell'argilla è stata spiegata con diverse teorie, talora molto complesse e non sempre collimanti. Secondo una teoria, la plasticità è dovuta alla granulometria estremamente fine delle particelle argillose e alla forma lamellare che consente loro di slittare le une sulle altre, senza che venga a cessare la forza di coesione. Questa teoria però non è sufficiente a spiegare completamente la proprietà della plasticità, visto che non si è mai riusciti ad ottenere un impasto plastico utilizzando, ad esempio, talco o grafite, pur avendo questi materiali una struttura lamellare e una granulometria parimente fine.

Secondo un'altra teoria, la plasticità è da attribuire al carattere colloidale dell'argilla, ossia alla capacità delle particelle argillose di formare delle sospensioni stabili. In una sospensione argillosa, le particelle sono sottoposte a forze di attrazione e di repulsione che dipendono dalla quantità degli ioni (prevalentemente di sodio e di calcio) ivi presenti. Quando prevalgono le forze di attrazione (favorite dagli ioni calcio), si ha un aumento della coesione tra le particelle, e di conseguenza aumenta la plasticità. Qualora la coesione aumenti eccessivamente, le particelle argillose flocculano, ossia si agglomerano. Quando prevalgono le forze di repulsione (favorite dagli ioni sodio), la coesione è molto blanda, e la sospensione è stabile. È questo il caso della "barbottina", una sospensione argillosa di granulometria molto fine e omogenea, più o meno densa (I.2).

Una teoria più recente sostiene che la plasticità dipende principalmente dai minerali argillosi, e precisamente dalla struttura del loro reticolo cristallino. I legami più o meno stretti esistenti all'interno del reticolo, oppure la natura dei cationi interstrato, si rifletterebbero sulla maggiore o minore possibilità delle particelle argillose di slittare le une sulle altre, avvicinandosi tra loro durante l'essiccamento. Ciò sarebbe dimostrato dal diverso grado di plasticità di cui sono dotati i minerali delle argille: la caolinite, il cui reticolo cristallino ha una struttura rigida, è poco plastica. Al contrario, la montmorillonite è dotata di grande plasticità in quanto il suo reticolo cristallino è espandibile, permettendo l'inserimento di molecole d'acqua nell'interstrato tra pacchetto e pacchetto (I.1.1).

A conclusione di quanto esposto, si può ritenere che la plasticità sia dovuta a un insieme di cause: tipo e quantità dei minerali argillosi e carattere colloidale dell'argilla possono essere i fattori principali, ai quali sono da aggiungere altri fattori minori quali granulometria e forma dei componenti dell'argilla, quantità e tipo di degrassante, presenza di sostanze organiche, oltre, ovviamente, alla quantità appropriata di acqua d'impasto.

Il ruolo di questi fattori minori non è però da sottovalutare: i degrassanti quali quarzo, feldspato e "chamotte" (terracotta macinata fine, I.1.4) sono privi di plasticità, e qualora siano presenti in quantità eccessiva rendono l'argilla talmente poco plastica da impedirne la modellazione. Anche le bollicine gassose che facilmente restano all'interno dell'impasto argilloso a causa di un'insufficiente lavorazione provocano una diminuzione della plasticità, mentre le sostanze organiche hanno un effetto opposto, e tanto più sono avanzati il processo di putrefazione e lo sviluppo della flora batterica, tanto meglio viene potenziato il carattere colloidale dell'argilla.

Se un'argilla poco plastica non assume la forma voluta dal vasaio e durante l'essiccamento subisce una contrazione di volume eccessivamente rapida, altrettanti inconvenienti presenta un'argilla troppo plastica che si affloscia sotto la pressione esercitata dalle mani del vasaio, e durante l'essiccamento subisce un ritiro di tale entità da provocare delle fessurazioni. In ambedue i casi occorre apportare delle modifiche: nel primo caso si aggiunge argilla fortemente plastica, mentre nel secondo caso si aggiunge del degrassante allo scopo di dare all'argilla maggiore nerbo, ossia un forte scheletro siliceo.

Per concludere, ricordiamo che "plastico" non equivale a "lavorabile". Un'argilla è definita lavorabile quando è in condizione idonea ad essere modellata, senza richiedere modifiche. Al contrario, un'argilla troppo plastica (detta anche "grassa"), oppure poco plastica (detta "magra") non è lavorabile, e va opportunamente corretta.

CONTRAZIONE DI VOLUME

Un manufatto modellato in argilla subisce, in tempi diversi, due contrazioni di volume, una durante l'essiccamento e una durante la cottura, chiamate in gergo tecnico "ritiro in crudo" e "ritiro in cotto".

La prima contrazione è dovuta all'eliminazione dell'acqua di impasto che avviene per evaporazione: dagli strati più interni del manufatto l'acqua affiora in superficie tramite microscopici canali formatisi tra gli interstizi delle particelle argillose, e lentamente evapora. Ne consegue un restringimento della massa: le particelle argillose slittano le une sulle altre, andando a riempire gli spazi lasciati vuoti dall'acqua, e si avvicinano tra loro provocando nella massa un ritiro proporzionale alla quantità di acqua evaporata. Quando la plasticità del manufatto incomincia a diminuire perché il liquido è venuto a mancare, la scarsità di spazio e le forze di attrito che si creano tra le particelle impediscono ulteriori slittamenti e avvicinamenti, ponendo termine alla contrazione di volume. Gli interstizi rimasti liberi tra le particelle, a causa della forma irregolare delle particelle stesse e dei granuli di degrassante in particolare, restano vuoti. Si crea così la porosità, ossia una serie di microscopiche cavità all'interno dell'impasto. Durante la cottura del manufatto, il diametro di questi minuscoli pori può aumentare per dilatazione del vapore acqueo e per lo sviluppo di altri gas.

L'entità del ritiro in crudo dipende dalla composizione e dalla granulometria dell'impasto argilloso: il ritiro è tanto più forte quanto più fine e plastico è l'impasto, e quanto minore è la quantità di degrassante in esso contenuto. Ad esempio, la caolinite ha un ritiro inferiore a quello dell'illite, e di gran lunga inferiore a quello della montmorillonite.

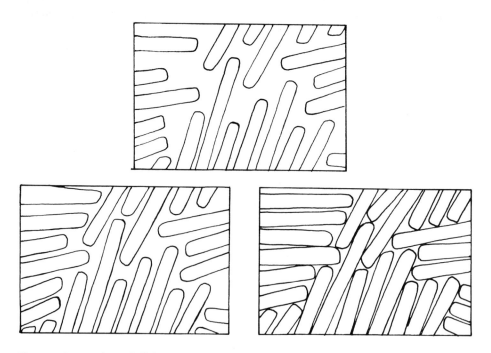

Fig. 5 - Contrazione dell'impasto argilloso durante l'essiccamento

Via via che l'acqua evapora, le particelle argillose slittano e si avvicinano tra loro.

Per evitare fessurazioni e rotture è indispensabile che la contrazione di volume avvenga in maniera graduale e uniforme: se durante l'essiccamento l'evaporazione dell'acqua d'impasto fosse troppo rapida e intensa, la superficie del manufatto, seccando, formerebbe una crosta e subirebbe una contrazione superiore a quella avvenuta nello strato interno, ancora umido, determinando tensioni superiori alla capacità di resistenza. Pericolo di rotture corre il manufatto nelle parti che abbiano differente spessore. Ad esempio, il bordo dei piatti, essendo più sottile, asciuga per primo, mentre la parte centrale del piatto, più spessa, asciuga in un secondo tempo. Ne consegue che la parte ancora umida ''strappa'' il bordo, ormai indurito, a causa dello sforzo al quale lo sottopone.

La seconda contrazione di volume avviene durante la cottura, ed è provocata dalla combustione delle sostanze organiche, dall'eliminazione dell'acqua chimicamente combinata nel reticolo cristallino dei minerali argillosi, e dalla decomposizione delle sostanze carbonatiche (I.6.2). Alle temperature di cottura relativamente basse raggiunte nelle fornaci antiche, questo secondo ritiro è di gran lunga inferiore a quello causato dall'essiccamento, dipendendo la sua entità dalla quantità e dalle caratteristiche dei minerali argillosi, delle sostanze organiche e di quelle carbonatiche, nonché da altri fattori quali tipo, quantità e granulometria del degrassante (in particolare del quarzo), e tipo e quantità delle sostanze fondenti presenti nell'argilla.

Inoltre, durante la cottura il ritiro è influenzato dalla temperatura massima raggiunta nella fornace e dal periodo di mantenimento di tale temperatura (I.6.4).

Da queste brevi annotazioni risulta chiaro che i fattori che incidono sulla maggiore o minore entità del ritiro totale sono molteplici e talmente variabili da non permettere di formulare regole generali, perlomeno per quanto attiene alla lavorazione artigiana tradizionale. A titolo indicativo, se consideriamo il ritiro lineare (ossia l'accorciamento che subiscono le dimensioni di un manufatto), possiamo calcolare intorno al 10-15% il ritiro totale, in crudo e in cotto, subito da un manufatto modellato al tornio con argilla mediamente plastica, cotto in atmosfera prevalentemente ossidante alla temperatura massima di 900°C circa.

COLORAZIONE

Un manufatto fittile ha due colori: uno in crudo e uno in cotto, ossia ha il colore dell'argilla quando è crudo, mentre quando è cotto ha il colore che l'argilla assume allorché, sottoposta a cottura, si trasforma in corpo ceramico.

Le argille secondarie hanno di solito colore grigio-verdastro, con tonalità più intense per quelle formatesi in ambiente fluviale che possono scurirsi sino al bruno-nerastro a causa della forte presenza di sostanze organiche. Di colore bruno scuro sono alcune argille marine formatesi su fondali poveri di ossigeno, come nel Mar Nero, che oltre alle sostanze organiche contengono anche solfuro di ferro sotto forma di pirite. Alcune argille hanno colore rosso, o comunque rossastro tendente al bruno, dovuto alla presenza di ossidi e idrossidi di ferro molto fini, che hanno diffuso il loro colore in tutta la roccia.

Colore bianco o tendente all'avorio hanno le argille primarie o residuali, il cui componente principale è la caolinite, colore che talvolta può essere grigio o tendente al giallo, a seconda delle modalità del processo di formazione di tali argille e a seconda della quantità di impurezze ivi rimaste inglobate.

Qualunque sia il colore dell'argilla, ossia qualunque sia il colore in crudo, esso ha relativa importanza poiché di norma non corrisponde al colore in cotto, cioè al colore che l'argilla assume quando è sottoposta a cottura. Soltanto il caolino molto puro mantiene lo stesso colore bianco in crudo e in cotto. Per tutte le altre argille il colore può subire variazioni notevoli che dipendono da molteplici fattori. Argille scure per la presenza di sostanze organiche possono acquistare in cottura vivaci tonalità rosse, mentre argille grigie o verdoline possono trasformarsi in corpo ceramico dalle tonalità giallo tenue. Argille caoliniche impure, di colore grigio o giallo, possono acquistare in cottura una bianchezza simile a quella delle argille consorelle, già bianche in crudo. Le argille rosse subiscono in cottura cambiamenti meno drastici, acquistando tonalità rosate più o meno intense a seconda delle percentuali di ossidi di ferro ivi presenti: nel caso di percentuali molto alte, si hanno manufatti dal vivace colore rosso, quali i mattoni e le tegole.

L'effetto di arrossamento provocato dagli ossidi di ferro può essere attenuato dalla presenza di calcite: se questa ha una granulometria molto fine ed è strettamente connessa ai minerali argillosi, agisce nel senso di decolorare il corpo ceramico. Questo spiega il perché le argille calcaree si trasformino in corpo ceramico dalla tinta molto chiara, dal giallo tenue al rosato, anche quando contengono degli ossidi di ferro.

Conseguenze opposte a quelle del calcare produce l'ossido di titanio, che influenza fortemente l'effetto colorante degli ossidi di ferro e ne esalta la colorazione. Anche nelle argille con basso tenore di ferro la presenza di ossido di titanio provoca colorazioni intense, vieppiù tendenti al rosso e rosso-bruno.

In sintesi, agli effetti della colorazione in cotto, il calcare, gli ossidi di ferro e l'ossido di titanio si influenzano a vicenda, condizionando il risultato finale. Questa interazione deve essere tenuta presente nella lettura dei dati forniti dalle analisi chimiche delle argille (II.3).

Altro fattore di grande importanza per la colorazione è rappresentato dall'andamento della cottura: temperatura massima raggiunta nella fornace, tempo di mantenimento di tale temperatura, atmosfera ossidante oppure riducente, sono tutti fattori che incidono fortemente sul colore finale del manufatto. I fenomeni di natura chimica che avvengono durante la cottura possono provocare ampie variazioni cromatiche, che le imperfette tecniche di cottura seguite nell'antichità contribuivano certamente ad accentuare. Conduzione non uniforme del fuoco, sbalzi di temperatura, ingressi casuali di aria nella fornace, uso di combustibili non appropriati, potevano, e possono tuttora, causare sulla superficie del manufatto zone a diversa colorazione, aloni e macchie irregolari, colpi di fuoco, effetti riducenti delimitati.

Sono comuni i casi di reperti la cui superficie abbia differenti colorazioni provocate da effetti di cottura, ad esempio, lucerne in terracotta di colore uniforme bruno chiaro ove spiccano macchie ad alone fortemente rossastro provocate da fenomeni localizzati di ossidazione. Anche i manufatti con rivestimento possono presentare analoghi fenomeni: ad esempio, vasi a vernice rossa con zone nerastre per processi circoscritti di riduzione.

Qualora manufatti aventi siffatte caratteristiche venissero rivenuti in uno scavo in frammenti non ricongiungibili, essi potrebbero dare adito all'ipotesi che si tratti di più manufatti, il che non corrisponderebbe alla realtà. Occorre pertanto tenere presenti tutte le possibili cause di variazioni cromatiche qualora si vogliano fare dei raggruppamenti di reperti archeologici basandosi sul loro colore.

REFRATTARIETÀ

L'argilla può essere sottoposta a cottura a temperature elevate senza deformarsi. Chiamata ''refrattarietà'', questa proprietà dipende dai vari componenti dell'argilla, dalla loro quantità e granulometria, che si influenzano e si condizionano a vicenda.

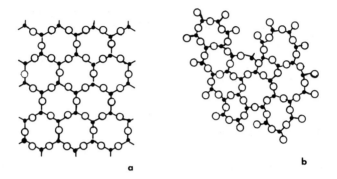

Fig. 6 - Ossido di silicio

a) Rappresentazione schematica bidimensionale del reticolo cristallino del quarzo
b) Rappresentazione schematica bidimensionale di un vetro di SiO_2 (vetro di quarzo)

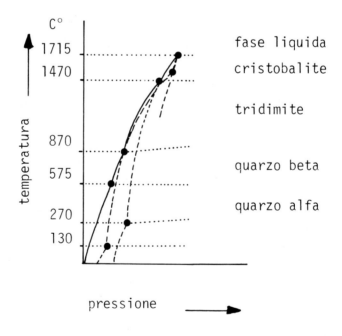

Fig. 7 - Diagramma di fase della silice

La linea continua indica le modificazioni che la silice subisce con l'aumento della temperatura. Le linee tratteggiate indicano le modificazioni subite durante il raffreddamento con il variare della pressione.

A seconda del loro comportamento al calore, le argille vengono suddivise in tre gruppi: fusibili, vetrificabili, refrattarie.

— Argille fusibili: possono sopportare il calore sino a una certa temperatura rimanendo porose, indi fondono bruscamente. Di regola sono argille marnose, o comunque contenenti un'elevata percentuale di carbonato di calcio sotto forma di calcite, che è la causa della brusca fusione. Quando la temperatura raggiunge la soglia appropriata il carbonato di calcio si dissocia, indi l'ossido di calcio si combina con la silice e con l'allumina presenti nell'impasto argilloso in quanto derivano dai silicati dell'impasto stesso e dal degrassante. Si formano silicati di calcio e di alluminio, oppure alluminati di calcio, oppure silico-alluminati di calcio, ossia dei composti che hanno ognuno un proprio punto di fusione ben definito. Poiché la reazione di decomposizione del carbonato di calcio inizia a circa $800\,°C$ per completarsi a circa $1000\,°C$ ($CaCO_3 \rightarrow CaO + CO_2$), a seconda della percentuale di calcite e dei singoli ossidi il punto di fusione delle argille calcaree può variare entro questi limiti, ben difficilmente arrivando a raggiungere $1000\,°C$.

Rientrano nelle argille fusibili le argille calcaree usate di preferenza dal vasaio nella lavorazione artigiana tradizionale.

— Argille vetrificabili: possono sopportare il calore sino a una certa temperatura rimanendo porose, indi, durante un intervallo chiamato "fase di vetrificazione" o "fase di greificazione", diventano pastose e la porosità inizia a diminuire, dopodiché interviene una brusca fusione.

Queste argille di norma non contengono carbonato di calcio, o comunque hanno un tenore di CaO e MgO non superiore al 2-3%, il che permette di evitare l'effetto bruscamente fondente di detti ossidi, consentendo altresì una fase di vetrificazione sufficientemente ampia. Poiché tale fase corrisponde all'intervallo di temperatura entro cui l'impasto inizia a rammollire sino a quando inizia a deformarsi, la temperatura ottimale di cottura di un manufatto cade in detto intervallo, non troppo vicina all'inizio, onde ridurre la porosità, e non troppo vicina al termine finale, onde evitare rischi di deformazioni. Ne consegue che tanto più ampio è l'intervallo di vetrificazione, tanto maggiore è la possibilità che il fornaciaio riesca a "centrare" la temperatura ottimale, e tanto minore è il pericolo che i manufatti escano dalla fornace poco cotti oppure troppo cotti. Occorre infatti tenere presenti le inevitabili differenze di temperatura esistenti all'interno di una fornace, soprattutto con i rudimentali sistemi di cottura usati nell'antichità (I.6.3).

L'ampiezza dell'intervallo di vetrificazione è fortemente influenzata dal tipo e dalla quantità di fondenti presenti nell'argilla, tra i quali gli alcali, che derivano dai minerali argillosi e dai feldspati del degrassante, e gli ossidi di ferro (I.1.2-I.1.4). Sia gli alcali che gli ossidi di ferro esercitano un'energica azione fondente: il loro attacco chimico sul quarzo e sui silicati di alluminio avviene gradualmente e aumenta via via che la temperatura sale. Si formano così dei silicati vetrosi che a guisa di velo aderentissimo circondano i componenti dell'impasto argilloso, soprattutto i granuli di quarzo, unendoli e cementandoli insieme. Più il processo si allunga nel tempo, più forte diventa la vetrificazione in quanto aumenta la quantità di quarzo che passa nella fase vetrosa. I migliori risultati finali si ottengono, come già detto, quando la cottura del manufatto avviene entro la fase di vetrificazione, prima che abbia inizio la deformazione.

Argille vetrificabili sono le illiti e le montmorilloniti, con punto di fusione tra 950°C e 1100°C.

— Argille refrattarie: possono sopportare il calore sino a una certa temperatura, indi subentra la fase di vetrificazione che continua sino a quando tutto l'impasto si trasforma in massa vetrosa, annullando la porosità. Il punto di fusione si trova oltre 1500°C.

Di regola queste argille hanno elevatissima percentuale di silice e alto tenore di allumina, mentre sono completamente esenti da carbonati e da altri fondenti.

Come nelle argille vetrificabili, anche in quelle refrattarie si ha una fusione vischiosa nell'intervallo di vetrificazione; il passaggio dallo stato solido allo stato pastoso e infine allo stato liquido richiede un certo lasso di tempo, a temperatura appropriata, dipendendo quest'ultima dalla composizione dell'impasto. Nelle argille refrattarie il fenomeno della vetrificazione è completo, la porosità si annulla completamente, e dopo cottura il manufatto ha corpo ceramico compatto, dotato di grande durezza e forte resistenza all'attacco chimico e all'abrasione.

Tipica argilla refrattaria è la caolinite pura, che fonde a circa 1770°C.

A conclusione di queste annotazioni, è opportuno sottolineare come il grado di refrattarietà di un'argilla possa essere aumentato o diminuito apportando delle variazioni alla sua composizione che possono essere minime quantitativamente, ma che sono molto importanti agli effetti del risultato finale. In linea di massima il grado di refrattarietà di un'argilla diminuisce quando si aggiungono fondenti quali alcali, feldspati, carbonati e ossidi di ferro, mentre aumenta quando si aggiunge quarzo.

Occorre ancora aggiungere che le argille vetrificabili e quelle refrattarie sono oggi sfruttate a livello industriale per la produzione del gres e dei refrattari speciali, mentre non rivestono grande importanza ai fini che interessano la presente trattazione, in quanto scarsamente sono state usate nell'antichità per produrre manufatti comuni, richiedendo temperature di cottura non raggiungibili nelle fornaci verticali a combustibile solido naturale usate comunemente dall'antico vasaio (I.6.3-I.6.4). La descrizione dei due gruppi di argille è stata qui inclusa per completezza d'informazione, ed anche perché il termine ''refrattario'' viene talvolta usato in campo archeologico sia come termine di confronto, sia perché in certi casi gli antichi vasai hanno effettivamente usato impasti argillosi refrattari, ad esempio nella costruzione delle fornaci.

RESISTENZA

La resistenza è la proprietà dell'argilla di resistere alle sollecitazioni ad essa impresse, per esempio dalle mani del vasaio durante la modellazione. Come indicato in precedenza a proposito della plasticità, l'argilla eccessivamente plastica non presenta resistenza sufficiente per poter essere modellata nella forma prestabilita, per cui è cascante e si affloscia. Onde renderla lavorabile, occorre aumentarne il grado di resistenza, aggiungendo del degrassante per ottenere una più consistente ossatura silicea.

Un altro tipo di resistenza è quella opposta dall'argilla al calore, già descritta a proposito della refrattarietà.

A questi differenti tipi di resistenza dell'argilla nel suo stato crudo, può essere interessante aggiungere la resistenza offerta dall'argilla dopo cottura, ossia quando si è trasformata in corpo ceramico (Inserto H). La massa di terra che, col suo peso enorme, incombe per secoli sui reperti archeologici sepolti nel sottosuolo attesta la capacità del materiale fittile di sopportare forti pressioni prima di rompersi.

In un manufatto ceramico hanno rilievo la resistenza meccanica, quella all'attacco chimico e quella al calore.

La resistenza meccanica consiste nella capacità del manufatto di reggere pesi prima di rompersi, ossia di avere un proprio carico di rottura, come viene oggi definito in linguaggio tecnico il peso, ripartito per unità di superficie, necessario per provocare la rottura di un dato materiale. In un manufatto ceramico, tale capacità dipende dal grado di compattezza: più il corpo ceramico è compatto, maggiore è la sua resistenza. A questo fine, durante la preparazione dell'impasto argilloso occorre impiegare degrassanti (soprattutto il quarzo) i cui granuli siano a spigoli vivi, per modo che questi possano legare bene con l'impasto argilloso, come una fitta tessitura (I.1.4).

Rientra nella resistenza meccanica la resistenza all'abrasione, ossia all'asportazione dello strato superficiale del manufatto, provocata da una ripetuta azione di attrito. Sopra un reperto archeologico, l'abrasione può essere stata provocata dall'uso quotidiano e, in un secondo tempo, da materiali spigolosi quali i sassi, o da materiali finemente abrasivi quali le sabbie, con i quali esso è stato a contatto durante la sua sepoltura nel sottosuolo.

La resistenza all'attacco chimico è in funzione della composizione chimica del corpo ceramico e della sua porosità: se il manufatto è molto poroso, la sua superficie resta facilmente intaccata dall'azione corrosiva delle sostanze acide con cui viene a contatto. Per migliorarne la resistenza, occorre utilizzare degrassanti di granulometria non uniforme, dimodoché i granuli, essendo difformi l'uno dall'altro, possano inserirsi ed adattarsi tra loro, formando una struttura abbastanza serrata. Quando il manufatto è ricoperto da un rivestimento, l'attacco chimico interessa quest'ultimo, come nel caso della vernice piombifera, facilmente alterabile al contatto con acidi, grassi, etc.

La resistenza al calore è importante per la ceramica utilizzata per la cottura delle vivande, a diretto contatto col fuoco. Al riguardo, occorre tenere presenti i parametri che condizionano la resistenza al calore, quali i coefficienti di dilatazione dei vari componenti del corpo ceramico (soprattutto il quarzo), la durata dell'esposizione al fuoco e la temperatura cui viene assoggettato il manufatto. Occorre pure valutare i fattori che influiscono sulla resistenza agli sbalzi di temperatura, quali l'entità degli sbalzi e la temperatura alla quale avvengono questi sbalzi. Per ottenere un manufatto dotato di buona resistenza al calore e alle variazioni di temperatura, occorre impiegare impasti argillosi refrattari (Inserto E).

Per ultimo, accenniamo alla resistenza al gelo, importante per i materiali da costruzione, in particolare per le tegole, le antefisse, gli acroteri ed altri elementi decorativi collocati sui tetti, maggiormente esposti alle intemperie e alle variazioni di temperatura diurne e stagionali.

INSERTO C

LA SCALA DI MOHS

Dal punto di vista mineralogico, la durezza è la resistenza che un minerale oppone alla scalfittura. È dunque una proprietà che dipende dal grado di maggiore o minore compattezza del minerale, e che riveste grande importanza agli effetti pratici. Sebbene per misurare la durezza esistano apposite apparecchiature denominate "sclerometri" (II.5), è difficile ottenere misure di assoluta precisione poiché la qualità della punta che scalfisce, la sua forma e l'inclinazione, possono causare variazioni notevoli. Pertanto, si ricorre di preferenza ai valori della scala di Mohs, che rappresentano il risultato di misure empiriche.

La scala di Mohs è fondata sul principio che il minerale più duro scalfisce quello più tenero. I termini sono 10: ogni minerale scalfisce l'inferiore, ed è a sua volta scalfito da quello superiore.

1. TALCO	6. ORTOCLASIO
2. GESSO	7. QUARZO
3. CALCITE	8. TOPAZIO
4. FLUORITE	9. CORINDONE
5. APATITE	10. DIAMANTE

Si ricorre anche a valori intermedi quali 2,5; 3,5; etc.

Per fare un esempio, si dice che un minerale, come il topazio, ha durezza 8 se scalfisce il quarzo ma è scalfito dal corindone. I primi due termini della scala di Mohs, talco e gesso, possono essere scalfiti con l'unghia; i tre successivi con una punta di acciaio; i minerali dall'ortoclasio al diamante non possono essere scalfiti neanche dall'acciaio.

I.1.4 MATERIE PRIME COMPLEMENTARI, DEGRASSANTI E FONDENTI

Nei capitoli precedenti si è avuto occasione di fare uso di termini quali "degrassante" e "fondente", il cui significato è forse opportuno approfondire.

L'argilla, materia prima fondamentale in campo ceramico, richiede talvolta l'aggiunta di materie prime complementari per raggiungere i requisiti necessari per una buona modellazione e cottura. È però da tenere presente che tali materie possono già essere presenti nell'argilla per via naturale, mentre vengono aggiunte di proposito dal vasaio quando ne occorre una maggiore quantità per la lavorazione ceramica. Pertanto non è possibile, salvo casi particolari, dedurre dalla loro presenza l'intervento o meno del vasaio nella preparazione dell'impasto argilloso; soltanto un accurato esame del reperto fittile al microscopio può talvolta permettere di avanzare delle ipotesi al riguardo.

A seconda della loro funzione, le materie prime complementari vengono distinte in degrassanti e in fondenti, sebbene alcuni ceramologi ritengano che i fondenti debbano essere inclusi tra i degrassanti, nel qual caso vengono distinti due tipi di degrassante, l'inerte e il fondente.

DEGRASSANTI

Chiamati anche con altri termini dal significato equivalente quali "sgrassanti", "smagranti", "inclusi" e "frazione sabbiosa", i degrassanti servono a diminuire la plasticità dell'argilla quando è eccessiva, dando all'impasto argilloso maggiore nerbo, ossia una maggiore resistenza in crudo. Alla diminuzione della plasticità corrisponde minore contrazione di volume, e di conseguenza minore rischio di rotture durante la fase dell'essiccamento del manufatto.

I degrassanti più comuni sono la silice sotto forma di quarzo e la chamotte, ambedue definiti "inerti" perché la loro funzione principale consiste nel ridurre la plasticità, e perché, alla normale temperatura di cottura dei manufatti, non subiscono trasformazioni di rilievo conservando inalterate le caratteristiche originarie. Meno comuni del quarzo, o almeno accidentali, sono le miche e altri minerali presenti nelle sabbie naturali.

Il quarzo è il degrassante per antonomasia, tanto è vero che quando non viene specificato altrimenti, per "degrassante" si sottintende il quarzo. Facendo parte dei minerali delle sabbie, esso è sempre presente nelle argille, in quantità variabile e talora molto elevata, perché tale è la composizione naturale dell'argilla (argille limose, I.1.2), o perché il vasaio ha aggiunto intenzionalmente una forte percentuale di degrassante, ad esempio per ottenere un impasto refrattario.

All'innalzarsi della temperatura, a 575°C il quarzo passa dalla forma alfa alla beta con incremento di volume, aumentando la dilatazione totale dell'impasto e rendendo più o meno facile l'accordo dilatometrico con il rivestimento del manufatto. L'elevata dilatazione termica del quarzo può essere vantaggiosa qualora anche il rivestimento subisca in cottura una forte dilatazione, come avviene nei rivestimenti alcalini di manufatti cotti in monocottura (Inserto G).

Nei reperti archeologici, l'esame macroscopico e soprattutto quello microscopico permettono di rilevare che il quarzo utilizzato come degrassante ha di regola una granulometria molto variabile, avendo dimensioni micrometriche e/o millimetriche a seconda dei manufatti. Data l'importanza di questo componente così comune delle argille, si ritiene utile proporre una classificazione analoga a quella in uso per le rocce detritiche (Inserto A), ma adattata a micro-misure, e basata su un'ampia serie di misurazioni eseguite per mezzo del microscopio stereoscopico su un vasto numero di reperti archeologici selezionati per questo specifico scopo. Va da sé che la classificazione qui proposta non ha carattere definitivo, potendo essere oggetto di ulteriori conferme ed eventualmente di modifiche.

— degrassante finissimo: la maggioranza dei granuli hanno una granulometria inferiore a 0,05 mm;
— degrassante fine: la maggioranza dei granuli hanno una granulometria compresa tra 0,05 e 0,15 mm circa;
— degrassante medio-fine: la maggioranza dei granuli hanno una granulometria compresa tra 0,15 e 0,30 mm circa;
— degrassante grossolano: la maggioranza dei granuli hanno una granulometria superiore a 0,30 mm

Come meglio descritto nell'analisi al microscopio stereoscopico (II.2.1), l'esame della granulometria del degrassante può servire a formulare un giudizio sull'uniformità o meno del corpo ceramico: se i granuli di degrassante hanno in prevalenza dimensioni simili, il corpo ceramico può essere giudicato "uniforme"; se divergono notevolmente tra loro, il corpo ceramico può essere giudicato "poco uniforme" o "non uniforme".

In una descrizione appropriata del degrassante presente nei reperti fittili archeologici, accanto all'esame granulometrico dovrebbe trovare posto l'indicazione del colore: il quarzo è trasparente oppure bianco lattescente, sebbene talvolta possa essere colorato, dal giallo tenue al brunastro ai colori più svariati, a seconda delle impurezze contenute. È dotato di lucentezza vitrea, è privo di sfaldatura e ha una netta frattura concoide.

Secondo al quarzo per importanza è l'altro degrassante inerte, la chamotte, come viene comunemente chiamata, con un termine francese ormai entrato nell'uso comune, la terracotta macinata fine. Si tratta di frammenti di terracotta (ossia di puro e semplice corpo ceramico senza rivestimento), ridotti in polvere più o meno fine a seconda delle attrezzature disponibili e del tempo impiegato per la macinazione. Chiamata anche "biscotto macinato" oppure "cotto macinato", la chamotte è un ottimo degrassante e non apporta alcun cambiamento alla composizione chimica dell'impasto argilloso. È sempre colorata, abitualmente nella tonalità più o meno intense del rosso, tipiche della terracotta.

La chamotte costituisce uno dei pochi casi in cui è possibile provare con sicurezza l'intervento del vasaio nella composizione dell'impasto argilloso utilizzato per modellare il manufatto. Essendo ovviamente un'aggiunta artificiale, con la sua presenza essa dimostra senza ombra di dubbio che il vasaio ha modificato intenzionalmente l'argilla che aveva a disposizione. La presenza di chamotte nel corpo ceramico è rilevabile in qualche caso ad occhio nudo, più chiaramente al microscopio stereoscopico e soprattutto mediante l'analisi microscopica su sezioni sottili (II.2.2).

FONDENTI

Le materie prime complementari contenute nell'argilla che ne abbassano il punto di fusione sono chiamate "fondenti". Esse svolgono anche un'azione degrassante, ossia contribuiscono a diminuire la plasticità dell'argilla, ma questa loro proprietà è secondaria, mentre è principale e di gran lunga più importante la loro azione fondente. Tali materie prime sono principalmente i feldspati, gli ossidi di ferro, il calcare e il talco.

I feldspati sono una delle famiglie più importanti di minerali, e dal punto di vista della composizione chimica sono considerati dei silicati di alluminio con potassio (Ortoclasio), oppure sodio (Albite), oppure calcio (Anortite). Agli ossidi di ferro e al calcare si è già avuto occasione di accennare (I.1.2). Il talco è un silicato di magnesio, dal potere fondente molto blando.

Durante la cottura, queste materie prime passano progressivamente allo stato dapprima pastoso indi fluido, talora attaccando gli altri componenti dell'impasto argilloso, in particolare i granuli di quarzo, e avvolgendoli con un sottile velo vischioso che a raffreddamento avvenuto li unisce e li cementa in un'unica massa. Tali materie vengono quindi coinvolte drasticamente nel processo di cottura del manufatto, e subiscono di regola trasformazioni profonde, mutando le loro caratteristiche originarie.

La proprietà dei fondenti di agire sul processo di fusione dell'argilla è chiamata "potere legante", ed è molto importante agli effetti del risultato finale in quanto permette di ottenere un corpo ceramico relativamente compatto, talvolta anche con le semplici tecniche di lavorazione seguite nell'antichità, e alle temperature di cottura relativamente basse che si potevano ottenere nelle fornaci verticali a combustibile solido naturale (I.6.3).

Considerazioni finali

Pare opportuno sottolineare quanto segue:

a) come si è già avuto occasione di notare, degrassanti e fondenti possono essere presenti nell'argilla naturalmente oppure perché aggiunti ad arte dal vasaio.

A parte il caso della chamotte che rappresenta sempre un'aggiunta intenzionale, soltanto in casi particolari l'intervento del vasaio nel modificare la composizione dell'argilla può essere provato con sicurezza, ad esempio qualora si riscontri nel manufatto in esame la presenza di degrassanti ben caratterizzabili, quali possono essere dei minerali bene definiti, tipici di particolari aree geografiche, che abbiano caratteristiche specifiche oppure che siano presenti in quantità tali da escludere una loro deposizione naturale insieme agli altri componenti dell'argilla.

Un altro esempio può essere rappresentato da manufatti il cui degrassante sia composto da granuli quarzosi che presentano nette fratture concoidi, con spigoli vivi, un tipo di frattura che allude chiaramente a sabbia macinata o pestata fine.

Negli altri casi, l'intervento del vasaio resta allo stato di ipotesi.

b) Un'indagine condotta a livello macroscopico è necessariamente incompleta, e per quanto possa essere accurata, essa resta condizionata dalle limitazioni della percezione visiva umana.

È pertanto opportuno adottare come metodo usuale di lavoro l'esame al microscopio stereoscopico, ricorrendo ogniqualvolta sia possibile anche all'esame microscopico in luce polarizzata su sezioni sottili (II.2.1-II.2.2).

INSERTO D

ARGILLA - CRETA - TERRA

Già nella Naturalis Historia *di Plinio, (App. 1.2), i nomi* argilla, creta, terra *sono usati con significato talvolta equivalente, talvolta contrastante, e dopo Plinio molti altri autori hanno continuato a confondere i tre termini tra loro, spesso accettando delle definizioni generiche, senza porsi alcun problema di indagine. Basti qui ricordare Isidoro di Siviglia che nel VII secolo definiva l'argilla:* ab Argis vocatam apud quod primum ex ea vasa confecta sunt, *e la creta:* ab insula Creta ubi melior est, *(App. 1.6) e Piccolpasso che nel XVI secolo usava il termine "terra" per designare l'argilla, semplicemente differenziando la "terra da testi", ossia per pignatte da cucina, da quella "da vasi" (App. 3.3). Nei dialetti dell'Italia meridionale, ad esempio in Puglia e in Sicilia, il termine "creta" prevale tuttora, e viene usato per indicare qualsiasi tipo di argilla venga adoperato dal vasaio.*

Non sorprende quindi che ancora ai giorni nostri i tre termini vengano spesso usati indifferentemente uno per l'altro, causando talvolta confusioni e incomprensioni. Senza alcuna pretesa di riuscire ad unificare le numerose differenti opinioni al riguardo, si ritiene opportuno segnalare allo studente il significato attribuito a questi tre termini dai geologi, dai mineralogisti e dagli altri specialisti del campo.

ARGILLA: è un materiale solido, inorganico, naturale, non metallico, dotato di plasticità, da modellare a freddo e consolidare a caldo, composto essenzialmente da particelle di dimensioni di pochi micron, formate da minerali delle argille, da minerali delle sabbie e da altre sostanze quali carbonati, composti del ferro, sostanze organiche (I.1.1-I.1.2-I.1.3; Inserto A; Inserto B). L'argilla è la materia prima usata dal vasaio per modellare i manufatti ceramici.

CRETA: corrisponde a "calcare" a grana fine, una roccia sedimentaria composta essenzialmente dal minerale calcite, ossia da carbonato di calcio. Geologi e mineralogisti non usano di regola il termine "creta" considerandolo impreciso, e vi ricorrono soltanto in casi particolari, ad esempio per indicare il calcare bianco friabile, chiamato in francese craie, che si è formato in alcune zone della Francia (bacino di Parigi) grazie all'accumulo di microscopici gusci calcarei di organismi unicellulari vissuti nelle passate ere geologiche, e che viene oggi utilizzato, tra l'altro, per pulire metalli e per gessetti da lavagna. Il termine "cretaceo" o "cretacico" viene usato per indicare un periodo geologico e le rispettive formazioni rocciose di quel periodo, composte prevalentemente da calcari di vario tipo. In Italia sono molto diffusi i terreni cretacei, rappresentati da calcari che assumono differenti nomi geologico-formazionali oppure locali, quali "maiolica" in Lombardia, "biancone" nel Trentino, calcari bianchi stratificati in Puglia, Lucania e Calabria, calcari grigi in Sicilia, e così via.

Agli effetti della lavorazione ceramica il calcare non è utilizzabile mancando del requisito fondamentale che è la plasticità: se ridotto in polvere e inumidito, esso forma una massa appiccicosa, non plastica, che non può essere modellata né a mano né al tornio. Se sottoposto a cottura, il calcare si trasforma in ossido di calcio, la cosiddetta calce viva, utilizzata per preparare la malta da costruzione.

Come si è già avuto occasione di annotare (I.1.2), il calcare è di regola presente in quantità variabili nell'argilla, e ne costituisce un importante componente. Da solo, il calcare non è però utilizzabile ai fini ceramici. Pertanto l'uso del termine "creta" è da ritenere improprio.

TERRA: è un termine che non ha un preciso valore nella nomenclatura scientifica, usato per indicare sostanze polverulente e incoerenti quali i pigmenti colorati naturali e alcune specie di argilla. La composizione di queste sostanze è estremamente variabile. Per fare alcuni esempi, la "terra di Siena" è una roccia sedimentaria di colore giallo, ricca di ossidi e idrossidi di ferro. Simile nella composizione è la "terra d'ombra", una varietà di ocra gialla, anche essa ricca di composti del ferro. La "terra di Vicenza" è un'argilla illitica, di colore biancastro, con molte impurezze. La "terra da fonderia" è una sabbia silicea con piccole quantità di minerali argillosi, molto refrattaria, usata per la preparazione degli stampi da fonderia. La "terra di Olanda" è un'argilla di buona qualità proveniente dalla zona del Reno verso Coblenza, così chiamata perché in passato veniva spesso spedita via mare con imbarco in Olanda. La "terra di Spagna" è un'argilla ricca di minerali argillosi di tipo montmorillonitico, usata come chiarificante per i vini troppo densi.

Da questi esempi risulta chiaro come sotto la denominazione "ter-

ra" vengano raggruppati molti materiali che in realtà hanno poco in co-
mune, essendovi incluso anche l'humus del terreno agricolo, cioè il com-
plesso di materie organiche (colloidi organici) derivanti dalla decomposi-
zione di residui vegetali ed animali, ad opera soprattutto dei batteri.

Agli effetti della lavorazione ceramica il termine "terra" non può
essere accettato come sinonimo di argilla, per cui l'uso di questo termine,
analogamente a quello di "creta" è da ritenere improprio in tal senso.

I.2 PREPARAZIONE DELL'ARGILLA

Luogo di estrazione dell'argilla è la cava. A seconda dell'area geografica in cui è ubicata, la cava presenta caratteristiche sue proprie che rispecchiano la giacitura e la composizione della roccia che viene estratta dal
suo interno. Le zone di pianura dell'Italia meridionale sono ricche di depositi di argille di tipo secondario, di recente e piuttosto fine sedimentazione; le zone collinose abbondano di argille marnose, di formazione
geologicamente più antica.

In una cava, estensione e profondità degli strati di materia prima
idonea ad essere utilizzata sono molto variabili, dipendendo dalla formazione geologica dell'area (Inserto B). Lo sfruttamento, più o meno intenso, dipende anche dai metodi di estrazione. Nell'antichità si può ragionevolmente supporre che venissero impiegati sistemi analoghi a quelli seguiti nel nostro Meridione sino all'inizio del secolo: con arnesi adatti quali piccone, badile, vanga, viene dapprima rimosso lo strato di terreno superficiale, chiamato "sterile" in linguaggio tecnico, composto prevalentemente da humus nel quale le piante e i vegetali affondano le radici,
nonché da sabbia, ghiaia, ciottoli, etc. Quando si individua lo strato di
argilla utilizzabile, si allarga lo scavo creando un fossato a cielo aperto, e
via via che il livello dello scavo si abbassa, lo scavatore incide dei gradini

nella parete della cava, e per quelle scale improvvisate porta a spalla l'argilla dentro secchie o grosse ceste. L'estrazione dell'argilla può essere fatta anche in galleria, come nelle miniere di carbone, ma questo sistema presenta forti difficoltà tecniche, ed è poco probabile che fosse praticato nell'antichità.

Altra fonte di provenienza dell'argilla è costituita dalle sponde dei fiumi, come descrive Piccolpasso:

"... Usano gli huomeni de l'arte de' vasi nella città di Urbino la terra che si coglie per il letto del Metauro, e quella colgano più ne l'istate che per altri tempi. E tensi tal muodo nel coglierla. Quando cascano le piogge ne l'Apennino, alla radice del quale nascie detto fiume, ingrossano le sue aque e si fano torbide; e cossì torbide, camminando per i suoi letti, lassano quelle parti più sutili di tereno che, nel venire allo in giù, rubbano a questa et a quella sponda. Ingrossano, queste parti, su per la arene di detto fiume un piede o doi. Queste colgonsi et se ne fanno montoni per il detto letto. Molti sono che le lassano secare al sole e dicano che si regano meglio nel lavorarle, altri dicano che si purgano, perché, poste cossì secche nei terai, o voglian dire conserve, dove si tengano, convien di nuovo molarle, cossì, rimescolandosi si fanno più pure. L'una e l'altra sorte ho veduto adoperare io senza cogniosciarvi molta diferenza."
(C. PICCOLPASSO, *Li tre libri dell'arte del vasaio*, Firenze 1976, p. 35. Vedere App. 3.3).

L'essiccamento al sole cui allude Piccolpasso nelle ultime righe del brano riportato viene comunemente chiamato "stagionatura": le zolle di argilla, provenienti dalle sponde del fiume o dalla cava, vengono lasciate all'aperto, esposte all'azione degli agenti atmosferici per un periodo di tempo che varia a seconda del clima e delle abitudini locali, e soprattutto a seconda della composizione dell'argilla e del tipo di produzione cui essa è destinata. L'esposizione al sole, alla pioggia, al gelo, provoca la putrefazione delle sostanze organiche contenute nelle zolle, e il processo putrefattivo influenza il grado di plasticità dell'argilla, in quanto produce un colloide organico che aumenta il carattere plastico dei minerali argillosi. È noto che in Cina, seguendo antiche tradizioni, si usava sottoporre il caolino a una stagionatura estremamente lunga, dell'ordine anche di un centinaio di anni. Tale procedimento trova spiegazione qualora si consideri che si tratta di caolino di tipo residuale, scarsamente plastico: la lunga esposizione all'azione degli agenti atmosferici provoca la formazione della flora batterica necessaria a conferirgli sufficiente plasticità per poterlo lavorare al tornio (Inserto B; I.1.3).

Durante la stagionatura avviene anche una prima purificazione chimica che consiste nell'ossidazione della pirite (solfuro di ferro), spesso presente nell'argilla: si formano solfati solubili in acqua che possono facilmente essere dilavati ed asportati dalle acque piovane. Qualora la pirite, sia pure in minuscoli frammenti, non venga eliminata durante la preparazione dell'argilla, essa resta incorporata dentro il manufatto e durante la cottura si decompone, dando luogo a una serie di reazioni chimiche che, come risultato finale, possono provocare la formazione di macchie e di efflorescenze sulla superficie del manufatto (I.6.2).

Dopo la stagionatura, l'argilla viene sottoposta a depurazione per eliminare materiali estranei eterogenei, quali frammenti di rocce e minerali di inadatte dimensioni, fossili, resti vegetali, etc., la cui presenza è dannosa durante la modellazione e la cottura del manufatto. In epoca preistorica si può supporre con ragionevole certezza che il vasaio non si ponesse il problema della purificazione dell'argilla, utilizzando la materia prima come rinvenuta in natura, senza complessi trattamenti di depurazione. In epoca greca e romana l'abbondanza di manufatti di tipo fine induce invece a presumere un'accurata preparazione dell'argilla. Infatti, benché argille di granulometria molto omogenea esistano anche allo stato naturale, esse non sono molto comuni, ragione per cui è accettabile l'ipotesi di una depurazione ad opera dell'antico vasaio, almeno in linea generale.

La depurazione, o raffinazione, può essere eseguita con vari metodi, tra i quali vengono qui indicati i più comuni.

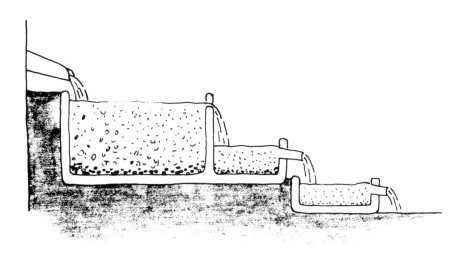

Fig. 8 - Preparazione dell'argilla. Levigazione in acqua corrente

— Per sedimentazione in acqua ferma.

L'argilla viene posta dentro appositi recipienti (vasche, grossi bacili, etc.) con abbondante acqua e ben rimescolata. Si lascia trascorrere un opportuno intervallo di tempo onde permettere ai materiali più pesanti di depositarsi sul fondo del recipiente, indi con una ciotola, preferibilmente dal fondo piatto, si preleva la parte liquida superficiale, facendo attenzione a prendere soltanto quella, senza smuovere i materiali sedimentati sul fondo che verranno poi scartati. Si ottiene così la "barbottina" così chiamata dal francese *barbotine*; Piccolpasso usa il termine "barbatina" e la paragona all'unguento (App. 3.3). È questa una sospensione argillosa di granulometria molto fine ed uniforme, più o meno densa a seconda del rapporto tra le quantità di argilla e di acqua, preparata dal vasaio in maniera più o meno accurata a seconda degli usi cui è destinata (tra gli usi rientra anche la decorazione a rilievo, vedi I.5).

Un sistema più progredito di sedimentazione in acqua ferma consiste nell'utilizzare recipienti muniti, a una certa altezza dal fondo, di apposita bocchetta di scarico. Quando si apre lo scarico, la barbottina fuoriesce, e tanto più in alto è posta la bocchetta di scarico rispetto al fondo del recipiente, tanto maggiore è la finezza delle particelle argillose rimaste in sospensione.

— Per levigazione in acqua corrente.

L'argilla viene messa dentro il primo di una serie di recipienti, collegati l'uno all'altro e collocati in posizione degradante. L'acqua scorre dal primo recipiente verso il secondo, e così di seguito, trasportando con sè le particelle argillose che sono per loro natura le più fini, mentre quelle di maggiori dimensioni o più pesanti si depositano sul fondo dei recipienti. Quanto più lento è lo scorrimento dell'acqua e quanto maggiore è il numero dei recipienti degradanti, tanto più fine è la barbottina che si ottiene alla fine del processo di raffinazione.

— Per setacciatura.

L'argilla, stemperata in acqua, viene fatta passare attraverso uno o più setacci. Quanto più fitte sono le maglie del setaccio, tanto più fine è la barbottina ottenuta al completamento del procedimento.

Va da sè che questi metodi possono essere usati in combinazione. Ad esempio, con una rapida sedimentazione si ottiene una prima grossolana depurazione, e con una successiva setacciatura si arriva ad avere un'argilla estremamente raffinata. Oppure il procedimento può essere invertito, qualora siano disponibili soltanto setacci a maglie grosse.

Qualunque sia il trattamento adottato, la barbottina per poter essere utilizzata deve consolidarsi, ossia perdere l'acqua in eccedenza. A tale scopo possono essere attuati diversi sistemi, a seconda della quantità di materiale, del clima locale, della stagione, e così via. Di regola si ricorre a superfici piane ed ampie (dal piatto alla vasca poco profonda), in modo da facilitare l'evaporazione dell'acqua: la barbottina viene lasciata decantare, sedimentando in acqua ferma, sino a quando tutto il materiale, comprendente anche i minerali argillosi più fini, si è depositato sul fondo. L'acqua in eccedenza forma uno strato in superficie e può essere tolta con una qualsiasi ciotola, oppure può essere lasciata evaporare per via naturale, il che richiede un lasso di tempo proporzionale alla quantità di liquido presente. Se il vasaio intende utilizzare subito l'impasto, è sufficiente che la barbottina si rassodi sino a formare una massa dalla consistenza adatta per la lavorazione; in caso contrario può essere lasciata riposare sino all'essiccamento completo, formando delle sfoglie di spessore variabile che il vasaio può immagazzinare in luogo adatto per utilizzarle quando necessario. Ovviamente al momento dell'uso occorrerà aggiungere all'argilla una quantità appropriata di acqua in modo da farla ritornare plastica al punto giusto.

In alcuni casi, per rendere l'argilla lavorabile è necessario aggiungere non soltanto l'acqua ma anche altri materiali che ne correggano o ne migliorino alcune caratteristiche. Come si è già avuto occasione di annotare (I.1.2 e Inserto B) l'argilla ha una composizione mineralogica molto variabile, ragione per cui alcuni tipi possono essere lavorati tali e quali o subito dopo le operazioni di stagionatura e di depurazione, mentre altri richiedono ulteriori trattamenti. Un'argilla troppo ''grassa'', ossia troppo plastica, richiede l'aggiunta di degrassanti (I.1.4) per acquisire una maggiore resistenza, mentre un'argilla troppo ''magra'', ossia insufficientemente plastica, deve essere corretta con l'aggiunta di altra argilla molto ricca di minerali argillosi. Sta all'esperienza del vasaio giudicare se e quali modifiche debbano essere apportate all'argilla, anche in relazione al tipo di produzione cui essa è destinata. Le modifiche vengono di regola effettuate dopo l'operazione della depurazione, aggiungendo degrassante supplementare oppure argilla molto plastica. Si ottiene così il cosiddetto ''impasto'' che rappresenta il risultato delle modifiche apportate dal vasaio. In linguaggio tecnico moderno, il termine ''impasto'' viene comunemente usato per indicare l'argilla lavorabile, pronta per essere modellata, sebbene sia comune anche il termine "pasta".

L'aggiunta del degrassante può anche essere fatta durante l'operazione della battitura dell'argilla o in altro momento: ben poco sappiamo dei procedimenti effettivamente seguiti nell'antichità, e sebbene le nostre ricostruzioni siano basate sui metodi praticati dai vasai primitivi tuttora in uso nelle aree sottosviluppate, dobbiamo riconoscere che l'antico vasaio potrebbe avere applicato degli accorgimenti a noi oggi sconosciuti.

Prima di iniziare la modellazione del manufatto, il vasaio sottopone l'argilla a un trattamento di degassamento che ha lo scopo di eliminare le bollicine d'aria formatesi quando l'argilla è stata inumidita e rimaste intrappolate nell'impasto. Seppure di minime dimensioni, le bollicine gassose possono provocare delle imperfezioni durante la lavorazione sia a tornio sia a calco, così come possono creare all'interno del corpo ceramico zone di minore consistenza, facilmente soggette a rotture. L'operazione di degassamento viene eseguita mediante battitura con i piedi che ha anche lo scopo di rendere omogeneo l'impasto argilloso, trattamento questo già praticato dai vasai egizi, come dimostrano alcune rappresentazioni sulle pareti di tombe di Tebe del II millennio a.C. L'impasto argilloso umido è collocato per terra, in luogo pulito e ben spazzato, e il vasaio lo pesta per alcune ore, con ritmata cadenza, chinandosi a togliere i sassolini residui e altri corpi estranei eventualmente presenti, di cui avverte la presenza sotto la pianta dei piedi.

Quando l'impasto argilloso è diventato omogeneo, il vasaio lo suddivide in piccole masse dalle dimensioni adatte ai manufatti che ha intenzione di modellare. Prima di essere foggiata, a mano oppure a tornio o a calco, ognuna di queste piccole masse di argilla riceve un ulteriore trattamento, questa volta eseguito dalle mani del vasaio. Seguendo una tradizione viva tuttora, il vasaio strappa l'argilla in più parti che poi riunisce in unica palla, la schiaccia comprimendola, a strappi la divide ancora, riunisce di nuovo le parti colpendole col pugno e con la mano aperta. Questa serie di torsioni e di colpi ha lo scopo di migliorare l'omogeneità dell'impasto e liberarlo dalle bollicine d'aria ancora occluse nel suo interno. L'impasto argilloso è ora pronto per essere sottoposto alla modellazione.

INSERTO E

CERAMICA DA FUOCO E CERAMICA DA ACQUA

Una distinzione fondamentale dei manufatti ceramici, valida ieri come oggi, può basarsi sulla loro funzione: ceramica da fuoco e ceramica da acqua.

— La ceramica da fuoco è rappresentata dai manufatti utilizzati per cuocere vivande, che sopportano senza rompersi il contatto diretto e ripetuto con il fuoco, e che non temono né calore né sbalzi di temperatura, purché non eccessivamente violenti. Quanto ai parametri che condizionano la resistenza al calore, essi sono già stati trattati nel capitolo riguardante i diversi aspetti della resistenza (I.1.3). I manufatti in questione sono modellati con argilla ricca di sabbia quarzosa e di ossidi di ferro, povera di calcare e di fondenti quali gli alcali. Ne risulta un impasto refrattario, molto magro e dotato di scarsa plasticità, che, con i sistemi di lavorazione antichi, veniva necessariamente modellato in forme grossolane, come si rileva nelle pignatte riportate alla luce dagli scavi archeologici, contraddistinte dallo spessore della forma nonché dalla grossolanità e dallo scarso grado di coesione del corpo ceramico. È da ricordare che oggi, seguendo le tecniche moderne, gli impasti fortemente magri usati per la ceramica da fuoco vengono preparati con degrassante di granulometria molto fine per ottenere un buon grado di compattezza, e i manufatti vengono sottoposti a cottura ad alta temperatura, tutto il contrario del procedimento seguito per le pignatte modellate nell'antichità, per cui non sorprende il loro scadente livello qualitativo.

Le pignatte restituite dagli scavi sono in terracotta, senza alcun rivestimento. La mancanza di un rivestimento è comprensibile e giustificata dal punto di vista pratico, poiché sotto l'azione del fumo un'ingobbiatura avrebbe rapidamente perduto il suo carattere ornamentale, mentre un rivestimento vetroso avrebbe mal sopportato il contatto diretto con il fuoco e facilmente sarebbe andato incontro a fessurazioni e rotture.

Sotto il profilo archeologico, la ceramica da fuoco rientra nella ceramica domestica, talvolta chiamata "ceramica acroma". Può essere questa un'occasione per rilevare che tale termine non è appropriato in quanto la terracotta non è mai acroma, bensì ricca di colori che variano dal giallo-bruno al bruno più o meno intenso, cui si aggiungono talvolta colpi di fiamma rossastri e aloni bruno scuro. Il termine "acromo" per definire la ceramica da fuoco è quindi da evitare, se si vuole descrivere il reperto con termini che rispecchiano la realtà. (Per l'identificazione del colore mediante confronto visivo si rimanda a II.1.4).

— La ceramica da acqua comprende i manufatti destinati sia a contenere liquidi sia ad altri usi, dal decorativo al devozionale, svolgendo molteplici funzioni per uso domestico e di lavoro. Il termine "ceramica da acqua" va quindi inteso nel senso che essa non sopporta contatti diretti e ripetuti col fuoco, avendo caratteristiche fisico-chimiche differenti da quelle della ceramica da fuoco. L'argilla usata per modellarla è infatti meno ricca di silice, più ricca di calcare, di alcali e soprattutto più ricca di minerali argillosi che le danno una maggiore plasticità. Inoltre, la percentuale relativamente bassa di ossidi di ferro combinata all'effetto schiarente del calcare permette di ottenere in cottura un corpo ceramico di tonalità chiara, dal nocciola pallido al rosato più o meno intenso, caratteristica questa di estrema importanza dal punto di vista estetico.

Terracotta, faenza ingobbiata e verniciata, faenza smaltata, mezza-maiolica, maiolica, sono le denominazioni più comunemente usate per indicare i diversi tipi di ceramica da acqua, sebbene a tali termini siano talvolta attribuiti significati differenti e magari contrastanti, in quanto non sempre uguali sono i criteri di classificazione seguiti dai ceramisti e dai ceramologi (Inserto F, glossario tecnico).

I.3 MODELLAZIONE

La modellazione è il procedimento seguito dal vasaio per impartire all'argilla una determinata forma. Se l'argilla è la materia prima fondamentale della ceramica, è la modellazione a conferire ad essa linea, forma e bellezza, trasformandola in manufatti il cui uso è di aiuto alla vita dell'uomo. L'argilla in sè e per sè è materia informe, il manufatto è argilla modellata alla quale la scintilla creativa dell'uomo conferisce talvolta valore d'arte.

Chiamata anche "foggiatura", la modellazione può essere eseguita con diverse tecniche, frutto dell'evoluzione dell'arte del vasaio attraverso i secoli, sebbene il tenace persistere delle tradizioni abbia fatto coesistere sino ai giorni nostri tecniche primitive e tecniche evolute, spesso usate in combinazione.

L'attrezzatura necessaria era, ed è tuttora, modesta e limitata, non essendo richiesti complicati strumenti di lavoro, ragione per cui, salvo modeste innovazioni, essa è rimasta pressoché immutata nonostante il passare del tempo.

Fig. 9 - Modellazione a mano con la tecnica chiamata "a colombino"

Le principali tecniche di modellazione sono denominate: a mano, a tornio, a calco.

1.3.1 MODELLAZIONE A MANO

La modellazione a mano viene così chiamata perché non richiede alcun attrezzo particolare, essendo le mani del vasaio lo strumento principe per modellare il manufatto. Rappresenta la maniera più semplice e primitiva per plasmare l'argilla, e può essere eseguita con tali e tante varianti da rendere arduo citarle tutte.

Una di queste varianti consiste nell'incavare una palla di argilla, scavandola all'interno e plasmandola poi all'esterno sino ad ottenere la forma voluta. La parete viene assottigliata premendola con le dita, oppure battendola dentro e fuori con un ciottolo piatto. Si possono così ottenere manufatti di piccole dimensioni e di forma molto semplice. Un'altra tecnica assai rudimentale consiste nell'appiattire con il palmo della mano o con un ciottolo una piccola massa di argilla, riducendola a una sfoglia da assottigliare nello spessore voluto. Rialzando i bordi della sfoglia si ottiene uno scodellino concavo, che può essere ulteriormente sagomato. Così venivano modellate, ad esempio, le lucerne a forma aperta, monolicni e polilicni, che nel primo millennio si diffusero dall'area medio-orientale nella zona del Mediterraneo, presenti a Cartagine già nel VII sec. a.C.

La più comune tecnica a mano, tuttora praticata, è quella oggi chiamata "a colombino", oppure "a lucignolo" o "a cercine", caratterizzata dall'avvolgimento a spirale. Il vasaio plasma la morbida argilla in un cordone di spessore proporzionale al manufatto che intende modellare, e lo arrotola a spirale, sovrapponendo un anello all'altro sino ad ottenere forma e misure volute. Via via che la parete del vaso cresce in altezza, egli la batte con la mano o con un qualsiasi arnese avente base piatta, in modo da saldare insieme gli anelli argillosi e amalgamarli in un unico corpo. La base del vaso può essere modellata anch'essa a spirale, oppure può essere ricavata da un blocco di argilla appiattito nel giusto spessore, sul cui perimetro il vasaio poggia il cordone argilloso quando inizia a costruire la parete del vaso. È questo un esempio, per quanto modesto, di utilizzazione di due varianti combinate insieme.

Si può ragionevolmente presumere che in origine il vasaio abbia eseguito la modellazione sopra una base fissa, quale una grossa pietra piatta attorno alla quale egli si spostava durante la modellazione quando il manufatto aveva notevoli dimensioni (ad esempio, i *pithoi* per contenere i cereali). In un secondo tempo, affinando il mestiere, egli fa ruotare il supporto su cui effettua la modellazione, supporto che può essere un disco di terracotta, un tondo di legno o un qualsiasi oggetto piatto e sottile, preferibilmente dalla base tondeggiante, che viene poggiato per terra e a cui il vasaio dà piccoli strappi con la mano per ottenere il movimento rotatorio. Quest'innovazione evita al vasaio di spostarsi durante la modellazione, e gli permette di avere una migliore visione d'insieme del manufatto, via via che si forma. Per inciso ricordiamo che simile pratica lavorativa è seguita ancora oggi in alcuni paesi africani: il vasaio poggia per terra, sopra un mucchietto di sabbia fine, una piccola stuoia tondeggiante su cui colloca l'argilla da modellare, e la fa ruotare con rapidi colpi della mano. La stuoia scivola con facilità sulla sabbia a causa del debole attrito, ruotando su se stessa, e il vasaio riesce così a modellare vasi dalla forma semplice e di misure limitate. L'uso di una base ruotante quale supporto per il vaso in modellazione può fornire in prima approssimazione una spiegazione del perché i manufatti ceramici siano stati modellati in forma rotonda ancora prima della comparsa del tornio.

Comunque venga eseguita la modellazione a mano, la forma del manufatto resta pur sempre asimmetrica, talvolta addirittura sbilenca, e la superficie gibbosa e grossolana. La rifinitura può essere eseguita in diversi modi, ad esempio battendo leggermente con un ciottolo o un disco di legno la superficie esterna del vaso, opportunamente sostenuta all'interno, di solito con la mano, per ricevere il contraccolpo ed evitare rotture. Questa battitura permette sia di far acquistare alla parete del vaso una maggiore compattezza ed omogeneità, sia di eliminare più o meno completamente le tracce della lavorazione a spirale e gli altri segni lasciati dalle mani del vasaio. Quando il manufatto ha raggiunto un buon grado di essiccamento, e quindi di resistenza, può essere raschiato in superficie con un coltello, oppure con una conchiglia o altro arnese tagliente, per diminuirne lo spessore e/o aggraziarne la forma. Un'ulteriore levigazione può essere eseguita strofinandolo dolcemente e lungamente con stracci umidi, erba o altro materiale morbido, dal che può derivare anche una certa lucentezza superficiale.

La tecnica della modellazione a mano è comune in epoca neolitica nella ceramica a decorazione impressa e a decorazione dipinta, ad esempio nelle culture di Stentinello, Serra d'Alto, Lagozza e Remedello.

1.3.2 MODELLAZIONE A TORNIO

Il tornio rappresenta un progresso tecnico rispetto alla modellazione eseguita completamente a mano, permettendo al vasaio di dirigere l'energia trasmessa all'argilla mediante la forza di rotazione, e di ripetere con accuratezza forme cilindriche aventi diametro e altezza variabili. Nel corso della modellazione, queste forme cilindriche vengono modificate sino ad assumere l'aspetto voluto dal vasaio.

Scarsa è l'evidenza archeologica circa l'origine e la diffusione del tornio: i rari ritrovamenti sinora avvenuti non permettono di accertarne l'evoluzione cronologica né di comprenderne appieno i particolari costruttivi, ragione per cui al momento attuale è giocoforza basarsi sulle poche raffigurazioni antiche e sul confronto con gli attrezzi ancora oggi usati dai vasai tradizionali. Restano però larghe zone d'ombra che si spera possano essere chiarite in futuro da nuovi ritrovamenti archeologici.

"Tornio" oppure "ruota da vasaio" sono i nomi generici dell'attrezzo, di cui sono noti diversi tipi, alcuni dei quali sussistono tuttora nelle aree meno sviluppate, dove la forza manuale non è stata ancora sostituita dall'energia elettrica. Per questi diversi tipi di tornio, la terminologia è ancora controversa poiché gli archeologi non sempre si trovano d'accordo nel definirne le caratteristiche.

Il tipo più semplice è chiamato convenzionalmente *tournette*, termine francese che in italiano corrisponde a "torniella". Talvolta è denominato "tornio lento", termine che può trarre in inganno in quanto la velocità dipende dalla quantità di energia fornita dal vasaio per avviarlo e mantenerlo in movimento, piuttosto che dal tipo di tornio.

Terminologia a parte, il tornio è formato da un disco piatto e rotondo, che ruota liberamente sopra un asse verticale di sostegno, in pietra o altro materiale pesante, ancorato saldamente al terreno. Chiamato comunemente "ruota", il disco ha di regola dimensioni limitate, è costruito in legno, oppure in terracotta o in pietra, e al centro del piano inferiore presenta una protuberanza a guisa di perno sporgente. Quando il disco è collocato sopra l'asse di sostegno, il perno va ad alloggiare dentro una cavità ricavata nell'estremità superiore dell'asse, consentendo il movimento rotatorio.

Il tornio è talvolta costruito con delle varianti che ne invertono l'assetto costruttivo: il disco presenta al centro del piano inferiore una piccola cavità (anziché un perno sporgente), mentre l'asse verticale di sostegno termina a punta (anziché con una cavità). È quindi la punta dell'asse a svolgere la funzione di perno sul quale ruota il disco.

Comunque sia congegnato l'imperniamento del disco sopra il sostegno verticale, il tornio funziona a spinta: il vasaio, o il suo aiutante, con
la mano o con il piede spinge a strappo il disco, facendolo ruotare per il
tempo necessario alla modellazione del vaso.

Sebbene non si abbiano prove sicure, è ragionevole supporre che il
tornio rappresenti l'evoluzione naturale del piattello che il vasaio fa ruotare sul terreno mentre modella il vaso con la tecnica del colombino prima descritta. L'uso del tornio permette maggiore rapidità e precisione
nella modellazione, nonché un migliore sfruttamento dell'energia umana. Nella lavorazione a colombino il vasaio fornisce l'energia muscolare
in maniera lenta e continua, mentre nella lavorazione a tornio l'energia
necessaria per avviare l'attrezzo e mantenerlo in movimento, vincendo le
forze di attrito, è fornita dal vasaio in maniera rapida, intensa e a intervalli. Nel disco avviato in veloce rotazione si ha un accumulo di energia di
moto (energia cinetica) che viene poi gradualmente e lentamente utilizzata durante il prolungarsi del movimento del tornio, permettendo una
modellazione precisa e di gran lunga più veloce di quella a colombino.

Rispetto a questo semplice tipo di tornio, un'ulteriore evoluzione è
rappresentata dal tornio a piede, così chiamato in quanto viene azionato
mediante spinte date col piede, il che permette al vasaio di avere tutte e
due le mani libere, senza l'aiuto del garzone. Il tornio a piede è costituito
da un asse verticale che collega in solido il disco posto all'estremità supe-

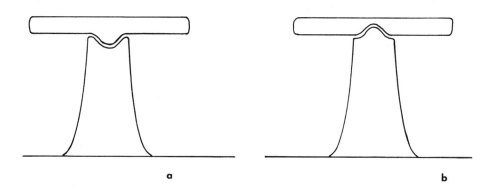

a   b

Fig. 10 - Tornio, o ''ruota da vasaio'', di tipo primitivo

a) disco con perno sporgente
b) disco con incavo

riore, chiamato "girella", e la ruota piena posta in basso, chiamata "volano". L'asse, costituito da un piccolo palo di legno, ruota liberamente dentro un apposito alloggiamento infisso nel terreno; esso è mantenuto in posizione verticale mediante un collarino di legno collegato a un travetto che a sua volta è sostenuto da una robusta incastellatura di legno che tende ad evitare oscillazioni e vibrazioni. Attorno e dentro il collarino, lacci di pelle animale, ben lubrificati con grasso, diminuiscono l'attrito durante la rotazione. Quando sulla girella è poggiata l'argilla da modellare, il volano spinto dal piede del vasaio avvia in rapida rotazione l'asse verticale, per cui la girella ruota a velocità sufficiente da permettere di foggiare l'argilla in forme cilindriche o tronco-coniche.

I due parametri più importanti agli effetti del rendimento del tornio sono la velocità di rotazione e la durata del movimento rotatorio. Per modellare oggetti piccoli occorre una buona velocità di rotazione, per modellare oggetti di grandi dimensioni occorre un prolungato movimento rotatorio che aiuta il vasaio nel tirare la parete del vaso sino all'altezza desiderata. Sulla velocità incide il diametro del volano: più è grande, più è ampio lo spazio a disposizione del piede del vasaio, meno faticoso è raggiungere la velocità desiderata. Quale aspetto negativo, occorre notare che un volano di largo diametro si mantiene con difficoltà in posizione perfettamente orizzontale, essendo incline a sbilanciarsi per le vibrazioni e gli ondeggiamenti cui va soggetto. Sulla durata del movimento rotatorio incide il peso del volano: più esso è pesante, maggiore è l'accumulo di energia, per cui più a lungo mantiene la velocità. Per contro, occorre ricordare che un volano pesante richiede un forte dispendio di energia per vincere la forza d'inerzia ed avviarsi in movimento, ed anche per variare la velocità necessaria di volta in volta alla lavorazione.

Rispetto al tornio a mano, il tornio a piede permette una maggiore efficienza di lavorazione: il vasaio ha le mani completamente libere e può graduare direttamente la velocità desiderata. Inoltre può esercitare forti pressioni sull'argilla posta sulla girella, anche per manufatti di ampie dimensioni, senza temere eccessivi sbilanciamenti: la girella è infatti dotata di maggiore stabilità in quanto è collegata in solido all'asse verticale, formando un insieme rigido e compatto. Ovviamente le difficoltà meccaniche già presenti nel tornio a mano si presentano qui accentuate: l'asse verticale deve essere centrato con precisione e deve girare con il minimo attrito possibile, pur sostenendo un pesante volano. Inoltre il collarino di legno che accoppia l'asse al travetto di sostegno deve essere molto serrato onde evitare un gioco eccessivo, il che comporta che sia l'asse sia il collarino sono soggetti a forte usura e quindi a facili rotture.

Fig. 11 - Tornio a piede del tipo tradizionale, tuttora usato dagli artigiani vasai.

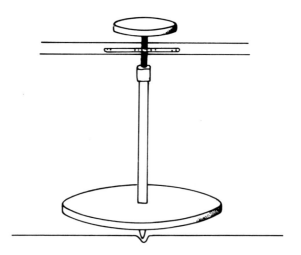

Fig. 12 - Disegno schematico del tornio tradizionale a piede

In comune questi diversi modelli di tornio hanno la possibilità di regolare la velocità e diminuirla al minimo, requisito questo indispensabile in certe fasi della foggiatura di manufatti molto grandi oppure dalla forma anomala, nonché nelle operazioni di rifinitura e di giuntura delle sezioni staccate.

Viene qui tralasciata la descrizione di altri tipi di torni, quale il tornio azionato mediante l'aiuto di un bastone da inserire in appositi incavi praticati nel volano, e il tornio azionato mediante cinghie, in quanto al momento non risulta che essi fossero di uso comune nei tempi passati.

La modellazione al tornio avviene attraverso una serie di movimenti rimasti immutati attraverso i secoli. Come primo atto, il vasaio colloca sopra la girella una massa di argilla in quantità adeguata al manufatto da foggiare, e, mentre il tornio gira, egli la "centra", ossia la pressa con forza con le mani chiuse a guscio per far sì che aderisca fermamente al centro della girella. Se l'operazione non è eseguita correttamente, nasce un vaso sbilenco. Quando l'argilla è bene ancorata, il vasaio vi affonda i pollici sino ad arrivare quasi al fondo, e ne allarga la base per raggiungere grossomodo il diametro desiderato. Indi inizia a modellare la forma, ossia tira la parete verso l'alto tenendola tra pollice e indice, e ottiene un cilindro che assottiglia per quanto è permesso dal tipo di argilla. Durante la modellazione, il vasaio accompagna con movimenti lievi e continui l'evolversi della forma che tiene costantemente sotto controllo. Quando il cilindro raggiunge l'altezza voluta, egli lo modifica secondo i suoi desideri, allargandone la parte superiore o inferiore, stringendone il collo, piegandone l'orlo, e così via. Tutto avviene in breve tempo, mediante tocchi leggeri, lo stringersi o allargarsi delle dita, il chiudersi o l'aprirsi delle mani, interrotti dalle brevi soste in cui il vasaio, per diminuire l'attrito con l'argilla, si bagna le mani dentro una ciotola posta accanto al tornio colma di barbottina piuttosto liquida, oppure allorché egli raccoglie con una spugna all'interno del vaso l'acqua accumulatasi in eccesso durante la modellazione.

Quando il manufatto ha assunto la forma definitiva, mentre il tornio continua lentamente a girare, il vasaio passa la stecca sulla superficie per togliere le striature lasciate dalle dita durante il movimento di rotazione. Se egli è stato disattento, oppure se è un apprendista alle prime armi, si producono striature concentriche anche all'interno del manufatto, formando dei cordoni a rilievo tra una striatura e l'altra. In un manufatto dalla forma chiusa e dal collo stretto, non potendo usare la stecca all'interno il vasaio può cercare di smussare questo difetto mediante ripetute pressioni delle dita, ma difficilmente riesce a cancellarlo. Queste cordonature sono ben note agli archeologi, che durante gli scavi hanno spesso occasione di rilevarne la presenza all'interno di manufatti di scarso pregio, quali le anfore da trasporto.

Terminata la levigatura con la stecca, il vasaio rallenta la corsa del tornio e stacca il vaso dalla girella passandovi sotto un filo, preferibilmente metallico, teso tra le dita a guisa di lama di coltello. Per quanto rapido, il passaggio del filo provoca sotto la base del manufatto una serie di striature a vortice che sono un segno distintivo della lavorazione a tornio. Il vasaio solleva il vaso con estrema delicatezza e lo colloca in luogo adatto all'essiccamento, assestandolo con lievi colpi della mano per togliere le inclinazioni provocate dal trasporto.

Quando il manufatto ha dimensioni limitate, la forma viene modellata di getto: il cilindro, che rappresenta il punto di partenza di ogni forma, viene modificato sino a soddisfare le esigenze del vasaio, e da un'unica massa argillosa nasce il vaso completo.

Al contrario, quando il manufatto ha dimensioni maggiori, è necessario modellarlo a sezioni, ossia corpo, collo e piede separati, da unire insieme in un secondo tempo. Nei vasi di misure notevoli, può essere necessaria un'ulteriore suddivisione, foggiare cioè anche il corpo in due o più sezioni staccate, da congiungere prima dell'attaccatura del collo e del piede. Le sezioni del corpo non possono però essere unite subito dopo la foggiatura in quanto l'argilla umida non reggerebbe il peso delle parti sovrapposte e si schiaccerebbe in un ammasso informe. D'altra parte non sarebbe neanche possibile attaccare le sezioni già essiccate in quanto non farebbero presa tra loro e si staccherebbero l'una dall'altra. Per risolvere il problema, il vasaio ricorre ad un espediente ingegnoso. Dopo aver modellato una sezione del manufatto, mentre il tornio continua a girare, egli preme gradualmente un dito sull'estremità dell'orlo in modo da formare un incavo a forma di U che corre tutto attorno l'orlo stesso, incavo che viene poi riempito con barbottina molto liquida allo scopo di ritardarne l'essiccamento, fornendo l'umidità necessaria a mantenere morbida la zona circostante. Analogo procedimento viene seguito per le diverse sezioni del vaso, che successivamente vengono poste ad essiccare. Allorquando esse hanno raggiunto un sufficiente grado di consistenza, il vasaio le unisce l'una all'altra, togliendo dagli incavi la barbottina rimasta, ed inserendo ad incastro gli orli ancora umidi. Una successiva lavorazione all'interno e all'esterno del vaso permette la perfetta unione delle sezioni, eliminando ogni traccia di giuntura.

Sempre nel caso di manufatti di ampie dimensioni, non soltanto il collo ma anche il piede viene modellato a parte ed attaccato in un secondo tempo al vaso, posto capovolto sul tornio. Occorre però ricorrere a qualche accorgimento per ancorare il vaso sulla girella, ed evitare che il movimento rotatorio lo faccia scivolare via. All'uopo il vasaio pone sulla girella un cilindro cavo di terracotta, e ve lo salda mediante spessi cordoni di argilla applicati tutt'attorno alla base; anche l'orlo superiore viene guarnito con un anello di argilla molto morbida. Dentro il cilindro il vasaio capovolge il vaso cui deve applicare il piede, riuscendo con questo espediente a completare il suo lavoro senza timore che il vaso scivoli via dal tornio e senza arrecargli danni in quanto l'anello di argilla posto sull'orlo superiore del cilindro evita sfregamenti e striature.

Talvolta, invece di unire al fondo del vaso il piede già modellato e pressoché finito, il vasaio vi attacca un piccolo cilindro di argilla appena sbozzato che lascia brevemente essiccare e indi modella, ottenendo la forma del piede desiderata. È questa una piccola variante, frutto delle preferenze personali del vasaio. In linea generale, la scelta dell'una o dell'altra soluzione dipende dalle dimensioni del vaso e dalla composizione dell'argilla, ossia dal maggiore o minore scheletro siliceo che determina una maggiore o minore resistenza alla modellazione.

Se i manufatti di grandi dimensioni esigono forza manuale e ampia pratica di mestiere, nei manufatti di piccole dimensioni richiede particolare abilità la modellazione del collo, soprattutto quando è molto stretto. Mentre il tornio gira, con mani leggere il vasaio stringe gradualmente la parte superiore del vaso, e per evitare di chiuderla del tutto, temporaneamente vi colloca ritto un bastoncino, di preferenza a forma affusolata, che serve anche ad evitare all'interno la formazione di striature elicoidali, difficili da eliminare e possibili cause di fessurazioni. Nei manufatti di formato miniaturistico, l'apertura del collo è mantenuta aperta mediante uno stecchino, e le dita del vasaio debbono avere leggerezza e sicurezza da cesellatore per riuscire a completare la modellazione senza causarne l'otturazione. Se ciò avvenisse, quasi sicuramente il manufatto durante la cottura andrebbe incontro a rotture a causa della mancanza di uno sfogo per i gas di combustione che si producono nel suo interno all'innalzarsi della temperatura (I.6.2).

Nei manufatti di piccole dimensioni, il piedino viene modellato di getto: il vasaio stringe il fondo del vaso con tecnica analoga a quella seguita per foggiare il collo, dimostrando altrettanta abilità nell'evitare di ''strozzare'' l'attacco del piedino, altrimenti ne provocherebbe lo sbilanciamento ed eventualmente la rottura.

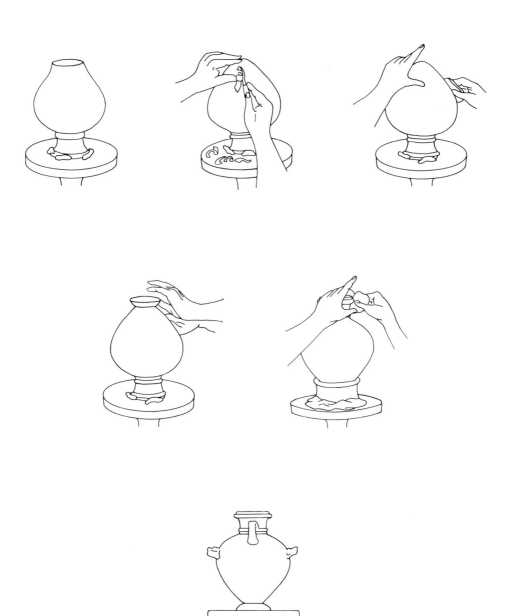

Fig. 13 - Modellazione a tornio
Sequenza delle fasi di modellazione

A modellazione completata, il manufatto, sia esso grande o piccolo, viene posto ad essiccare. Se necessario, il vasaio attacca le anse, ricavate da argilla molto morbida, appiattita o arrotondata sino a raggiungere forma e dimensioni desiderate. Qualora le anse siano larghe e molto piatte, ad esempio nelle anfore cosiddette nicosteniche, il vasaio batte l'argilla con un arnese piatto sino a formare una sfoglia sottile e uniforme, di cui ritaglia i bordi per ottenere la sagoma voluta. Quando le anse sono pronte, il vasaio sistema il vaso sul tornio, prende un'ansa e la applica, fissandone dapprima l'estremità superiore, indi quella inferiore (dall'alto verso il basso), facendola aderire mediante leggere pressioni delle dita. Non occorrono adesivi o materiali leganti, essendo il manico talmente morbido da saldarsi naturalmente al vaso e diventarne parte integrante. Tantomeno è necessario usare acqua, che avrebbe un effetto negativo poiché il manico scivolerebbe sulla superficie del vaso senza farvi presa. Soltanto quando un manufatto sia troppo indurito a causa di un soverchio grado di essiccamento, il vasaio ammorbidisce il punto dove va attaccato il manico, sfiorandolo con le dita sporche di barbottina. Per i vasi biansati, dopo aver attaccato la prima ansa il vasaio dà un rapido colpo al tornio per farlo ruotare di 180°, indi applica la seconda ansa in posizione diametralmente opposta all'altra.

Terminata l'applicazione delle anse, per il manufatto si apre un iter differente a seconda che appartenga alla ceramica di tipo comune (ad esempio ceramica domestica), oppure al tipo fine (ad esempio vasellame decorato a figure nere o a figure rosse). Nel primo caso la modellazione si conclude con l'applicazione delle anse, in quanto il manufatto è stato modellato sul tornio nel suo giusto spessore, sempre entro i limiti permessi dalla composizione dell'argilla, e non richiede ulteriore opera di rifinitura. Dopo l'essiccamento, esso può quindi passare alla cottura.

Per i manufatti di tipo fine, l'iter prevede la rifinitura e la levigatura. Qualche ora dopo la foggiatura, il manufatto ancora umido viene posto sul tornio in lento movimento. Mediante la stecca e la sgorbia (uno scalpello dalla lama ricurva), il vasaio lo rifinisce togliendo le sbavature di argilla, rifinendo gli orli, smussando la base, assottigliandone lo spessore grossolano e apportando tutte quelle correzioni che gli sembrano necessarie per raggiungere una forma armoniosa. La levigazione finale può essere fatta strofinando lievemente e lungamente la superficie del manufatto con stracci umidi o altro materiale morbido. Segue l'applicazione del rivestimento e/o la decorazione, a seconda delle esigenze.

1.3.3 MODELLAZIONE A CALCO

Rispetto alla lavorazione a tornio, la formatura a calco permette una lavorazione di serie, col vantaggio di maggiore rapidità di esecuzione e uniformità di risultati, consentendo altresì una produzione di buon livello qualitativo pur avvalendosi per le repliche del manufatto di mano d'opera non specializzata. Senza alcun dubbio, la modellazione a calco rappresenta un'evoluzione verso la produzione di massa su basi "industriali", non sfruttata appieno dagli antichi che, a quanto risulta, si sono avvalsi soltanto in maniera molto parziale delle vaste possibilità produttive di questa tecnica, limitandosi ad applicarla alla replica di taluni manufatti di piccole dimensioni.

Punto di partenza è il modello originale, che può essere sia di legno che di pietra o di metallo, oppure di altro materiale duro e resistente; può anche essere modellato in argilla, poi sottoposto a cottura per acquisire la solidità necessaria per i successivi trattamenti. Importante è che esso abbia forma adatta ad essere riprodotta in parti staccate, quale è il caso di manufatti a tutto tondo (ad esempio le statuette chiamate convenzionalmente "Tanagrine"), oppure a forte rilievo (ad esempio la parte frontale decorata di urnette funerarie), o provviste di ornamentazione (ad esempio il disco delle lucerne di età imperiale), oppure di altri tipi ancora, sovente aventi forma non rotonda. Date le limitate capacità tecniche degli antichi vasai, il modello originale è privo di sottosquadri, ossia non presenta incavi profondi che formino angoli acuti con il piano costituito dal fondo del manufatto, altrimenti la preparazione della matrice avrebbe creato problemi difficilmente risolvibili.

Dall'originale si ricava la matrice cioè la sua impronta in negativo, divisa in sezioni. Per fare un esempio, la matrice di una Tanagrina è formata da due sezioni combacianti, una che riproduce il lato frontale della statuetta, e l'altra il retro. Nel caso di originali dalla forma complessa, la matrice può essere composta da più parti, in numero che varia a seconda delle sezioni necessarie per riprodurre tutti i dettagli. Di norma la matrice è preparata in argilla, sebbene già nell'antichità fossero note le matrici in gesso, diventate poi comuni nei tempi moderni.

Il procedimento per preparare una matrice è semplice: individuate le linee lungo le quali è opportuno sezionare l'originale, il vasaio poggia argilla molto morbida e plastica sopra una delle sezioni, e la pressa con cura per farla penetrare a fondo negli incavi, continuando ad esercitare leggere pressioni sino a quando essa aderisce strettamente all'originale e ne assume la forma. Segue un breve intervallo di attesa onde permettere all'argilla di essiccare leggermente e contrarsi quel tanto da potersi staccare dal modello originale, che di conseguenza può essere asportato. Analogo procedimento viene ripetuto per la seconda sezione, e per le altre qualora le sezioni siano più di due, ottenendo alla fine una matrice composta da più parti, i cui lati vengono lisciati e rifiniti. Se l'intero procedimento è eseguito con cura, le sezioni combaciano perfettamente tra loro, costituendo nel loro insieme l'impronta in negativo del modello originale, che può pertanto essere riposto, non essendo ulteriormente necessario. Segue un tempo di attesa per il completo essiccamento, indi la matrice è sottoposta a cottura, trasformandosi in terracotta. Dalla composizione dell'argilla, dalla lavorazione e dalla temperatura di cottura dipende l'entità della contrazione totale di volume. Ne consegue una prima diminuzione di dimensioni rispetto al modello originale.

Qualora la matrice venga eseguita in gesso, il procedimento in linea generale è analogo a quello già descritto: il gesso allo stato semiliquido viene colato sopra il modello originale, dopo aver posto dei diaframmi di cartone o di metallo in corrispondenza delle sezioni che si vogliono realizzare. Se il modello originale ha una forma complessa, l'operazione, chiamata ''stampo a tasselli'' può essere eseguita in diverse fasi successive. Quando il gesso ha fatto presa e si è consolidato, si tolgono i diaframmi e si levano via via le sezioni (o tasselli), liberando il modello originale.

Rispetto alla matrice in terracotta, quella in gesso presenta il vantaggio di una maggiore porosità e anche di una maggiore rapidità di esecuzione, sempreché sia disponibile un buon gesso da presa e si abbia buona esperienza nel procedimento. Sia in terracotta che in gesso, la matrice è ora pronta per l'avvio della produzione. Ricordiamo che in linguaggio tecnico moderno la matrice è chiamata ''stampo'' oppure ''forma'' o ''madreforma'', e l'intero procedimento va sotto il nome di ''foggiatura per stampatura'' oppure di ''foggiatura a colaggio'' quando lo stampo viene riempito con barbottina molto liquida.

Il vasaio inizia la produzione della serie di manufatti scegliendo argilla adatta a questo tipo di modellazione, che sia ben depurata e dotata di un buon grado di plasticità. Ne prende una quantità opportuna e la appiattisce, battendola col pugno, o col palmo della mano o con un arnese adatto, sino ad ottenere una sfoglia più o meno sottile a seconda delle esigenze, che poi adagia sopra una delle parti della matrice, resa in precedenza antiadesiva mediante una velatura di argilla polverizzata e setacciata molto fine. La sfoglia viene pressata accuratamente contro le pareti della matrice, soprattutto nelle cavità, in modo che aderisca perfettamente a rilievi e rientranze, e ne assuma la forma. Il vasaio segue uguale procedimento per la seconda metà della matrice, e per le altre parti qualora le sezioni siano più di due, indi le unisce una all'altra in modo da farle combaciare esattamente e le pressa insieme sino a farle saldare tra loro, il che ottiene facilmente essendo l'argilla molto morbida e plastica.

Un intervallo di attesa è necessario per dare tempo all'argilla di contrarsi: l'acqua d'impasto viene assorbita dalla matrice, e più questa è porosa, più rapido è il distacco. In ciò consiste uno dei vantaggi dello stampo di gesso rispetto a quello di terracotta: il primo, essendo dotato di maggiore porosità, permette un distacco più rapido che non lo consenta il secondo.

Dopo l'intervallo, le due metà della matrice (o le parti che la compongono) vengono aperte come le valve di una conchiglia, e dalla cavità interna viene estratto il calco, ossia la replica del modello originale. Se la matrice è in buone condizioni e la formatura è eseguita con cura, il calco può riuscire perfettamente simile al modello originale, salvo beninteso le dimensioni che sono minori a causa delle contrazioni di volume avvenute durante la lavorazione, la prima contrazione nel passaggio dal modello originale alla matrice e la seconda nel passaggio dalla matrice al calco.

Segue la rifinitura: usando una stecca da vasaio o altro arnese adatto si tolgono le sbavature formatesi lungo le giunture delle diverse sezioni. A seconda del tipo di manufatto, l'opera di rifinitura può comprendere l'aggiunta di parti modellate a mano, oppure ritocchi eseguiti con una punta rigida per migliorare l'aspetto estetico dell'opera e renderne più incisivi alcuni particolari, oppure altri perfezionamenti.

Alle numerose varianti della produzione da matrice si aggiunge la possibilità di utilizzare questa tecnica in combinazione con altre. Poiché una trattazione a carattere generale come la presente ha per compito di indicare soltanto gli aspetti salienti della lavorazione ceramica nell'antichità, ci limitiamo a descrivere la modellazione della terra sigillata quale esempio di combinazione di due differenti tecniche, a calco e a tornio. Il vasellame decorato esternamente a rilievo e ricoperto con "vernice" corallina, in auge in età imperiale romana, rappresenta infatti il raffinato frutto della fusione della foggiatura a stampo con la lavorazione a tornio.

La prima fase della lavorazione consiste nella preparazione della matrice, che usualmente ha forma di coppa, di differenti dimensioni e particolari. Modellata in argilla, essa di norma viene ricavata da un originale metallico per via diretta o indiretta. Per via diretta significa che il vasaio

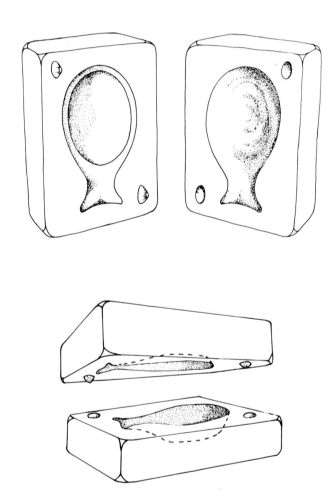

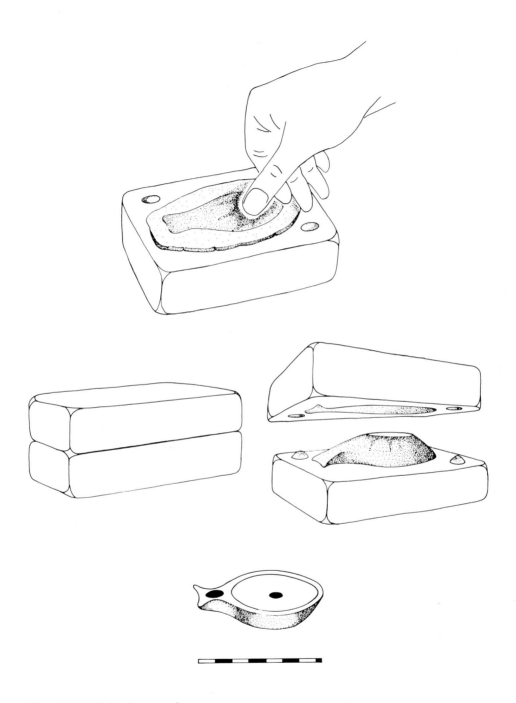

Fig. 14 - Modellazione a calco
Sequenza delle fasi di modellazione

esegue direttamente il calco del vaso metallico con il procedimento descritto in precedenza, ottenendo una matrice il cui interno reca l'impronta in negativo del vaso stesso. Per via indiretta significa che il vasaio ricorre a una serie di punzoni recanti a rilievo figure e motivi ornamentali. Detti anche "stampi" o "stampini", i punzoni possono essere originali, cioè creati appositamente, scolpiti in materiale resistente o modellati in argilla e indi cotti; mentre a volte possono essere ricavati da vasellame metallico o fittile. Modellata al tornio una coppa dalle dimensioni volute, il vasaio pressa i punzoni sulla parete interna, ancora allo stato di morbida argilla, che ne riceve l'impronta in negativo. La coppa viene poi nuovamente collocata sul tornio per essere completata e rifinita nel lato esterno; dopo l'essiccamento viene sottoposta a cottura, trasformandosi in terracotta molto porosa.

La seconda fase della lavorazione consiste nel produrre il calco della matrice, ossia il manufatto vero e proprio. Il vasaio colloca la matrice sul tornio e ve la ancora saldamente onde evitare che si sposti durante la rotazione. Avviato il tornio in movimento, il vasaio introduce dell'argilla molto plastica dentro la matrice e ve la preme contro, in modo che ne assuma la forma e ne diventi il calco. Mentre il tornio continua a girare, egli modella l'interno, assottigliandolo nello spessore voluto. A lavoro ultimato, la matrice, contenente il calco ormai finito, viene tolta dal tornio e collocata in luogo fresco ed arieggiato. Un intervallo di attesa è necessario per dare tempo al calco di subire la contrazione necessaria affinché possa staccarsi dalla matrice, dopodiché esso può essere estratto, con la massima delicatezza per evitare deformazioni. Si ottiene così il calco della matrice, ossia il manufatto che sulla parete esterna riproduce in rilievo i motivi decorativi della madreforma, mentre all'interno la sua parete è concava e liscia, con le tipiche striature concentriche lasciate dal movimento di rotazione del tornio.

Ripetendo il procedimento, la matrice viene nuovamente usata, dando luogo alla produzione di una serie di manufatti molto simili tra loro.

I.3.4 ESSICCAMENTO

Qualunque sia la tecnica di modellazione, a foggiatura ultimata occorre che il manufatto venga posto ad essiccare per perdere l'acqua d'impasto. In caso contrario, se fosse immesso ancora umido nella fornace andrebbe incontro a rotture a causa dell'evaporazione troppo rapida ed intensa provocata dal calore delle fiamme.

Come si è già avuto occasione di annotare (I.1.3), durante l'essiccamento l'argilla subisce una contrazione di volume che è legata alla quantità di acqua perduta. Nel periodo iniziale le particelle argillose slittano le une sulle altre, occupando gli spazi lasciati vuoti dall'acqua evaporata, e si avvicinano tra loro, diminuendo quindi il volume totale della massa. Nel periodo successivo l'argilla incomincia a rassodarsi, la superficie del manufatto diventa più rigida rispetto allo strato interno e non permette alle particelle argillose di avvicinarsi ulteriormente tra loro; negli spazi lasciati vuoti dall'acqua si creano pertanto minuscole cavità che danno luogo alla porosità.

Se l'essiccamento è troppo rapido e condotto senza le necessarie precauzioni, il manufatto corre il rischio di andare soggetto a fessurazioni; inoltre, aumentando le sue microcavità interne, l'eccessiva porosità lo rende molto fragile. Va da sé che dimensioni e quantità dei pori non dipendono soltanto dal modo in cui avviene l'essiccamento, ma anche dalla composizione dell'argilla: in linea generale, tanto più l'argilla è plastica, tanto più lungo deve essere il tempo di essiccamento; tanto più forte è il ritiro, tanto più piccole sono le dimensioni dei pori. Per fare alcuni esempi, l'argilla caolinica essica più rapidamente dell'argilla secondaria, e subisce una contrazione inferiore. Tra le argille secondarie, la montmorillonite subisce la contrazione più elevata in quanto la sua capacità di assorbire forti quantità di acqua all'inizio della lavorazione è legata alla facilità con cui le molecole d'acqua possono inserirsi negli spazi di interstrato nel reticolo cristallino (I.1.1).

Per evitare al manufatto fessurazioni e rotture, e per diminuire al meglio la porosità, occorre pertanto che l'essiccamento avvenga nella maniera più lenta e graduale possibile, in luogo fresco e arieggiato, lontano da correnti d'aria e da fonti di calore. Superato il periodo iniziale di questa delicata fase della lavorazione, le preoccupazioni del vasaio diminuiscono, potendo il manufatto sopportare impunemente l'esposizione al sole e anche al vento. Quando ha raggiunto una consistenza pari a quella del cuoio (la cosiddetta ''durezza cuoio''), il vaso può essere maneggiato con relativa sicurezza, e può essere collocato dentro la fornace per la cottura.

INSERTO F

GLOSSARIO TECNICO

Uno degli argomenti più controversi in campo ceramico è la terminologia. Sono trascorsi secoli da quando Plinio usava indifferentemente i termini argilla-creta-terra, *(Inserto D), confondendone il significato, e da allora numerosi sono stati i tentativi per definire una nomenclatura di base, ma nessun accordo è stato ancora raggiunto, né sembra probabile che ciò possa verificarsi nell'immediato futuro.*

Nelle pubblicazioni specialistiche i termini sono spesso in contrasto tra loro e non concordano con i nomi usati dai vasai, che talvolta usano lo stesso nome per indicare manufatti di forma differente, e chiamano una stessa forma con più nomi. Quale ulteriore complicazione, nell'epoca moderna è invalso l'uso di adoperare termini di lingua straniera, e le nuove tecnologie hanno portato a modificare e talvolta a stravolgere il significato di vecchi vocaboli. Per quanto riguarda specificamente l'archeologia, si aggiunga che gli archeologi hanno adottato alcuni termini già in uso nel campo ceramico, però hanno loro attribuito un significato differente da quello originale.

Tale essendo la situazione, è pressoché impossibile trattare con chiarezza l'argomento, e qualsiasi soluzione venga proposta, essa non rispecchierà mai l'unanimità delle opinioni.

Tuttavia, si è ritenuto doveroso tentare di fornire allo studente un orientamento generale, adottando la soluzione di indicare i più comuni termini ceramici con il significato attribuito da numerosi studiosi qualificati in campo ceramico. Per ogni termine viene fornita una succinta spiegazione; per gli argomenti trattati nel testo viene indicato il riferimento al relativo capitolo.

Come premessa a questo glossario, è forse opportuno ricordare che il termine "ceramica", che deriva dal ben noto kerameikos *greco, è stato esteso soltanto in epoca piuttosto recente sino a comprendere l'intero campo ceramico, essendo stato usato per la prima volta in questa ampia accezione del termine dal Passeri nella seconda metà del Settecento. (G.B. Passeri, Istoria delle pitture in maiolica fatte in Pesaro e nei luoghi circonvicini, Venezia 1758) seguito dal Brongniart (A. Brongniart, Traité des Arts Ceramiques ou des Po-*

teries, Paris 1844). Nei tempi precedenti si parlava genericamente di "arte del vasaio", come nell'opera di Piccolpasso (App. 3.3).

Secondo la definizione tradizionale, per ceramica si intendono i manufatti di qualsiasi forma, modellati a freddo con una materia prima naturale, inorganica, non metallica, quale l'argilla, e consolidati a caldo. Ceramista corrisponde a vasaio; lo studioso di ceramica viene oggi chiamato ceramologo.

— ARGILLA: *materia prima della ceramica. Sotto l'aspetto mineralogico: I,1.1; sotto l'aspetto geologico: I,1.2; sotto l'aspetto tecnologico: I.1.3. Argille primarie e argille secondarie: Inserto B.*

— ATMOSFERA *(o ambiente) di cottura: le condizioni che si creano all'interno della fornace durante il processo di combustione. Atmosfera (o ambiente) ossidante si forma durante una combustione condotta con eccesso di aria; la fiamma ossidante è ricca di ossigeno e di anidride carbonica. Si ha invece atmosfera riducente quando l'aria comburente è in difetto rispetto al combustibile; la fiamma riducente è ricca di idrogeno e di ossido di carbonio (I.6.1).*

— AZULEJO: *termine in lingua spagnola derivante da azul (azzurro), usato per indicare genericamente le piastrelle per rivestimento di pareti e pavimenti.*

— BARBOTTINA: *sospensione argillosa molto fine e omogenea, più o meno densa a seconda del rapporto tra quantità di argilla e di acqua (I.2). Quando ha consistenza pastosa è usata anche per decorazioni a rilievo (I.5).*

— BIANCHETTO: *termine corrispondente a ingobbio.*

— BISCOTTO: *manufatto che ha subìto una prima cottura, e che successivamente verrà ricoperto da un rivestimento piombifero o stannifero, e sottoposto a una seconda cottura.*

— BISCUIT: *porcellana senza rivestimento, opaca, cotta a temperatura molto alta, tipica nella produzione di statuette artistiche.*

— BONE CHINA: *termine in lingua inglese usato per indicare una porcellana ottenuta da un impasto di caolino, feldspato e ossa animali calcinate (bone), ossia fosfato di calcio.*

— BUCCHERO: *termine in lingua spagnola che in origine indicava specificamente un'argilla dell'America centrale e meridionale che ha la proprietà di emettere profumo se mescolata ad acqua. In seguito l'uso del termine si estese sino a comprendere le ceramiche non smaltate eppure dotate di una superficie lucente. In archeologia il termine indica la ceramica nera e lucida tipica della civiltà etrusca.*

— CALCARE: *roccia sedimentaria formata prevalentemente da calcite (carbonato di calcio) (I.1.2).*

— CALCINELLI: *minuscoli glomeruli calcarei, spesso presenti nell'argilla ed anche nel corpo ceramico, dove si sono formati per ricarbonatazione dell'idrossido di calcio per effetto dell'umidità atmosferica (I.1.2).*

— CAOLINO: *roccia sedimentaria il cui componente essenziale è la caolinite (I.1.1).*

— CAVILLO: *venatura che talvolta si forma sulla superficie verniciata o smaltata di un manufatto, causata da un imperfetto accordo dilatometrico tra corpo ceramico e rivestimento (Inserto G).*

— CELADON: *termine di origine francese usato per indicare la ceramica cinese caratterizzata dallo smalto di colore verde giada, con varie sfumature cromatiche.*

— CLORITE: *minerale delle argille (I.1.1).*

— COEFFICIENTE DI DILATAZIONE TERMICA LINEARE: *indica l'entità delle dilatazioni e delle contrazioni subìte da un materiale per unità di lunghezza durante la cottura e il raffreddamento. In un manufatto fittile, quando i coefficienti di dilatazione del corpo ceramico e del rivestimento non sono compatibili tra loro, si producono i difetti chiamati "cavillo" o "scaglia" (Inserto G).*

— COMBUSTIBILI: *sostanze atte a bruciare, fornendo energia termica (calore). Agli effetti della presente trattazione interessano i combustibili solidi naturali quali legna, noccioli di mandorle e di olive, carbonella, etc. (I.6.1).*

— CONTRAZIONE DI VOLUME (o ritiro): *diminuzione di volume che il manufatto subisce sia durante l'essiccamento, sia durante la cottura (I.1.3).*

— COPERTA: *invetriatura alcalina, ricca di allumina, usata come rivestimento della porcellana dura (I.4.2).*

— CORPO CERAMICO: *è l'argilla che ha subìto il processo di cottura. Il corpo ceramico deriva dai diversi materiali che formano l'argilla (salvo beninteso quelli bruciati e portati allo stato gassoso durante la cottura), che hanno subìto in maniera più o meno intensa le complesse trasformazioni chimico-fisiche provocate dall'alta temperatura raggiunta dentro la fornace. È un termine generico che può essere usato per qualsiasi tipo di manufatto ceramico, sia con rivestimento sia senza (Inserto H).*

— COTTURA: *è la fase più delicata della lavorazione ceramica; comprende l'insieme delle reazioni chimiche e delle trasformazioni fisiche che avvengono quando il manufatto è sottoposto alle alte temperature che si sviluppano dentro la fornace durante il processo della combustione (I.6.1-I.6.4).*

— CRAQUELURE: *vedi cavillo.*

— CRETA: *in geologia corrisponde a un particolare tipo di calcare, mentre in linguaggio corrente e in dialetto corrisponde ad argilla. In quest'ultimo significato il termine ''creta'' è da considerare improprio (Inserto D).*

— CRETAGLIA: *termine talvolta usato per indicare le stoviglie di scarso pregio e di basso costo.*

— CRISTALLINA: *rivestimento trasparente, brillante, fusibile a bassa temperatura, di composizione essenzialmente piombifera, applicato soprattutto sulle faenze e sulle terraglie, in seconda cottura. Equivale a vernice piombifera, di norma non colorata (I.4.2).*

— CUOIO: *termine con il quale si indica comunemente il grado di consistenza (pari a quella del cuoio) che il manufatto deve raggiungere prima di poter essere collocato dentro la fornace (I.3.4).*

— DEFLOCCULAZIONE (detta anche peptizzazione): *indica il passaggio delle particelle argillose dallo stato flocculato, ossia agglomerato, allo stato di sospensione colloidale (I.4.3).*

— DEGRASSANTE: *materia prima complementare delle argille dove è presente per via naturale e talvolta perché aggiunto di proposito dal vasaio. Il degrassante per antonomasia è il quarzo. (I.1.4)*

— DELFTWARE: *termine in lingua inglese usato per indicare in senso stretto i manufatti di Delft, e in senso ampio i manufatti ricoperti da rivestimento stannifero, ossia le maioliche.*

— ENGOBE GRAVE': *termine in lingua francese che corrisponde a graffito.*

— ESSICCAMENTO: *fase della lavorazione durante la quale il manufatto perde per evaporazione gran parte dell'acqua d'impasto, e quindi subisce una contrazione di volume la cui entità è legata alla quantità di acqua perduta (I.3.4).*

— FAENZA: *termine usato per indicare i manufatti dal corpo ceramico colorato e poroso, sottoposti a due cotture, ricoperti da sola vernice (faenza verniciata), oppure da ingobbio e vernice piombifera (faenza ingobbiata, talora detta "mezzamaiolica", a seconda del tipo di decorazione), oppure da smalto stannifero (faenza smaltata o maiolica).*

— FELDSPATO: *minerale molto comune nelle sabbie (I.1.2). Costituisce uno dei fondenti più abbondanti nelle argille usate per la modellazione ceramica (I.1.4).*

— FERRACCIA: *termine dialettale per indicare l'ossido di ferro usato nelle decorazioni, che in cottura assume di norma colore giallo-bruno (I.4.4.).*

— FLOCCULAZIONE: *agglomerazione delle particelle argillose (I.1.1 e I.1.3).*

— FOGGIATURA: *vedi modellazione.*

— FONDENTI: *materie prime complementari che si trovano nell'argilla per via naturale o perché aggiunte di proposito dal vasaio, che abbassano il punto di fusione (I.1.4).*

— FORNACE: *costruzione destinata alla cottura dei manufatti ceramici. Le fornaci comunemente usate nell'antichità sono a combustibile solido naturale, a fuoco intermittente, e a fiamma diretta; possono essere di tipo verticale oppure orizzontale, queste ultime impiegate soprattutto in oriente. All'interno della fornace avviene il processo di combustione, con sviluppo di calore a temperature tali da cuocere i manufatti ceramici (I.6.1-I.6.3).*

— GRAFFITO: *tipo di decorazione ottenuta scalfendo con una punta rigida l'ingobbio applicato sul manufatto, allo scopo di ottenere contrasti di colore tra l'ingobbio e il corpo ceramico portato allo scoperto dalla scalfittura. In archeologia, va sotto il nome di "graffito" la decorazione ottenuta incidendo la nuda superficie del manufatto (I.5).*

— GRAN FUOCO: *termine usato per indicare la cottura ad alta temperatura, intorno a 900 °C, cui viene sottoposto il manufatto allo stato di biscotto, dopo essere stato decorato e rivestito con vernice piombifera (la decorazione prende il nome di "sottovernice"), oppure dopo essere stato smaltato. In quest'ultimo caso la decorazione, che prende il nome di "soprasmalto", subisce successivamente una cottura a piccolo fuoco (o terzo fuoco).*

— GRES: *termine usato per indicare i manufatti dal corpo ceramico colorato e compatto, cotti a temperatura molto alta (oltre 1200 °C). L'assenza di porosità differenzia il gres dalla faenza e lo avvicina alla porcellana. Da quest'ultima lo distingue il corpo ceramico colorato, meno fine e non traslucido. La produzione del gres rappresenta una conquista tecnologica dell'epoca moderna.*

— GROTTESCHE: *decorazione policroma formata prevalentemente da motivi geometrici, vegetali e figurine di putti, che ha preso nome dalle decorazioni parietali della Domus Aurea di Nerone, soprannominata popolarmente dai Romani "le grotte".*

— HISPANO MORESCO: *tipo di decorazione di maioliche spagnole, influenzato dall'arte islamica e caratterizzato da iridescenze auree o argentee che vanno sotto il nome di "lustro metallico". Nel XVI secolo sono famose le maioliche a lustro di Valenza, imitate anche dalle botteghe ceramiche italiane.*

— ILLITE: *minerale delle argille (I.1.1).*

— INGOBBIO: *rivestimento di tipo argilloso, molto fine per sua stessa natura o perché sottoposto a un'accurata depurazione, usato per ricoprire il manufatto con uno strato sottile, opaco, poroso. Assolve un compito prevalentemente ornamentale; può avere colore rosso, nel qual caso è ricavato da un'argilla ferruginosa molto ricca di ossidi di ferro, oppure colore bianco, nel qual caso è ottenuto da un'argilla caolinica che in cottura acquista colore bianco. Essendo poroso, per acquistare impermeabilità l'ingobbio deve essere ricoperto con un'invetriatura (I.4.1).*

— INVETRIATURA: *rivestimento che in cottura si trasforma in involucro vetroso lucente e impermeabile. Ha differente composizione a seconda dei fondenti aggiunti al quarzo, suo componente principale. Può essere trasparente (vernice piombifera detta anche cristallina, nonché altri tipi di vernice), oppure può essere coprente (smalto) (I.4.2).*

— INVETRIATURA A SALE: *tecnica di cottura usata per ceramiche del tipo gres (stoneware). Quando nella fornace viene raggiunta la temperatura massima, all'interno viene gettato del sale marino (cloruro di sodio). Il sodio si combina con la silice presente nei manufatti, e forma sulla superficie di questi uno strato vetroso sottile e lucente.*

— ISTORIATO: *decorazione tipica della maiolica italiana rinascimentale, caratterizzata da ornati geometrici, elementi vegetali e animali, ed anche da raffigurazioni policrome a carattere narrativo ("stile bello").*

— LAGGIONI: *voce ligure per indicare le piastrelle per rivestimento di pareti e pavimenti.*

— LATESINI: *voce veneta per indicare i manufatti in mezzamaiolica rivestiti con smalto dal colore bianco-azzurrino simile al colore del latte di amido ("biancheto") adoperato per inamidare la biancheria.*

— LATTIMO: *vetro bianco opaco usato per produrre vasellame ad imitazione della porcellana, tanto da essere chiamato "porcellana contrafacta". Ornato con grande preziosità di decori, è famoso il vetro lattimo prodotto a Venezia nel XVIII secolo.*

— LUSTRO: *effetto ottico di iridescenza ottenuto applicando sopra la superficie del manufatto uno strato sottile di speciali vernici contenenti sali metallici, di regola di rame e di argento, e cuocendo il manufatto in terza cottura in ambiente riducente.*

— MAIOLICA: *il nome trae origine dall'isola di Maiorca che nel Rinascimento fu uno dei più importanti centri di commercio dalla penisola iberica verso l'Italia, e che svolse funzione di tramite per le tecniche innovative provenienti dall'oriente islamico. Sono chiamate "maioliche" i manufatti dal corpo ceramico colorato e poroso, ricoperti con smalto stannifero bianco e decorati in policromia. Tra i piccoli capolavori prodotti nelle botteghe italiane del '500 basti ricordare i piatti istoriati di Urbino, le grottesche di Deruta, i lustri di Gubbio, i bianchi compendiari di Faenza.*

— *MARMORIZZAZIONE: effetto decorativo ottenuto mediante l'impiego di ingobbiature di differente colore, che producono un rivestimento variegato, simile nell'aspetto all'onice e ad altre pietre dalle venature cangianti.*

— *MATERIE ORGANICHE: sostanze di origine vegetale e animale, presenti nelle argille in quantità variabili (I.1.2).*

— *MEZZAMAIOLICA: termine usato per indicare i manufatti dal corpo ceramico colorato e poroso, ricoperti con ingobbio e vernice piombifera, con decorazione graffita e/o dipinta.*

— *MEZZAPORCELLANA: termine con il quale viene talvolta indicata la porcellana a pasta tenera che rappresenta i primi tentativi condotti nel XVI secolo per imitare la porcellana cinese.*

— *MODELLAZIONE: procedimento seguito dal vasaio per impartire all'argilla una determinata forma. Può essere eseguita con differenti tecniche: a mano (I.3.1), a tornio (I.3.2), e a calco (I.3.3).*

— *MONTMORILLONITE: minerale delle argille (I.1.1).*

— *MUFFOLA: nome dato a un tipo di fornace costruita in modo da impedire il contatto diretto delle fiamme e dei gas caldi con i manufatti, che pertanto ricevono il calore per via indiretta, cioè per irraggiamento (Inserto I; I.6.4). Richiede una fornace a muffola la cottura a piccolo fuoco. Oggi, di norma le muffole sono elettriche.*

— *OCRA: termine usato per indicare alcuni ossidi di ferro, e precisamente una varietà di ematite (ocra rossa) e una varietà di limonite (ocra gialla), spesso accompagnati da argille, da carbonati e da quarzo, molto fini. Si presentano sotto forma di masse dall'aspetto terroso, formate da minuti cristalli. Le ocre sono utilizzate come sostanze coloranti naturali.*

— *OSSIDAZIONE: durante il processo di combustione si indica con questo termine la reazione di combinazione dell'ossigeno contenuto nell'aria con gli elementi (carbonio e idrogeno) contenuti nei combustibili. Per ottenere una buona ossidazione occorre che l'aria comburente sia in eccesso (I.6.1).*

— *PÂTE TENDRE: termine in lingua francese usato per indicare la porcellana a pasta tenera.*

— PICCOLO FUOCO (o terzo fuoco): termine usato per indicare la cottura a temperatura relativamente bassa, intorno a 700°C, cui viene sottoposto il manufatto, già cotto due volte (la prima cottura per trasformarsi in biscotto, la seconda dopo essere stato ricoperto col rivestimento stannifero). La terza cottura a bassa temperatura permette di usare quei colori, molto delicati, che non sopportano il forte calore del gran fuoco. Di regola la cottura a piccolo fuoco viene effettuata in fornaci a muffola.

— PIRITE: solfuro di ferro, spesso presente nelle argille, molto dannoso agli effetti della lavorazione ceramica (I.1.2-I.6.2).

— PORCELLANA: il nome deriva dalla conchiglia (porcella) cui questo prodotto assomiglia nel colore e nella brillantezza. La porcellana ha corpo ceramico bianco e completamente vetrificato, è traslucida e la sua durezza è tale da non essere scalfita neanche da una punta di acciaio. Si distingue in porcellana dura (cotta oltre 1400°C), e porcellana tenera (cotta sotto 1400°C).

— PROPAGAZIONE DEL CALORE: il calore si trasmette per conduzione, per convezione e per irraggiamento (Inserto I). Nelle fornaci tradizionali il calore si propaga soprattutto per conduzione e per convezione, nelle fornaci a muffola per irraggiamento.

— PROTOPORCELLANE: termine con cui vengono indicati i manufatti ceramici riportati alla luce dagli scavi archeologici in Cina, che, pur non avendo ancora tutte le caratteristiche della porcellana, ne rappresentano però i primi stadi nel processo evolutivo di formazione.

— QUARZO: biossido di silicio cristallino naturale. È un minerale sempre presente nelle argille, e rappresenta il degrassante più comune (I.1.2-I.1.4).

— RETICOLO CRISTALLINO: impalcatura di atomi, omogenea e periodicamente ripetuta, che contraddistingue ogni specie minerale. Le argille (fillosilicati) hanno una struttura lamellare in quanto il motivo fondamentale del loro reticolo cristallino è dato dalla sovrapposizione di strati di tetraedri e strati di ottaedri (I.1.1 - Inserto A).

— RIDUZIONE: si indicano con questo termine le reazioni che avvengono durante il processo di combustione allorché l'aria comburente è insufficiente rispetto al combustibile. Per quanto riguarda i reperti fittili archeologici, in particolare il vasellame decorato a figure nere oppure a figure rosse, una delle più importanti reazioni di questo tipo è la riduzione *del ferro, che da ossido ferrico (ematite, rosso), si trasforma in magnetite (nera) (I.4.3-I.6.4).*

— RIGGIOLE: *voce napoletana per indicare le piastrelle smaltate e decorate per pavimenti.*

— RITIRO: *vedi contrazione di volume.*

— RIVERBERO: *è chiamato forno a riverbero un tipo di forno in cui il riscaldamento avviene in prevalenza per irraggiamento. Largamente impiegati in metallurgia, i forni a riverbero servono in campo ceramico per la calcinazione del piombo, componente principale delle vernici piombifere (I.4.2-I.4.4).*

— SILICATI: *minerali molto comuni ed estremamente diffusi sulla crosta terrestre. Sono divisi in varie classi; ai fini ceramici interessano soprattutto i fillosilicati, cui appartengono le argille (I.1.1).*

— SMALTO: *rivestimento stannifero applicato sul manufatto, allo stato di biscotto, che in cottura si trasforma in un involucro vetroso, lucente e impermeabile. Lo smalto è coprente (e in ciò differisce dalla vernice che invece è trasparente); l'effetto opacizzante è dovuto all'ossido di stagno contenuto nello smalto in percentuali più o meno alte a seconda del tipo di produzione (I.4.2).*

— SPOLVERO: *termine usato in campo ceramico per indicare una traccia a traforo di motivi decorativi da riprodurre in serie. La decorazione a spolvero, detta anche a stampino, è eseguita mediante carte traforate, oppure pelli o sottili lastre traforate, sulle quali mediante opportune perforazioni è stato riportato il disegno da riprodurre. Poggiata la carta traforata sopra il manufatto, vi si batte sopra un sacchetto contenente polvere fine di carbone: questa, attraverso i forellini, riproduce la traccia del disegno. È una tecnica che serve a rendere rapida e precisa la copiatura in serie di motivi ornamentali, molto usata per la decorazione della maiolica.*

— STONEWARE: *termine in lingua inglese usato per indicare il gres. Vedi gres e invetriatura a sale.*

— TERRACOTTA: *indica i manufatti dal corpo ceramico poroso e colorato, senza rivestimento, sottoposti a una sola cottura. Quando la terracotta è destinata a ricevere un rivestimento, e quindi a subire una seconda cottura, prende il nome di biscotto.*

— *TERRAGLIA: indica i manufatti dal corpo ceramico bianco e po-roso, ricoperti da una cristallina che vetrifica in seconda cottura. La terra-glia, che si differenzia dalla faenza per il colore bianco del corpo cerami-co, è distinta in tenera (cottura inferiore a 1000°C) e forte (cottura supe-riore a 1200°C). La produzione della terraglia è iniziata nel XVIII secolo.*

— *TERRA SIGILLATA: termine generico usato dagli archeologi per indicare il vasellame da mensa, molto in uso in età romana imperiale, in forme sia lisce sia decorate a rilievo, caratterizzato dal rivestimento di co-lore corallino. La modellazione è eseguita con la tecnica a matrice (I.3.3), e la cottura richiede costantemente atmosfera ossidante, per cui deve esse-re condotta in forno a muffola oppure con particolari accorgimenti (I.6.4).*

— *TERZO FUOCO: vedi piccolo fuoco.*

— *VERDE: termine con il quale si indica comunemente il grado di consistenza raggiunto dal manufatto subito dopo la modellazione, con chiara allusione al colore verdastro dell'argilla o al fatto che il manufatto è umido come la legna "verde". Nei primi stadi dell'essiccamento, il manufatto allo stato verde è nelle condizioni adatte per essere rifinito, per consentire l'applicazione dei manici, ed eventualmente per essere ri-vestito con l'ingobbio (faenza ingobbiata, con monocottura).*

— *VERNICE: rivestimento applicato sul manufatto, che in cottura si trasforma in involucro vetroso, trasparente, lucente e impermeabile. È composto essenzialmente da quarzo, cui vengono aggiunti fondenti quali gli ossidi di piombo, oppure gli alcali o i borati (I.4.2). Nell'occidente antico, la vernice più comune è quella piombifera: di norma è trasparen-te, sebbene possa essere colorata con ossidi metallici. È applicata sul ma-nufatto allo stato di biscotto o allo stato crudo, previa ingobbiatura (faen-za ingobbiata e verniciata), oppure senza (faenza verniciata). Quando è incolore, viene oggi chiamata anche vetrina o cristallina. In campo ar-cheologico è importante la cosiddetta "vernice nera", un rivestimento atipico che a rigore di termini non rientra né nei rivestimenti di tipo argil-loso né in quelli di tipo vetroso. Lo stesso dicasi per la "vernice rossa", il rivestimento corallino della ceramica arretina e della terra sigillata (I.4.3).*

— *VETRINA: vedi vernice e cristallina.*

I.4 RIVESTIMENTI

Dopo la modellazione, il manufatto passa all'essiccamento, indi alla cottura. Se non ha rivestimento, quando esce dalla fornace assume il nome di "terracotta". Allorché l'uomo, nella lontana preistoria, ha usato l'argilla per modellare i primi recipienti e li ha cotti nel focolare domestico, sono nate le terrecotte, grossolane nella composizione, rozze nella forma e imperfette nella cottura, eppure idonee a svolgere la loro utile funzione domestica, modeste progenitrici di tutti i manufatti ceramici che le hanno seguite. La superficie di solito è grezza, ruvida, opaca, e in cottura acquista un'ampia gamma di tonalità cromatiche, cui talvolta si aggiungono colpi di fuoco e aloni rosso-brunastri. La temperatura di cottura relativamente bassa non permette di diminuire né tantomeno di eliminare la porosità, per cui le terrecotte sono fortemente porose e mancano assolutamente di compattezza. La permeabilità ai liquidi può essere attenuata mediante accorgimenti empirici, ad esempio facendo impregnare il vasellame di latte quagliato o di sostanze grasse che chiudono i pori in via parziale e temporanea, ma la porosità del corpo ceramico delle terrecotte resta un dato di fatto incontrovertibile, che prima o poi riemerge.

È quindi ovvio che sino dai tempi più antichi il vasaio abbia cercato di rendere impermeabili i recipienti, ricoprendoli con un rivestimento che al tempo stesso annullasse gli effetti della porosità e migliorasse l'aspetto estetico. Sebbene l'argomento non sia ancora stato affrontato nella sua complessità e non siano disponibili informazioni sufficienti per una sicura ricostruzione del processo evolutivo, si può presumere con ragionevole fondamento che tale processo sia stato lungo e faticoso, e che soltanto una tenace e continua sperimentazione abbia permesso di ottenere il rivestimento vetroso che oggi ai nostri occhi sembra cosa assai semplice.

I problemi che l'antico vasaio ha dovuto affrontare sono stati molteplici. Anzitutto ha dovuto reperire le materie prime idonee allo scopo ed apprestare l'attrezzatura necessaria per lavorarle. Per fare un esempio, uno dei componenti principali del rivestimento piombifero è il litargirio (PbO). Ne consegue che il vasaio deve conoscere il procedimento per la calcinazione del piombo, ed avere a disposizione degli appositi crogioli e, per una maggiore produzione, fornetti a riverbero (I.4.4).

Era inoltre necessario che il vasaio acquisisse piena padronanza delle differenti tecniche di lavorazione, e soprattutto raggiungesse una maturità di esperienza tale da conoscere il comportamento dilatometrico dei vari materiali, in modo da preparare un rivestimento adatto all'argilla da lui usata. È infatti indispensabile che argilla e rivestimento si dilatino durante la cottura e si restringano durante il raffreddamento in maniera armonica e di pari passo, altrimenti il rivestimento si distaccherebbe dal sottostante corpo ceramico, o quantomeno darebbe luogo a difetti quali la cavillatura e la scagliatura. In gergo tecnico, le proprietà dilatometriche vanno sotto il nome di "accordo argilla-invetriatura" o "accordo pastavernice". I coefficienti di dilatazione termica delle materie prime costituiscono un problema di fondamentale importanza nella lavorazione ceramica, e sono ancora oggi fonte di brutte sorprese, nonostante le conoscenze tecnologiche moderne e l'ausilio dei mezzi di controllo di laboratorio. Capita anche negli stabilimenti ceramici più attrezzati che il mancato accordo dilatometrico tra argilla e rivestimento sia causa di difetti di tale entità da rendere inutilizzabili intere serie di prodotti.

Sono quindi meritevoli di ammirazione gli antichi vasai che, partendo dal nulla e senza lasciarsi scoraggiare dagli insuccessi, hanno perseverato lungo la strada della sperimentazione sino ad arrivare a una buona conoscenza delle materie prime, così da poterle combinare insieme e farle "accordare" tra loro senza crisi di rigetto (Inserto G).

Dopo questa premessa occorre fare una distinzione fondamentale: i rivestimenti si dividono in due grandi classi, di tipo argilloso e di tipo vetroso. I rivestimenti di tipo argilloso sono gli ingobbi, porosi e opachi. I rivestimenti di tipo vetroso sono le invetriature, impermeabili e lucenti, chiamate "vernici" quando sono trasparenti, e "smalti" quando sono coprenti e cioè non lasciano vedere il colore del corpo ceramico sottostante.

I.4.1 RIVESTIMENTI DI TIPO ARGILLOSO: INGOBBIO

Poiché il nome ingobbio trae origine dal francese *engobe*, sembra preferibile usare il termine "ingobbio", comunemente adoperato nei trattati di tecnologia ceramica, e non "ingubbio" come indicato in taluni testi archeologici. Viene talvolta usato come sinonimo il termine "ingobbiatura", per quanto esso dovrebbe piuttosto indicare il procedimento dell'applicazione dell'ingobbio, analogamente al significato delle voci "verniciatura" e "smaltatura".

L'ingobbio è un rivestimento opaco, a composizione argillosa, che in cottura non subisce alcuna vetrificazione, ragione per cui resta poroso e permeabile ai liquidi. Viene approntato diluendo in acqua la materia prima opportunamente preparata, in modo da ottenere una sospensione molto fine e omogenea che, quando applicata sul manufatto, serve a renderne liscia la superficie, agendo a guisa di manto levigatore. Un ulteriore miglioramento estetico apportato dall'uso dell'ingobbio consiste nel nascondere alla vista il colore del corpo ceramico del manufatto, e nel dare alla superficie di questo un diverso colore, di regola contrastante e di tonalità più intensa.

I due tipi di ingobbio più comuni nell'antichità hanno rispettivamente colore rosso e colore bianco.

— L'ingobbio rosso è composto da argilla ferrugginosa con una percentuale di ossidi di ferro che può arrivare a superare il 15%, come nel caso del "bolo". Questo è facilmente reperibile nelle campagne dell'Italia meridionale dove spesso affiora in superficie sotto forma di aggregati brunastri finemente terrosi, e viene adoperato ancora oggi dai vasai tradizionali per dare al manufatto una bella colorazione rossastra, con un costo molto basso. In linea generale, la gradazione della tinta e la sua maggiore o minore intensità dipendono dalla concentrazione degli ossidi di ferro nell'argilla e dall'eventuale presenza di calcare, che ha effetto schiarente, e di ossido di titanio, che invece potenzia gli effetti coloranti del ferro (I.1.3). Agli effetti della colorazione finale influiscono anche le condizioni in cui si è svolta la cottura: ambiente riducente e temperatura troppo alta possono causare il viraggio del colore da rosso a nero a causa della trasformazione da ossido ferrico (rosso) in magnetite (nera).

Esempi di manufatti con ingobbiatura rossa sono in Sicilia le forme vascolari della cultura di Serraferlicchio appartenenti all'età eneolitica, e della cultura di Pantalica che risale all'età del bronzo.

— L'ingobbio bianco, o comunque molto chiaro, è composto da argilla caolinica o da argilla che pur non essendo a base caolinica ha la caratteristica di acquistare in cottura colore bianco (I.1.1 e Inserto B). È un materiale molto tenero al tatto, di granulometria molto fine, usato anche in pittura. Secondo Plinio la migliore qualità era denominata "paretonio" in quanto proveniva da *Paraetonium* nell'Africa settentrionale (N.H, XXXV, 18, 36). In Italia le argille caoliniche scarseggiano: quale esempio si può indicare quella di S. Severa, nel Lazio, dal bel colore bianco-avorio. Tra le argille che, pur non essendo propriamente caoliniche, diventano bianche in cottura si può indicare la "Terra di Vicenza" detta impropriamente "caolino di Schio", citata da Piccolpasso che la chiama "terra bianca o ver terra visentina" (App. 3.3).

Esempi di manufatti con ingobbiatura chiara sono le *lekythoi* funerarie a fondo bianco.

A chiusura di queste note può essere opportuno sottolineare ancora una volta come il carattere distintivo dell'ingobbio consista nell'assenza di vetrificazione e di lucentezza: con l'ingobbiatura il manufatto dal punto di vista estetico acquista colore e levigatezza, mentre dal punto di vista funzionale resta tal quale, ossia poroso e permeabile ai liquidi. Per acquistare impermeabilità occorre che l'ingobbio sia ricoperto con una vernice piombifera che formi sul corpo ceramico un secondo strato, questa volta vetroso. A quanto risulta, nell'antichità simile procedimento era sconosciuto, o quantomeno molto raro, mentre è comune in epoca rinascimentale, e ancora oggi viene adoperato, ad esempio in Puglia, per i manufatti di tipo rustico che vengono ingobbiati, indi ricoperti con vernice piombifera e infine sottoposti a monocottura. È ancora da aggiungere che simile procedimento comporta un accordo dilatometrico a tre: occorre infatti che argilla, ingobbio e vernice dilatino, e soprattutto si restringano durante il raffreddamento, di pari passo. Va da sé che un accordo a tre non è semplice da raggiungere, e che soltanto una profonda esperienza permette al vasaio di ottenere risultati soddisfacenti.

I.4.2 RIVESTIMENTI DI TIPO VETROSO: VERNICE E SMALTO

I rivestimenti che in cottura diventano vetrosi hanno quali caratteristiche comuni l'impermeabilità e la lucentezza, mentre hanno una differente composizione, e di conseguenza una differente temperatura di vetrificazione. Opportunamente preparato e diluito in acqua, il rivestimento viene applicato sul manufatto allo stato crudo oppure allo stato di biscotto, e si trasforma in cottura in un lucente involucro vetroso che aderisce come una pelle al corpo ceramico, nascondendone le irregolarità superficiali, donando levigatezza e sfumando i contorni. Dal punto di vista funzionale esso costituisce un perfetto rimedio alla porosità del corpo ceramico, formando uno strato impermeabile, di spessore più o meno omogeneo a seconda della regolarità della lavorazione.

Chiamati in linguaggio tecnico moderno ''invetriature'', i rivestimenti di tipo vetroso si distinguono in ''vernice'', trasparente, e in ''smalto'', coprente. Il principale componente è la silice, sotto forma di quarzo mentre variano gli altri componenti, cioè i fondenti aggiunti per abbassarne il punto di fusione. Oltre ad essere facilmente reperibile in natura, ad esempio come sabbia sulle rive dei fiumi e dei laghi, il quarzo ha tutte le caratteristiche necessarie per trasformarsi in un perfetto involucro vetroso, essendo trasparente, dotato di un buon grado di durezza e di resistenza agli attacchi chimici, ed avendo anche la capacità di vetrificare entro un intervallo di temperatura molto ampio.

Al quarzo occorre però aggiungere dei fondenti, altrimenti sarebbe necessaria una temperatura di cottura eccessivamente elevata, tale da danneggiare il corpo ceramico del manufatto (ricordiamo che il quarzo fonde a 1475°C, e che una modificazione polimorfa della silice, la cristobalite, fonde a 1715°C).

VERNICE

Nella preparazione della vernice, al quarzo vengono mescolati fondenti quali gli ossidi di piombo per le vernici piombifere, gli alcali per quelle alcaline, i borati per quelle boriche.

Le vernici piombifere sono tuttora le più comuni, e oggi vengono anche chiamate "cristalline" o "vetrine". In esse gli ossidi di piombo vengono addizionati sotto forma di litargirio (PbO) (oppure, nei tempi moderni, di minio, Pb_3O_4), accuratamente macinato. Queste vernici fondono a media temperatura, sono dotate di un medio coefficiente di dilatazione termica, e sono molto brillanti. Costituiscono i tipici rivestimenti delle faenze, ossia dei manufatti dal corpo ceramico poroso e colorato.

Le vernici alcaline sono caratterizzate dalla presenza di forte percentuale di alcali (che all'analisi di laboratorio vengono espressi come Na_2O, ossido di sodio, e K_2O, ossido di potassio). Hanno grande durezza e trasparenza, nonché un coefficiente di dilatazione termica molto elevato. Oggi, debitamente corrette con allumina, sono usate come rivestimento della porcellana dura, assumendo il nome di "coperta".

Le vernici boriche sono caratterizzate dalla presenza di acido borico e di borace, oltre che di ossido di piombo; hanno un basso coefficiente di dilatazione termica, e rappresentano i tipici rivestimenti delle terraglie e dei gres.

Non esiste, né oggi né tantomeno in passato, una linea netta di demarcazione tra queste categorie di vernici, ragione per cui si possono avere rivestimenti alcalino-piombiferi, alcalino-borici, piombo-borici, e così via.

Ricordiamo pure che le vernici alcaline e boriche richiedono anche la presenza di calcare e/o allumina (quest'ultima di norma viene aggiunta sotto forma di feldspati), per acquisire la struttura vetrosa. In linguaggio tecnico moderno queste sostanze vengono chiamate "stabilizzanti".

Dopo cottura tutti questi rivestimenti formano una massa vetrosa trasparente, che lascia trasparire il colore del corpo ceramico sottostante. Talvolta per colorare la massa vetrosa vengono aggiunti dei pigmenti di natura inorganica. Tra questi primeggiano gli ossidi di ferro che a seconda della composizione e della preparazione danno un'ampia gamma di tinte, dal giallo chiaro al rosso, al bruno molto scuro; pure molto comune è l'ossido di rame (oggi meno usato), che può dare tinte differenti, sia blu sia verdi. L'effetto colorante dipende dalla natura chimica del pigmento e da altri importanti fattori quali il grado di macinazione, l'ambiente di cottura (ossidante o riducente), la temperatura di cottura, e l'eventuale presenza di altre sostanze chimiche che influenzano la tinta finale.

Ai materiali che compongono il rivestimento i pigmenti vengono mescolati dopo aver subìto il trattamento d'uso, che di norma consiste nella calcinazione e nella macinazione; durante la cottura essi si sciolgono nella massa vetrosa che di conseguenza diventa colorata, pur rimanendo trasparente. Nei casi in cui la sostanza colorante resti in sospensione, oppure sia impiegata in quantità eccessiva e tale da saturare la massa vetrosa, questa risulta fortemente colorata e quasi opaca, in quanto ha perduto più o meno completamente la trasparenza. Sono questi i casi in cui la vernice assume le caratteristiche dello smalto, rendendo estremamente difficile distinguere a occhio il tipo di rivestimento, soprattutto nei reperti archeologici che sono frutto di lavorazioni non uniformi e condotte a livello empirico, senza regole tecniche precise.

Quali che siano la composizione del rivestimento e il tipo di sostanza colorante, il vasaio deve affrontare i problemi causati dal differente comportamento dilatometrico dei singoli materiali, per far sì che durante la cottura e soprattutto durante il raffreddamento il corpo ceramico e il rivestimento subiscano dilatazioni e contrazioni analoghe. In caso contrario l'invetriatura non resta aderente al corpo ceramico e se ne stacca in maniera tale da rendere inutilizzabile il manufatto. Occorre pertanto che il vasaio conosca le caratteristiche dei singoli materiali, e se necessario apporti modifiche alla composizione dell'argilla o a quella del rivestimento (Inserto G).

Esempi di manufatti con invetriatura piombifera sono noti in ambiente romano in età ellenistico-imperiale. Manufatti con invetriatura alcalina sono noti in Mesopotamia e in Egitto già nel III millennio, mentre sono piuttosto rari in ambiente occidentale.

L'uso della vernice piombifera in occidente e l'uso di quella alcalina in oriente può forse trovare spiegazione nelle differenti materie prime a disposizione dell'antico vasaio. In occidente abbondano le argille di tipo illitico che hanno un comportamento dilatometrico facilmente accordabile con quello della vernice piombifera, mentre difettano gli alcali. Al contrario, in oriente, ove il clima è caldo e arido, le argille scarseggiano oppure sono di tipo montmorillonitico, la cui modellazione richiede una forte quantità di degrassante siliceo per correggerne l'eccessiva plasticità. I Paesi orientali per di più hanno in abbondanza giacimenti di alcali direttamente utilizzabili per la preparazione dei rivestimenti. Tutto ciò ha influito sull'antico vasaio orientale, condizionandolo a modellare i suoi vasi con un impasto fortemente siliceo e a ricoprirli con un rivestimento alcalino, i cui rispettivi coefficienti di dilatazione termica sono compatibili tra loro.

SMALTO

Altro tipo di rivestimento vetroso è lo smalto, lucente ed impermeabile come la vernice, però coprente. In cottura esso forma un involucro vetroso che copre il corpo ceramico sottostante, nascondendone completamente il colore. Come nella vernice, principale componente dello smalto è il quarzo, cui vengono aggiunti ossido di piombo e ossido di stagno. Quest'ultimo (SnO_2) è la sostanza opacizzante per eccellenza: durante la cottura non si scioglie completamente nella massa vetrosa ma resta sospeso in essa in particelle finemente disperse, impedendo la trasparenza. Il grado di maggiore o minore opacità dipende dalla purezza dell'ossido di stagno e dalla finezza della sua granulometria.

È possibile che effetti opacizzanti vengano ottenuti anche senza l'uso dello stagno, ricorrendo a rivestimenti composti da due tipi diversi di masse vetrose (chiamate ''fritte''), preparate separatamente e macinate insieme. Durante la cottura, uno dei due vetri non fonde e resta in sospensione nell'altro, determinando l'effetto di opacità. Oppure una delle due ''fritte'' è fortemente borica, dando luogo a un rivestimento opalescente o lattiginoso.

Di solito, gli smalti antichi sono colorati: la sostanza colorante maggiormente usata era l'ossido di rame, che produce sia il blu che il verde a seconda della composizione dello smalto, delle condizioni di cottura e della temperatura raggiunta nella fornace. In molti manufatti, l'intensità della tinta e il forte spessore del rivestimento, che forma talvolta delle sgocciolature simili a turgide gocce, permettono con difficoltà di distinguere ad occhio quando si tratti di smalti e quando di vernici. Riprendendo l'esempio dei manufatti della Mesopotamia e dell'Egitto, impreziositi dai colori talora verde, talaltra blu o turchese, è pressoché impossibile distinguere a vista se si tratti di una vernice alcalina oppure di uno smalto alcalino.

È qui opportuno sottolineare come la difficoltà di individuare le caratteristiche dei manufatti antichi, che variano a seconda dell'epoca, del luogo e talvolta anche a seconda delle botteghe, si sommi alla scarsità di informazioni tecniche sui reperti ritrovati negli scavi archeologici e alla mancanza di specifiche analisi di laboratorio. A queste cause di incertezza si aggiunge la molteplicità della terminologia italiana: usare il termine ''vernice'' anziché ''smalto'' induce automaticamente a fare una distinzione che nella realtà può non esistere. Sarebbe quindi auspicabile adoperare il termine ''invetriatura'', che nella sua genericità non induce a formulare giudizi aprioristici. Soltanto nei casi in cui siano disponibili informazioni sicure, basate ad esempio su analisi di laboratorio, si potrebbe specificare il tipo di invetriatura (invetriatura piombifera, invetriatura alcalina, invetriatura stannifera, e così via), analogamente a quanto viene fatto in lingua inglese con il termine *glaze* (*lead glaze, alkaline glaze, tin glaze*, etc.). Si potrebbe così limitare il più possibile l'uso di termini ambigui quali vernice e smalto, almeno allo stato attuale delle nostre conoscenze. Ovviamente queste annotazioni si riferiscono soltanto ai reperti archeologici, e non ai manufatti moderni le cui caratteristiche sono ben note e definite.

I.4.3 RIVESTIMENTI ATIPICI: ''VERNICE NERA'' E ''VERNICE ROSSA''

In campo archeologico è da tempo invalso l'uso di chiamare ''vernice nera'' lo strato superficiale applicato dal vasaio sul manufatto per dipingere figure e motivi decorativi (tecnica a figure nere), oppure, con procedimento inverso, per dipingere lo sfondo contro cui si stagliano le ornamentazioni (tecnica a figure rosse), oppure per rivestire l'intero manufatto (ceramica detta ''campana'', etc.). Si tratta di uno strato molto sottile, più o meno lucente, di colore nero più o meno intenso e uniforme, che copre il corpo ceramico sottostante, nascondendolo, e che in cottura ha subìto una vetrificazione parziale ed imperfetta, senza raggiungere una completa impermeabilità.

In linea generale, all'osservazione condotta mediante microscopio stereoscopico (II.2.1), lo strato di vernice appare irregolare e discontinuo. Vi si addensano minuscoli rigonfiamenti dovuti alla fuoriuscita dei gas dall'argilla durante la cottura, e minuscole bollicine, alcune delle quali, scoppiando, hanno formato vacuoli e crateri imbutiformi che lasciano intravvedere il corpo ceramico sottostante. La vetrificazione è superficiale, interessando soltanto la vernice, mentre il corpo ceramico sottostante non ne ha risentito alcun effetto e resta fortemente poroso. La vetrificazione è anche incompleta: granuli di degrassante, di solito quarzo, affiorano attraverso la vernice a causa delle loro dimensioni o perché lo strato di vernice è talmente sottile da non riuscire a coprirli interamente.

Sempre in linea generale, si nota che la discontinuità dello strato è dovuta alla presenza di microfessurazioni filiformi causate dalla contrazione di volume avvenuta durante il raffreddamento per il diverso coefficiente di dilatazione termica della vernice rispetto al corpo ceramico. Talvolta, si notano anche scaglie a labbro rialzato (Inserto G).

Da queste osservazioni e da quanto è stato esposto nei capitoli precedenti, balza evidente che chiamare "vernice" questo tipo di rivestimento, sia esso parziale o totale, significa usare un termine improprio in quanto alla "vernice" archeologica mancano i requisiti fondamentali per essere tale, ossia la trasparenza, la completa vetrificazione e la totale impermeabilità. D'altra parte la voce "vernice nera" è da tempo entrata nel linguaggio archeologico per cui non è il caso di tentare di cambiare un termine ormai canonizzato dall'uso. È però opportuno tenere sempre presente che si tratta di un rivestimento atipico, che a rigore di termini non rientra né nei rivestimenti di tipo argilloso né in quelli di tipo vetroso.

In proposito sono note le numerose discussioni iniziate già nel '700 e proseguite nei tempi moderni, aventi come tema sia la composizione della vernice nera e della vernice rossa, sia la tecnica di cottura (monocottura o due cotture). In epoca contemporanea, alla lunga serie di studi hanno fatto seguito alcune analisi di laboratorio, seppure in numero ancora troppo ristretto per consentire conclusioni definitive. Grazie a queste indagini, è stato possibile formulare l'ipotesi che la vernice nera sia composta da argilla molto fine e ricca di ossidi di ferro che durante la cottura ha subìto una parziale vetrificazione, assumendo colore nero più o meno lucente a seconda della sua composizione chimica, dello spessore dello strato in cui essa è stata applicata, nonché della temperatura di cottura e dell'intensità del processo di riduzione avvenuto durante la fase finale della cottura.

Sebbene non sia ancora stato raggiunto un pieno accordo tra le opinioni dei diversi studiosi, sembra accertato che l'antico vasaio usasse una sospensione colloidale di argilla ferrugginosa, ottenuta dopo un'accurata decantazione, con eventuale deflocculazione per aggiunta di alcali. La materia colorante era rappresentata dagli ossidi di ferro che durante il processo di riduzione si trasformavano da ossido ferrico (rosso) in magnetite (nera), secondo la reazione chimica: $3Fe_2O_3 + CO \rightarrow 2Fe_3O_4 + CO_2$, oppure $Fe_2O_3 + CO \rightarrow 2FeO + CO_2$. Il vaso era sottoposto a una sola cottura, però condotta con particolari accorgimenti: dentro la fornace l'atmosfera era prevalentemente ossidante sino a circa 800°C, indi seguiva una fase riducente sino a un massimo di 900-920°C circa, con raffreddamento in condizioni ossidanti.

L'aggiunta di alcali nella sospensione colloidale per impedire l'agglomerarsi delle particelle argillose è ancora oggetto di discussione, e richiede forse ulteriori indagini di laboratorio. D'altra parte non sono da trascurare l'enorme diffusione della vernice nera nel tempo e nello spazio, e la probabilità che a differenti epoche e a differenti località corrispondessero differenti metodi di lavorazione. Si può ragionevolmente supporre che, allora come oggi, i vasai adottassero degli accorgimenti tecnici tipici per ogni località e forse per ogni bottega, e che utilizzassero materie prime la cui scelta era influenzata dalla maggiore o minore facilità di reperirle in loco.

Analoghe osservazioni valgono per la "vernice rossa", il rivestimento corallino della ceramica arretina e della terra sigillata. Rispetto alla vernice nera, la vernice rossa subisce un diverso procedimento di cottura: la prima richiede che la fase finale del ciclo termico sia condotta in atmosfera riducente, mentre la seconda richiede una forte ossidazione durante l'intero ciclo termico. Per ottenere una vernice rossa dal colore uniforme, quale appunto è il rivestimento della ceramica arretina, è infatti di fondamentale importanza che l'intera cottura avvenga in atmosfera prevalentemente ossidante, altrimenti risulterebbe una vernice più o meno brunastra, oppure comparirebbero sulla superficie del manufatto delle macchie scure e degli aloni più o meno neri a seconda dell'intensità e della durata dei processi di riduzione. Poiché le nostre conoscenze sulle antiche tecniche di cottura sono ancora lacunose, è giocoforza presumere che l'antico fornaciaio avesse a disposizione fornaci di tipo particolare, o perlomeno che usasse determinati accorgimenti per proteggere il vasellame in cottura dal contatto diretto con i prodotti della combustione (fiamme, fumo, ceneri) (I.6.4).

INSERTO G

ACCORDO DILATOMETRICO TRA RIVESTIMENTO E CORPO CERAMICO

È noto che i corpi solidi subiscono una dilatazione quando viene loro somministrato del calore. Alla quantità di calore assorbita corrisponde, infatti, un aumento di energia vibrazionale degli atomi della struttura cristallina che provoca a sua volta un aumento della distanza media tra gli atomi. La dilatazione o la contrazione di un materiale per effetto delle variazioni di temperatura, ossia l'aumento o la diminuzione complessiva per unità di lunghezza durante il riscaldamento o il raffreddamento, sono espresse tramite il coefficiente di dilatazione termica lineare. Tale coefficiente è una costante caratteristica di ogni materiale, e corrisponde all'allungamento che subisce un campione di lunghezza unitaria se sottoposto alla variazione di temperatura di un grado.

Durante la cottura, soprattutto nella fase del raffreddamento, un manufatto ceramico si comporta come un sistema a strati: a causa della differente composizione, il corpo ceramico e il rivestimento hanno ognuno un proprio comportamento che dà luogo a contrazioni di differente entità. Condizione necessaria affinché il rivestimento aderendo perfettamente al corpo ceramico vi rimanga stabilmente fissato, formando un tutt'unico, è che i rispettivi comportamenti dilatometrici siano compatibili tra loro.

Quando il rivestimento è di tipo argilloso, rosso o bianco che sia, l'accordo è relativamente facile. Infatti l'ingobbio di colore rosso ha una composizione ferruginosa che dal punto di vista della dilatazione al calore è grossomodo analoga a quella del corpo ceramico, ragione per cui i rispettivi coefficienti di dilatazione termica sono compatibili tra loro. Agli effetti dilatometrici, l'ingobbio bianco, ottenuto da argilla caolinica oppure da argilla secondaria che ha la proprietà di cuocere bianco, non differisce molto dal corpo ceramico, ragione per cui anch'esso, come l'ingobbio rosso, non crea eccessivi problemi.

Al contrario, il rivestimento di tipo vetroso ("vernice" oppure "smalto") ha un comportamento che differisce fortemente da quello del corpo ceramico, essendo la rispettiva composizione mineralogica molto diversa. Possono quindi verificarsi i difetti chiamati comunemente "cavillo" oppure "scaglia":

— *il rivestimento ha un coefficiente di dilatazione maggiore di quello del corpo ceramico. Contraendosi durante il raffreddamento in misura maggiore, esso è sottoposto a sforzi di trazione che facilmente provocano la formazione di microfessurazioni. Chiamate "cavilli", queste fessurazioni da ritiro sono filiformi, hanno andamento irregolare e si espandono a ragnatela;*

— *il rivestimento ha un coefficiente di dilatazione molto inferiore a quello del corpo ceramico. Contraendosi durante il raffreddamento in misura minore, esso è sottoposto a sforzi di compressione che ne provocano la rottura. Spezzandosi il rivestimento, si formano delle minuscole scaglie i cui bordi tendono a rialzarsi lungo le linee di frattura.*

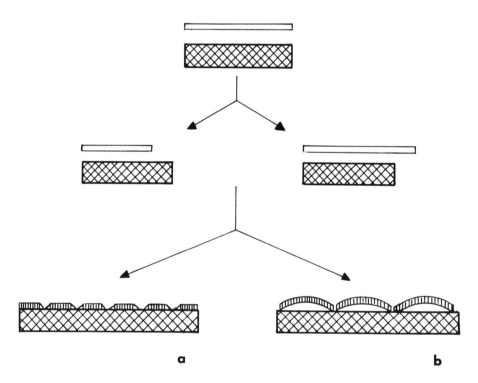

a   **b**

Fig. 15 - Accordo dilatometrico tra rivestimento e corpo ceramico

a) quando il rivestimento ha un coefficiente di dilatazione maggiore di quello del corpo ceramico, durante il raffreddamento in fornace si contrae maggiormente, provocando la formazione di microfessurazioni chiamate "cavilli"

b) quando il rivestimento ha un coefficiente di dilatazione molto inferiore a quello del corpo ceramico, durante il raffreddamento in fornace si contrae in misura minore, provocando la formazione delle cosiddette "scaglie".

Le contrazioni che portano al cavillo e alla scaglia si verificano di regola durante il raffreddamento del manufatto, ossia quando il rivestimento si è già consolidato: al diminuire della temperatura questo e il corpo ceramico si contraggono in maniera diversa, favorendo l'insorgere di tensioni di trazione o di compressione.

In linea generale la cavillatura avviene più comunemente della scagliatura, e ciò in quanto le masse vetrose hanno una resistenza alla pressione di gran lunga superiore della resistenza alla trazione. Col passare del tempo, le microfessurazioni e le scaglie tendono ad infittirsi e ad allargarsi a causa dell'umidità atmosferica assorbita dal corpo ceramico che di conseguenza si gonfia, sottoponendo a uno stato di tensione il rivestimento che si frattura sempre più finemente. Sui reperti archeologici influiscono anche le condizioni ambientali di sepoltura: durante la lunga permanenza nel sottosuolo essi sono sottoposti a cicli di bagnato e di secco che indeboliscono la resistenza del rivestimento e fanno aumentare le fessurazioni. L'osservazione condotta al microscopio stereoscopico (II.2.1) su reperti decorati a vernice nera porta di regola a rilevare la presenza di numerose microfessurazioni da ritiro e di crepe a labbro sollevato, provocate da uno scarso accordo dilatometrico tra la vernice e il corpo ceramico sottostante, e infittite a causa dell'umidità assorbita durante il tempo di sepoltura. Ne deriva che su numerosi reperti la vernice nera è parzialmente scomparsa, e talvolta pressoché totalmente scomparsa.

È ancora da aggiungere che nelle invetriature i coefficienti di dilatazione sono stati misurati per via sperimentale e sono risultati piuttosto costanti, ragione per cui è possibile valutare l'entità delle loro variazioni. Generalmente, la dilatazione termica delle invetriature alcaline è estremamente elevata, quella delle invetriature piombifere ha valore medio, quella delle invetriature boriche è molto bassa. Nel corpo ceramico, i componenti sono talmente variabili (e lo erano ancor più nell'antichità) da rendere improbe, e comunque poco significative, delle misurazioni sperimentali. Agli effetti dilatometrici il componente più importante è il quarzo, che subisce una brusca dilatazione intorno a 575°C, quando si trasforma da quarzo alfa in quarzo beta, e un'altrettanto forte contrazione durante il raffreddamento. Ne consegue che un impasto argilloso dove il quarzo sia presente in percentuale molto forte ha un coefficiente di dilatazione elevatissimo. Ciò spiega perché l'impasto fortemente siliceo usato dagli antichi vasai in Egitto e in Mesopotamia fosse adatto al tipo di rivestimento alcalino che veniva allora prodotto, e che veniva cotto in monocottura.

I.4.4 PREPARAZIONE E APPLICAZIONE DEI RIVESTIMENTI

Prima di essere utilizzati, i materiali che compongono i rivestimenti debbono subire appositi trattamenti.

La preparazione dell'ingobbio non presenta eccessive difficoltà. Il vasaio ricorre all'argilla ferrugginosa per l'ingobbio di colore rosso, oppure all'argilla di tipo caolinico per l'ingobbio di colore bianco (I.4.1), e ne raffina quel tanto che gli abbisogna. Le zolle argillose vengono ridotte in pezzi minuti, indi vengono stemperate in acqua, talvolta previa una buona setacciatura. Sul fondo del recipiente vanno a depositarsi i materiali più pesanti o più grossolani, da scartare, mentre in sospensione restano le particelle argillose più fini. La densa sospensione può essere applicata direttamente sul manufatto da ingobbiare.

Richiedono una preparazione di gran lunga più complessa i materiali che compongono i rivestimenti vetrosi. Tra i trattamenti è essenziale la macinazione.

Di tipo differente a seconda dell'epoca e dell'area geografica, la macina rappresenta un attrezzo indispensabile nella bottega del vasaio, e dal modello semplice a quello complicato serve per ottenere miscele dalla granulometria più fine e omogenea possibile e per amalgamare materiali diversi, quali, ad esempio, sabbia silicea e piombo calcinato. Sulla qualità del risultato influiscono tecnica e durata della macinazione.

La macina più semplice è azionata a mano ed è basata sul principio dello sfregamento di due pietre una contro l'altra. Una larga pietra piatta è utilizzata come base, un'altra pietra con fondo tondeggiante funge da organo macinante; i materiali vengono macinati per pressione e per sfregamento. In Italia meridionale, sino a qualche decennio addietro per la macinazione a umido venivano utilizzati blocchi di ''tufo'', un tipo di roccia calcarea a struttura porosa e friabile che ha la proprietà di indurire quando esposta all'aria, e che viene così chiamata sebbene non appartenga ai tufi vulcanici propriamente detti. Al centro di un blocco squadrato, il vasaio scavava un incavo rotondo, il cui fondo rinforzava mediante ciottoli di mare che, incastrati a viva forza nel tenero tufo, con gli interstizi riempiti di sabbia, formavano un fondo molto resistente che si levigava con l'uso. Dentro la macina il vasaio poneva i materiali da macinare, insieme ad acqua in quantità appropriata per diminuire l'attrito e per facilitare il lavoro, e li strofinava avanti e indietro con la pietra-mulino, un grosso e pesante ciottolo di mare. Lentamente, i materiali venivano polverizzati e amalgamati in una miscela densa e relativamente omogenea che, stemperata in acqua, veniva poi applicata sulla superficie del manufatto.

Sempre in Italia meridionale, è ancora vivo nel ricordo dei vecchi vasai il mulino a trazione animale, impiegato in quelle botteghe ove l'ampio giro di affari richiedeva la lavorazione di abbondanti quantitativi di materiali per la preparazione di vernici e di smalti.

Come si è già avuto occasione di annotare (I.4.2), tra i materiali che compongono i rivestimenti il principale è la silice, sotto forma di quarzo, al quale vengono aggiunti degli alcali per ottenere le invetriature alcaline, oppure del litargirio e alcuni composti del boro per le invetriature boriche, oppure del litargirio per le invetriature piombifere.

Nell'antichità, gli alcali erano ottenuti da prodotti naturali, soprattutto sotto forma di carbonati sodici o potassici, oppure da feldspati alcalini. La soda, il *nitrum* degli autori classici, citato sovente da Plinio (App.1.2), che va anche sotto il nome di *natrum* o natrite, abbonda in Egitto e in zone aride dove, ai bordi del deserto, affiora dalla sabbia in masse cristalline trasparenti e dalla lucentezza vitrea, oppure si trova ai bordi dei laghi salati, sotto forma di incrostazioni e di efflorescenze lasciate dalle acque quando si abbassano di livello. La potassa è ottenuta dalle ceneri di molte piante e vegetali. Alcune di queste, annuali o perenni, quali la Salicornia, ricca anche di soda, crescono rigogliose nelle paludi salmastre e sono citate nei testi antichi della Mesopotamia. Dotati di un elevatissimo coefficiente di dilatazione termica (Inserto G), questi fondenti venivano aggiunti al quarzo dopo gli opportuni trattamenti, quali la macinazione, e, nel caso delle ceneri vegetali, la depurazione.

I borati rappresentano un gruppo di minerali assai diversi tra loro per colore e per aspetto. Tra essi, comune è il borace, noto in oriente sotto i nomi persiani di *Tinkal* e *Buraq*, che significano anche "bianco". Il borace si trova in giacimenti derivati da evaporazione di laghi boraciferi salati, è abbondante in Asia Minore e si rinviene anche in Italia, in Toscana nella zona dei soffioni boraciferi. Ha un basso coefficiente di dilatazione termica, e conferisce lucentezza al rivestimento vetroso, salvo a farlo diventare opalescente o lattiginoso qualora sia presente in quantità eccessiva.

Il litargirio (ossido di piombo) è un fondente di elevata fusibilità e con ampio intervallo di cottura; ne deriva la formazione di un vetro molto brillante e dal comportamento dilatometrico che ben si accorda con quello delle comuni argille. È ottenuto dall'ossidazione del piombo, un metallo noto nell'antichità, ricavato prevalentemente dal trattamento (arrostimento e fusione) della galena, un minerale composto da solfuro di piombo, talora con basso tenore di argento. I modesti quantitativi di ossido di piombo necessari per preparare i rivestimenti delle ceramiche potevano anche essere ricavati da scarti di lavorazione e da rottami, ad esempio di tubature, comuni in età romana per l'approvvigionamento idrico. Ovviamente, se la materia prima contiene delle impurezze, l'invetriatura può risultare colorata, indipendentemente dal fatto che il vasaio aggiunga o meno delle sostanze coloranti. Per fare un esempio, la presenza casuale di antimonio provoca nel rivestimento una colorazione giallo vivo, tendente al canarino.

Dalla fusione del piombo metallico in atmosfera ossidante, che viene comunemente chiamata "calcinazione", si ottiene il litargirio (PbO), sebbene questo termine non sia del tutto appropriato quando è riferito al materiale preparato nell'antichità. Ciò in quanto le imperfette tecniche allora in uso non permettevano un'ossidazione completa, per cui la polvere giallastra ottenuta alla fine del procedimento era costituita in parte da litargirio e in parte da piombo non ossidato. Poco sappiamo delle attrezzature usate dall'antico vasaio: quantitativi esigui sono ottenibili ponendo il piombo dentro un crogiolo, direttamente al fuoco, e rimescolandolo continuamente sino a quando fonde, indi si rassoda in polvere. Per una produzione più abbondante, è tuttora in uso in Italia meridionale un forno a riverbero molto primitivo, dove il riscaldamento avviene prevalentemente per irraggiamento (Inserto I). Il calore viene infatti riverberato dalla volta del fornetto sul piombo che dopo una fase liquida si consolida in una polvere giallastra granulosa, che il vasaio smuove continuamente con un'asta metallica sino al completarsi del procedimento. Dopo il raffreddamento, il litargirio viene setacciato, indi è sottoposto a macinazione a umido unitamente al quarzo.

Come già accennato in precedenza (I.4.2) per ottenere rivestimenti vetrosi colorati il vasaio aggiunge delle sostanze coloranti, la cui gamma è molto ristretta riducendosi essenzialmente ad alcuni ossidi metallici. Tra questi, gli ossidi di ferro provocano colorazioni che variano dal giallo-miele al giallo-bruno; qualora se ne aumenti la percentuale e il rivestimento sia applicato in denso strato, si possono ottenere tonalità rossastre con tendenza al rosso-bruno. Gli ossidi di rame danno una colorazione verde, che si stempera nella sfumatura turchese in presenza di alcali. L'ossido di manganese dà una tinta paonazza e un'ampia gamma di bruni, dal giallo-bruno al nero.

Nell'Italia meridionale, secondo i ricordi dei vasai tradizionali, per ottenere gli ossidi di ferro era usanza utilizzare gli scarti di lavorazione che cadevano dall'incudine del fabbro ferraio; per l'ossido di rame si raccoglievano le scagliette che si staccavano dal rame arroventato, quando il fabbro vi batteva sopra il pesante martello. Per l'ossido di manganese, ancora oggi si sfrutta direttamente il minerale che, ridotto in grossi frammenti, è messo dentro la fornace e, coperto dalla brace ardente, viene lasciato cuocere per più cotture consecutive. Gli shocks termici e l'eventuale ossidazione che ne derivano servono ad allentare i legami interni del minerale, fessurandone la compattezza e di conseguenza rendendo più facile la macinazione.

I materiali ora descritti (quarzo, fondenti, sostanze coloranti) vengono mescolati dal vasaio in opportuno rapporto a seconda del tipo di rivestimento desiderato, e vengono sottoposti a macinazione. La densa poltiglia approntata dalla macina viene stemperata in acqua, formando una miscela abbastanza liquida che costituisce il rivestimento allo stato crudo, da applicare sul manufatto.

I procedimenti per l'applicazione del rivestimento variano a seconda che si tratti di ingobbio oppure di vernice o smalto, nonché a seconda del manufatto da ricoprire, dell'epoca e delle tradizioni locali, come se ne trova esempio nel trattato di Eraclio (App.2.2). In linea generale il vasaio ricorre all'immersione per i manufatti di piccole dimensioni, e all'aspersione per quelli di ampia misura. Premesso che sui manufatti sottoposti a monocottura, come si presume avvenisse nell'antichità nella maggioranza dei casi, il rivestimento è applicato sul manufatto parzialmente essiccato e allo stato ''verde'', altrimenti sopra una superficie secca tenderebbe a screpolarsi, descriviamo brevemente i procedimenti tuttora praticati dai vasai tradizionali, iniziando dai manufatti piccoli.

Il vasaio prende il vaso, capovolto, con una mano per il bordo e con l'altra per la base, e lo tuffa rapidamente dentro il recipiente che contiene il rivestimento, di modo che la superficie esterna possa ricoprirsi di uno strato il più sottile e il più omogeneo possibile. Di regola, l'unica parte del vaso che non viene rivestita esternamente è la base, che riceve soltanto le gocce che scivolano dalle pareti quando il vaso viene raddrizzato. Questa precauzione tende ad evitare che il fondo, di maggiore spessore per sua stessa natura, si inumidisca eccessivamente, creando problemi di essiccamento e di cottura. A volte, il vasaio preferisce poggiare di lato il vaso sulla miscela liquida e farlo rotolare velocemente in modo da ricoprirne la superficie quel tanto che basti. Qualora anche l'interno del vaso debba essere rivestito, il vasaio immerge obliquamente il vaso nella miscela liquida, ne fa penetrare all'interno una piccola quantità, gira più volte il vaso su se stesso, indi lo rovescia e lo scuote leggermente per farne uscire il liquido in eccedenza. Da notare che l'applicazione del rivestimento interno precede la rivestitura esterna, e ciò per inumidire per ultima la parte esterna che è a contatto con le mani del vasaio.

Sui manufatti di grandi dimensioni, l'applicazione del rivestimento avviene per aspersione. Nel nostro Meridione, seguendo vecchie usanze locali, il vasaio colloca il vaso sopra un asse di legno posto a cavallo delle sponde dell'ampio recipiente che contiene il rivestimento, e ne asperge velocemente la parte esterna, spruzzando la miscela liquida con una ciotola o con la mano. Qualora il manufatto debba essere rivestito anche internamente, il vasaio versa una ciotola colma della miscela nell'interno, solleva il manufatto, lo fa ruotare velocemente in modo che la parete interna possa inumidirsi, indi lo capovolge con rapido movimento per farne uscire il liquido in eccedenza. In un secondo tempo asperge la superficie esterna.

Quali che siano le varianti apportate dal vasaio alle tecniche ora descritte per sommi capi, il rivestimento deve essere applicato molto rapidamente in modo che il manufatto ne assorba la minore quantità possibile: uno strato eccessivamente spesso incorre facilmente in fessurazioni durante l'essiccamento, e può provocare difetti di rugosità durante la cottura. Al vasaio è richiesta grande esperienza ed abilità nel maneggiare senza danni il manufatto, che al contatto con la miscela liquida diventa immediatamente molle, tendendo ad afflosciarsi e a spappolarsi.

Dopo l'applicazione del rivestimento il manufatto deve essiccare, ossia deve perdere l'acqua che ha assorbito. Se l'evaporazione dell'acqua d'impasto costituisce una fase di grande delicatezza (I.1.3 e I.3.4), altrettanta cura, e forse più, è richiesta per questo secondo essiccamento che deve mettere il manufatto nelle condizioni adatte per subire la cottura. Il manufatto viene quindi collocato all'ombra, protetto dalle correnti d'aria e dagli sbalzi di temperatura, e, a seconda della stagione e del tempo atmosferico, viene girato e rigirato più volte per cambiarne l'esposizione all'aria, sino a quando è perfettamente essiccato. Qualora il manufatto abbia dimensioni notevoli e/o forma complicata, il vasaio per precauzione lo colloca in ambiente umido e tiepido, in modo che l'essiccamento avvenga gradualmente e uniformemente in tempi molto lunghi.

I.5 DECORAZIONE

La gamma dei motivi ornamentali eseguiti nell'antichità sui manufatti ceramici è talmente vasta da rendere qui irrealizzabile una rassegna completa. Attraverso i secoli l'estro decorativo dei vasai ha avuto occasione di rivelarsi in innumerevoli espressioni, creando motivi dai più semplici ai più elaborati, cui il senso estetico di ogni artigiano ha aggiunto un tocco personale di inventiva. Sulla decorazione hanno influito diversi fattori, tra i quali l'ambizione del vasaio di riprodurre, perché più antichi o perché più pregiati, oggetti che erano stati originariamente realizzati in altro materiale. I manufatti in pietra, in legno, in fibre vegetali intrecciate e così via, appartenenti all'epoca pre-ceramica, hanno pesato con la forza della tradizione, influenzando i vasai a ripetere taluni motivi decorativi anche quando questi avevano perduto il significato originario. Pari influenza ha esercitato il vasellame metallico, che per le sue caratteristiche di eleganza e di resistenza ha costituito un modello per le riproduzioni più economiche in argilla.

Talvolta, ciò che può sembrare un effetto decorativo è invece dovuto a ragioni pratiche: la levigatura dei recipienti è un accorgimento per eliminarne, o perlomeno diminuirne, la porosità e per renderli meno permeabili ai liquidi. In altri casi, la decorazione si adegua a necessità pratiche: ad esempio, la superficie a bugne, oppure modellata con cordonature a rilievo, serve per facilitare la presa dei manufatti privi di anse o con anse non sufficienti a permettere di sollevarli agevolmente.

Altri fattori che lungo il tempo hanno inciso sull'evoluzione dei motivi ornamentali sono stati la disponibilità di attrezzi da lavoro più perfezionati, lo sviluppo delle tecniche di produzione e la possibilità di procurarsi materie prime da altre località, talvolta molto lontane.

Da tutto questo è derivato un patrimonio di motivi decorativi cui i vasai hanno attinto in maniera diversa a seconda dell'area geografica, dell'epoca e dell'ambiente culturale, creando manufatti contraddistinti da elementi stilistici propri. Ciò ha permesso agli archeologi dei tempi moderni di delineare delle tipologie inquadrate storicamente e datate con precisione.

Non essendo questa la sede adatta per tracciare una panoramica delle decorazioni sotto l'aspetto stilistico, ci limitiamo a fornire alcune indicazioni sugli aspetti tecnici dei procedimenti decorativi, indipendentemente dall'ordine cronologico e dalle aree geografiche interessate, bensì guardando alle sole modalità di esecuzione.

Anzitutto, seppure a grandi linee, occorre distinguere le decorazioni a seconda che siano plastiche, impresse, incise, pittoriche, a rilievo da matrice, a rilievo da rullo, a rilievo applicato, a rilievo alla barbottina.

Rientrano nelle decorazioni plastiche i cordoni lisci o attorcigliati, le bugne rotonde o a punta e numerose altre varianti di decorazioni modellate a mano libera e sovrapposte a crudo sul manufatto, molto comuni nelle terrecotte preistoriche. È probabile che alcune di esse siano nate per svolgere una precisa funzione, come nel caso delle bugnette perforate che permettono il passaggio di una cordicella per tenere appeso il vaso, oppure abbiano lo scopo di conferire al manufatto maggiore resistenza.

In Italia meridionale è tuttora tradizione decorare i mastelli di terracotta per il candeggio della biancheria con cordonature a rilievo, applicate a mano libera sulla superficie esterna, sia in senso orizzontale sia verticale. Lisci, oppure attorcigliati o "pizzicati" a seconda del gusto del vasaio, i grossi cordoni argillosi formano un'impalcatura supplementare di sostegno che serve a dare maggiore resistenza al mastello e a metterlo in condizione di superare senza rotture gli shock termici provocati dall'acqua bollente che la massaia versa nel suo interno quando fa il bucato. Per modellare i cordoni, il vasaio prende una masserella di argilla e ne fa un rotolo, che poi tiene sollevato con la mano sinistra, mentre con la destra lo stringe gradualmente e lo tira verso il basso, assottigliandolo. Quando il rotolo è diventato sottile a sufficienza e ha raggiunto la lunghezza voluta, il vasaio lo mozza in tanti segmenti mediante una leggera pressione del dito indice e del medio che svolgono funzione di cesoia. Indi prende uno dei segmenti, lo lascia liscio o lo attorciglia a seconda del suo gusto personale, lo poggia sulla superficie del mastello appena modellato e ancora umido, facendolo aderire mediante leggere pressioni esercitate con la punta delle dita. Analogamente a quanto avviene per le anse (I.3.2), non occorrono adesivi o materiali collanti, essendo i cordoni argillosi talmente morbidi da saldarsi alla superficie del manufatto e diventarne parte integrante.

Pure a crudo sono eseguite la decorazione impressa e la decorazione incisa, due tecniche talmente simili da non essere chiaramente distinguibili tra loro, nonostante lo sforzo fatto da alcuni studiosi per evidenziarne la differenza. Viene chiamata "impressa" la decorazione ottenuta mediante semplici pressioni eseguite in una qualsivoglia maniera, ad esempio usando il bordo dentellato di una conchiglia (dalla comunissima conchiglia *Cardium* prende nome la decorazione cardiale), oppure una cordicella ritorta, oppure una punta rigida, o anche le dita stesse. Ne risultano così la decorazione cardiale (impressioni ad arco di cerchio dentellato), a cordicella (una serie di piccoli tratti impressi, obliqui oppure verticali), a punta (a solcatura, a coppia, a puntini, a rotella e altre varianti), a dito (a unghiate, a polpastrello, a pizzicato), e altri numerosi motivi ornamentali, tutti ottenuti senza muovere l'attrezzo sulla superficie del manufatto, ma soltanto premendolo in profondità.

Viene chiamata "incisa" la decorazione ottenuta mediante una punta rigida, sia essa un bastoncello o un sasso o qualsiasi arnese appuntito, che viene fatta scorrere sulla superficie del manufatto, incidendola. Si ottengono così le decorazioni a incisione (tratti incisi che formano triangoli, scacchiere, bande, e così via), a solcature (solchi più o meno profondi e larghi), a pettine (numerosi solchi paralleli), e altri numerosi motivi ornamentali, tutti ottenuti muovendo l'attrezzo appuntito sulla superficie del manufatto, e contemporaneamente premendolo in profondità. Talvolta viene dato maggiore risalto alle incisioni riempiendole con materiale di colore bianco, o comunque di colore contrastante con quello del corpo ceramico.

Mentre il manufatto è allo stato crudo, soltanto parzialmente essiccato, la sua superficie può essere levigata, ossia strofinata ripetutamente con una stecca di legno, uno straccio umido, o altro arnese adatto, allo scopo di ridurne la porosità e livellarne le asperità superficiali. La levigatura può talvolta conseguire effetti ornamentali, come avviene con la tecnica a stralucido, dove lo sfregamento ripetuto ed uniforme di alcune zone serve ad ottenere dei contrasti di luce e di colore tra zone più o meno scure e più o meno lucide.

Le tecniche ora indicate sono tipiche della ceramica preistorica, e la relativa terminologia è stata convenzionalmente adottata dai paletnologi. Non tutti però sono d'accordo nell'interpretazione dei singoli termini, anche perché non sempre è netta la linea di confine tra una modalità di esecuzione e l'altra. L'uso del microscopio stereoscopico (II.2.1) potrebbe forse dirimere alcuni dubbi, e potrebbe mettere lo studioso di preistoria in condizione di individuare con maggiore sicurezza la tecnica usata dall'antico vasaio, chiarendo ad esempio la differenza tra "incisione" e "graffito". Secondo l'opinione prevalente tra i paletnologi, l'incisione è effettuata a crudo, mentre il graffito è eseguito sul manufatto già cotto. L'esame stereomicroscopico potrebbe evidenziare le irregolarità del tratto, la profondità del solco, le frastagliature più o meno accentuate del labbro e altri minimi particolari che sfuggono all'esame ad occhio nudo, permettendo quindi allo studioso di formulare un giudizio più esatto.

Le decorazioni plastiche, impresse e incise sono eseguite su manufatti che di regola vengono lasciati grezzi, senza ricevere alcun rivestimento, trasformandosi dopo cottura in terrecotte (I.4). Ci si offre qui l'occasione per rilevare che alla denominazione "terracotta" i paletnologi preferiscono "ceramica d'impasto", intendendo con questo termine la ceramica non depurata, in contrapposizione alla "ceramica figulina", molto depurata. Rileviamo che "ceramica d'impasto" è un termine non del tutto appropriato sia perché l'argilla è di per se stessa un impasto naturale di materiali diversi (minerali delle argille + minerali delle sabbie + sostanze organiche ed altre, vedi I.1.2 e I.1.3), sia perché in tecnologia ceramica "impasto" corrisponde a una mescolanza di materiali argillosi allo stato crudo (e mai allo stato cotto). La denominazione "ceramica d'impasto" è ormai canonizzata dall'uso e radicata nel linguaggio degli studiosi di preistoria, tuttavia è bene tenere presente che il termine non è rispondente sotto il profilo tecnico.

Ai motivi ornamentali prima accennati si affiancano le decorazioni di tipo pittorico che, pur rientrando anch'esse nel quadro generale dell'artigianato, raggiungono talvolta un ottimo livello di espressione formale.

Per quanto attiene al colore, si usa distinguere le decorazioni in monocrome e policrome, sebbene il primo termine si presti a due interpretazioni differenti.

"Decorazione monocroma" indica il rivestimento in tinta unita che costituisce di per se stesso il preminente aspetto decorativo del manufatto, oppure uno degli aspetti decorativi di esso. Per fare alcuni esempi, le coppe megaresi e la terra sigillata sono monocrome, essendo rivestite con vernice nera le prime e con vernice rossa la seconda; un celadon è decorato in monocromia dallo smalto verde giada. Nella seconda accezione del termine, forse più comune, "decorazione monocroma" indica i disegni eseguiti con un unico colore sopra uno sfondo a tinta unita. Ricordiamo che Plinio chiamava *monochromata* i pigmenti usati per la preparazione dei dipinti (N.H. XXXV, 11, 29).

"Decorazione policroma" indica i disegni eseguiti con più colori sopra uno sfondo a tinta unita.

L'argomento delle sostanze coloranti usate nell'antichità è stato al centro di una ricerca riportata nell'appendice della presente trattazione. Rimandiamo pertanto lo studente alla tabella dei materiali coloranti classificati da Vitruvio e da Plinio (App.1.2), nonché alle delucidazioni sul colore sotto l'aspetto fisico contenute nella seconda parte (II.1.1-II.1.2).

Le principali tecniche pittoriche usate dagli antichi vasai per decorare i manufatti ceramici sono convenzionalmente chiamate "a figure nere", "a figure rosse", "a sovraddipintura".

La decorazione a figure nere è eseguita sopra uno sfondo in "argilla risparmiata". Quest'ultimo termine è usato in linguaggio archeologico per indicare le zone del vaso prive di decorazione, pur non essendo del tutto appropriato in quanto l'argilla non è più tale essendosi trasformata in corpo ceramico (Inserto H), inoltre non sempre è "risparmiata" essendo sovente ricoperta da una leggera ingobbiatura di colore corallino. A parte queste doverose precisazioni, la decorazione è eseguita con la "vernice nera" già descritta nel capitolo dedicato ai rivestimenti atipici (I.4.3). Il vasaio prende il manufatto ben essiccato, trattandolo con la massima delicatezza, e intinge il pennello nella densa sospensione ferruginosa per dipingere le scene figurate e gli accessori ornamentali. Per le parti del manufatto che debbono essere ricoperte soltanto con la vernice nera, il vasaio si avvale del tornio per maggiore velocità nella lavorazione. Colloca sulla girella il manufatto, indi poggia sulla zona da ricoprire la punta del pennello, che tiene ben fermo mentre avvia il tornio in movimento, riuscendo così ad applicare il rivestimento nelle zone volute, in maniera rapida ed uniforme. I dettagli della decorazione quali i particolari anatomici delle figure, i motivi stilizzati delle vesti, le minuzie dei fregi vegetali, e così via, vengono eseguiti mediante sottili incisioni praticate con una punta rigida che porta allo scoperto lo strato sottostante, creando dopo cottura contrasti di colore tra la vernice nera e il corpo ceramico.

La decorazione a figure rosse viene eseguita in maniera opposta a quella delle figure nere: le figure vengono lasciate in "argilla risparmiata", mentre lo sfondo è ricoperto con la vernice nera. Il vasaio traccia dapprima il contorno delle figure, indi riempie lo sfondo con vernice nera, talvolta applicandola a larghe pennellate. I dettagli anatomici delle figure sono indicati mediante sottilissimi tratti in vernice nera: usando una sospensione ferruginosa molto densa, il vasaio traccia esili linee che avendo una propria consistenza acquistano rilievo sulla superficie liscia del manufatto. Talvolta, alcuni dettagli ornamentali vengono fatti risaltare utilizzando materiali in differenti colori, bianco oppure giallo o paonazzo, applicati in strato sottile sopra la "argilla risparmiata" oppure sulla vernice nera. In quest'ultimo caso capita però che il differente comportamento dilatometrico della vernice rispetto al materiale colorato provochi la scagliatura e il distacco, parziale o totale, di quest'ultimo.

La decorazione sovraddipinta è in auge in epoca ellenistica, basti ricordare la ceramica di Gnathia dove il cupo sfondo a vernice nera è illeggiadrito da motivi ornamentali in bianco e in giallo. È frequente che le sovraddipinture si distacchino, come già annotato per quelle eseguite sul vasellame a figure rosse, lasciando sul reperto zone opache, ben delineate, a testimonianza della loro precedente esistenza. Nell'Inserto G si è già avuto occasione di sottolineare le difficoltà insite nell'ottenere un buon accordo dilatometrico tra rivestimento e corpo ceramico. Nel caso della decorazione sovraddipinta le difficoltà aumentano in quanto si richiede un accordo dilatometrico a tre: corpo ceramico-rivestimento-sovraddipintura, in un manufatto cotto in monocottura. Non stupisce quindi che numerosi siano i reperti dai quali le sovraddipinture sono scomparse, oppure si staccano con estrema facilità.

Una variante è rappresentata dalla decorazione a vernice nera su fondo bianco che caratterizza le *lekythoi*, destinate nel V a.C. ai riti funerari. Il vaso è ricoperto nella parte centrale con ingobbio molto chiaro, sul quale si stagliano i contorni delicati delle figure, tracciati con vernice nera molto liquida. Composto da argilla caolinica o del tipo che cuoce bianco, l'ingobbio non subisce in cottura alcuna vetrificazione, ragione per cui resta opaco e poroso (I.4.1), fornendo un ottimo sfondo ai disegni eseguiti con una vernice nera talmente diluita da perdere ogni consistenza. Su alcune *lekythoi* si nota l'uso di sostanze coloranti che permettono al pittore di disegnare in policromia.

A completamento di quanto sopra esposto, è opportuno aggiungere qualche commento sulle decorazioni a rilievo, che si discostano dalle decorazioni plastiche a mano libera, cui abbiamo prima accennato, per i procedimenti di esecuzione, di gran lunga più perfezionati e che spesso si avvantaggiano della tecnica a matrice. In linea generale le decorazioni a rilievo si distinguono in: rilievo da matrice, rilievo da rullo, rilievo applicato, rilievo alla barbottina.

La decorazione a rilievo da matrice è comune a una vasta gamma di ceramiche ellenistiche e romane, dalle coppe megaresi alla grande famiglia della terra sigillata. I rilievi, spesso di estrema finezza, imitano gli ornamenti del vasellame metallico e ne costituiscono la copia, talvolta molto fedele, per cui questi tipi di manufatti finiscono col rappresentare il surrogato economico di oggetti in metallo pregiato quali oro e argento. La tecnica di lavorazione è già stata descritta in precedenza (I.3.3); resta qui da ricordare ancora una volta come, avvalendosi sia della foggiatura a stampo sia della lavorazione a tornio, il vasaio spesso raggiunge livelli di grande raffinatezza ed eleganza.

La decorazione a rilievo da rullo, di qualità inferiore a quella da matrice, è presente su specifici manufatti, quali ad esempio i *pithoi*, i bracieri e alcune categorie di buccheri. Il procedimento di lavorazione è qui molto semplificato: appena termina di modellare il manufatto, il vasaio vi pressa sopra un piccolo rullo, formato da un cilindretto che reca impressi in negativo i motivi ornamentali, facendolo scorrere sulla superficie. Il rullo lascia la sua impronta nella morbida argilla, producendo una decorazione a rilievo che, pur nel suo monotono ripetersi, aggiunge elementi di interesse al manufatto.

La decorazione a rilievo applicato consiste nell'apporre sulla superficie del manufatto piccoli motivi ornamentali ottenuti a stampo. Soprattutto nella Gallia centrale, a questa tecnica ricorre il vasaio per decorare olle e bicchieri con un vasto repertorio figurativo che va dalle maschere grottesche alle figure umane e mitologiche in miniatura. Il vasaio (o forse un lavorante della cera, come starebbero a dimostrare alcune iscrizioni) prepara una sottile sfoglia di argilla, morbida e sufficientemente plastica, indi con un colpo netto e deciso vi preme sopra un punzone, recante in negativo il motivo ornamentale che, tolta la parte superflua della sfoglia, rimane a rilievo. Con leggere varianti, il vasaio a volte lascia nella sfoglia argillosa un bordo tutto attorno al motivo decorativo, ottenendo così una sorta di medaglione decorato in bassorilievo. Isolato oppure a medaglione, il rilievo viene attaccato sulla superficie del vaso mediante semplice pressione delle dita. Come già annotato a proposito delle anse (I.3.2), non occorre alcun materiale legante; soltanto nei casi in cui il manufatto sia troppo indurito, il vasaio ammorbidisce il punto ove deve applicare il rilievo ornamentale.

La decorazione a rilievo alla barbottina è tipica della classe di vasi denominati convenzionalmente "a pareti sottili". Acquista grande favore in Gallia nella prima età imperiale romana, e viene spesso praticata dagli stessi ceramisti che producono terra sigillata. Sul manufatto umido, appena modellato, il vasaio usa una barbottina densa, molto fine ed omogenea, per disegnare a mano libera con un pennello sottile semplici motivi ornamentali. La densa sospensione argillosa si lega saldamente alla superficie del manufatto in quanto parte dell'acqua in essa contenuta viene immediatamente assorbita dal manufatto stesso, favorendo l'adesione. I rilievi ottenuti con questa tecnica hanno spessore non uniforme, i contorni sono irregolari, quasi sfumati, e i motivi decorativi, da semplici disegni di foglie alle rappresentazioni umane e animali, rispecchiano l'immediatezza della concezione e dell'esecuzione.

Talvolta, analogamente a quanto avviene nella modellazione (I.3.2-I.3.3), il vasaio si avvale di più tecniche, ad esempio combinando insieme decorazioni a rilievo da matrice con dettagli eseguiti alla barbottina, e aggiungendo abbellimenti plastici eseguiti a mano libera. Per una corretta descrizione del reperto archeologico, ogni procedimento va individuato il più chiaramente possibile, affinché dall'insieme delle osservazioni possa scaturire un giudizio ragionato sul livello tecnico raggiunto dall'antico vasaio.

INSERTO H

ARGILLA E CORPO CERAMICO

Sebbene i termini "argilla" e "corpo ceramico" siano stati ripetutamente usati nei capitoli precedenti, si ritiene opportuno ricapitolare le principali nozioni già esposte.

L'argilla è la materia prima fondamentale della ceramica. Come già riassunto nell'Inserto D, si può definirla un materiale solido inorganico naturale, non metallico, dotato di plasticità, da modellare a freddo e consolidare a caldo. È composta essenzialmente da particelle di pochi micron, formate da minerali delle argille, da minerali delle sabbie, e da altre sostanze varie quali composti organici, carbonati, composti del ferro. Quando l'argilla è sottoposta a cottura, essa subisce profonde trasformazioni che ne modificano totalmente la struttura.

Mentre rimandiamo per i dettagli ai rispettivi capitoli (I.1.1-I.1.2, I.6.2, Inserti A e B), ricapitoliamo qui di seguito le più importanti trasformazioni che subiscono i principali componenti dell'argilla durante il ciclo termico, a causa dell'alta temperatura raggiunta dentro la fornace (intesa qui come fornace a combustibile solido naturale).

— Minerali delle argille: perdono la plasticità, che è una delle loro proprietà fondamentali; l'acqua chimicamente combinata nel reticolo cristallino viene eliminata, causando la distruzione del reticolo stesso; eventualmente si arriva alla fusione dei minerali, o quantomeno ad una loro parziale aggregazione.

— Minerali delle sabbie: il quarzo, degrassante per antonomasia, subisce l'attacco dei fondenti, ed è sottoposto a un parziale processo di fusione a seconda della temperatura massima raggiunta.

— Sostanze organiche: sono sottoposte a un processo di combustione per cui esse si trasformano e vengono eliminate sotto forma di anidride carbonica, oppure, nel caso molto particolare di ambiente fortemente riducente, si trasformano in parte in carbonio puro (grafite).

— *Carbonati di calcio: subiscono un processo di dissociazione, trasformandosi in ossido di calcio e in anidride carbonica. Quest'ultima si allontana con i fumi.*

— *Composti del ferro: sono soggetti a dissociazioni e ad ossidazioni, con formazione di ematite e di altri ossidi (magnetite, etc.), a seconda della temperatura raggiunta nella fornace e dell'ambiente di cottura, ossidante o riducente.*

Da questa breve ricapitolazione emerge con chiarezza che durante la cottura i principali componenti dell'argilla subiscono trasformazioni profonde e irreversibili, sia chimiche sia fisiche. L'argilla, morbida e plastica, diventa dura e resistente, cambiando completamente anche di colore. Ne consegue che l'uso del termine ''argilla'', quando questa ha subìto una cottura, è improprio.

In sostituzione, si potrebbe fare ricorso ad altri termini, tra i quali: impasto, pasta, biscotto, matrice. I primi due vengono però usati in tecnologia ceramica moderna per indicare una mescolanza di materiali argillosi allo stato crudo (e mai allo stato cotto), come è stato annotato a proposito della cosiddetta ''ceramica d'impasto'' (I.5). Il biscotto è una terracotta da ricoprire con un rivestimento. Matrice è già usato nella lavorazione a calco per indicare l'impronta in negativo del prototipo originale, e inoltre assume in fisica un suo significato ben preciso (II.3.4).

Pertanto, è forse preferibile usare il termine ''corpo ceramico'', che ha il vantaggio di essere generico. Proprio per la sua genericità, ''corpo ceramico'' può essere usato tanto per indicare la ceramica senza rivestimento (detta terracotta), quanto per indicare la ceramica con rivestimento. In quest'ultimo caso il manufatto assume nomi differenti a seconda del tipo di rivestimento (faenza, mezzamaiolica, maiolica, etc.).

I.6 COTTURA

Nei precedenti capitoli abbiamo seguito idealmente il cammino percorso da un manufatto, dalla modellazione in argilla alla decorazione. Resta ora da affrontare la fase conclusiva del ciclo di lavorazione, la cottura, una fase di estrema delicatezza e importanza da cui dipende il successo o l'insuccesso finale. La cottura è infatti il banco di prova dell'intero ciclo di lavorazione; un vaso può riuscire perfetto durante la modellazione, avere una forma armoniosa e una decorazione appropriata, però è fragile e delicato, al minimo urto si rompe e al minimo contatto con l'acqua ritorna una massa informe. Soltanto quando esce dalla fornace diventa corpo ceramico, solido e dotato di tali caratteristiche di resistenza da sfidare i secoli e arrivare sino a noi, talvolta in perfette condizioni.

.6.1 COMBUSTIONE E COMBUSTIBILI

La combustione è la combinazione completa dell'ossigeno presente nell'aria atmosferica con gli elementi carbonio e idrogeno contenuti in alcune sostanze chiamate combustibili. La combinazione di tali elementi, che rappresenta una forma di ossidazione, avviene di regola in maniera rapida, provocando una reazione esotermica: gli atomi di ossigeno si incontrano con quelli di carbonio e di idrogeno e si fondono violentemente insieme, producendo luce e calore.

Dei tre elementi indispensabili per la combustione, l'ossigeno abbonda liberamente nell'atmosfera terrestre. Ricordiamo infatti che la composizione dell'aria è approssimativamente la seguente: ossigeno 23% - azoto 76% in peso (O 21% - N 78% in volume), piccole quantità di altri gas (anidride carbonica, gas rari, etc.), acqua sotto forma di vapore, particelle solide che costituiscono il pulviscolo atmosferico, e vari tipi di microorganismi.

Gli altri due elementi per la combustione (C e H) sono forniti dai combustibili. A quanto risulta allo stato attuale delle nostre conoscenze, nell'antichità i combustibili più comuni erano di tipo solido naturale quali legna, paglia, noccioli di frutta, etc. Composti da carbonio, ossigeno, idrogeno, sostanze solide non combustibili e talvolta da piccole quantità di zolfo, essi si distinguono in combustibili a fiamma lunga quando sono ricchi di sostanze volatili, e a fiamma corta quando ne sviluppano quantità limitate.

Nella combustione, il carbonio e l'idrogeno contenuti nei combustibili reagiscono con l'ossigeno dell'aria atmosferica dando luogo rispettivament ad anidride carbonica (CO_2) e acqua sotto forma di vapore (H_2O). Pertanto, in una combustione perfetta, ossia quando tutto il carbonio e tutto l'idrogeno si combinano con l'aria, il risultato finale consiste in una miscela di sostanze gassose formate da anidride carbonica e da vapore acqueo, oltre naturalmente l'azoto dell'atmosfera e tutti gli altri prodotti che non intervengono nella reazione. Quando la combustione è incompleta, i prodotti della combustione, detti comunemente "fumi", sono formati oltreché da CO_2 e da H_2O anche da piccole quantità di ossido di carbonio, di carbonio non combusto (sotto forma di nerofumo) e di idrocarburi vari. Le sostanze solide non combustibili rimangono sotto forma di ceneri.

Affinché la combustione sia completa, occorre che il combustibile abbia a disposizione aria nella quantità necessaria, meglio se in eccesso. Qualora l'aria necessaria alla combustione ("aria comburente", detta, con termine tecnico più esatto, "aria stechiometrica") sia insufficiente, carbonio e idrogeno vengono ossidati soltanto parzialmente, con formazione di fumi neri e fuliggine, e con minore rendimento termico. Nel primo caso (aria comburente sufficiente), l'atmosfera che si sviluppa nella fornace è ossidante, in quanto l'ossigeno è prevalente: ne consegue un ambiente limpido e privo di fumi neri. Nel secondo caso (aria comburente insufficiente), l'atmosfera è riducente, in quanto prevalgono idrogeno e ossido di carbonio, che sono gas riducenti: ne consegue un ambiente annebbiato e fumoso.

Diversi accorgimenti possono essere adottati dal fornaciaio per passare dall'atmosfera ossidante a quella riducente, o viceversa. Per ottenere ambiente riducente occorre diminuire il tiraggio e immettere nella fornace sostanze fumogene quali le materie organiche (ad esempio, secondo la tradizione, unghie equine); anche il combustibile non bene essiccato oppure appositamente inumidito produce una densa massa di fumo. Per ottenere ambiente ossidante è necessario aumentare l'ingresso dell'aria comburente, migliorando il tiraggio della fornace, ed è pure necessario usare combustibile molto asciutto.

Composizione media dei principali combustibili solidi naturali

	C	H_2	O_2	N_2	Umidità	Ceneri	Potere calorifico kcal/kg
Legna essiccata all'aria	40.2	4.4	33.8	0.0	21.0	2.0	3000
Torba essiccata all'aria	35.7	4.3	22.5	0.7	24.0	12.8	3000
Lignite xiloide essiccata all'aria	41.8	4.2	20.0	0.7	22.0	11.3	3700
Lignite picea essiccata all'aria	61.8	4.3	18.5	0.7	7.1	7.6	5500
Litantrace	80.0	4.5	7.2	1.2	1.7	5.5	7500
Carbone di legna	87.0	0.4	3.0	0.7	5.7	3.0	7000

INSERTO I

PROPAGAZIONE DELL'ENERGIA TERMICA

Come è noto, l'energia termica che si propaga da un corpo all'altro è dovuta al perpetuo, disordinato e rapido moto delle molecole all'interno dei corpi. Infatti le molecole di un corpo a una data temperatura hanno energia cinetica maggiore delle molecole di un corpo a temperatura inferiore: se questi due corpi sono posti a contatto, le rispettive molecole si urtano nei punti di contatto, e le molecole del corpo più caldo perdono energia, mentre le molecole del corpo più freddo ne acquistano. Attraverso questi urti l'energia si trasferisce dal corpo a temperatura più elevata a quello a temperatura meno elevata. La trasmissione dell'energia continua sino a quando i due corpi raggiungono l'equilibrio delle temperature.

L'energia termica, detta comunemente "calore", può propagarsi in tre differenti modi: per conduzione, per convezione e per irraggiamento.

1) Propagazione per conduzione (detta anche per conduttività interna).

Nei corpi solidi il calore si propaga per conduzione trasmettendosi da molecola a molecola attraverso una catena ininterrotta di mezzi materiali. Ad esempio, in un mattone il calore si propaga per conduzione dalla superficie esterna alla parte centrale; in due mattoni attigui si propaga per contatto tra le due superfici.

Esistono *buoni e cattivi conduttori del calore: sono buoni conduttori i materiali diatermici (o conduttori) quali i metalli; sono cattivi conduttori i materiali coibenti (o isolanti termici) quali il vetro, il legno, il sughero e altri.*

Anche nei fluidi il calore può propagarsi per conduzione: sia i liquidi che i gas sono, da questo punto di vista, cattivi conduttori.

2) Propagazione per convezione.

La convezione è caratteristica dei fluidi in quanto la trasmissione del calore è accompagnata da trasporto di materia: le particelle riscaldandosi diminuiscono il proprio peso specifico, quindi si innalzano rispetto alla sorgente di calore, lasciando il posto a particelle più fredde. Si formano così i moti convettivi (detti anche correnti di convezione) che possono mettere in moto masse di fluidi. Ad esempio, in una fornace durante la combustione si crea il tiraggio, ossia si stabilisce una corrente gassosa calda che sale verso l'alto, e che richiama al suo posto aria fredda.

3) Propagazione per irraggiamento.

Il calore si propaga sotto forma di radiazioni infrarosse: un corpo portato a temperatura elevata emette luce e calore, irraggiando altri corpi più freddi che assorbono parte del suo calore. L'energia emessa per irraggiamento è trascurabile a basse temperature, mentre cresce molto rapidamente con l'aumentare della temperatura. Ad esempio, il sole emette calore per irraggiamento, e il calore solare giunge sulla terra sotto forma di raggi calorifici.

I corpi che meglio assorbono ed emettono i raggi calorifici sono i corpi neri; assorbimento ed emissione sono invece deboli per le superfici lucide e chiare. Un esempio di buon isolamento termico è rappresentato dal vaso termoisolante Dewar, che prende nome dal suo inventore, sebbene comunemente venga chiamato "thermos". Esso è composto da un recipiente in vetro a due pareti argentate internamente e tra le quali è fatto il vuoto. La perdita di calore è drasticamente diminuita in quanto il vetro è un cattivo conduttore; la mancanza d'aria tra le pareti del recipiente impedisce il trasporto di calore per conduzione e per convezione; infine le pareti speculari rendono trascurabile l'assorbimento di energia raggiante in quanto i raggi calorifici vengono riflessi.

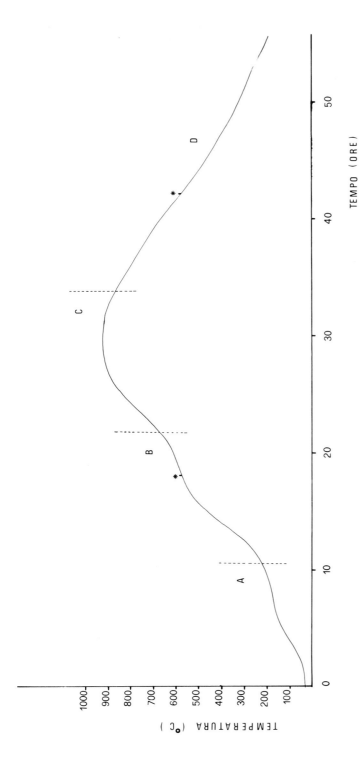

Fig. 16 - Diagramma temperatura-tempo di manufatti modellati con argilla illitico-montmorillonitica, sottoposti a cottura in fornace tradizionale a combustibile solido naturale.

A) da temperatura ambiente a 200°C circa: eliminazione dell'acqua d'impasto residua e dell'acqua interfogliare
B) sino a 600°C circa: combustione delle materie organiche; decomposizione dei minerali argillosi con liberazione dell'acqua chimicamente combinata; trasformazione del quarzo beta (*); inizio della dissociazione del carbonato di calcio
C) raggiungimento della temperatura massima e intervallo di mantenimento della stessa
D) raffreddamento per via naturale

I.6.2 DIAGRAMMA DI COTTURA

Il diagramma di cottura è la curva temperatura-tempo, caratteristica per ogni tipo di ceramica, che rappresenta graficamente e in sintesi l'andamento del ciclo termico dentro una fornace. I parametri più importanti che determinano la curva sono la temperatura massima di cottura, il periodo di tempo in cui tale temperatura viene mantenuta, la velocità di aumento o di diminuzione della stessa, nonché le dimensioni della fornace, le dimensioni e lo spessore dei manufatti infornati e la densità di infornamento. Oggi, nelle moderne fabbriche ceramiche i tecnici stabiliscono a priori il diagramma di cottura per i singoli tipi di materiale da cuocere, fissando con precisione tutte le modalità del ciclo termico. Nell'antichità, il vasaio si basava sulla sua esperienza personale, conquistata a prezzo di ripetuti insuccessi, come dimostrano gli abbondanti scarti riportati alla luce dagli scavi archeologici. Una cottura fruttuosa richiede infatti una buona conoscenza delle caratteristiche dei manufatti da cuocere e della fornace usata per cuocerli, nonché dei fenomeni che avvengono durante il ciclo termico.

A grandi linee, l'andamento della cottura di un manufatto presenta tre fasi principali, durante le quali avvengono graduali trasformazioni chimiche e fisiche, via via che la temperatura aumenta.

Nella prima fase della cottura, da temperatura ambiente sino a 200°C circa, il calore porta all'eliminazione della residua acqua d'impasto che, non essendo evaporata durante l'essiccamento, è ancora contenuta nel manufatto. Qualora l'argilla adoperata per la modellazione sia del tipo montmorillonitico, viene anche eliminata gran parte dell'acqua interfogliare, ossia le molecole d'acqua che si sono inserite nello spazio di interstrato tra pacchetto e pacchetto del reticolo cristallino del minerale argilloso, e che non sono fortemente legate agli altri elementi, per cui possono essere facilmente allontanate dal reticolo (I.1.1).

Il riscaldamento deve avvenire in questa prima fase molto lentamente, altrimenti nel manufatto si formerebbe una massa di vapore acqueo in pressione che ne potrebbe causare la rottura.

Nella seconda fase della cottura avvengono in forma irreversibile le principali trasformazioni che conducono alla struttura definitiva del corpo ceramico di cui fissano le caratteristiche. Tali trasformazioni comprendono numerose e differenti reazioni, quali la combustione delle materie organiche, la decomposizione dei minerali argillosi con liberazione dell'acqua chimicamente combinata, la dissociazione del carbonato di

calcio e l'ossidazione della pirite, quando presente. Descriviamo brevemente queste reazioni, dal cui insieme derivano il ritiro in cotto e la formazione della porosità finale.

Tra 300 e 600°C circa avvengono la combustione delle materie organiche (eliminate per la maggior parte sotto forma di anidride carbonica),
e la dissociazione dei solfuri, spesso presenti nell'argilla in granulometria
molto fine. Ambedue queste reazioni richiedono atmosfera ossidante.
Qualora l'ambiente di cottura sia riducente, o limitatamente ossidante,
nello spessore interno del manufatto si forma una zona nerastra in quanto
l'ossido di carbonio proveniente dalla incompleta combustione delle materie organiche, non avendo a disposizione sufficiente ossigeno per trasformarsi in anidride carbonica, provoca in parte la formazione di carbonio sotto forma di grafite. Non riuscendo a bruciare completamente, la
grafite forma una zona nerastra, chiamata comunemente "cuore nero"
oppure "nocciolo nero". Tale zona è visibile nella sezione del manufatto, ed è spesso presente nei reperti archeologici, soprattutto in quelli prei-
storici, nella ceramica cosiddetta domestica e nei manufatti dalla parete
molto spessa, quali ad esempio le anfore da trasporto.

Nell'intervallo di temperatura compreso tra 450 e 650°C circa, avviene la decomposizione dei minerali delle argille, con liberazione
dell'acqua chimicamente combinata sotto forma di ossidrili (ossia di
gruppi monovalenti di ossigeno e idrogeno). Gli ossidrili sono fortemente
legati nel reticolo cristallino, per cui richiedono una forte energia termica
per essere allontanati: quando ciò avviene, il reticolo cristallino è distrutto e non può più ritornare allo stato originale (I.1.1).

Verso 800° C avviene la decomposizione dei carbonati di calcio, presenti di norma sotto forma di calcite e di dolomite. Iniziata a temperatura
inferiore, la reazione si completa prima dei 1000°C purché esistano le
condizioni favorevoli per realizzarsi: occorre infatti che l'anidride carbonica prodotta dalla dissociazione ($CaCO_3 \rightarrow CaO + CO_2$) abbia la possibilità di allontanarsi dall'ambiente di cottura, il che dipende dal tiraggio
più o meno efficiente della fornace.

Oltre a queste reazioni fondamentali, durante la seconda fase della
cottura avvengono altre trasformazioni quali la formazione di composti
silico-alluminati ad opera principalmente degli alcali e degli ossidi di ferro. Via via che dalla dissociazione dei carbonati si sviluppa in quantità
crescente l'ossido di calcio, le reazioni di formazione si intensificano, aumenta la cementazione dei granuli minerali (composti in prevalenza dal
degrassante) e diminuisce la porosità. Se la temperatura continua ad au-

mentare, oltre i 1000°C cominciano a fondere i feldspati, formando un vetro che invischia i granuli minerali ancora solidi, e li ravvicina tra loro, annullando la porosità del manufatto; è questo il fenomeno della greificazione, tipico del gres e della porcellana.

Aggiungiamo che verso 1000°C può iniziare la trasformazione della caolinite in cristobalite e in mullite, oppure una fusione totale, ma di regola questa temperatura non viene raggiunta nelle fornaci a combustibile solido naturale.

La cottura di manufatti quali i reperti archeologici non raggiunge la fase della vetrificazione essendo stati essi modellati con argille fusibili che possono sopportare il calore sino a una certa temperatura rimanendo porose, indi fondono bruscamente (I.1.3). Nei casi in cui la temperatura di cottura raggiunga un livello insostenibile per quel tipo di argilla, il manufatto ''fonde'', ossia rammollisce, perdendo la forma che gli era stata data dal vasaio. Numerosi esempi di questi scarti di fornace sono stati riportati alla luce dagli scavi archeologici e costituiscono una prova delle difficoltà insite nella cottura dei manufatti ceramici.

È pure opportuno accennare alle reazioni chimiche che avvengono nella pirite (FeS_2, solfuro di ferro) spesso presente nelle argille, soprattutto in quelle ferrugginose usate per i laterizi. Se la pirite non viene eliminata durante la preparazione dell'argilla, essa resta incorporata a livello di minutissimi frammenti dentro il manufatto, e durante la cottura si decompone, liberando anidride solforosa. Questa, ossidandosi in anidride solforica, attacca l'ossido di calcio proveniente dalla dissociazione dei carbonati, e forma un solfato di calcio che resta inalterato a una temperatura di cottura sotto i 1000°C. Il solfato in questione, che è solubile in acqua, è molto sensibile all'umidità, per cui, quando il manufatto viene utilizzato ed assorbe l'umidità atmosferica, esso dà luogo a solfato di calcio biidrato, detto comunemente gesso. Sulla superficie si formano delle efflorescenze biancastre, talora dovute anche alla presenza di altri sali solubili quali i cloruri, efflorescenze dannose sia dal punto di vista estetico che funzionale, contribuendo a provocare degli sfaldamenti superficiali. I fenomeni di reazione possono pure causare macchie scure e, qualora la temperatura nella fornace salga ad alti livelli, minuscole bollicine che, se scoppiano, deturpano il manufatto rendendolo pressoché inutilizzabile.

Queste e altre reazioni minori provocano il ritiro in cotto e la formazione della porosità finale, come già indicato in precedenza (I.1.3). L'intensità maggiore o minore con cui avvengono queste reazioni è influenzata anche dall'ambiente di cottura, ossidante oppure riducente. È già stata sottolineata l'esigenza di creare ambiente ossidante durante la prima fase della cottura al fine di evitare la formazione del "cuore nero" nello strato interno del manufatto. Si aggiunga che qualora i manufatti da sottoporre a due cotture (ad esempio le maioliche) abbiano subìto la prima cottura in ambiente riducente, sorgono difficoltà nell'applicazione del rivestimento in quanto si formano dei difetti di superficie. Inoltre, l'ambiente riducente, con il conseguente ristagno di vapore acqueo e di anidride carbonica, impedisce una completa dissociazione dei carbonati di calcio, favorendo la comparsa di macchie e aloni. È però da aggiungere che l'atmosfera riducente è necessaria in alcuni casi particolari: ad esempio per ottenere la "vernice nera" (I.4.3) e, oggi, per cuocere la porcellana, in quanto il processo di riduzione trasforma l'ossido ferrico in ossido ferroso, che forma silicati il cui colore bluastro è più gradevole della sfumatura giallastra che si otterrebbe in ambiente ossidante.

La terza fase della cottura consiste nel raffreddamento. L'argilla si è ormai trasformata in corpo ceramico, la cui caratteristica tipica è la grande solidità. Quando presente, il rivestimento vetroso si solidifica, aderendo fortemente al corpo ceramico sottostante. Nel caso della vernice nera, avendo essa subìto una vetrificazione superficiale e incompleta, è facilmente soggetta a fratture durante il raffreddamento, a causa del suo differente comportamento dilatometrico rispetto al corpo ceramico sottostante. Si creano così miriadi di microfessurazioni filiformi ad andamento irregolare, oggi chiaramente rilevabili all'osservazione condotta con il microscopio stereoscopico (I.4.3 e II.2.1).

Dopo aver passato in rassegna le fasi della cottura di un manufatto, è ora opportuno individuare le principali zone critiche ove le trasformazioni chimico-fisiche possono avere conseguenze irreparabili, provocando fessurazioni, rotture e deformazioni.

Durante il riscaldamento, le prime zone critiche coincidono con le contrazioni che il manufatto subisce per effetto della perdita della residua acqua d'impasto e dell'acqua chimicamente combinata. Una successiva zona critica si ha verso 575 °C, allorché il quarzo (sempre presente nell'argilla come degrassante naturale o aggiunto) si trasforma da alfa a beta, con forti variazioni di volume. Onde permettere la disidratazione dell'argilla e la trasformazione del quarzo, occorre regolare il ciclo termico nella fornace in modo da avere una lenta salita della temperatura sino a 200 °C, e tra 500° e 700 °C circa. Superato questo livello, il fornaciaio può carica-

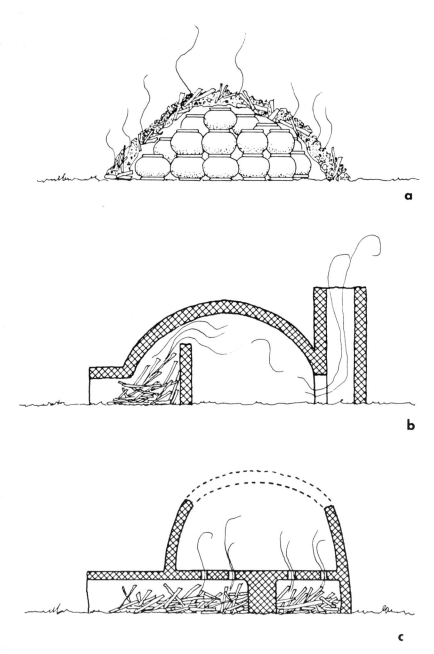

Fig. 17 - Disegno schematico, in sezione, di:

a) sistema di cottura primitivo detto convenzionalmente ''focolare all'aperto''
b) fornace orizzontale
c) fornace verticale

re più velocemente il combustibile sino a raggiungere la temperatura massima, che mantiene costante per un periodo più o meno lungo, a seconda dei casi.

Durante il raffreddamento si presenta una zona critica, tra 650° e 500°C circa, allorché il quarzo si trasforma nuovamente, ossia da beta ritorna a quarzo alfa.

Se indichiamo su un grafico le variazioni della temperatura in rapporto al fattore tempo, cioè gli aumenti, i periodi di stasi, il livello massimo e le diminuzioni della temperatura durante il ciclo termico, otteniamo una curva con andamento a volte in ascesa, a volte in piano, a volte in discesa. Questa curva rappresenta il diagramma di cottura, che è specifico per ogni tipo di ceramica e per ogni tipo di fornace.

.6.3 FORNACI

Per fornace si intende una costruzione destinata alla cottura dei manufatti ceramici. Viene qui preferito il termine "fornace" nell'intento di fare una chiara distinzione da altri tipi di forni, quali i forni da pane, i forni fusori per metallurgia, i forni elettrici e altri forni moderni, in alcuni dei quali il calore viene prodotto mediante la combustione di sostanze liquide o gassose.

Descrivere sotto l'aspetto tecnico le fornaci usate nell'antichità è un compito arduo perché sono costruzioni rudimentali, realizzate alla buona e senza l'osservanza di regole tecniche precise, per cui esse variano profondamente, tanto che è ben raro trovarne due uguali. Inoltre, le fornaci che gli scavi archeologici hanno riportato alla luce sono quasi sempre molto danneggiate e incomplete; talvolta consistono in pochi avanzi dai quali è ben difficile risalire alla struttura originaria. A tutto questo si aggiunga lo scarso rilievo dato sino ad oggi negli studi archeologici a questo tipo di costruzioni, per cui poche sono le pubblicazioni che contengono descrizioni esaurienti sotto il profilo tecnico.

Tuttavia, pur nella scarsità di informazioni disponibili, è utile tentare un inquadramento generale dei tipi più comuni nell'antichità, e avviare una descrizione del loro funzionamento che sia basata anche sul confronto con i sistemi di cottura seguiti ancora oggi dai vasai tradizionali che tuttora adoperano fornaci a combustibile solido naturale.

Come premessa, va precisato che la cottura dei manufatti può avvenire a diretto contatto con il combustibile, oppure in un vano nettamente separato. Nel primo caso si ha il "focolare all'aperto", nel secondo caso la fornace vera e propria.

FOCOLARE ALL'APERTO.

"Focolare all'aperto" è un termine convenzionale adottato per indicare un'area circoscritta, a cielo libero e senza alcuna struttura fissa, dove i manufatti fittili vengono cotti a contatto diretto e immediato con il combustibile incandescente, subendo una cottura non uniforme e a bassa temperatura. Si può supporre che questo rudimentale sistema di cottura tragga origine dai primordi della ceramica, allorquando l'uomo preistorico cuoceva sul focolare domestico il manufatto modellato rozzamente in argilla, riempiendolo di cenere calda e circondandolo con brace ardente. Cresciuta la domanda di manufatti ceramici, anziché sul focolare domestico la cottura viene eseguita in un focolare apposito, il cui funzionamento è però altrettanto primitivo.

All'aperto, su un tratto di terreno piano e ripulito, oppure dentro una fossa poco profonda, i manufatti da cuocere sono accumulati sopra uno strato di combustibile quale rami secchi, canne, sterpi, carbone di legna, o altro materiale adatto, facilmente reperibile sul posto. Il combustibile viene anche frammisto ai manufatti, che formano un cumulo, poi coperto con zolle di terra, masserelle di argilla, sterco bovino e così via, per proteggerlo dagli agenti atmosferici e assicurargli un benché minimo isolamento termico. Il fuoco viene acceso in un angolo del cumulo e progredisce lentamente all'interno: i fori lasciati aperti nel manto protettivo consentono un tiraggio appena sufficiente, e vengono via via chiusi dal vasaio con palate di terriccio quando occorre far proseguire il fuoco all'interno del cumulo in una data direzione. La cottura è molto lenta, e altrettanto lento è il raffreddamento. Le irregolarità nel tiraggio, la bassa temperatura e il calore non uniforme producono terrecotte di basso livello qualitativo per quanto concerne la cottura, e provocano una notevole percentuale di scarti.

Questo sistema di cottura all'aperto, chiamato anche "a catasta", è rimasto in uso sino ai giorni nostri per cuocere mattoni, embrici e laterizi in genere, e trova delle analogie nelle carbonaie e nelle fornaci da calce.

TIPI DI FORNACI

Rispetto al focolare aperto, un netto miglioramento tecnico è rappresentato dalla fornace che permette una minore dispersione di calore, un migliore controllo del tiraggio e una temperatura più elevata, fattori tutti che concorrono a produrre manufatti cotti a regola d'arte.

Le fornaci usate nell'antichità sono a funzionamento intermittente e a fiamma diretta. A funzionamento (o "a fuoco") intermittente perché si ha un intervallo di tempo tra una cottura e la successiva onde permettere il carico e lo scarico dei manufatti. A fiamma diretta in quanto i prodotti della combustione (gas caldi, fiamme, fumi, ceneri) penetrano dentro la camera di cottura, circolando liberamente a contatto diretto con i manufatti da cuocere (i quali però restano nettamente separati dal combustibile).

Le fornaci si distinguono in verticali e orizzontali a seconda del percorso seguito dal tiraggio, ossia a seconda di come avviene la circolazione dell'aria comburente. In ambedue i tipi di fornace il tiraggio si crea per via naturale, in conseguenza della differenza di pressione tra l'interno della fornace, a temperatura elevata, e l'ambiente esterno, a temperatura inferiore. (Per inciso rileviamo che nelle fornaci per ceramica non si ricorre a mezzi meccanici per forzare il tiraggio, quali ad esempio i mantici, usati invece nei forni per metallurgia per ottenere temperature più elevate).

Nella fornace verticale, la camera di cottura è munita di volta provvista di aperture comunicanti con l'esterno, ragione per cui il tiraggio avviene attraverso tali fori, con fiamma diritta e in senso verticale rispetto ai manufatti da cuocere. Al contrario, nella fornace orizzontale la camera di cottura è munita di volta chiusa, senza alcuna apertura, e il tiraggio avviene attraverso il camino, costruito in fondo alla camera stessa e di altezza proporzionale alla lunghezza di questa, così da assumere talvolta l'aspetto di una piccola ciminiera.

Alcune fornaci orizzontali sono composte da più camere di cottura, costruite sopra un pendio in ascesa, una collegata all'altra, essendo soltanto l'ultima camera collegata direttamente al camino (fornaci del tipo *dragon kiln* e *climbing kiln*, secondo la terminologia inglese). Tutte queste fornaci hanno la volta della camera di cottura chiusa, e il loro ciclo termico è caratterizzato da un andamento quasi a parabola della fiamma: dalla camera di combustione, sita all'ingresso della fornace, i gas caldi si spingono naturalmente verso l'alto, ma non trovando alcuna possibilità di uscire sono costretti a deviare verso il basso, richiamati dal tiraggio del camino situato in fondo alla fornace. Di conseguenza i gas caldi e gli altri prodotti della combustione seguono nella camera di cottura un percorso grossomodo orizzontale, prima di avviarsi all'esterno attraverso il camino.

Nota in oriente dagli albori della civiltà, la fornace orizzontale è rimasta pressocché sconosciuta in occidente sino ai tempi moderni, nonostante la sua indubbia superiorità tecnica. Essa permette di ottenere calore uniforme, e soprattutto di raggiungere temperature molto elevate, tali da consentire la cottura di manufatti modellati con argilla caolinica. L'elevato rendimento termico deriva dal fatto che la propagazione dell'energia termica all'interno della fornace avviene non soltanto per conduzione e per convezione come nella fornace verticale, ma anche per irraggiamento (Inserto I). Il calore infatti viene riverberato dalla volta chiusa della camera di cottura, e irraggiandosi colpisce uniformemente tutti i manufatti in cottura. La superiorità tecnica della fornace orizzontale ha reso possibile in Cina la produzione di splendide ceramiche, in particolare nell'epoca T'ang e Sung, pregiate non soltanto sotto l'aspetto della modellazione ma anche della cottura.

In occidente, a quanto risulta allo stato attuale delle nostre conoscenze, la fornace comunemente usata sino dai tempi più antichi è quella di tipo verticale. Ciò presumibilmente è da collegare al fatto che nelle aree geografiche occidentali, soprattutto in quelle mediterranee, scarseggiano il caolino e le argille caoliniche, che richiedono temperature di cottura oltre i 1000°C, mentre abbondano le argille fusibili, che non sopportano temperature troppo elevate e tendono a fondere intorno a 1000°C (Inserto B-I.1.3).

All'antico vasaio occidentale è pertanto mancata la materia prima più pregiata, ossia il caolino, che, richiedendo alte temperature di cottura, avrebbe potuto spingerlo a costruire una fornace evoluta quale è quella orizzontale. Egli si è accontentato della fornace verticale, meno complicata nella costruzione e meno esigente dal punto di vista di conduzione del fuoco, dalla quale poteva ugualmente ottenere buoni risultati utilizzando l'argilla disponibile in loco.

LA FORNACE VERTICALE

A grandi linee, la fornace verticale è una costruzione composta da una parte inferiore, ove avviene il processo di combustione, e da una parte superiore, ove sono appilati i manufatti sottoposti a cottura. Il calore si propaga per conduzione e per convezione, grazie soprattutto alle correnti gassose calde che salgono verso l'alto, cuocendo i manufatti.

In una trattazione generale quale è la presente, non è possibile descrivere in dettaglio i numerosi particolari costruttivi di ogni fornace, né tantomeno passare in rassegna i vari tipi riportati alla luce dagli scavi archeologici in occidente. Ci limitiamo dunque a qualche rilievo di carattere generale.

Valga quale premessa il rilevare che la fornace è una costruzione ordinaria, sottoposta però a notevoli sforzi a causa delle dilatazioni e delle contrazioni provocate dai ripetuti riscaldamenti e raffreddamenti, e a causa delle sollecitazioni termiche, talvolta molto intense, subìte dalle sue strutture. Ciò spiega perchè le fornaci richiedano di continuo opere di manutenzione e di rifacimento da parte del vasaio, e abbiano di regola vita breve.

La parte inferiore della fornace è di solito interrata, almeno parzialmente, per ottenere un buon isolamento termico; comprende un corridoio di accesso, chiamato ''prefurnio'', ove viene acceso il combustibile all'inizio del riscaldamento, e la camera di combustione.

Costruito in mattoni, tegolame o cocciame vario, il prefurnio può avere una lunghezza variabile da alcune decine di centimetri ad alcuni metri. Quando è molto corto funge da bocca di accesso alla camera di combustione, mentre quando è lungo forma un vero e proprio corridoio con la funzione di migliorare il tiraggio e di assorbire le esplosioni di fiamma. Infatti, un lungo prefurnio permette una veloce e ampia circolazione dell'aria comburente risucchiata avidamente verso l'interno, e accoglie il combustibile in via continuativa e non soltanto nel preriscaldamento.

La camera di combustione è il vano dove brucia il combustibile, di altezza tale da consentire alle fiamme di svilupparsi completamente; da qui il calore si propaga verso la sovrastante camera di cottura attraverso il piano forato, che funge da divisorio orizzontale tra le due camere. Il piano forato poggia sopra le pareti perimetrali della camera di combustione e sopra una struttura portante inserita all'interno di essa, che può assumere la forma di colonna, oppure di muretto assiale, oppure di corridoio a volta avente ai lati muretti ortogonali intervallati da intercapedini, oppure di altro tipo di sostegno. Dovendo reggere i manufatti crudi, il piano forato deve infatti essere robusto ed essere sostenuto in maniera adeguata, a scanso di crolli rovinosi. All'uopo, l'antico vasaio ha adottato differenti soluzioni nell'intento di ottenere un tipo di sostegno di buona capacità portante e allo stesso tempo non troppo ingombrante, il che sarebbe andato a scapito dello spazio necessario per il combustibile. Queste differenti soluzioni hanno permesso, seppure in via provvisoria, di proporre una classificazione delle fornaci riportate alla luce nell'area italiana,

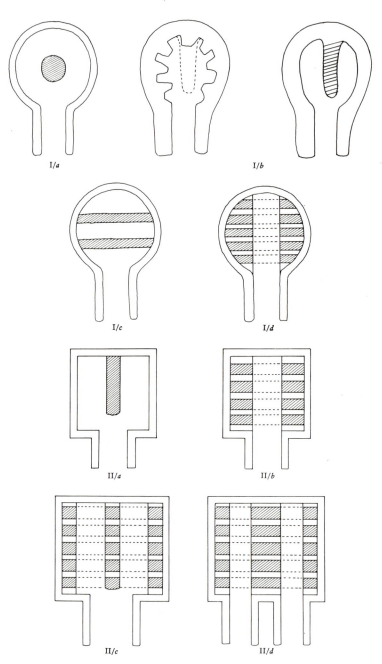

Fig. 18 - Tavola schematica riassuntiva delle piante delle fornaci verticali

— Categ. I : fornaci a pianta rotonda
— Categ. II: fornaci a pianta quadrata o rettangolare

140

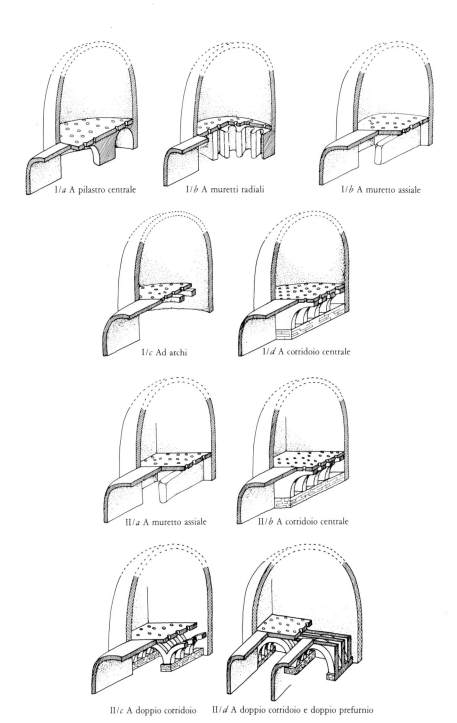

I/a A pilastro centrale   I/b A muretti radiali   I/b A muretto assiale

I/c Ad archi   I/d A corridoio centrale

II/a A muretto assiale   II/b A corridoio centrale

II/c A doppio corridoio   II/d A doppio corridoio e doppio prefurnio

Fig. 19 - Ricostruzione grafica, in sezione, dei vari tipi di fornace verticale.

classificazione basata sulle principali caratteristiche strutturali di ogni fornace, ossia la forma geometrica e il tipo di sostegno del piano forato.

La classificazione proposta è la seguente:
— Categ. I - Fornaci con camera di combustione a pianta rotonda
    I/a: sostegno a pilastro centrale
    I/b: sostegno a muretti radiali oppure a muro assiale
    I/c: sostegno ad archi
    l/d: sostegno a corridoio centrale

— Categ. II - Fornaci con camera di combustione a pianta quadrata o rettangolare
    II/a: sostegno a muro assiale
    II/b: sostegno a corridoio centrale
    II/c: sostegno a doppio corridoio
    II/d: sostegno a doppio corridoio e doppio prefurnio.

La parte superiore della fornace è composta dalla camera di cottura, nel cui interno vengono appilati i manufatti crudi che ivi vengono cotti. Di dimensioni analoghe a quelle della camera di combustione, essa ha il piano forato come pavimento, e una copertura che può essere temporanea oppure stabile.

La copertura temporanea viene costruita prima di iniziare il ciclo termico e viene demolita alla fine di esso per poter estrarre i manufatti ormai cotti. Non avendo informazioni sicure sui procedimenti seguiti dall'antico vasaio, dobbiamo riferirci ai metodi tradizionali tuttora in uso nelle aree sottosviluppate. Secondo questi metodi, i manufatti crudi vengono appilati sopra il piano forato in modo da formare una sorta di emisfera, poi ricoperta con uno strato di cocciame che serve da isolante e che a sua volta viene coperto con zolle erbacee e argillose al fine di formare una spessa coltre protettiva. In questa coltre vengono lasciati aperti dei piccoli fori che permettono il tiraggio. Non occorre sottolineare che questo tipo di copertura è molto rudimentale e di basso rendimento termico, giacché assorbe molto calore e allo stesso tempo ne disperde una grande quantità verso l'esterno.

La copertura stabile è invece un elemento strutturale della fornace, di cui costituisce il completamento verso l'alto. Rari sono i casi di fornaci riportate alla luce con la volta intatta, essendo questa, per sua stessa natura, fortemente esposta ai danni arrecati dal tempo, ragione per cui anche per questo tipo di copertura dobbiamo basarci sulle fornaci tradizionali in uso sino ai tempi recenti.

Nelle fornaci di piccole dimensioni la volta può essere costruita con mattoni pieni posti scalarmente sino a congiungersi nella chiave di volta, ove si aprono uno o più fori per il tiraggio. Possono essere utilizzati mattoni crudi, preferibilmente modellati con argilla mescolata a paglia sminuzzata onde evitare che dilatazioni e contrazioni termiche ne provochino la rottura. Cuocendo via via che le cotture si susseguono nella fornace, i mattoni della volta formano una massa dotata di numerosi giunti naturali di dilatazione che ne aumentano la resistenza agli sbalzi termici.

Con un sistema più perfezionato, nelle fornaci di grandi dimensioni la volta può essere costruita con tubuli fittili cavi, oppure con vasi di forma cilindroide, inseriti uno dentro l'altro e curvati sino a formare degli archi che, affiancati in serie e attraversati da fori per il tiraggio, formano l'ossatura della volta. Questa viene poi completata distendendo morbida argilla negli interstizi per riempire giunture e fessure e per formare un manto protettivo.

Rispetto alla copertura temporanea, quella stabile rappresenta un notevole miglioramento tecnico, permettendo di regolare efficacemente il tiraggio ed evitando eccessive dispersioni di calore. Inoltre, la volta stabile costruita con tubuli fittili cavi, essendo leggera, si scalda più velocemente di quella costruita con mattoni pieni, consentendo un più elevato rendimento termico della fornace.

.6.4 CONDUZIONE DELLE FORNACI

A conclusione dei capitoli dedicati alla cottura, sono da sottolineare alcuni aspetti dei procedimenti seguiti dal vasaio per il buon esito dell'infornata.

Premessa fondamentale è che l'impilaggio dei manufatti dentro la camera di cottura venga eseguito in modo da facilitare la circolazione dei prodotti della combustione. I gas caldi debbono avere la possibilità di penetrare liberamente tra un manufatto e l'altro, e, nei manufatti aventi forma chiusa, anche all'interno di essi. Nell'antichità, il vasaio usava impilare a colonna i piatti e il vasellame di forma aperta e piccole dimensioni, ponendoli uno sopra all'altro sino a formare pile di una certa altezza. Durante la cottura, questo tipo di impilaggio serrato bloccava talvolta la circolazione dei gas di combustione, impedendo il flusso dei gas riducenti. Capita così che numerosi piatti e ciotole decorati a vernice nera abbiano il cosiddetto ''disco d'impilaggio'', ossia un cerchio rossastro formatosi sul fondo interno del manufatto a testimonianza dell'incompleto pro-

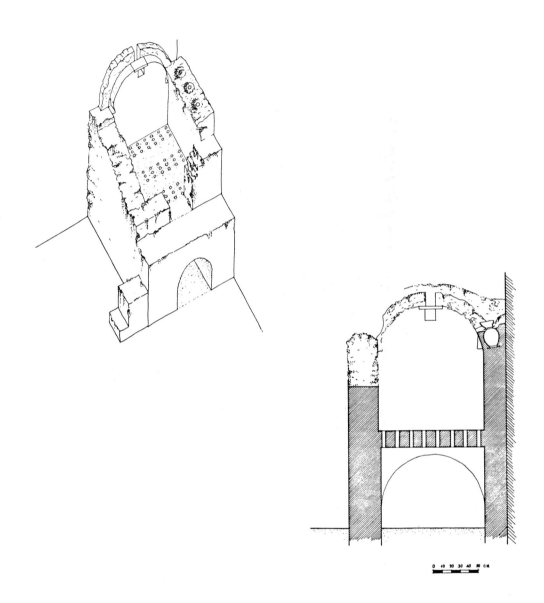

Fig. 20 - Continuità nelle caratteristiche strutturali delle fornaci

a) Fornace di età romana, parzialmente distrutta, riportata alla luce a Pompei. Nella sezione, in alto è visibile una delle anforette che formavano la volta con funzione analoga ai tubuli fittili delle fornaci pugliesi.
(disegni tratti da: G. Cerulli Irelli, *Officina di lucerne fittili a Pompei*, in "Quaderni di Cultura materiale, 1", Roma 1977)

144

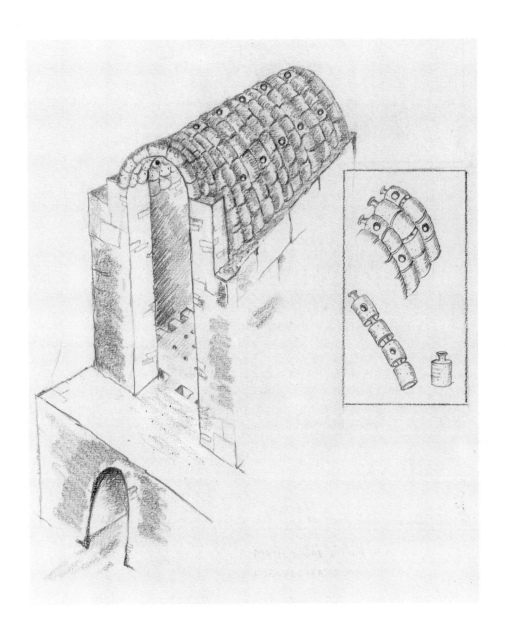

b) Fornace di tipo tradizionale, tuttora usata in Puglia. La volta è costruita con tubuli fittili (chiamati "orieni" in dialetto pugliese). Sulla destra, particolare degli "orieni", posti ad incastro uno dentro l'altro per formare gli archi della volta. (disegno dal vero).

cesso di riduzione. Per i manufatti ricoperti da rivestimenti vetrosi, l'antico vasaio ricorreva invece a piccoli distanziatori, posti tra un manufatto e l'altro, in modo da evitare che si toccassero.

Regola generale è che tegole, mattoni e laterizi in genere, avendo forte spessore, vadano appilati di costa, a strati sfalsati tra loro, con interstizi liberi. Un buon impilaggio mira inoltre a un'utilizzazione razionale dello spazio, e ad evitare il pericolo di crollo e rinsaccamento dei manufatti.

Della densità di infornamento e di altri fattori quali forma, dimensioni e spessore dei manufatti da cuocere, il vasaio deve tenere conto durante il ciclo termico. Il preriscaldamento, chiamato anche "tempera" con un termine mutuato dalla metallurgia, va seguito con molta cura in quanto comprende le zone critiche prima descritte (I.6.2): possono essere necessari dei rallentamenti più o meno prolungati nell'immissione del combustibile, o addirittura dei periodi di stasi, a seconda del tipo di combustibile impiegato. Indi la temperatura può crescere velocemente, salvo un nuovo rallentamento intorno a 600°C, sino a raggiungere la temperatura massima di cottura, che viene poi mantenuta per un periodo più o meno lungo. Sebbene la temperatura massima raggiunta nel ciclo termico sia un fattore fondamentale ai fini del livello qualitativo del manufatto, altrettanto importante è la durata del periodo di mantenimento di tale temperatura, in quanto in un manufatto si possono ottenere effetti analoghi cuocendolo a temperatura elevata per un breve periodo, oppure a temperatura inferiore per un tempo più lungo. Occorre inoltre che il calore penetri uniformemente nella massa dei manufatti e all'interno di essi, evitando forti dislivelli di temperatura tra le varie zone della fornace.

Entra qui in giuoco la capacità del fornaciaio di condurre il fuoco: dalla rapidità con cui carica il combustibile alla maniera con cui lo distribuisce, egli influisce sia sull'omogeneità di crescita della temperatura sia sull'ambiente ossidante o riducente che si forma nella camera di cottura, e la sua esperienza è l'unica garanzia per la buona riuscita dell'infornata.

Si è già avuto occasione di rilevare che è necessario creare ambiente ossidante al fine di ottenere una completa combustione delle sostanze organiche presenti nell'argilla usata per modellare il manufatto, ed evitare la formazione del "cuore nero" nel suo strato interno (I.6.2). Una vivace circolazione dell'aria comburente permette inoltre un migliore rendimento termico: il combustibile brucia a fondo, consentendo di raggiungere temperature elevate.

146

All'atto pratico, però, in una fornace a combustibile solido naturale è molto arduo riuscire a mantenere ambiente ossidante per tutta la durata del ciclo termico, in quanto il tiraggio, avvenendo per via naturale, non è così energico da permettere una combustione completa ed immediata di tutto il combustibile. Tra un carico e l'altro di questo, si crea ad intervalli un ambiente riducente che, anche se viene eliminato rapidamente, può ugualmente provocare effetti riducenti localizzati sulla superficie dei manufatti in cottura. Nascono così le macchie scure irregolari, gli aloni rosso-bruni e i colpi di fuoco che gli archeologi hanno spesso occasione di notare sui reperti ceramici.

Sulla superficie dei manufatti modellati con argilla calcarea, gli effetti riducenti, talvolta potenziati dal tipo di combustibile usato durante la cottura, possono essere così determinanti da provocare una colorazione molto chiara e uniforme, tale da far presumere la presenza di un'ingobbiatura. In casi siffatti, l'analisi stereomicroscopica rivela invece che si tratta di terracotta, senza alcun rivestimento, essendo la colorazione chiara della superficie dovuta esclusivamente agli effetti di cottura.

In alcuni casi l'atmosfera riducente può essere voluta intenzionalmente, ad esempio nella fase finale della cottura della vernice nera, allorché il processo di riduzione permette la trasformazione dell'ossido ferrico (rosso) in magnetite (nera) (I.4.3). Anche i buccheri e la cosiddetta ''ceramica grigia a pareti sottili''. caratterizzati dal colore nero sia in superficie che nella struttura interna del corpo ceramico, oltre all'aggiunta di sostanze carboniose nell'impasto argilloso richiedevano cottura in atmosfera riducente, e presumibilmente ulteriori espedienti intesi ad ottenere una riduzione molto intensa e continua. Per creare di proposito ambiente riducente, si può supporre che l'antico vasaio ricorresse ad alcuni accorgimenti, ad esempio immetteva nella camera di combustione sostanze fumogene (materie organiche grasse, ecc.), limitando contemporaneamente il tiraggio. Oppure utilizzava combustibile umido, per quanto questo metodo possa essere controproducente perché la forte massa di vapore acqueo che si sviluppa può danneggiare la superficie del manufatto, e soprattutto perché sottrae calore, proprio nella fase finale della cottura, quando la temperatura non deve abbassarsi.

Per ottenere una cottura in ambiente ossidante continuo, quale era necessario per la vernice rossa della terra sigillata, si può supporre che l'antico vasaio adottasse tecniche particolari, di cui però non abbiamo ancora testimonianze sicure. È probabile che egli avesse disponibili delle fornaci a fiamma indiretta, dove i manufatti erano protetti dal contatto diretto con i prodotti della combustione, per cui la propagazione del calore avveniva per irraggiamento. In linguaggio tecnico moderno le fornaci di questo tipo sono chiamate ''a muffola'': le caratteristiche strutturali delle muffole usate dall'antico vasaio ci sono ancora sconosciute, e possiamo soltanto auspicare che futuri ritrovamenti permettano di colmare le lacune delle nostre conoscenze nel campo della tecnologia ceramica antica.

GUIDA ALLA BIBLIOGRAFIA TECNICA

Per gli argomenti che interessano il campo della chimica e della fisica si rimanda alla bibliografia indicata in fondo alla seconda parte della presente trattazione.

AA.VV., 1954-1956, *A History of Technology*, I-II, Oxford, Clarendon Press (traduz. it. 1961-1962, *Storia della tecnologia*, I-II, Torino, Boringhieri ed.).

AA.VV., 1972, *Minerali e rocce*, Novara, Ist. Geografico De Agostini, Enciclopedia Italiana delle Scienze, 2 voll.

ALIPRANDI G., 1974, *Principi di ceramurgia e tecnologia ceramica*, Genova, Ediz. Culturali Int. Genova.

BALLARDINI G., 1964, *L'eredità ceramistica dell'antico mondo romano*, Roma, Ist. Poligrafico dello Stato.

CUOMO DI CAPRIO N., 1971-72, *Proposta di classificazione delle antiche fornaci per ceramica e laterizi nell'area italiana*, in "Sibrium", XI, pp. 371-461.

— 1982, *Ceramica rustica tradizionale in Puglia*, Galatina (Lecce), Congedo ed.

CUOMO DI CAPRIO N. - SANTORO BIANCHI S., 1983, *Lucerne fittili e bronzee del Museo Civico di Lodi*, Lodi, "Quaderni di Studi Lodigiani" 1, a cura dell'Archivio Storico Lodigiano.

DAYTON J., 1978, *Minerals, Metals, Glazing and Man*, London, G.G. Harrap & Co. ed.

EMILIANI T., 1971, *La tecnologia della ceramica*, Faenza, F.lli Lega ed.

EMILIANI T. - EMILIANI E., 1982, *Tecnologia dei processi ceramici*, Faenza, Ceramurgica ed.

FAGNANI G., 1970, *Rocce e minerali per l'edilizia*, Pavia, Fusi ed.

FORBES R.J., 1966, *Studies in Ancient Technology*, VI, Leiden, E.J. Brill ed.

GRIMES W.F., 1930, *Holt, Denbighshire*, London, "Y Cymmrodor, The Magazine of the Society of Cymmrodorion", XLI.

HAMPE R. - WINTER A., 1962, *Bei Töpfern und Töpferinnen in Kreta, Messenien und Zypern*, Mainz, Römisch-Germanischen Zentralmuseums.

— 1965, *Bei Töpfern und Zieglern in Süditalien, Sizilien und Griechenland*, Mainz, Römisch-Germanischen Zentralmuseums.

KIRSCH H., 1965, *Technische Mineralogie*, Wurzburg, Vogel-Verlag ed. (traduz. ingl. 1968, *Applied Mineralogy*, London, Chapman and Hall Ltd ed.).

KORACH M., 1949, *Definizione tecnologica del termine "ceramica"*, in "Faenza", 35, f. IV-VI, pp. 118-133.

MOTTANA A. - CRESPI R. - LIBORIO G., 1977, *Minerali e rocce*, Milano, Mondadori ed.

MUNIER P., 1957, *Tecnologie des faiences*, Paris, Gauthier-Villars ed.

NOBLE J.V., 1965, *The Techniques of Painted Attic Pottery*, New York, Watson-Guptill Publications.

PADOA L., 1971, *La cottura dei prodotti ceramici*, Faenza, Faenza ed. (2.a ediz. 1975).

SINGER F. - SINGER SS., 1963, *Industrial Ceramics*, London, Chapman and Hall Ltd. ed.

TYLECOTE R.F.., 1962, *Metallurgy in Archaeology*, London, Edward Arnold Publ.

VECCHI G., 1977, *Tecnologia ceramica illustrata*, Faenza, Faenza ed.

GUIDA ALLA BIBLIOGRAFIA ARCHEOLOGICA

Si limita l'indicazione della bibliografia ad alcune pubblicazioni che riguardano le classi di manufatti fittili menzionate nel testo e che possono fornire allo studente un indirizzo per ulteriori approfondimenti.

Per le singole voci, si rimanda all'E.A.A. (Enciclopedia dell'Arte Antica, Classica e Orientale), i cui articoli sono corredati da abbondante bibliografia.

AA.VV., 1962, *Piccola guida della preistoria italiana*, Firenze, Sansoni ed. (2.a ediz. 1965).

AA.VV., 1970, *Ostia II*, in "Studi Miscellanei", 16

— 1973, *Ostia III*, in "Studi Miscellanei", 21, Roma, De Luca ed.

ARIAS P.E., 1960, *Mille anni di ceramica greca*, Firenze, Sansoni ed.

DELGADO M. - MAYET F. - MOUTINHO DE ALARCAO A., 1975, *Fouilles de Conimbriga IV, Les sigillées*, Paris, De Boccard ed.

FORTI L., 1965, *La ceramica di Gnathia*, Napoli, Macchiaroli ed.

HAYES J.W., 1972, *Late Roman Pottery*, London, The British School at Rome

— 1980, *Supplement to Late Roman Pottery*, London, The British School at Rome.

HIGGINS R.A., 1954, *Catalogue of the Terracottas in the Dept. of Greek and Roman Antiquities, British Museum*, London, The Trustees of the British Museum (photolithographic reprint 1969), 2 voll.

KLEINER G., 1942, *Tanagrafiguren*, Berlin, 15° Erganzungshefte des Jahrbuch.

KURTZ D.C., 1975, *Athenian White Lekythoi. Patterns and Painters*, Oxford, Clarendon Press.

LAMBOGLIA N., 1952, *Per una classificazione preliminare della ceramica campana*, in "Atti del 1° Congresso Int. di Studi Liguri", Bordighera, Ist. di Studi Liguri.

LEIBUNDGUT A., 1977, *Die römischen Lampen in der Schweiz*, Bern, Francke Verlag.

MARABINI MOEVS M.T., 1973, *The Roman Thin Walled Pottery from Cosa*, "MemAAR", XXXII, American Academy in Rome.

MOLLARD BESQUES S., 1972, *Catalogue raisonné des figurines et reliefs en terre-cuite, Musée National du Louvre*, III, Paris, Edition des Musées Nationaux.

MOREL J.P., 1981, *Céramique campanienne: les formes*, "BEFAR" 244, Ecole Française de Rome, 2 voll.

OXÈ A. - COMFORT H., 1968, *Corpus Vasorum Arretinorum*, Bonn.

PERLZWEIG J., 1961, *Lamps of the Roman Period, The Athenian Agora, VII*, Princeton, American School of Classical Studies at Athens.

STROMMENGER E. - HIRMER M., 1963, *L'arte della Mesopotamia*, Firenze, Sansoni ed.

ANALISI CHIMICO-FISICHE DI LABORATORIO

La seconda parte della presente trattazione prende in considerazione le moderne tecnologie di analisi intese come insieme di metodi scientifici che possono essere di aiuto all'archeologo nel verificare ipotesi formulate in base ad elementi storico-stilistici, nell'approfondire ulteriormente conoscenze già acquisite e nel risolvere problemi specifici attinenti alle indagini archeologiche.

Tra i tanti interrogativi che l'archeologo è chiamato ad affrontare emerge quello di accertare se i manufatti riportati alla luce in uno scavo siano di produzione locale oppure siano stati importati, nel qual caso è della massima importanza individuare i centri di produzione o quantomeno delineare probabili aree geografiche di provenienza. Per taluni tipi di manufatti modellati a calco e decorati a rilievo (quale per esempio la terra sigillata, I.3.3), distinguere la produzione locale da quella importata è complicato dal fatto che alcune importanti fabbriche arretine avevano impiantato succursali in differenti zone dell'impero romano, ad esempio in Gallia e negli accampamenti militari, utilizzando all'inizio del loro insediamento matrici originali provenienti dalla casa madre. In questi casi il confronto stilistico non è sufficiente ad individuare il centro manufatturiero, anzi può indurre ad errate attribuzioni.

A questi problemi le moderne tecniche analitiche sono talvolta in grado di fornire una risposta, così come possono contribuire a evidenziare fattori di differenziazione in manufatti dalle caratteristiche stilistiche analoghe; stabilire suddivisioni tipologiche basate sulle caratteristiche chimico-fisiche del corpo ceramico; riconoscere aree di diffusione di determinate classi tipologiche; fornire elementi di conoscenza sul grado di specializzazione raggiunto dalle maestranze impiegate nelle fabbriche ceramiche; individuare i cambiamenti nella composizione e nel rivestimento dei manufatti di una specifica area geografica che siano imputabili all'impiego di nuove maestranze, oppure all'apertura di nuovi collegamenti commerciali.

Da questi accenni balza evidente il ruolo delle analisi chimico-fisiche nel fornire all'archeologo un valido sussidio su basi scientifiche. È bene ribadire qui il concetto che lo studente di archeologia dovrebbe mirare non tanto ad investigare i particolari tecnici quanto ad acquisire una conoscenza generale sia delle prestazioni sia dei limiti delle analisi stesse. Cognizioni specialistiche esulano dai suoi interessi, così come esulano dagli intenti che si prefigge la presente trattazione, non essendo compito degli archeologi sostituirsi ai tecnici che eseguono le analisi. Rientra invece negli scopi del presente lavoro fornire le cognizioni di base per far sì che l'archeologo possa collaborare proficuamente con il ricercatore scientifico, in reciproca comprensione non solo di intenti ma anche di linguaggio, individuando le tecniche analitiche più appropriate per risolvere taluni problemi archeologici e avviando ricerche di carattere interdisciplinare. Il bagaglio di cognizioni dovrebbe consentirgli di rendersi conto in quali termini è opportuno porre il problema archeologico, nonché di "leggere" i risultati forniti dalle analisi di laboratorio e di interpretarli correttamente, traendone la maggiore utilità possibile.

Poiché la presente trattazione riguarda la ceramica, vengono qui passate in rassegna soltanto le analisi di laboratorio eseguibili su tale tipo di materiale, tralasciando altri campi di applicazione, e vengono descritte le analisi le cui prestazioni sono note e largamente documentate, omettendo talune tecniche di avanguardia, ancora in fase di sperimentazione e dai limiti di applicazione ancora incerti.

L'ordine di esposizione rispecchia il criterio di indicare per prime le analisi che possono servire sia per caratterizzare il singolo reperto, sia per correlare più reperti tra loro formando gruppi omogenei al fine di localizzarne la fonte di produzione. Rientrano tra questi esami le analisi mineralogico-petrografiche (eseguite al microscopio o con tecnica diffrattometrica), nonché le analisi chimiche che permettono di determinare la concentrazione degli elementi maggiori, minori e in traccia presenti nel campione. Le tecniche analitiche quantitative sono più d'una, dalla tradizionale analisi chimica per via umida (eseguita con metodo gravimetrico, volumetrico o colorimetrico) alle più moderne tecniche strumentali (eseguite con i diversi metodi spettrometrici).

Segue la descrizione di alcuni tipi di analisi che forniscono dati utilizzabili in maniera autonoma.

L'analisi di termoluminescenza permette di accertare la datazione di reperti fittili, determinando delle cronologie assolute. Questa analisi viene pure utilizzata per riconoscere i manufatti contraffatti, ossia le imitazioni immesse sul mercato di antiquariato a scopo di lucro.

154

Tra le analisi fisiche, l'analisi termica differenziale permette di individuare particolari caratteristiche del reperto, quale ad esempio la temperatura di cottura.

Una tabella riassuntiva completa la rassegna delle principali analisi chimico-fisiche eseguibili su argille e ceramiche.

Anche in questa parte della presente trattazione è stato seguito il criterio di intervallare i capitoli con degli inserti allo scopo di richiamare alla memoria nozioni generali di chimica e di fisica.

Nella guida alla bibliografia si è preferito segnalare alcuni testi che si rivolgono a lettori interessati alle specifiche discipline a livello generale, pur contenendo i riferimenti bibliografici per le pubblicazioni specialistiche. Sono state indicate le riviste più note in campo scientifico, dove lo studente potrà trovare articoli specialistici e studi complementari.

II.1 ESAME MACROSCOPICO: IL COLORE

Si ritiene opportuno premettere alla rassegna delle analisi di laboratorio un capitolo dedicato al colore, considerato uno dei parametri fondamentali per la classificazione dei reperti archeologici. Spesso, l'archeologo si trova a dover affrontare anche problemi di restauro ove il fattore cromatico assume notevole importanza.

Quale necessaria premessa occorre ricordare che lo studio dei colori può essere fatto da un punto di vista fisico in base alla composizione spettrale, e da un punto di vista fisiologico in base alle sensazioni provocate dalla stimolazione dell'occhio attraverso la luce e dall'elaborazione che ne consegue da parte della mente umana.

L'analisi fisica consiste nella scomposizione della luce nelle sue differenti componenti di colore. L'occhio umano non ha una simile capacità risolutiva, ragione per cui vede come colore unico ciò che nella realtà fisica è una combinazione di più colori.

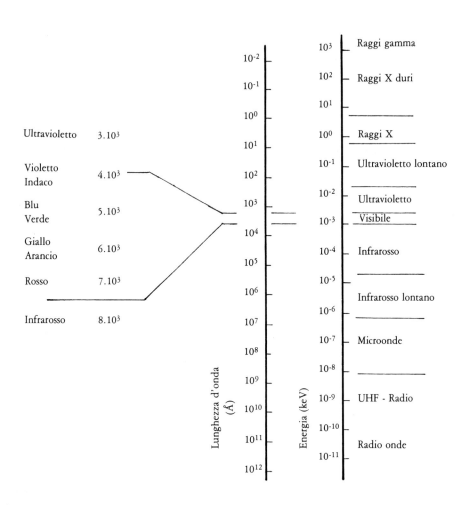

II.1.1 IL COLORE SOTTO L'ASPETTO FISICO

In fisica la "luce" è una radiazione elettromagnetica che segue le stesse leggi fisiche generali delle onde radio, dei raggi X, dei raggi gamma e di tutte le altre radiazioni che formano lo spettro elettromagnetico.

In questo spettro, la luce occupa la zona molto ristretta rilevabile dall'occhio umano, chiamata "campo del visibile", che corrisponde a un intervallo di lunghezza d'onda compresa tra 380 e 750 nm circa (equivalente a 3800 e 7500 Å. Ricordiamo che un nanometro equivale a un miliardesimo di metro, e un Ångstrom a un decimiliardesimo di metro, come da equivalenze richiamate nell'Inserto L. Oggi, secondo la tendenza moderna si preferisce usare il nanometro, seguendo il Sistema Internazionale di Unità, sebbene l'Ångstrom resti un'unità di misura frequentemente usata in linguaggio tecnico).

Il campo del visibile è suddiviso a sua volta in altri intervalli minori, aventi lunghezze d'onda che corrispondono ai diversi effetti che le radiazioni elettromagnetiche provocano nell'occhio umano. In altre parole, ad ogni intervallo corrisponde un "colore". Per convenzione si è soliti seguire una distinzione, dai confini non nettamente definiti, in sei colori primari:

- violetto/indaco lunghezza d'onda (λ) da $\sim$ 380 a $\sim$ 450 nm
- blu   '' $\sim$ 450 $\sim$ 490 nm
- verde   '' $\sim$ 490 $\sim$ 580 nm
- giallo   '' $\sim$ 580 $\sim$ 600 nm
- arancio   '' $\sim$ 600 $\sim$ 630 nm
- rosso   '' $\sim$ 630 $\sim$ 750 nm

I colori primari vengono anche chiamati "componenti dello spettro solare" in quanto possono essere ottenuti scomponendo la luce solare attraverso un prisma. Il sole è l'esempio più importante di sorgente naturale di onde elettromagnetiche in un intervallo di frequenze molto vasto, da quelle più alte corrispondenti ai raggi gamma, sino alle basse frequenze corrispondenti alle radio onde.

Una radiazione elettromagnetica composta da onde aventi un'unica lunghezza d'onda è chiamata "monocromatica". Le radiazioni monocromatiche generate in natura sono infinite, e formano uno spettro continuo ove ciascuna radiazione ha una lunghezza d'onda che differisce di una quantità infinitesimale rispetto alle altre. Per fare un esempio, l'intervallo tra 490 e 580 nm che all'occhio umano appare "verde" in effetti corrisponde a un numero infinito di radiazioni monocromatiche, caratterizzate ognuna da una sua lunghezza d'onda, corrispondenti a tutte le diverse sfumature di verde.

Il nero è definito come mancanza di colore, cioè mancanza di radiazioni. Quanto al bianco, nessuna radiazione monocromatica, qualunque

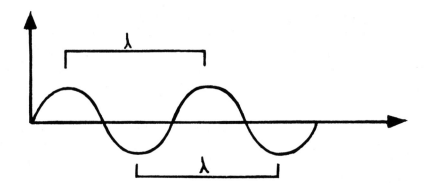

Fig. 21 - Propagazione di una radiazione elettromagnetica

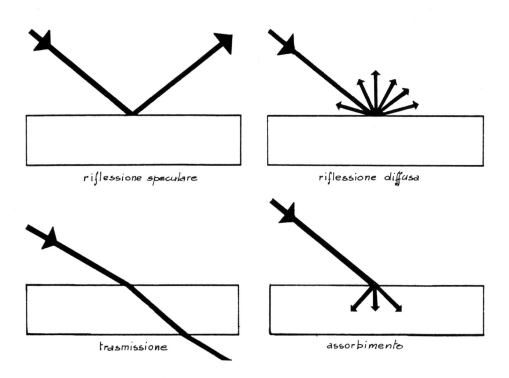

riflessione speculare

riflessione diffusa

trasmissione

assorbimento

Fig. 22 - Schema delle interazioni tra luce e materia

sia la sua lunghezza d'onda, dà all'occhio umano la sensazione del bianco. Sperimentalmente è stato accertato che la luce bianca può essere scomposta in uno spettro di radiazioni colorate: il bianco è dunque una radiazione policromatica ottenuta sovrapponendo più colori, cioè diverse radiazioni elettromagnetiche aventi ognuna una sua propria lunghezza d'onda.

Esistono numerose sorgenti di luce bianca che variano a seconda della loro composizione spettrale. Per poterle definire fisicamente si ricorre al confronto con un corpo ideale di riferimento, chiamato ''corpo nero'', la cui proprietà fondamentale consiste nell'avere il massimo potere di emissione, presentando un diverso spettro a seconda della temperatura. ''Temperatura di colore'' è chiamata la temperatura che il corpo nero deve raggiungere per emettere una luce di composizione spettrale analoga a quella della sorgente luminosa in esame. La luce del giorno (o luce bianca nella regione del visibile) corrisponde a una temperatura di colore pari a 6500 K, ossia ha la stessa composizione spettrale che il corpo nero irraggia quando è portato alla temperatura di 6500 K. La luce bianca artificiale comunemente ottenuta da lampade incandescenti raggiunge circa 2300-3000 K a seconda del tipo, mentre la luce ottenuta da tubi fluorescenti può essere paragonata, anch'essa a seconda del tipo, a quella che si otterrebbe da un corpo incandescente tra 3000 e 6000 K. [Ricordiamo che la scala Kelvin, o assoluta, è una scala termometrica avente inizio a -273°C che corrisponde allo zero assoluto, e i cui gradi hanno la stessa ampiezza di quelli della scala centigrada. In altre parole, 6500 K equivalgono a 6227°C (6500-273)].

Un oggetto colpito da un fascio di luce assume un determinato colore a seconda della sua struttura fisica a livello molecolare e a seconda della composizione della luce. Se colpito da luce bianca, l'oggetto appare nero quando assorbe tutte le radiazioni dello spettro visibile; appare bianco quando le riflette tutte nello stesso modo; appare colorato quando assorbe soltanto le radiazioni di determinate lunghezze d'onda e diffonde le altre radiazioni che, colpendo l'occhio, danno la sensazione del colore creato dal loro insieme. Il colore di un oggetto è quindi il risultato dell'insieme delle radiazioni non assorbite dalla superficie dell'oggetto stesso.

INSERTO L

TABELLA RIASSUNTIVA
DELLE MISURE CITATE NEL TESTO

Misure di lunghezza

1 metro	(m)	= 10^0	m
1 millimetro	(mm)	= 10^{-3}	m
1 micrometro	(μm)	= 10^{-6}	m (abbreviato in micron μ)
1 nanometro	(nm)	= 10^{-9}	m
1 picometro	(pm)	= 10^{-12}	m

Equivalenze

1 Ångstrom	(Å)	= 10^{-1}	nm
''		= 10^{-4}	μm
''		= 10^{-7}	mm
''		= 10^{-10}	m
1 micrometro (micron) (μ)		= 10^{-6}	m
''		= 10^{-3}	mm
''		= 10^3	nm
''		= 10^4	Å

Misure di energia

L'unità di energia è l'elettronvolt (eV), definito come l'energia che acquista un elettrone quando passa da un punto ad un altro il cui potenziale differisce di un Volt.

1 elettronvolt	= 10^0 eV		
1.000 elettronvolt	= 10^3 eV	=	1 keV (chiloelettronvolt)
1.000.000 elettronvolt	= 10^6 eV	=	1 MeV (Megaelettronvolt)

1.2 PERCEZIONE VISIVA DEL COLORE

Dal punto di vista fisiologico, il colore di un oggetto osservato alla luce è la sensazione prodotta sulla retina dell'occhio umano, opportunamente elaborata dalla mente. Come già osservato nel capitolo precedente, tale sensazione costituisce la risultante di due fattori: tipo di sorgente luminosa e struttura a livello molecolare dell'oggetto rispetto alle radiazioni nel campo del visibile. In altre parole, l'oggetto può apparire di colore diverso a seconda della luce da cui è investito, e a seconda delle radiazioni che esso è capace di assorbire oppure di riflettere (oppure di trasmettere, qualora sia trasparente).

È ancora poco noto il meccanismo con cui la mente umana elabora gli impulsi nervosi provocati dalle radiazioni elettromagnetiche che colpiscono l'occhio, stimolando la sensazione del colore. Tuttavia è appurato che ricettori della luce sono dei microscopici organi della retina, chiamati "bastoncelli" e "coni". I primi hanno funzione visiva monocromatica (visione notturna in bianco e in nero), mentre i coni retinici forniscono la sensazione del colore mediante sostanze fotochimiche che essi contengono. Bastoncelli e coni, eccitati dai raggi luminosi incidenti, producono dei segnali che vengono trasmessi sotto forma di impulsi nervosi al centro sensoriale della visione, dove vengono composti in una percezione unitaria del colore.

La sensibilità cromatica dell'occhio è estremamente variabile: è massima alla lunghezza d'onda intorno a 550 nm, ossia nel campo del verde-giallo, ed è minima alle due estremità dello spettro visibile, ossia nel campo del violetto e del rosso. In altre parole, una sorgente di luce verde a pari intensità appare più luminosa di una sorgente rossa o di una blu. Queste proprietà sono molto importanti agli effetti pratici: nella televisione a colori si può ottenere l'immagine monocromatica in bianco e nero mescolando i diversi segnali nelle proporzioni del 59% per il verde, del 30% per il rosso e dell'11% per il blu, per i rispettivi contributi alla luminosità totale.

A seconda dell'intensità dell'illuminazione, la sensibilità cromatica media dell'occhio si sposta da un massimo di 550 nm (visione fotopica) verso i 507 nm (visione scotopica). La sensibilità varia a seconda dell'individuo e della sua età, e a seconda dell'ambiente che lo circonda in quel dato momento. Dipende anche dall'ambiente che circondava l'individuo nell'intervallo di tempo immediatamente precedente la sensazione cromatica, e ciò in conseguenza del fenomeno che viene chiamato "persistenza delle immagini".

a - Sintesi additiva

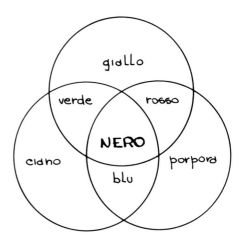

b - Sintesi sottrattiva

Fig. 23 - Formazione dei colori per sintesi additiva o sottrattiva

a) Sintesi additiva:

    rosso + verde = giallo
    rosso + blu   = porpora
    verde + blu   = ciano

zona centrale: tutte le radiazioni sono riflesse, nessuna è assorbita in modo selettivo, pertanto la superficie appare bianca.

b) Sintesi sottrattiva:

    bianco — rosso = blu + verde   = ciano
    bianco — verde = blu + rosso   = porpora
    bianco — blu   = verde + rosso = giallo

zona centrale: tutte le radiazioni sono assorbite, nessuna è riflessa, pertanto la superficie appare nera.

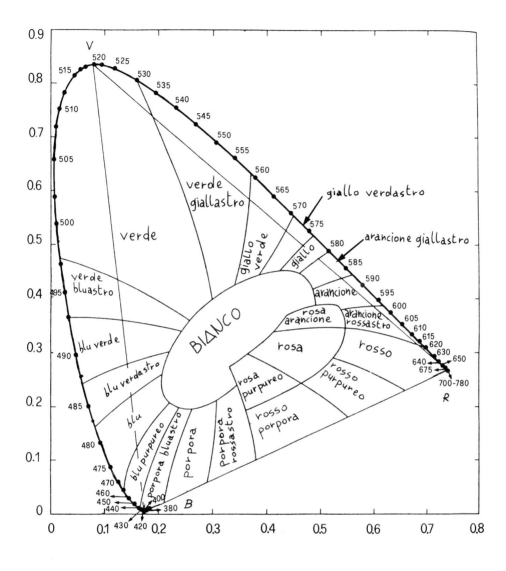

Fig. 24 - Diagramma di cromaticità della C.I.E. (Commission International d'Eclairage)

Per ogni colore l'occhio umano è in grado di distinguere tre attributi: la tinta, la chiarezza (o luminosità), e la saturazione.

La tinta indica il tipo di colore (giallo, arancione, verde, etc.); la chiarezza indica la capacità di un oggetto di riflettere per diffusione una frazione più o meno elevata della luce incidente; il grado di saturazione indica la quantità di tinta presente nel colore, da un valore minimo a un valore massimo misurato in opportune scale o unità di misura.

I tre attributi della percezione del colore sono indipendenti l'uno dall'altro; la tinta e la saturazione insieme definiscono la cromaticità di un colore. Per fare un esempio, una trasmissione televisiva in bianco e nero provoca una sensazione di chiarezza, mentre una trasmissione in TV a colore aggiunge alla sensazione di chiarezza quella della cromaticità, ossia della tinta e della saturazione.

L'occhio è capace di distinguere differenze anche minime di sfumature di colore, mentre non è in grado di riconoscere un colore puro (corrispondente a una ben definita lunghezza d'onda) da quello ottenuto per combinazione di più colori. Mancando di una capacità cromatica analitica, l'occhio si avvale di un meccanismo, operante a livello inconscio, basato sulla somma di tre colori primari. Chiamata ''visione tricromatica'' o ''tristimolo'', questa caratteristica viene sfruttata per la riproduzione del colore, ad esempio nella stampa dei giornali in rotocalco, permettendo una notevole riduzione dei costi.

La triade che viene usata di preferenza perché consente di riprodurre fedelmente quasi tutti i colori è composta da rosso, verde e blu. Infatti ogni cromaticità (intesa come insieme di tinta e di saturazione) può essere individuata dalla frazione dei tre colori che concorrono a formarla. In pratica basta conoscere le frazioni di rosso e di verde, essendo la frazione di blu ottenibile sottraendo dall'unità, posta uguale a 100, la frazione percentuale di rosso e di verde. Ad esempio, supponendo che la frazione di rosso sia pari a 30 e la frazione di verde a 50, la frazione di blu sarà pari a 20. Nelle arti grafiche si ricorre di norma ai colori complementari, usando inchiostri di colore ciano, porpora e giallo. Il colore ciano (verde-azzurro) è complementare al colore rosso; il porpora (o magenta) al verde; il giallo al blu.

Anche in base ad accordi internazionali, gli studiosi del campo sono giunti a rappresentare i colori sopra una mappa chiamata ''diagramma di cromaticità''. In tale grafico, la frazione di rosso è indicata in ascissa e quella di verde in ordinata; i colori dello spettro visibile che corrispondono a radiazioni monocromatiche giacciono su una curva approssimata da un triangolo i cui vertici corrispondono al violetto-blu, al verde e al rosso. Tutti i colori derivanti dalla combinazione di colori monocromatici si trovano all'interno dell'area racchiusa dalla curva e in prima approssimazione lungo i lati del triangolo; il loro grado di saturazione è massimo lungo il perimetro mentre decresce verso il centro della figura. Il bianco si trova in posizione approssimativamente centrale; i colori magenta (o porpora), che non corrispondono a combinazioni di radiazioni monocromatiche, trovano posto sulla base del triangolo.

1.3 APPARECCHIATURE PER LA RILEVAZIONE DEL COLORE

La visione tricromatica è alla base di un apparecchio, detto ''colorimetro'', che permette di ottenere un numero pressoché illimitato di cromaticità mediante la combinazione di tre colori primari. Sopra un apposito schermo vengono proiettate, e sovrapposte simultaneamente, tre luci primarie ottenute da luce bianca mediante filtri colorati. Dalla sovrapposizione modulata dei filtri è possibile ottenere le più svariate combinazioni di colori, eventualmente utilizzando anche filtri grigi di differente intensità che riducono la chiarezza del fascio di luce proiettato, senza cambiarne la lunghezza d'onda.

Il colorimetro può essere utilizzato per specificare un colore incognito: questo viene illuminato con una luce bianca mentre su un vicino schermo vengono proiettate tre luci primarie, sovrapposte e modulate in intensità mediante filtri grigi sino ad ottenere un colore che abbia tinta, luminosità e saturazione pari a quelle del colore incognito.

Questa composizione della cromaticità viene chiamata ''sintesi additiva'', avvalendosi della proprietà dell'occhio umano di combinare insieme i differenti colori. Viene invece chiamato ''sintesi sottrattiva'' il metodo che sfrutta il fatto che la luce bianca contiene in sè i sei colori primari, ragione per cui ogni singolo colore può essere ottenuto dall'opportuna filtrazione della luce bianca. In pratica, in una sorgente di luce bianca si può isolare un determinato colore primario assorbendo mediante filtri gli altri colori primari ad esso complementari. Ad esempio, il colore rosso può essere ottenuto mediante filtri che assorbono totalmente dalla luce bianca le radiazioni corrispondenti al violetto-blu e al verde, e parzialmente il giallo e l'arancio, a seconda della sfumatura di rosso che si vuole ottenere. In pratica tutti i colori che ci circondano presuppongono una sintesi sottrattiva: un oggetto appare colorato perché assorbe parte delle radiazioni dello spettro visibile e ne diffonde altre, che di conseguenza lo colorano.

Basandosi sui principi della colorimetria, negli ultimi decenni sono stati messi a punto degli apparecchi che vengono usati a scopo commerciale per l'identificazione e il controllo del colore di sostanze liquide, e anche di materiali solidi quali tessuti, pitture, cosmetici, vernici da automobili, etc. Denominati "colorimetri" e talvolta "spettrofotometri", questi apparecchi sono composti essenzialmente da una sorgente luminosa e da una struttura ottica formata da un monocromatore (di regola un reticolo di diffrazione) e da un rivelatore. (Per i componenti dell'apparecchiatura e per i principi di spettrometria, vedi Inserto P). I risultati delle misure sono resi disponibili a mezzo di un indicatore numerico, oppure talvolta a mezzo di un microcalcolatore, ove le misure vengono elaborate in base ai valori del tristimolo e secondo prestabilite scale colorimetriche.

Queste tecniche strumentali sono utilizzate anche in campo artistico per fornire informazioni colorimetriche su una vasta gamma di materiali colorati, ad esempio sulle vernici adoperate nei restauri pittorici. Esse non sono però utilizzabili per definire il colore dei reperti fittili archeologici a causa di alcune limitazioni di fondo che riguardano le dimensioni e la forma del campione da sottoporre alla misura, a parte ogni altra considerazione sul costo delle apparecchiature e sul tempo di utilizzo che sarebbe necessario. Infatti, l'area misurabile dal colorimetro è piuttosto piccola, essendo nell'ordine dei millimetri quadrati; inoltre deve rispondere a determinate caratteristiche di uniformità e di omogeneità di superficie, ed essere perfettamente piana. Poiché nei reperti fittili archeologici la disomogeneità cromatica è una regola generale, sarebbe necessario prelevare dal reperto in esame un numero molto alto di campioni, il che renderebbe questa tecnica fortemente distruttiva. Inoltre il prelievo di campioni rappresentativi sarebbe ostacolato dalla forma fisica dei manufatti ceramici (ben di rado perfettamente piani), e dalle irregolarità di lavorazione che provocano superfici non uniformi. Ne consegue che i colorimetri sono poco adatti a identificare in maniera sistematica il colore dei reperti archeologici, almeno al momento attuale.

Prima di chiudere queste note sulla strumentazione colorimetrica, è forse opportuno chiarire che con il termine "spettrofotometro" vengono indicati non soltanto alcuni tipi di colorimetri, ma anche alcune apparecchiature che hanno una funzione completamente diversa da quella che qui interessa.

Gli spettrofotometri servono infatti per analizzare sostanze colorate quali i pigmenti naturali, i coloranti sintetici, le molecole organiche e così via, ed anche soluzioni opportunamente colorate, ottenute da composti di qualsiasi tipo. Questi apparecchi permettono di risalire alla composizione della sostanza e di individuare la concentrazione dei diversi componenti misurando la frazione di luce assorbita dalla sostanza stessa per ogni lunghezza d'onda nel campo dell'ultravioletto, del visibile e dell'infrarosso. Durante l'analisi, un fascio di luce monocromatica (ad esempio una luce bianca che passa attraverso un monocromatore) colpisce il campione, appositamente solubilizzato, che viene investito in successione dalle radiazioni di diversa lunghezza d'onda. È noto che ogni sostanza colorata presenta dei massimi di assorbimento in corrispondenza di determinate lunghezze d'onda che dipendono dalla sua composizione; il grado di assorbimento, ossia la maggiore o minore intensità del fenomeno, dipende dalla concentrazione di ogni singolo componente della sostanza. È pertanto possibile misurare il rapporto tra luce incidente e quella trasmessa dal campione alle diverse lunghezze d'onda, e registrare lo spettro di assorbimento, che consiste in una serie di bande e di picchi aventi differenti altezza e ampiezza. L'esame dello spettro permette di risalire alla composizione della sostanza, e di accertare il valore percentuale dei differenti elementi componenti (II.3.1).

Un altro tipo di spettrofotometro, detto a riflessione, misura la frazione di luce riflessa da un campione per ogni lunghezza d'onda dello spettro visibile e ultravioletto. Questa tecnica analitica non richiede che il campione venga solubilizzato in quanto trattasi di un'analisi di superficie, ossia viene analizzata soltanto la superficie del materiale in esame. Si richiede però che tale superficie sia lucida in modo da riflettere opportunamente la luce incidente.

Vengono qui tralasciate ulteriori informazioni su queste apparecchiature in quanto esse non vengono utilizzate per rilevare il colore di una sostanza, bensì per risalire tramite lo spettro di assorbimento ai componenti della sostanza stessa.

Per la descrizione degli altri tipi di spettrofotometri (fotometro ad emissione di fiamma, spettrofotometro per assorbimento atomico), si rimanda ai capitoli riguardanti la spettrometria (Inserto P; II.3.2; II.3.3).

II.1.4 SPECIFICAZIONE DEL COLORE MEDIANTE CONFRONTO VISIVO: LE CARTE DI COLORE

Per agevolare il compito di specificare l'ampia gamma cromatica dei reperti fittili archeologici, si può ricorrere alle carte di colore, basate sul principio della percezione visiva del colore, che permettono di effettuare esami comparativi tra il colore da designare e appositi colori di riferimento, e che allo stesso tempo sono di facile disponibilità, di semplice uso e di costo limitato. Queste carte contengono una serie di colori di riferimento costituiti da materiali selezionati (pigmenti naturali o altre sostanze la cui composizione è accuratamente nota e riproducibile), applicati con tecniche particolari su appositi cartoncini. Chiamati comunemente "standard", tali colori sono ordinati a intervalli regolari affinché la differenza tra colori adiacenti risulti costante per un osservatore dotato di normale capacità percettiva del colore. Il confronto visivo permette di specificare il colore del reperto in esame mediante un codice numerico o alfanumerico, consentendo così agli studiosi di effettuare controlli e riscontri su basi di oggettività e di sistematicità.

Per ottenere risultati validi ed omogenei, condizione essenziale è il procedere all'esame visivo sempre nelle stesse condizioni di illuminazione. È pertanto da evitare, per quanto possibile, l'esame alla luce solare che, sebbene in linea teorica sia il migliore tipo di illuminazione, è in pratica troppo influenzabile dall'ora del giorno, dalla stagione, dalle condizioni atmosferiche e dai diversi fattori ambientali.

L'ambiente ottimale è di regola rappresentato da un locale buio dove sia disponibile una piccola nicchia dalle pareti dipinte o foderate con materiale grigio neutro, avente un'illuminazione normalizzata costante (ad esempio appositi tubi fluorescenti). Sul mercato sono anche reperibili speciali contenitori ad illuminazione controllata. I reperti vengono collocati sotto la luce, sempre nella stessa posizione e alla stessa distanza dalla sorgente luminosa. Il colore viene individuato per confronto, ossia mediante accostamenti con gli standards di riferimento sino a trovare il colore che meglio si identifica con quello del reperto in esame.

Le principali carte di colore sono le seguenti:

a) *DIN Farbenkarte 6164 (Deutsches Institut für Normung E.V.)*

È il sistema ufficiale tedesco di colorimetria, contraddistinto da un codice numerico.

Ogni colore viene specificato in termini di tinta (*DIN-Farbton*), saturazione (*DIN-Sättigung*, ossia quantità di tinta) e oscuramento (*DIN-Dunkelstufen*, ossia quantità di nero).

Il sistema di notazione è strutturato in 25 tavole: 24 tavole corrispondono a differenti tinte o toni, essendo ogni tinta rappresentata in diversi gradi di saturazione e di oscuramento, ossia via via più carica e via via più scura. La tavola 25 contiene la scala acromatica dal bianco al nero. Tutte le tinte sono opache.

La prima tavola si riferisce al giallo, l'ultima al verde, in una successione di tinte che possono essere così raggruppate:

TAVOLA	TINTA
1,2,3	: giallo (da tendente al verde a tendente all'arancio)
4	: giallo-arancio
5,6,7	: arancio-rosso (da tendente al giallo al rosso)
8	: rosso
9,10,11,12,13	: porpora (da rossastro a violaceo)
14	: viola
15,16,17,18,19	: blu (da violaceo a tendente al verde)
20,21,22,23,24	: verde (da bluastro a tendente al giallo)

Confrontando questa sequenza di colori con quella ottenuta disperdendo la luce bianca attraverso un prisma, (sequenza che ad un estremo porta il rosso e all'altro il violetto, come indicato in II.1.1), si nota che l'inizio del sistema *DIN* avviene nel giallo e che è stato inserito il colore porpora tra il rosso e il violetto. Infatti, mentre la luce scomposta attraverso un prisma viene rappresentata linearmente, i colori *DIN* presuppongono una disposizione a cerchio.

Ognuna delle 24 tavole contiene da 30 a 40 standards, costituiti da cartoncini colorati di circa 2 cm per lato, muniti di linguetta di presa e inseriti dentro apposite tasche ricavate in ciascuna tavola, dalle quali possono essere estratti con facilità per essere accostati all'oggetto il cui colore è in esame. Gli standards sono sistemati in file e colonne parallele nelle diverse gradazioni di saturazione e di oscuramento, progredendo da sinistra verso destra della tavola nella saturazione della tinta, e dall'alto verso il basso nell'oscuramento.

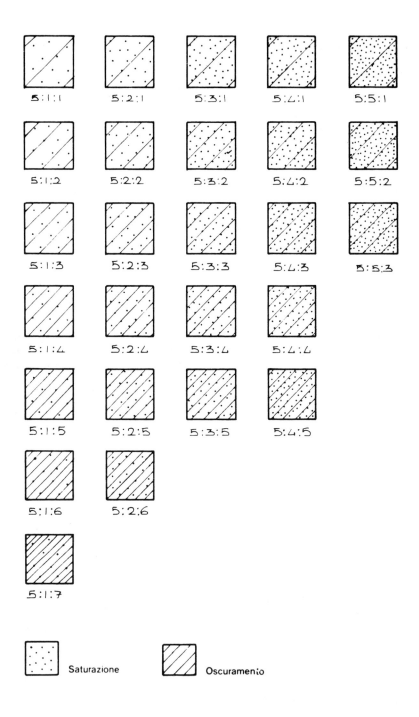

Fig. 25 - Esempio di carta di colore (DIN 6164)

Ogni colore standard è specificato da tre numeri: il primo numero indica la tinta, il secondo il grado di saturazione, il terzo il grado di oscuramento. In una stessa tavola, fermo restando il primo numero, il progressivo aumento del secondo numero indica un grado di saturazione sempre maggiore (ossia un colore via via più carico), e il progressivo aumento del terzo numero indica un grado di oscuramento sempre maggiore (ossia un colore che riflette sempre meno la luce e quindi diventa via via più scuro).

I numeri vengono indicati uno di seguito all'altro, separati da due punti. Ad esempio: 5:4:3
(5 = tinta arancio-rosso; 4 = grado di saturazione medio; 3 = grado di oscuramento lieve. Ne deriva in complesso un colore arancio-rossastro tendente al bruno).

La tavola 25, acromatica, comprende 16 standards che vanno dal bianco più chiaro al nero più scuro realizzabile. Tra i due estremi sono rappresentate 14 gradazioni di grigio. Trattandosi di una scala acromatica, il primo numero (che nelle altre tavole rappresenta la tinta) è qui segnato con un trattino (-); il secondo numero è sempre 0 (perché la saturazione è nulla); il terzo numero va da 0,5 per il bianco a 8 per il nero.

La carta di colore *DIN 6164* comprende anche delle tabelle di equivalenza con altri sistemi di notazione, tra i quali il sistema *Munsell*.

b) *BIESALSKI Pflanzenfarben-atlas*

È una carta di colore che ricalca, in formato ridotto, il sistema *DIN 6164* di cui adotta le regole colorimetriche e il codice numerico. Comprende 30 tavole che corrispondono alle 24 tinte del sistema *DIN 6164* con aggiunti 6 intertoni supplementari così numerati: 1,5 - 7,5 - 10,5 - 11,5 - 14,5 - 24,5. Le tinte sono opache.

Ogni tavola è contraddistinta da un fiore, indicato col termine botanico in latino nonché col nome in tedesco/inglese/francese/spagnolo. Sopra ogni tavola sono incollati gli standards, in media una quindicina, costituiti da rettangolini di cartoncino colorato, aventi dimensioni di circa cm 2x1,5, ognuno dei quali rappresenta un diverso grado di saturazione e di oscuramento ed è contraddistinto da tre numeri, analogamente alla classificazione *DIN 6164* illustrata precedentemente.

I rettangolini colorati sono perforati da un'apertura rotonda che a guisa di finestrella permette il confronto con l'oggetto da esaminare, allorché questo viene collocato immediatamente sotto l'apertura stessa.

Rispetto alla carta *DIN 6164*, il *Biesalski Atlas* offre la comodità di essere maneggevole, avendo formato ridotto, ed anche il vantaggio di avere le sei tavole supplementari, con i sei intertoni. Non possiede però l'ampia gamma di sfumature della carta *DIN*, ragione per cui non sempre permette di individuare con precisione il colore dei reperti archeologici, rendendo talvolta insoddisfacente il risultato dei confronti. Altro aspetto negativo del *Biesalski Atlas* è costituito dal fatto che gli standards di riferimento non sono estraibili dalle rispettive tavole: ciò rende difficile confrontarli con reperti che abbiano ampie dimensioni.

c) *MUNSELL Book of Color*

È il sistema americano di specificazione del colore più noto nei paesi anglosassoni, contraddistinto da un codice alfanumerico. È basato sui tre attributi del colore distinguibili dall'occhio umano, la tinta (*Hue*), la chiarezza (*Value*) e la saturazione (*Chroma*), rappresentati in una serie di tavole ove, ferma restando una tinta per ogni tavola, variano la chiarezza e la saturazione secondo un ordine prestabilito di intensità. Rileviamo che viene qui usato il termine "chiarezza" anziché "oscuramento", nel senso che a una massima chiarezza corrisponde praticamente un minimo oscuramento, e viceversa.

Le tinte sono ordinate in un cerchio a intervalli uguali in modo che la differenza di tinta risulti costante tra due adiacenti. La nomenclatura è basata sulle dieci tinte più importanti, cinque principali e cinque intermedie, come qui di seguito indicato:

- R   (*red*)
- YR   (*yellow-red*)
- Y   (*yellow*)
- GY   (*green-yellow*)
- G   (*green*)
- BG   (*blue-green*)
- B   (*blue*)
- PB   (*purple-blue*)
- P   (*purple*)
- RP   (*red-purple*)

Ogni tavola è contraddistinta da un numero e dalle iniziali della tinta. Il numero va da 0 a 10 e indica la posizione della tinta. Ad esempio, 2,5G si trova a un quarto dell'intervallo che va da zero G (equivalente a 10GY) a 10G (equivalente a zero BG), perciò indica un verde più giallastro che brunastro. Per fare un altro esempio, 5YR è nel centro della tinta giallo-rosso che va da zero YR (equivalente a 10R) a 10YR (equivalente a zero Y).

Le tavole contengono gli standards di riferimento, ciascuno dei quali è contrassegnato da numeri separati da una barra. Il primo numero indica la chiarezza (*Value*), e va da 0 a 10, corrispondendo lo zero al nero assoluto, e il dieci al bianco assoluto. Ad esempio, un colore di chiarezza 5/ si trova a mezza strada tra il nero assoluto e il bianco assoluto, mentre un colore di chiarezza 6/ è leggermente più luminoso, ossia meno scuro. Il secondo numero, posto subito dopo la barra, indica il grado di saturazione (*Chroma*), a partire dallo 0 per il grigio neutro sino al massimo valore di saturazione realizzabile, che corrisponde a circa 20.

Riepilogando, il codice alfanumerico di ogni colore è composto da un numero e dalle iniziali della tinta, seguiti da due numeri separati da una barra. Ad esempio: 10YR 6/8
(10 = la posizione della tinta tende verso il massimo dell'intervallo, ossia verso lo zero Y; YR = tinta giallo-rossa; 6 = chiarezza leggermente superiore al valore medio; 8 = grado di saturazione medio. Ne deriva in complesso un colore giallo lievemente bruno).

Il *Munsell Book of Color* è disponibile nelle seguenti versioni:

— *Glossy Finish Collection*.

In due volumi di grande formato sono raccolte 40 tavole comprendenti in totale oltre un migliaio di standards di riferimento, tutti in tinta lucida.

Gli standards, chiamati anche *chips*, sono costituiti da cartoncini colorati che misurano circa 2 cm per lato, muniti di linguetta di presa, inseriti dentro apposite tasche ricavate in ciascuna tavola, dalle quali possono essere facilmente estratti per essere accostati all'oggetto il cui colore è da individuare. La gamma di sfumature è molto ricca, però, essendo le tinte lucide, questa versione del *Book of Color* è adatta per determinati casi specifici, ad esempio per individuare il colore di rivestimenti vetrosi quali gli smalti. Per i reperti archeologici, che di norma sono opachi, questa carta di colore non permette risultati sempre soddisfacenti, a meno di adottare particolari accorgimenti per annullare, almeno in parte, la lucentezza degli standards.

— Matte Finish Collection.

È una raccolta di tavole simili a quelle della *Glossy Finish Collection*, dalla quale differisce essenzialmente per due particolarità: gli standards di riferimento sono in tinta opaca e non sono estraibili dalle tavole. L'opacità delle tinte rende questa versione del *Book of Color* adatta al confronto con i reperti archeologici. Sussiste però il grave inconveniente della inamovibilità degli standards: questi sono incollati sulle rispettive tavole e, analogamente al *Biesalski Atlas*, sono perforati da un'apertura rotonda sotto la quale va collocato l'oggetto da esaminare. Qualora questo abbia dimensioni notevoli, l'accostamento diventa problematico e la corretta individuazione del colore presenta maggiori difficoltà.

— Munsell Color File (versione a finitura *mat*)

È una raccolta di schede mobili in cartoncino colorato, opaco, di ampio formato (ogni scheda misura cm 3x5 circa), rappresentando ciascuna di esse uno standard di riferimento.

Le schede sono circa 1400, conservate dentro un'apposita cassetta di legno, tenute in posizione verticale come uno schedario per ufficio. Sono ordinate secondo tinta, chiarezza e saturazione come le tavole descritte in precedenza, e sono contrassegnate ognuna dal rispettivo codice alfanumerico.

La gamma di sfumature cromatiche offerta da queste schede è estremamente vasta. L'uso delle schede richiede però una buona esperienza in quanto manca la visione d'insieme che offrono le tavole di colore. Sarebbe pertanto consigliabile ricorrere a questo archivio di schede soltanto dopo aver orientativamente consultato le tavole della *Matte Finish Collection* descritte precedentemente.

Nessuna delle differenti versioni del *Munsell Book of Color* contiene delle tabelle di equivalenza con gli altri sistemi di notazione del colore.

d) *MUNSELL Soil Color Chart*

Questa carta di colore è una versione ristretta del *Munsell Book of Color*, limitata esclusivamente ai suoli. Pertanto include soltanto le tinte che possono servire per identificare dal punto di vista cromatico i terreni. Le tinte sono opache.

In un volumetto di formato ridotto sono raccolte 10 tavole, riservate la prima alle gradazioni del grigio da utilizzare per suoli sommersi, le successive nove al rosso (R), al giallo-rosso (YR) e al giallo (Y). Le tavole sono contraddistinte da un numero e dalle iniziali della tinta, secondo quanto già illustrato a proposito del *Munsell Book of Color*, e possono essere così raggruppate:

5R - 7,5R - 10R	=	da grigio rosato a rosso-bruno scuro
2,5YR - 5YR - 7,5YR - 10YR	=	da grigio a giallo-bruno scuro
2,5Y - 5Y	=	da grigio chiaro a giallo-verde scuro

Ogni tavola reca incollati una trentina di standards di riferimento, costituiti da rettangolini di cartoncino colorato che misurano cm 2x1,5 circa. Analogamente al *Biesalski Atlas* e al *Munsell Matte Finish Collection*, ogni rettangolino è perforato da un'apertura rotonda sotto la quale va collocato il campione del terreno da esaminare. Gli standards di riferimento sono ordinati secondo il grado di chiarezza e di saturazione: la chiarezza aumenta in ordinata dal basso verso l'alto, mentre il grado di saturazione aumenta in ascissa da sinistra verso destra.

Agli effetti dell'individuazione del colore dei reperti fittili archeologici, *Munsell Soil Color Chart* non permette di raggiungere sistematicamente risultati soddisfacenti a causa della limitatezza della sua gamma cromatica. D'altra parte questa carta è stata preparata espressamente per i terreni, ragione per cui non è consigliabile estenderne arbitrariamente l'uso ai reperti ceramici.

e) *A. CAILLEUX - Code des couleurs des sols*

È una carta di colore adottata in Francia, molto limitata, il cui uso è previsto per individuare il colore di suoli, legnami, cuoio o pellame. Consiste in un pieghevole di formato ridotto (cm 40x15 circa), comprendente quattro tavole con una successione di tinte che vanno dal rosso (I.a tavola) e dall'arancio (II.a) verso il giallo (III.a) e il giallo-verdastro (IV.a). I colori sono riprodotti fotograficamente.

In file continue, il pieghevole riproduce dei rettangolini colorati in differenti sfumature, ove il grado di chiarezza aumenta dal basso verso l'alto, e il grado di saturazione aumenta da sinistra verso destra, grossomodo in maniera analoga al sistema *Munsell*.

Gli standards di colore, che misurano ciascuno cm 2x1 circa, raggiungono un totale di 259, e sono contraddistinti da un codice alfanumerico che consiste in lettere, da K a T, poste in ordinata, e da numeri a due cifre, da 11 a 92, posti in ascissa. Ad esempio: N 29 (che corrisponde a rossobruno).

Il pieghevole è perforato da una serie di aperture rotonde, approssimativamente situate nel punto di incontro tra quattro standards di riferimento, che a guisa di finestrella permettono il confronto con il colore dell'oggetto da esaminare.

Considerazioni finali

Si ritiene opportuno sottolineare che il *Code des couleurs Cailleux* è stato qui incluso al solo scopo di esemplificare le numerose carte che trovano oggi applicazione in campo commerciale, ad esempio nell'accostamento dei colori delle pitture murali e delle tappezzerie, ma che non sono adeguate per un lavoro di precisione quale è quello richiesto per individuare il colore dei reperti archeologici. Queste carte di uso commerciale mancano infatti di alcuni requisiti fondamentali. Anzitutto gli standards di riferimento non consistono in pigmenti naturali o altre sostanze accuratamente selezionati, bensì sono riprodotti fotograficamente, il che diminuisce fortemente l'esattezza delle sfumature cromatiche. Inoltre, trattandosi di riproduzioni meccaniche, viene a mancare la certezza dell'uniformità degli standards, rendendo poco sicuri i confronti incrociati. L'impiego di queste carte in campo archeologico porterebbe quindi a risultati poco soddisfacenti e scarsamente attendibili.

Dall'insieme di queste osservazione risulta chiaro che la scelta di una carta di colore deve essere accuratamente vagliata, essendo di primaria importanza ai fini dell'attendibilità del metodo.

USO DELLE CARTE DI COLORE

Qualora il ricorso alle carte di colore diventasse generalizzato e sistematico, si potrebbe sgombrare il terreno dalle imprecisioni che derivano dalla prassi invalsa da lungo tempo nelle pubblicazioni archeologiche di designare i colori con termini generici e talvolta di fantasia, quali, ad esempio, "giallo limone", "grigio topo", etc.

D'altra parte occorre riconoscere che per ragioni pratiche l'uso di termini generici non può essere eliminato né di colpo né completamente. Si potrebbe pertanto adottare una soluzione intermedia, ossia far seguire al termine generico l'indicazione in codice della rispettiva posizione nella carta di colore.

Per fare alcuni esempi:

- vernice nera (*DIN* -:0:7,5)
- corpo ceramico rosa-arancio bruno (*DIN* 4:3:3)
- smalto verde giallastro (*Munsell* 5 GY 5/10)
- corpo ceramico giallo lievemente bruno (*Munsell* 10 YR 6/8)

Nella scelta dei termini generici, sarebbe inoltre opportuno evitare le espressioni di gergo comune, e privilegiare i termini che indichino la caratteristica cromatica che maggiormente colpisce l'occhio. Valgano al riguardo i seguenti esempi, basati sul confronto di due colori che hanno la stessa tinta ma differente grado di saturazione e di oscuramento. Gli esempi si riferiscono alla carta di colore *DIN* 6164.

I esempio

Il colore *DIN* 2:1:5 può essere denominato "grigio-bruno medio" in quanto il grado di oscuramento (5) della tinta (2) fa apparire l'oggetto in prevalenza grigio, con solo un accenno di sfumatura nel bruno data la scarsa saturazione (1).

Il colore *DIN* 2:2:4 può essere denominato "bruno medio" in quanto il maggiore grado di saturazione (2) della stessa tinta (2) è combinato con un grado di oscuramento (4) inferiore al precedente. L'insieme della maggiore saturazione e del minore oscuramento (pur nella stessa tinta) permette quindi una percezione maggiormente cromatica (bruno) rispetto alla percezione prevalentemente acromatica dell'oggetto precedente (grigio).

II esempio

Il colore *DIN* 3:2:2 può essere denominato "giallo-bruno chiaro" poiché il basso grado di saturazione (2) è abbinato a un basso grado di oscuramento (2), permettendo quindi di percepire prevalentemente la tinta gialla (3).

Il colore *DIN* 3:2:6 può essere denominato "bruno-grigiastro" in quanto, a parità di tinta (3) e di saturazione (2), il maggior oscuramento (6) fa apparire il campione molto scuro.

III esempio

Il colore *DIN* 4:4:2 può essere denominato ''arancio tendente al bruno'' in quanto il grado di saturazione (4) esalta la tinta arancio (4), mentre il basso grado di oscuramento (2) conferisce solo una lieve tendenza al bruno, senza offuscare la pienezza del colore.

Il colore *DIN* 4:3:4 può essere denominato "bruno arancio" in quanto l'oggetto appare prevalentemente bruno per l'effetto combinato del maggiore grado di oscuramento (4) e del minore grado di saturazione (3) della tinta arancio (4).

Sul problema dei termini da usare per specificare le cromaticità sarebbero auspicabili degli studi approfonditi, in modo da pervenire a un vocabolario lessicale accettato dalla maggioranza degli archeologi.

Per quanto riguarda i differenti tipi di carte di colore, le caratteristiche delle principali carte sono già state descritte. Resta da sottolineare che il sistema *DIN* e il sistema *Munsell* si equivalgono nella qualità degli standards di colore, essendo frutto di lunghe ricerche sistematiche nel campo della colorimetria, ed essendo incessantemente sottoposti a verifiche e perfezionamenti. Quale inciso aggiungiamo che per queste carte è possibile far effettuare dei controlli periodici da parte delle Case produttrici, controlli che possono rendersi necessari a causa del degrado che i pigmenti subiscono dopo una prolungata esposizione alla luce.

Fermo restando il buon livello qualitativo di queste due principali carte di colore, varia sensibilmente il costo. Per fare una scelta oculata, occorre pertanto tenere presenti una serie di considerazioni generali.

Il sistema *DIN* offre un servizio completo con le sue 25 tavole, e le tinte sono opache, quindi adatte al confronto con i reperti fittili archeologici. Il sistema *Munsell* nella versione *Glossy Finish Collection* offre tinte lucide, che sono meno utilizzabili dal punto di vista archeologico, mentre il *Color File* deve essere integrato, per una facile consultazione, con la *Matte Finish Collection*, il che rende il costo complessivo di questo sistema superiore a quello del sistema *DIN*.

Inoltre le carte di colore *DIN* includono anche delle tabelle di equivalenza con le carte *Munsell*, mentre queste ultime non offrono analoghe tabelle di conversione nel sistema *DIN*.

In conclusione, il criterio di scelta dell'una o dell'altra carta può essere condizionato dal costo, almeno al momento attuale.

A corollario, ricordiamo che il colore di un reperto fittile è influenzato da un insieme di fattori, in particolare dalle condizioni in cui si è svolto il processo di cottura, ossia dall'ambiente ossidante o riducente formatosi nella fornace durante il ciclo termico, nonché dalla temperatura di cottura. Come si è già avuto occasione di rilevare (I.6.2, I.6.3, I.6.4), uno stesso manufatto può assumere colorazioni diverse a seconda della sua posizione dentro la fornace, della sua esposizione al fuoco e ai colpi di fiamma e di altri fattori. Ne consegue che manufatti ceramici aventi una stessa provenienza e prodotti in una stessa officina possono avere colori differenti.

Occorre quindi procedere con molta cautela qualora l'individuazione del colore abbia lo scopo di formare dei raggruppamenti di manufatti fittili da attribuire a un determinato centro di produzione. In tale caso è opportuno ricorrere a specifiche analisi di laboratorio che possano suffragare con dati oggettivi le ipotesi formulate in base all'esame del colore (per gli studi di provenienza si rimanda al capitolo II.3 e seguenti).

INSERTO M

TECNICHE DISTRUTTIVE
E TECNICHE NON DISTRUTTIVE

Il primo problema da affrontare nella scelta delle analisi di laboratorio è stabilire se sia necessario o meno prelevare un campione dal reperto che si vuole analizzare. A questo proposito occorre tenere presente che una tecnica può essere considerata "distruttiva" oppure "non distruttiva" a seconda dei punti di vista. Per l'archeologo, una tecnica è "non distruttiva" quando non richiede alcun prelievo di campionatura, mentre è "distruttiva" quando richiede il prelievo di un campione, anche se di entità limitata. Secondo il fisico e il chimico, una tecnica è "distruttiva" soltanto quando richiede l'attacco del campione con acidi o reagenti vari, dai quali il campione viene completamente distrutto, mentre è "non distruttiva" quando il campione viene macinato, polverizzato e compresso in apposite pastiglie, oppure manipolato in altri modi a seconda del tipo di analisi, fermo restando che lo stesso campione può essere riutilizzato successivamente per altre analisi di laboratorio. È ovvio che dal punto di vista archeologico questo secondo caso rappresenta una tecnica distruttiva in quanto il campione perde la sua forma originale.

Nella tabella che segue, sono indicate le analisi che formano oggetto della seconda parte della presente trattazione, con la segnalazione del quantitativo di campione richiesto. È bene sottolineare che l'entità della campionatura è indicativa, in quanto può variare a seconda del metodo, dell'analista che esegue l'analisi, e degli accorgimenti adottati caso per caso, dipendendo anche dalla precisione dell'informazione che si vuole ottenere. Ad esempio, una sezione sottile può essere ottenuta anche da un campione di dimensioni inferiori a 1 cmq, ma in tale caso la minore superficie disponibile per l'analisi limita sia la precisione dell'esame sia l'informazione che può essere ottenuta.

Tecniche non distruttive

- *analisi al microscopio stereoscopico in luce riflessa*

Tecniche distruttive (secondo il concetto archeologico)

	quantità di campione richiesto
- *analisi al microscopio mineralogico su sezioni sottili*	*da 1 a 2 cm²*
- *analisi per diffrazione di raggi X*	*da alcuni mg a 1 g*
- *analisi chimica quantitativa per via umida*	*da alcuni mg ad alcuni g*
- *spettrometria in emissione di fiamma*	*da alcuni mg a 1 g*
- *spettrometria di assorbimento atomico*	*da alcuni mg a 1 g*
- *spettrometria di fluorescenza a raggi X*	*da alcuni mg ad alcuni g*
- *analisi per attivazione neutronica*	*da alcuni mg a 1 g*
- *analisi di termoluminescenza*	*da alcune decine di mg ad alcune decine di g*
- *analisi termica differenziale*	*da alcuni mg a 1 g*

È ancora da aggiungere che le indicazioni della tabella hanno carattere generale, e che un'analisi di regola distruttiva può in casi particolari non esserlo. Ad esempio, le analisi per fluorescenza a raggi X e per attivazione neutronica possono anche essere eseguite direttamente sul reperto: la prima per verificare la composizione dello strato superficiale del reperto, quale il rivestimento vetroso, la seconda per accertare i macro e microcomponenti del reperto, sempreché questo abbia dimensioni limitate e presenti determinate caratteristiche di riproducibilità (II.3.4 e II.3.5). Si tratta però di casi particolari, che limitano di molto la possibilità di avvalersi di queste metodologie specifiche.

II.2 ANALISI MINERALOGICO-PETROGRAFICHE

Nell'introdurre la prima parte della presente trattazione si è avuto occasione di sottolineare l'importanza di integrare l'esame macroscopico dei reperti fittili archeologici con l'esame microscopico. Per quanto possa essere accurata, l'indagine eseguita ad occhio nudo non permette infatti di individuare i minerali che compongono il corpo ceramico di un reperto, né di accertare la struttura del corpo ceramico stesso, ossia i rapporti di forma e dimensione tra i diversi minerali. A tale fine occorre un'indagine a livello microscopico, i cui risultati possono confluire con quelli dell'esame macroscopico in un tutto unico che permette una corretta descrizione globale del reperto. Ciò assume particolare importanza sia ai fini di una schedatura, sia per ottenere un supporto alle indagini tecnologiche ed alle ipotesi formulate su basi stilistiche che tendano ad individuare aree geografiche di provenienza.

Le analisi qui proposte, che rientrano nel campo della mineralogia e della petrografia in quanto indirizzate ai minerali e alle rocce, sono le tre seguenti:

— Analisi al microscopio stereoscopico: è fondamentale per arrivare a una corretta descrizione dei reperti archeologici. È una tecnica non distruttiva, di facile uso, di costo modesto, che può costituire un aiuto prezioso per l'archeologo (II.2.1).

— Analisi al microscopio a luce polarizzata su sezioni sottili: completa i dati acquisibili attraverso l'esame stereomicroscopico, fornendo ulteriori elementi di conoscenza sul manufatto ceramico, di cui dà una caratterizzazione strutturale e di composizione mineralogica più evidente di quella ottenibile con il solo esame stereomicroscopico (II.2.2).

— Analisi per diffrazione di raggi X: è un ulteriore completamento dei dati acquisibili mediante le due precedenti analisi ottiche microscopiche. Questa tecnica permette di identificare le sostanze cristalline, mettendo lo studioso in grado di distinguere nelle argille i differenti minerali argillosi quali la caolinite, l'illite, etc. Nei manufatti ceramici, la diffrazione permette di rilevare la presenza di quei composti che compaiono in determinate condizioni e che hanno dimensioni talmente piccole da non potere essere evidenziati al microscopio (II.2.3).

2.1 ANALISI AL MICROSCOPIO STEREOSCOPICO

Attraverso l'ingrandimento ottenuto per mezzo del microscopio stereoscopico, l'esame ottico consente di approfondire la conoscenza degli aspetti del corpo ceramico, permettendo di accertarne in via diretta le caratteristiche di superficie e in via indiretta il grado di consistenza e altre particolarità strutturali.

Per i reperti che hanno un rivestimento, sia esso un ingobbio o una vernice o uno smalto, l'esame mette in grado di studiarne in dettaglio le caratteristiche. Analogamente, l'esame permette di studiare le incrostazioni, siano esse calcaree o silicee, che sono spesso presenti sulla superficie dei reperti archeologici e che si sono formate lungo i secoli durante la permanenza dei reperti nel sottosuolo.

L'analisi microscopica permette anche di evitare interpretazioni errate quali, ad esempio, l'attribuire alla presenza di un'ingobbiatura il colore superficiale di un reperto, dovuto invece a effetti di cottura.

STRUMENTAZIONE

Il microscopio stereoscopico, chiamato semplicemente "binoculare", è uno strumento composto da un robusto supporto metallico, detto stativo, sul quale è montato il gruppo ottico che porta a un'estremità i due oculari e all'altra gli obiettivi, e che può effettuare spostamenti macrometrici e micrometrici, comandati di regola mediante una cremagliera e una vite micrometrica. Sotto gli obiettivi, a distanza opportuna, è collocato il piatto, detto anche "tavolino", per poggiarvi l'oggetto da esaminare. Questo deve essere convenientemente illuminato: come sorgenti di luce possono essere usate lampade a incandescenza, oppure lampade alogene, talvolta incorporate nello stativo. Poiché i materiali ceramici non sono trasparenti, l'illuminazione avviene per riflessione, sebbene lo strumento permetta anche di osservare oggetti in trasparenza, avvalendosi di un apposito tavolino con illuminazione dal basso. Nel campo che qui interessa, questa variante trova scarsa applicazione in quanto i manufatti ceramici offrono rare occasioni per eseguire esami in trasparenza, un esempio può essere rappresentato da frammenti molto sottili di rivestimenti vetrosi.

Gli obiettivi debbono avere un alto potere risolutivo ed essere acromatici; a seconda del tipo di strumento essi sono fissi oppure sostituibili con altri dotati di differente fattore di ingrandimento. Anche gli oculari sono estraibili e facilmente sostituibili: quando sono inseriti negli apposi-

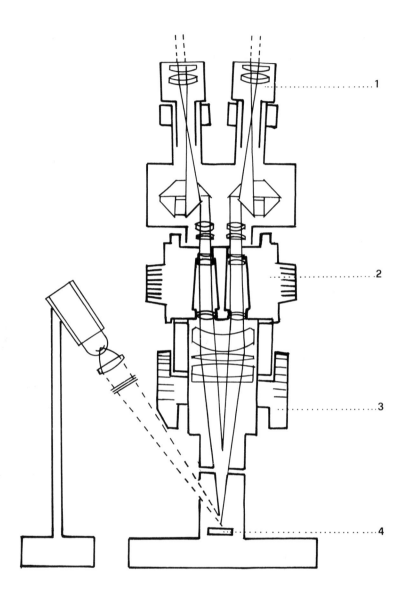

Fig. 26 - Microscopio stereoscopico

1) oculari
2) gruppo ottico - scelta dell'ingrandimento
3) obiettivo - regolazione della messa a fuoco
4) campione

ti supporti che fanno parte del gruppo ottico dello strumento, essi non sono legati rigidamente tra loro bensì sono articolati in modo da potere essere adattati alla distanza pupillare dell'osservatore. L'ingrandimento totale che lo strumento può permettere è dato dal prodotto dell'ingrandimento fornito dall'obiettivo per quello fornito dall'oculare. In linea di massima l'ingrandimento dell'obiettivo va da 4 a 10X, mentre l'ingrandimento dell'oculare va da 10 a 25X, per un totale complessivo da 40 a 250X, (dove ''X'' indica quante volte deve essere moltiplicato il valore dell'ingrandimento).

È da notare che questo tipo di esame richiede soprattutto una buona profondità di campo, tale da consentire di osservare nitidamente l'oggetto nei suoi differenti piani in modo da avere una netta percezione dei rilievi. Pertanto è preferibile di regola un ingrandimento relativamente modesto: un fattore di ingrandimento intorno a 100X è sufficiente a permettere una nitida osservazione, senza restringere eccessivamente il campo visivo. È inoltre da tenere presente che i reperti archeologici non hanno una superficie piana bensì accidentata, ragione per cui è meglio usare un basso ingrandimento che permetta di osservare i diversi piani di superficie senza dover ricorrere a una continua messa a fuoco.

Sul mercato è oggi disponibile una vasta gamma di stereoscopi: a seconda del tipo di strumento può variare il sistema costruttivo e soprattutto possono variare gli accessori, che stanno diventando sempre più numerosi e sofisticati. Tra questi, uno dei più importanti è l'apparato fotografico: la macchina fotografica viene sistemata al posto di un oculare, o al termine di appositi tubi ottici, permettendo di eseguire fotografie dal forte ingrandimento, sebbene si presenti sempre più accentuata la difficoltà di mettere a fuoco piani differenti e di ottenere una buona nitidezza.

Un accessorio di notevole importanza ai fini di classificare correttamente il degrassante contenuto nel corpo ceramico è il micrometro, che fornisce una scala micrometrica per misurare piccole lunghezze. Il tipo usuale consiste in una laminetta sottile e trasparente, da inserire in un oculare. Sulla laminetta è incisa a tratti molto sottili una scala: quando il microscopio è messo a fuoco, i tratti della scala risultano sovrapposti all'oggetto in esame, i cui particolari possono essere misurati mediante confronto con la scala stessa. Per tradurre i dati ottenuti col micrometro nel sistema metrico occorre misurare con apposito metodo il valore micrometrico del sistema ottico che si usa, ottenendo dei valori che sono tipici per ogni micrometro per ogni singolo microscopio.

Oltre al micrometro a scala, per determinare la granulometria del degrassante e di altri granuli minerali è di valido aiuto l'uso del micrometro a rete, formato da una laminetta trasparente su cui sono incise una serie di linee orizzontali e verticali, poste a intervalli regolari in modo da formare un perfetto reticolo di quadratini. Seppure in prima approssimazione, si arriva a determinare il diametro dei granuli affioranti nell'area del micrometro mediante il confronto di ogni singolo granulo con i quadratini del reticolo, le cui dimensioni sono state preventivamente calcolate.

APPLICAZIONE

L'analisi al microscopio stereoscopico è eseguibile direttamente sul reperto, senza richiedere il prelievo di alcuna campionatura. Da questo punto di vista è pertanto una tecnica particolarmente preziosa, non arrecando alcun danno al reperto in esame.

Come si è già avuto occasione di annotare nei capitoli dedicati alla tecnologia ceramica (I.1.2; I.1.3; I.1.4), il corpo ceramico è composto dai diversi materiali che formavano originariamente l'argilla (ivi incluso il degrassante), i quali hanno subìto complesse trasformazioni chimico-fisiche durante la cottura. L'esame microscopico non permette di risalire alle caratteristiche originarie di tali materiali, in quanto la cottura può averli trasformati completamente: è questo il caso delle sostanze organiche la cui combustione, in ampia circolazione di aria, si completa intorno a 600°C, ed è pure il caso del carbonato di calcio la cui dissociazione, in condizioni favorevoli, si completa prima dei 1000°C (I.6.2). Né tantomeno è possibile stabilire se l'argilla aveva subìto una depurazione ad opera dell'antico vasaio oppure se era stata usata allo stato naturale: un'argilla di granulometria così omogenea da far presumere l'intervento del vasaio potrebbe invece essere tale grazie a una sedimentazione naturale avvenuta nelle passate ere geologiche in condizioni particolari.

Soltanto in casi specifici può essere provato con sicurezza l'intervento del vasaio nel modificare la composizione dell'argilla, ad esempio in presenza di chamotte (terracotta macinata fine) che ovviamente è un'aggiunta artificiale, oppure di granuli quarzosi che presentano nette fratture concoidi provocate dalla macinazione cui sono stati sottoposti, oppure in presenza di altro degrassante che sia chiaramente caratterizzabile. Anche per quanto riguarda la provenienza, soltanto in casi particolari è possibile avanzare delle ipotesi, ad esempio in presenza di granuli quarzosi che abbiano gli spigoli chiaramente arrotondati e la superficie lucidata o finemente smerigliata, caratteristica questa della sabbia del deserto che ha subìto una prolungata azione eolica, oppure in presenza di minerali particolari, talmente tipici da delimitare aree geografiche molto ristrette.

Per quanto riguarda il degrassante, ricordiamo che se ne possono distinguere due tipi, l'inerte e quello che svolge anche una funzione fondente (I.1.4).

I degrassanti inerti, prevalenti rispetto ai non inerti, sono il quarzo e la chamotte. Nei reperti fittili archeologici il quarzo è il degrassante più comune, tanto da essere sottinteso col termine di degrassante. Abbastanza comuni sono le miche (mica bianca e mica nera, vedi I.1.1), la cui presenza è di natura accidentale. Alla temperatura di cottura relativamente bassa subìta dai manufatti archeologici, né il quarzo né la chamotte né le miche hanno subìto trasformazioni di rilievo, ragione per cui essi conservano le loro caratteristiche, facilmente riconoscibili.

I degrassanti che svolgono un'azione fondente sono principalmente i feldspati, gli ossidi di ferro, il calcare, il talco. Essendo dei fondenti, per la loro stessa natura essi vengono coinvolti in maniera violenta nel processo di cottura del manufatto, e subiscono di regola profonde trasformazioni.

Durante l'esame microscopico occorre tenere presenti tutti questi fattori in modo da arrivare a identificare il reperto nel modo più completo possibile, e occorre esaminare non soltanto lo strato superficiale del reperto, ma anche lo strato interno, sempreché vi siano delle fratture o delle zone abrase che ne rendano visibile almeno quel tanto che basta all'indagine microscopica. Le principali caratteristiche del corpo ceramico evidenziabili al microscopio vengono qui di seguito riassunte.

Manufatti senza rivestimento

— Grado di levigazione: può essere accertato in via diretta esaminando lo strato superficiale che presenta un susseguirsi di asperità, solchi e increspature, più o meno accentuati a seconda che l'opera di levigazione eseguita dall'antico vasaio sia stata più o meno accurata e più o meno lunga. All'aspetto primario dovuto all'opera del vasaio si sovrappongono gli effetti provocati dalla cottura e dal degassamento dell'argilla durante la cottura stessa.

— Grado di depurazione: può essere determinato in via indiretta e in prima approssimazione tramite l'esame del degrassante quarzoso, e precisamente accertando il più accuratamente possibile la quantità, la forma, la granulometria e l'uniformità dei granuli di quarzo.

Per indicare la quantità di quarzo si può ricorrere a indicazioni generiche quali: "scarso", oppure "abbondante" etc. La forma dei granuli assume a volte un aspetto tondeggiante, e a volte presenta nette fratture concoidi, con spigoli vivi. Quanto alla granulometria, come già indicato nel proporre in via provvisoria una classificazione del degrassante, questo può essere definito "finissimo", "fine", "medio-fine" o "grossolano", a seconda che la maggioranza dei granuli abbiano rispettivamente una granulometria inferiore a 0,05 mm, oppure compresa tra 0,05 e 0,15 mm circa, oppure compresa tra 0,15 e 0,30 mm circa, oppure superiore a 0,30 mm (vedi classificazione in I.1.4).

Dalla distribuzione delle dimensioni dei granuli è possibile risalire al grado di uniformità del degrassante. Ad esempio, un degrassante composto da granuli le cui dimensioni presentino forti scarti (poniamo per ipotesi da 0,05 a 0,20 mm) è da considerare "non uniforme". Al contrario, è da considerare "uniforme" un degrassante ove la prevalenza dei granuli si aggiri intorno a un unico valore (poniamo per ipotesi intorno a 0,10 mm), con alcuni granuli di dimensioni inferiori e superiori.

Dalla conoscenza della granulometria e del grado di uniformità del degrassante deriva un'indicazione indiretta sul grado di depurazione del corpo ceramico: a un degrassante finissimo (oppure, a seconda dei casi, fine o medio-fine) e uniforme, corrisponde un corpo ceramico depurato. A un degrassante grossolano e non uniforme corrisponde invece un corpo ceramico non depurato.

— Grado di consistenza: può essere accertato in via indiretta tramite l'esame della maggiore o minore porosità, ossia numero e dimensioni dei pori che il manufatto presenta. Per ottenere risultati attendibili occorre esaminare soprattutto l'interno del corpo ceramico, cioè la sezione delle pareti del manufatto, il che ovviamente è possibile soltanto se questo presenta delle fratture. Per i reperti integri, l'esame limitato allo strato superficiale permette di acquisire dei dati parziali.

Di regola i reperti fittili archeologici presentano una struttura porosa, non avendo raggiunto la fase della vetrificazione. Composizione dell'argilla, tipo di lavorazione e temperatura di cottura non hanno infatti permesso al manufatto di ridurre, e tantomeno di eliminare, la porosità, che è più o meno accentuata a seconda dei pori creatisi durante l'essiccamento e la cottura (I.1.3; I.3.4; I.6.2). Ne risulta una struttura "non compatta". (Per inciso è da sottolineare l'opportunità di una certa cautela nell'usare il termine "compatto", che a rigore di termini si addice unicamente a un corpo ceramico completamente vetrificato, quale ad esempio la porcellana).

Prove di durezza possono eventualmente essere eseguite per mezzo di appositi strumenti quali lo sclerometro e il microdurometro che misurano la durezza e la resistenza alla penetrazione (II.5). Tuttavia, seppure in via indiretta e in prima approssimazione, l'analisi microscopica è sufficiente a fornire un'indicazione del grado di consistenza e di coesione di un corpo ceramico, individuando il numero e le dimensioni dei pori che esso presenta, e aggiungendo questi dati a quelli già accertati in precedenza (forma, granulometria e distribuzione dei granuli di degrassante), nel quadro di una valutazione complessiva.

— Grado di eterogeneità: può essere accertato in via indiretta rivolgendo l'esame agli altri minerali, oltre al quarzo, presenti nel corpo ceramico. Sono abbastanza comuni i minerali micacei, sia la mica bianca (muscovite), sia la mica nera (biotite), che per la loro struttura sono presenti in lamine, talvolta sottilissime. La biotite è spesso alterata e ha assunto colore dorato per fenomeni di ossidazione avvenuti durante la sua formazione geologica nelle rocce detritiche oppure, in rari casi, durante la cottura del manufatto se avvenuta in ambiente fortemente ossidante. Mica bianca e mica nera sono tipici componenti delle sabbie quarzose, e si possono trovare nelle argille per via naturale, o perché sono state aggiunte accidentalmente insieme col degrassante (I.1.1).

A volte si nota la presenza di glomeruli rossastri formati da ocre ricche di ossidi e idrossidi di ferro che in qualche caso hanno subìto in cottura una fusione superficiale, ragione per cui sono contornati da un alone rosso-bruno. In altri casi è rilevabile la presenza di glomeruli di materiale biancastro, di grana estremamente fine e farinosa, probabilmente frammenti di roccia di tipo quarzitico.

Va da sé che nel corpo ceramico possono essere presenti altri minerali, che variano a seconda della composizione mineralogica dell'argilla usata per modellare ogni singolo manufatto, e che debbono essere presi in considerazione caso per caso.

Manufatti con rivestimento

Qualora il manufatto sia ricoperto con un rivestimento, l'esame microscopico permette di accertarne le caratteristiche, se di tipo argilloso o vetroso, completando e rafforzando i dati già emersi dall'esame macroscopico. Nei casi dubbi, l'analisi al binoculare permette di confermare, o escludere, la presenza del rivestimento: sono infatti numerosi i manufatti il cui colore superficiale sembra a prima vista da attribuire a un'ingobbiatura, mentre in realtà si tratta di effetti di cottura.

— Rivestimenti di tipo argilloso (ingobbio) (I.4.1).

L'ingobbio si presenta di regola come uno strato sottile e continuo di materiale molto fine, poroso, opaco, di colore fortemente contrastante rispetto a quello del corpo ceramico sottostante. L'esame microscopico rivela l'assoluta mancanza di segni di vetrificazione: l'ingobbio non presenta né bollicine, né fessure da ritiro, né gli altri segni che sono caratteristici degli involucri vetrosi.

— Rivestimenti di tipo vetroso (I.4.2; I.4.3).

L'esame microscopico rivela che i rivestimenti di tipo vetroso quali la "vernice nera" e la "vernice rossa" hanno subìto di regola una vetrificazione molto parziale e superficiale, che non ha interessato il corpo ceramico sottostante, rimasto poroso e assolutamente non vetrificato. La "vernice", sia essa nera o rossa, si presenta di regola come uno strato sottile e discontinuo di materiale molto fine, più o meno impermeabile a seconda del grado di vetrificazione.

Spesso nella vernice si notano microscopiche bollicine, alcune delle quali, scoppiando, hanno formato crateri imbutiformi che lasciano intravvedere lo strato interno. Si può ragionevolmente presumere che tali bollicine si siano formate durante la cottura del manufatto, a causa della fuoriuscita dei gas provocati principalmente dalla combustione delle sostanze organiche e dalla decomposizione del calcare contenuti nell'argilla, e che siano rimaste "intrappolate" nella vernice, forse a causa di un rapido raffreddamento.

Talvolta attraverso l'argilla emergono granuli minerali, a causa delle loro dimensioni oppure perché la vernice è stata applicata in strato talmente sottile da non riuscire a ricoprirli. Ciò può essere dovuto alla composizione dell'argilla e/o a una insufficiente lisciatura del manufatto allo stato crudo, oppure a una maldestra applicazione del rivestimento. Non si può escludere che a volte i granuli appartengano alla vernice, troppo ricca di quarzo non sufficientemente fine.

In molti reperti archeologici, la vernice si è staccata più o meno completamente, oppure tende a staccarsi con estrema facilità: la causa principale del distacco è presumibilmente da attribuire al differente comportamento dilatometrico del rivestimento rispetto al corpo ceramico (Inserto G). Infatti, durante la cottura e soprattutto durante il raffreddamento la vernice è stata sottoposta a sforzi di trazione, oppure di compressione, che ne hanno intaccato la compattezza e indebolito la resistenza, provocando la formazione di microfessurazioni o di scaglie dal labbro rialzato. Col passare dei secoli, durante la permanenza del manufatto nel sottosuolo, le cavillature tendono ad infittirsi in quanto il corpo ceramico, essendo poroso, assorbe facilmente l'umidità dall'ambiente di sepoltura e si gonfia, sottoponendo il rivestimento a ulteriori tensioni. L'analisi microscopica permette di rilevare la presenza delle microfessurazioni (chiamate anche "fessure da ritiro") e delle scaglie, fornendo elementi di caratterizzazione del reperto in esame.

Considerazioni finali

A completamento di queste note sull'analisi stereomicroscopica, è da rimarcare che un punto debole di tale analisi consiste nella difficoltà di verificare se i dati ottenuti dall'esame della superficie corrispondono a quelli dell'interno del corpo ceramico. È ben vero che i reperti archeologici presentano spesso fratture, scheggiature e zone abrase che portano allo scoperto gli strati interni, però in linea di massima la difficoltà sussiste. Altro punto debole di questo tipo di esame è rappresentato da una certa soggettività di giudizio, in quanto esso è in funzione dell'esperienza di chi lo esegue, e ovviamente riflette la maggiore o minore competenza dell'analista nel campo specifico di indagine.

A fronte di queste limitazioni, occorre riconoscere che il microscopio è lo strumento più pratico e valido di cui l'archeologo possa avvalersi per approfondire la conoscenza del reperto. È una tecnica non distruttiva, che non danneggia in alcun modo il reperto in esame, e che richiede un'apparecchiatura relativamente poco costosa, usabile sullo stesso luogo di scavo, non esigendo né un ambiente particolare né attrezzature accessorie sofisticate. Inoltre, pur richiedendo conoscenze di base in campo mineralogico-petrografico, l'indagine microscopica può essere eseguita direttamente dall'archeologo che abbia acquisito una buona esperienza in questo campo specifico. In altre parole, l'esame allo stereomicroscopio viene di regola eseguito dal mineralogista in laboratorio, però può anche essere eseguito dall'archeologo sul luogo di scavo, fornendo un aiuto prezioso che potrebbe diventare indispensabile nell'ambito della ricerca archeologica.

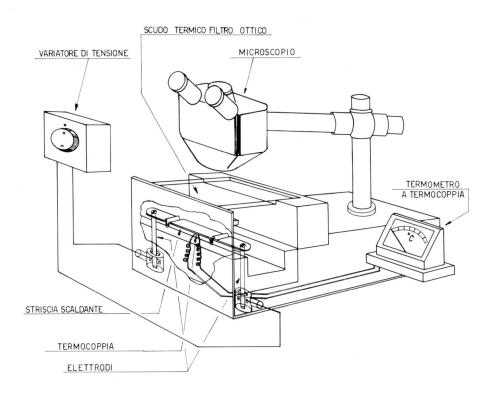

Fig. 27 - Microscopio stereoscopico con apparecchiatura per l'esame delle incrostazioni

ESAME DELLE INCROSTAZIONI

Il microscopio stereoscopico può essere utilizzato per condurre ulteriori indagini, e precisamente per identificare le incrostazioni che spesso sono presenti sulla superficie dei reperti fittili archeologici.

Tali incrostazioni sono l'unica testimonianza concreta, sotto il profilo fisico e chimico, dell'ambiente in cui il reperto è stato conservato dal momento del suo interramento sino a quando è stato riportato alla luce, e poiché si sono formate lungo i secoli, esse ne rappresentano la storia per tutta la durata della sepoltura nel sottosuolo.

Peraltro sino a oggi, le incrostazioni hanno ricevuto scarsa attenzione negli studi di archeologia: di regola sono considerate un deturpamento da eliminare con drastiche pulizie, dimenticando che esse sono ormai parte integrante del reperto. Quando mancano i dati di scavo, esse sono l'unica traccia disponibile per individuare le caratteristiche del luogo di sepoltura, e non si può escludere che in futuro l'affinarsi delle analisi di laboratorio permetta di risalire tramite le incrostazioni all'ambiente di provenienza del reperto. È quindi auspicabile che non vengano eliminate: qualora dovessero ostacolare la lettura e lo studio del reperto, si potrebbe ricorrere a puliture parziali, risparmiando almeno qualche zona della superficie, da lasciare allo stato originale a disposizione per eventuali future analisi scientifiche.

La formazione delle incrostazioni è dovuta alla permanenza del reperto nel sottosuolo in ambiente di acque percolanti, e sovente a diretto contatto con la falda freatica. Attraverso i secoli è quindi avvenuta una lenta deposizione dei sali in soluzione nelle acque stesse, deposizione che ha talora inglobato anche granuli minerali del terreno, variabili per tipo, colore e granulometria, nonché frustoli vegetali, sostanze organiche e minuscoli frammenti di materiale eterogeneo.

Le acque sotterranee sono normalmente calcaree, sebbene possano talvolta avere natura silicea. Da acque ricche di carbonato di calcio in soluzione che si deposita per mutate condizioni ambientali (innalzamento della temperatura, rapida evaporazione, perdita di anidride carbonica, etc.) derivano depositi calcarei estremamente porosi, non coerenti e poco cementati. Da acque ricche di silice in soluzione derivano formazioni di quarzo microcristallino o calcedonio amorfo dovute a processi di precipitazione della silice stessa, che si depositano sulla superficie del reperto, aderendovi tenacemente e formando una sorta di rivestimento vetroso più o meno trasparente.

A seconda del tempo di permanenza del reperto nel sottosuolo e della concentrazione dei sali minerali nelle acque sotterranee, si formano incrostazioni più o meno cariche di impurezze, e in strato più o meno spesso. Lo spessore dello strato è variabile essendo direttamente proporzionale alla quantità di sali in sospensione nelle acque del sottosuolo con le quali il reperto è stato a contatto, nonché alla durata della deposizione. Lo spessore può variare su uno stesso reperto, a seconda della posizione in cui esso si è trovato durante l'interramento, e a seconda della possibilità di circolazione delle acque sulla sua superficie.

Sul tipo di stratificazione influisce anche il clima della zona di sepoltura: in regioni a clima arido o soggette a lunghi periodi asciutti, la risalita per capillarità delle acque meteoriche porta a ripetuti inumidimenti della superficie del reperto e quindi a periodi di bagnato e di secco che provocano il sovrapporsi delle deposizioni.

Sui reperti archeologici riportati alla luce in Italia le incrostazioni più comuni sono quelle calcaree, mentre piuttosto rare sono quelle silicee. Infatti, le acque percolanti nel sottosuolo italiano sono soprattutto ricche di bicarbonato di calcio, in special modo nelle aree geografiche ove le formazioni geologiche sono di tipo sedimentario (ad esempio, in Puglia). Acque percolanti ricche di silice sono scarse, e sono legate ad aree geologiche dove prevalgono rocce ignee o metamorfiche (ad esempio, l'area laziale e campana).

Per accertare la natura delle incrostazioni occorre eseguire apposite indagini, attualmente limitate nel numero in quanto a questo argomento non sono stati dedicati particolari studi scientifici, almeno sino ad oggi. Gli esami consistono nell'attacco chimico, nell'esame microscopico e nella verifica del comportamento delle incrostazioni quando vengono sottoposte in apposita apparecchiatura a riscaldamento a temperature crescenti.

L'attacco chimico è essenziale al fine di accertare la composizione calcarea oppure silicea. L'attacco viene condotto con HCl (acido cloridrico), dapprima diluito, indi a concentrazione aumentata. Individuate più zone del reperto ove le incrostazioni siano particolarmente rappresentative, mediante una bacchetta di vetro si lasciano cadere alcune gocce dell'acido. Qualora si tratti di incrostazioni calcaree, dalla decomposizione del carbonato di calcio si sprigiona anidride carbonica, secondo la reazione chimica: $CaCO_3 + 2HCl \rightarrow CaCl_2 + H_2O + CO_2$. L'attacco provoca viva effervescenza, causando la dissociazione delle sostanze carbonatiche, che si decompongono completamente, liberando i granuli minerali non carbonatici, i resti vegetali ed altri materiali eterogenei rimasti inglobati nelle incrostazioni durante la loro formazione.

Qualora l'attacco acido non provochi alcuna reazione, se ne deduce che le incrostazioni non sono calcaree. Si ricorre allora all'esame stereomicroscopico: se le incrostazioni appaiono trasparenti, lisce, piuttosto uniformi e riflettono la luce, se ne può dedurre che esse abbiano natura silicea. Sperimentalmente, si è infatti notato che le incrostazioni silicee hanno aspetto vetroso, tale da farle assomigliare a una guaina cristallina, più o meno lucente e più o meno trasparente a seconda delle impurezze rimaste inglobate nel suo interno. Come già annotato, questo tipo di incrostazioni è piuttosto raro in area italiana per quanto risulta al momento, e al riguardo non sono ancora noti approfonditi studi specifici.

Quando le incrostazioni sono calcaree, all'esame stereomicroscopico esse appaiono irregolari ed accidentate, fortemente opache, non omogenee, con incavi, asperità, avvallamenti, crateri ed escrescenze, in un insieme disordinato che è tipico degli aggregati prodottisi spontaneamente lungo i secoli. Rileviamo per inciso che i depositi calcarei che costituiscono i travertini hanno avuto nelle passate ere geologiche la stessa genesi delle modeste incrostazioni calcaree presenti sulla superficie dei reperti archeologici. Infatti, il *lapis tiburtinus* si è formato a valle di cascate di acque ricche di bicarbonato di calcio in soluzione, a seguito della perdita di anidride carbonica provocata dal rapido movimento dell'acqua. Talora, l'aspetto delle incrostazioni dei reperti archeologici è molto simile al travertino anche nella stratificazione concentrica, che dimostra una deposizione non continua ma a ritmi alternati.

Oltre all'attacco chimico e all'esame stereomicroscopico, si può condurre un'ulteriore indagine per verificare gli effetti che il riscaldamento provoca sulla incrostazioni. L'analisi viene eseguita utilizzando un'apposita apparecchiatura, di dimensioni limitate, adatta per essere collocata sotto l'obiettivo del microscopio stereoscopico, costituita da un dispositivo di riscaldamento, con velocità di aumento della temperatura regolabile sino a un massimo di 800°C. Il dispositivo è sostanzialmente formato da una sottile striscia di nickel-cromo incassata in un blocco isolante, con alimentazione elettrica comandata da un reostato regolabile; il controllo della temperatura è effettuato mediante una termocoppia. Tra la striscia e l'obiettivo è collocato un filtro ottico anticalore, allo scopo di proteggere la delicata ottica del microscopio.

Per eseguire l'analisi, con un bisturi o con idonea punta rigida si preleva un minuscolo campione delle incrostazioni del reperto in esame, e lo si colloca sopra la striscia riscaldante. Avviato il riscaldamento, si osserva attraverso il microscopio il comportamento del campione all'innalzarsi della temperatura.

Sperimentalmente, è stato notato che le incrostazioni silicee non subiscono alterazioni importanti all'aumento della temperatura, mentre le incrostazioni calcaree sono fortemente interessate dal riscaldamento, specialmente ad alta temperatura. Per queste ultime, durante la prima fase del riscaldamento si notano di regola dei cambiamenti nel colore dovuti essenzialmente alla combustione delle sostanze organiche e all'ossidazione dell'ossido di ferro eventualmente presente, cambiamenti cromatici che sono più o meno accentuati a seconda della quantità di tali sostanze, e che diventano più intensi via via che aumenta il calore. Verso 600°C inizia anche un primo stadio di deformazione, causato dalla diversa entità della dilatazione subìta dal carbonato di calcio e dagli altri granuli minerali ivi inglobati. Proseguendo il riscaldamento, inizia la dissociazione del carbonato di calcio che porta allo sgretolamento delle incrostazioni. Questa ultima fase non viene qui presa in considerazione in quanto l'alta temperatura richiesta renderebbe necessari particolari accorgimenti per proteggere dal calore la delicata ottica del microscopio.

La verifica del comportamento delle incrostazioni al variare della temperatura assume particolare importanza nei casi di dubbia autenticità, ossia nei casi in cui le incrostazioni appartengano a manufatti la cui autenticità è incerta. Infatti, si nota spesso che le imitazioni dei reperti archeologici immesse nel mercato di antiquariato a scopo di lucro presentano delle incrostazioni artefatte, applicate ad arte sulla superficie in modo da simulare una patina antica. Sperimentalmente è stato accertato che la risposta al trattamento termico da parte delle incrostazioni artefatte è differente da quella data dalle incrostazioni autentiche. Quando un campione di incrostazioni "false" è sottoposto a riscaldamento, si notano rapidi cambiamenti nel colore e soprattutto nella struttura, che subisce delle deformazioni sino dalla prima fase di crescita del calore, tendendo a rammollirsi e a scomporsi. Mano mano che la temperatura cresce, la struttura delle incrostazioni è vieppiù soggetta a muoversi e a deformarsi, denunciando la presenza di materiali collanti, presumibilmente di natura organica. In questi casi, l'analisi delle incrostazioni può fornire una prima risposta diretta a verificare l'autenticità di manufatti ceramici di provenienza ignota o dubbia, affiancandosi, seppure in subordine, all'analisi di termoluminescenza (II.4.1).

Talvolta, sulla superficie dei reperti sono presenti non delle incrostazioni come quelle prima descritte, ma dei depositi di sabbia fine. Si tratta di materiale a grana fine, non cementato e semplicemente aggregato, che venendo casualmente a contatto con il reperto vi è rimasto depositato, soprattutto negli incavi, in quantità molto limitata. In linea generale, la presenza o meno di depositi sabbiosi non costituisce un dato di rilievo, non essendo essi correlabili al fattore tempo. Tuttavia la loro presenza rappresenta pur sempre un dato che può avere un significato e che merita di essere registrato nella scheda con la descrizione del reperto, anche in vista di nuove analisi di laboratorio che potranno eventualmente essere eseguite in futuro.

2.2 ANALISI AL MICROSCOPIO A LUCE POLARIZZATA SU SEZIONI SOTTILI

L'analisi eseguita al microscopio da mineralogia sulla sezione sottile di un manufatto ceramico completa le informazioni ottenute mediante l'esame al microscopio stereoscopico, e permette di approfondire la conoscenza della struttura del manufatto stesso, ossia dei rapporti reciproci di forma e dimensione dei minerali presenti. Quando la sezione sottile viene ricavata in senso ortogonale alla parete del manufatto, l'analisi spesso consente di accertare la presenza o meno di un rivestimento, e, in caso positivo, il suo spessore.

Ai fini che qui interessano, le due analisi petrografico-mineralogiche, sia la stereoscopica sia quella su sezioni sottili, hanno fini complementari e forniscono complessivamente una serie di informazioni sul manufatto che ne rendono possibile una corretta identificazione.

STRUMENTAZIONE

Analogamente allo stereomicroscopio, il microscopio da mineralogia è composto da un robusto supporto metallico, lo stativo, sul quale è montato un dispositivo ottico che reca a un'estremità l'oculare e all'altra l'obiettivo; a distanza opportuna, sotto quest'ultimo è collocato il piano di appoggio ("tavolino"), graduato e girevole, ove viene posto il campione da esaminare.

Il microscopio da mineralogia ha alcune caratteristiche essenziali quali la possibilità di ruotare il campione nel piano perpendicolare all'asse del microscopio stesso, e l'illuminazione a luce polarizzata trasmessa.

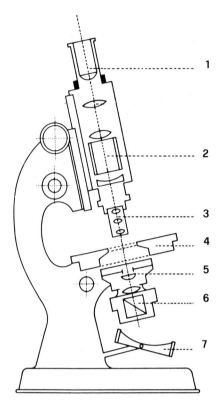

Fig. 28 - Microscopio da mineralogia

1) oculare; 2) analizzatore; 3) obiettivo; 4) tavolino graduato girevole;
5) condensatore; 6) polarizzatore; 7) specchio o sistema di illuminazione

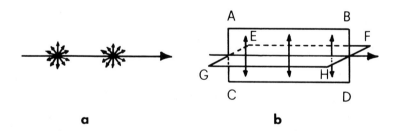

a　　　　　　　　　**b**

Fig. 29 - Propagazione della radiazione luminosa

a) in un fascio di luce naturale le vibrazioni avvengono in tutte le direzioni possibili.
b) un raggio luminoso polarizzato vibra in un solo piano che contiene la direzione di
   propagazione (ABCD). Per convenzione si dice che il raggio luminoso è polarizzato
   nel piano (EFGH) normale a quello di vibrazione.

(L'illuminazione avviene in trasmissione in quanto gli oggetti da esaminare sono trasparenti per via naturale oppure perché preparati in modo tale da lasciare passare la luce, costituendo appunto le cosiddette "sezioni sottili").

Si ottiene luce polarizzata quando il fascio luminoso viene opportunamente filtrato attraverso appositi dispositivi chiamati "nicol" o "filtri polarizzatori", per cui la luce vibra in un solo piano che contiene la direzione di propagazione.

Il nicol, che prende nome dal fisico scozzese W. Nicol, suo inventore, è un polarizzatore per birifrangenza formato da un cristallo di calcite (spato d'Islanda), opportunamente tagliato e preparato.

Il filtro polarizzatore, chiamato comunemente "polaroide", svolge funzione analoga a quella del nicol, differendone per la natura, che è artificiale. È composto da lastrine di materiale plastico trasparente nel quale sono disperse particolari sostanze organiche appositamente trattate. L'uso del polaroide al posto del nicol è dettato da ragioni economiche a causa della difficoltà del reperire lo spato d'Islanda, ed anche da ragioni pratiche in quanto il polaroide ha minore ingombro e maggiore resistenza.

È da aggiungere che il termine nicol viene oggi usato comunemente per indicare il dispositivo atto a produrre luce polarizzata, anche quando in effetti si tratta di un polaroide.

Il microscopio da mineralogia è munito di due nicol: il "polarizzatore", montato sotto il tavolino, che trasmette luce polarizzata al campione in esame, e l'"analizzatore", posto lungo il cammino dei raggi luminosi, tra l'obiettivo e l'oculare, che consente di analizzare la luce che ha attraversato il campione.

Le proprietà ottiche dei minerali possono essere studiate utilizzando il solo polarizzatore, nel qual caso si può arrivare a determinare gli indici di rifrazione dei cristalli e si possono compiere osservazioni sia sulla loro forma e sfaldatura, sia su altri fenomeni quali il pleocroismo (ossia sui differenti colori presentati da alcuni cristalli a seconda delle diverse direzioni della luce rispetto alle direttrici ottiche dei cristalli stessi). Quando l'esame è condotto adoperando sia il polarizzatore sia l'analizzatore, esso è chiamato "a nicol incrociati" (nicol X): con vari metodi di osservazione e attraverso una serie di operazioni di misura si può arrivare a determinare la natura dei differenti minerali, basandosi sui fenomeni che si determinano al passaggio della luce polarizzata nel campione e successivamente nell'analizzatore. Tra i fenomeni più evidenti è il formarsi dei cosiddetti "colori di interferenza", che dipendono da svariati fattori (indici di rifrazione, spessore del campione e altri).

Per eseguire al microscopio da mineralogia l'esame di un manufatto, questo deve essere in condizioni tali da potere essere attraversato dal raggio luminoso, deve cioè essere reso trasparente. A tale scopo occorre prelevare un campione di almeno 10 o 20 mmq, il cui spessore sia almeno di alcuni mm. Opportunamente spianato e lucidato, un lato del campione viene incollato sopra un vetrino piano a facce accuratamente parallele che serve da supporto onde ridurre il rischio di rotture durante le varie manipolazioni. Indi, mediante dischi di acciaio che ruotano a bassa velocità, il lato libero del campione viene sottoposto a progressivo assottigliamento, usando abrasivi quali il carborundum o il diamante di granulometria via via decrescente. La smerigliatura viene poi continuata usando abrasivi fini e finissimi onde diminuire gradualmente lo spessore del campione sino ad ottenere una sezione sottile, ossia una lamina trasparente avente spessore di circa 30 micron. Dopo le operazioni di rifinitura, lavaggio e asciugatura, si incolla sulla lamina un vetrino coprioggetto, molto sottile, che ne assicura la protezione necessaria.

Per quanto riguarda il prelievo del campione da cui ricavare la sezione sottile, si sceglie una zona del manufatto di scarso rilievo dal punto di vista estetico e tipologico, e che, soprattutto, abbia dimensioni e spessore sufficienti. La sezione può essere ricavata sia in senso verticale, lungo la parete e sezionando il campione in altezza, sia in senso orizzontale, qualora il campione sia stato prelevato, ad esempio, dal fondo del manufatto. Ciò permette di analizzare la composizione stratigrafica del campione e di rilevare l'eventuale presenza di un rivestimento.

APPLICAZIONE

L'analisi al microscopio su sezioni sottili è una tecnica distruttiva. Sebbene possa essere sufficiente un campione di 10 o 20 mmq, le dimensioni ottimali si aggirano sui 30x40 mmq circa. Qualora l'entità del prelievo debba essere limitata, si viene a restringere anche il campo di osservazione, e di conseguenza diminuiscono le possibilità di trarre delle conclusioni significative.

L'estrema sottigliezza della lamina rende trasparenti alla luce la maggiore parte dei componenti del campione. Usando le due tecniche, al solo polarizzatore e a nicol incrociati (quest'ultima tecnica può essere eseguita a luce parallela o a luce convergente), è possibile identificare i minerali presenti nello strato interno del manufatto. Qualora si tratti di minerali ben definiti e tipici di particolari aree geografiche, è possibile risalire alla località di provenienza, o quantomeno formare dei gruppi di manufatti che abbiano analoga composizione mineralogica, il che può servire da supporto, seppure indiretto, a ipotesi di provenienza formulate in base ad altri dati.

2.3 ANALISI PER DIFFRAZIONE DI RAGGI X

L'analisi per diffrazione di raggi X (denominata comunemente XRD, *X-Ray Diffractometry*) permette di identificare le sostanze cristalline, siano esse minerali o composti di altro genere, mediante la determinazione delle principali proprietà che caratterizzano ogni specie minerale: le distanze tra i piani di atomi del reticolo cristallino e la distribuzione degli atomi su tali piani.

L'analisi è basata sul fenomeno della diffrazione: quando una radiazione elettromagnetica incontra una fenditura avente dimensioni nello stesso ordine di grandezza della sua lunghezza d'onda, essa devia dalla propagazione rettilinea e subisce una diffrazione. Misurando la divergenza angolare dei raggi diffratti si può risalire alle dimensioni della fenditura e alla lunghezza d'onda della radiazione incidente.

È pertanto possibile determinare la struttura di una sostanza cristallina, ossia determinare le proprietà del suo reticolo, ricorrendo alla diffrazione di radiazioni elettromagnetiche su un campione di tale sostanza. Le radiazioni debbono avere una lunghezza d'onda vicina alle distanze interreticolari dei cristalli (nell'ordine di grandezza degli Ångstrom), ragione per cui vengono utilizzate le radiazioni X, che hanno una lunghezza d'onda tra 0,1 e 10 Å (Inserto P).

Sono noti vari sistemi di analisi: per diagnosticare il tipo di materiale che qui interessa, il metodo più comune è quello detto "delle polveri", poiché il campione da analizzare viene macinato in polvere di opportuna granulometria. È possibile misurare l'intensità dei raggi diffratti utilizzando una pellicola fotografica oppure un contatore di impulsi: il primo sistema è chiamato "tecnica Debye" ed è oggi poco usato; il secondo sistema viene genericamente indicato con il nome "diffrattometria" ed è la tecnica maggiormente in uso.

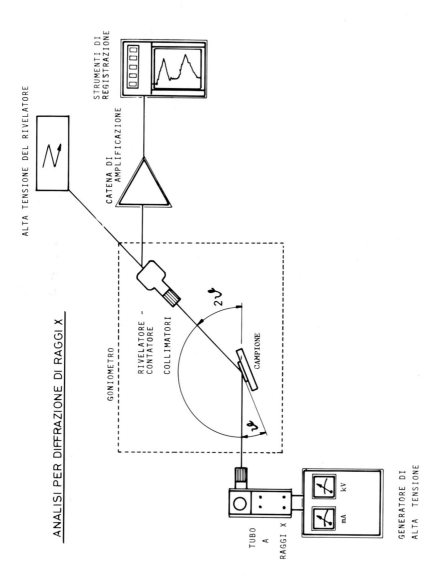

Fig. 30 - Analisi per diffrazione di raggi X - schema dell'apparecchiatura

202

L'analisi mediante diffrattometro a raggi X consiste essenzialmente nel colpire con un fascio mononocromatico di raggi X la sostanza in esame, e misurare l'intensità della radiazione diffratta al variare dell'angolo di diffrazione. Il valore angolare ϑ permette di risalire alle distanze dei piani reticolari che hanno dato luogo al fenomeno di diffrazione applicando la legge che prende nome dal fisico inglese W.H. Bragg:

$$2 \ d \ sen \ \vartheta \ = \ n \ \lambda$$

nella quale d = distanza dei piani reticolari espressa in Ångstrom; ϑ = angolo di diffrazione; n = numero intero $\geqslant 1$; λ = lunghezza d'onda dei raggi X monocromatici.

Caratteristiche di ogni sostanza sono non soltanto le distanze dei vari possibili piani reticolari dei cristalli che formano la sostanza stessa, ma anche la distribuzione degli atomi su tali piani. L'intensità dei raggi X diffratti è legata a tale distribuzione, ed anche alla natura degli atomi che formano i piani e ad altri fenomeni più complessi.

È possibile risalire alla natura dei materiali cristallini presenti nella sostanza in esame attraverso delle "chiavi di lettura" nelle quali si entra appunto mediante i valori delle "d" e delle intensità. Queste "chiavi" sono rappresentate dalle schede ASTM (*American Society for Testing and Materials*) che contengono pressoché tutti i composti cristallini oggi conosciuti, inorganici e organici. Nel caso dei minerali delle argille, il metodo per il riconoscimento rapido dei vari gruppi è legato ai valori delle "d" corrispondenti agli spessori dei pacchetti fondamentali (I.1.1).

STRUMENTAZIONE

— Generatore di alta tensione stabilizzato.

Si tratta di un apparecchio capace di generare alta tensione, nell'ordine delle decine di chilovolt (kV), e corrente di filamento, nell'ordine dei milliampere (mA), per alimentare il tubo a raggi X. L'apparecchio è dotato di una stabilizzazione molto spinta, ossia fornisce tensione rigorosamente costante.

— Tubo a raggi X.

La sorgente di raggi X comunemente impiegata è un tubo ad alto vuoto; nel suo interno un fascio di elettroni, generati dal riscaldamento

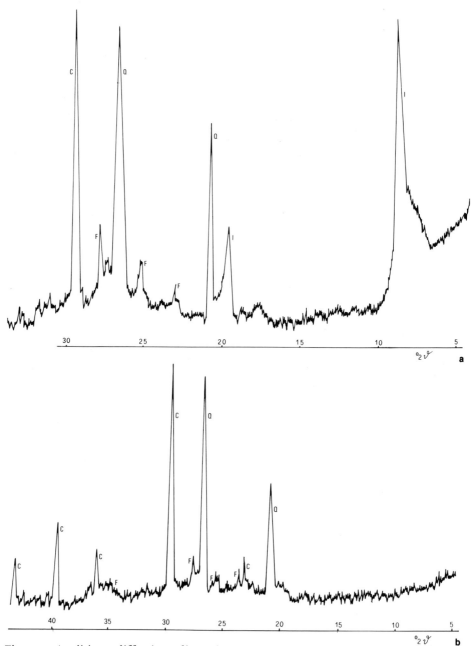

Fig. 31 - Analisi per diffrazione di raggi X

a) Diffrattogramma di argilla illitica, ricca di quarzo e carbonati, del tipo usato per la modellazione di manufatti ceramici

b) Diffrattogramma di un reperto archeologico del IV sec. a.C. (cottura inferiore a 900°C)

C = calcite; F = feldspato; Q = quarzo; I = illite

di un filamento al passaggio della corrente, sono accelerati dalla tensione fornita dal generatore, applicata tra filamento e anodo (chiamato anche anticatodo). Gli elettroni colpiscono l'anodo, formato da una piastrina di metallo purissimo, che emette delle radiazioni X con lunghezza d'onda distribuita su uno spettro continuo ("spettro di Bremsstrahlung"), sul quale sono sovrapposte le righe di emissione X caratteristiche dell'elemento di cui è costituito l'anodo. Nelle applicazioni in campo ceramico si usa di solito un tubo il cui anodo è di Cu oppure di Co.

Attraverso un filtro monocromatore e dei collimatori, il fascio monocromatico di raggi X è convogliato sul campione, opportunamente polverizzato e steso su apposito supporto piano.

— Goniometro a grande raggio.

È lo strumento che permette il posizionamento preciso del campione e del rivelatore, e contemporaneamente effettua la misura dell'angolo ϑ formato dalla direzione dei raggi X incidenti con la superficie del campione.

Campione e rivelatore ruotano insieme, il secondo a velocità angolare doppia del primo. Pertanto, l'angolo formato tra la direzione del rivelatore e il raggio incidente è doppio di quello formato tra il raggio incidente e il campione (2ϑ).

— Rivelatore.

È uno strumento atto a trasformare i raggi X diffratti in impulsi elettrici, che vengono anche amplificati. (Inserto P).

Il rivelatore comunemente usato è di tipo proporzionale. È formato da un cilindro metallico sigillato, riempito con uno speciale gas. Nel suo interno è teso longitudinalmente un filo, isolato rispetto alla parete, tenuto ad elevata tensione fornita da apposito alimentatore. Il cilindro è munito di una finestra di entrata per i raggi X diffratti. Le ionizzazioni provocate nel gas dai raggi X causano momentanei abbassamenti della tensione del filo. Ogni abbassamento corrisponde a un impulso elettrico, che viene amplificato, trattato elettronicamente e contato da un'apposita catena elettronica.

— Catena elettronica di amplificazione.

Serve ad amplificare gli impulsi elettrici e ad operare su di essi una discriminazione di ampiezza, eliminando gli impulsi che siano sopra o sotto un valore prestabilito (''valore di soglia'').

— Strumento di registrazione.

Consiste essenzialmente in uno strumento con penna scrivente sopra carta graduata. La carta scorre con velocità sincrona a quella di avanzamento del rivelatore, mentre la penna si muove con spostamenti proporzionali alle intensità dei raggi X diffratti. Si ottiene così lo ''spettro di diffrazione'', chiamato anche ''diffrattogramma'', che consiste in una serie di picchi aventi diversa intensità e diversa posizione angolare.

Per fare un esempio, nel diffrattogramma di un manufatto ceramico (composto da minerali argillosi + quarzo + miche + feldspati + materiali fusi, vedi I.1.2 e I.6.2), sono evidenti i picchi del quarzo, delle miche e dei feldspati; sono poco visibili i composti che si sono formati dalla cottura dei minerali argillosi, dato il loro basso grado di cristallinità; infine non è facilmente determinabile la parte vetrosa poiché essa non dà luogo a diffrazione non avendo natura cristallina.

APPLICAZIONE

La diffrattometria è una tecnica in grado di fornire dati sulle sostanze cristalline anche quando queste abbiano dimensioni submicroscopiche o tali da non potere essere individuate per via ottica, come nel caso delle argille e dei manufatti ceramici. La precisione dell'informazione ottenibile dall'analisi dipende dal grado di cristallinità della sostanza in esame, nonché dal numero dei suoi componenti e dalla percentuale di questi ultimi.

Nelle argille, l'analisi individua la forma di combinazione dei componenti, ossia ne individua le differenti fasi mineralogiche. Ciò permette di distinguere i minerali argillosi quali la caolinite, l'illite, la montmorillonite, etc. (I.1.1).

Sia nelle argille sia nei manufatti ceramici, l'analisi permette di accertare il tipo di degrassante (quarzo) e il suo valore percentuale, nonché l'eventuale presenza di altri minerali (miche, pirosseni, etc.).

Nei manufatti ceramici, l'analisi permette di rilevare la presenza di alcuni composti che si formano in determinate condizioni. Dalla presenza di questi composti si possono dedurre in via indiretta delle indicazioni specifiche, ad esempio sulla temperatura di cottura subìta dal manufatto in esame.

Nel caso di sostanze amorfe, ad esempio nei rivestimenti vetrosi quali la vernice e lo smalto (I.4.2), l'analisi diffrattometrica è in grado di confermare la loro natura di vetro, nonché di accertare il grado di fusione dei differenti componenti. Infatti, la presenza di una fase vetrosa viene spesso rivelata sul tracciato del diffrattogramma da una banda allargata che è più o meno pronunciata a seconda dell'entità e della natura della fase stessa. In base ad opportuni confronti e all'esperienza nel campo specifico delle ceramiche, l'analista può ricavare dati significativi sulla temperatura e sulle condizioni dell'ambiente in cui ha avuto luogo la fusione.

INSERTO N

ELEMENTI CHIMICI

Simbolo	Nome	Numero atomico	Simbolo	Nome	Numero atomico
Ac	Attinio	89	Mn	Manganese	25
Ag	Argento	47	Mo	Molibdeno	42
Al	Alluminio	13	N	Azoto	7
Am	Americio	95	Na	Sodio	11
Ar	Argo	18	Nb	Niobio	41
As	Arsenico	33	Nd	Neodimio	60
At	Astato	85	Ne	Neon	10
Au	Oro	79	Ni	Nichel	28
B	Boro	5	No	Nobelio	102
Ba	Bario	56	Np	Neptunio	93
Be	Berillio	4	O	Ossigeno	8
Bi	Bismuto	83	Os	Osmio	76
Bk	Berkelio	97	P	Fosforo	15
Br	Bromo	35	Pa	Protoattinio	91
C	Carbonio	6	Pb	Piombo	82
Ca	Calcio	20	Pd	Palladio	46
Cd	Cadmio	48	Pm	Prometio	61
Ce	Cerio	58	Po	Polonio	84
Cf	Californio	98	Pr	Praseodimio	59
Cl	Cloro	17	Pt	Platino	78
Cm	Curio	96	Pu	Plutonio	94
Co	Cobalto	27	Ra	Radio	88
Cr	Cromo	24	Rb	Rubidio	37
Cs	Cesio	55	Re	Renio	75
Cu	Rame	29	Rh	Rodio	45
Dy	Disprosio	66	Rn	Radon	86
Er	Erbio	68	Ru	Rutenio	44
Es	Einsteinio	99	S	Zolfo	16
Eu	Europio	63	Sb	Antimonio	51
F	Fluoro	9	Sc	Scandio	21
Fe	Ferro	26	Se	Selenio	34
Fm	Fermio	100	Si	Silicio	14
Fr	Francio	87	Sm	Samario	62
Ga	Gallio	31	Sn	Stagno	50
Gd	Gadolinio	64	Sr	Stronzio	38
Ge	Germanio	32	Ta	Tantalio	73
H	Idrogeno	1	Tb	Terbio	65
He	Elio	2	Tc	Tecnezio	43
Hf	Afnio	72	Te	Tellurio	52
Hg	Mercurio	80	Th	Torio	90
Ho	Olmio	67	Ti	Titanio	22
I	Iodio	53	Tl	Tallio	81
In	Indio	49	Tu	Tulio	69
Ir	Iridio	77	U	Uranio	92
K	Potassio	19	V	Vanadio	23
Kr	Cripto	36	W	Wolframio o	
La	Lantanio	57		Tungsteno	74
Li	Litio	3	Xe	Xeno	54
Lu	Lutezio	71	Y	Ittrio	39
Lw	Lawrencio	103	Yb	Itterbio	70
Md	Mendelevio	101	Zn	Zinco	30
Mg	Magnesio	12	Zr	Zirconio	40

II.3 ANALISI ELEMENTARI: TECNICHE CHIMICHE TRADIZIONALI E TECNICHE STRUMENTALI

Per individuare gli elementi chimici presenti in un materiale si utilizzano le analisi dette appunto "elementari", che possono essere eseguite a livello qualitativo e quantitativo.

L'analisi qualitativa mira all'identificazione della natura dei componenti del materiale, ossia individua gli elementi chimici presenti, senza però darne il valore percentuale.

L'analisi quantitativa mira a determinare la concentrazione dei componenti, ossia misura il valore percentuale degli elementi presenti in grande e piccola quantità. È chiamato "maggiore" un elemento che entra a fare parte della composizione di una sostanza in una percentuale superiore all'1%; "minore" quando è presente in percentuale compresa tra 1 e 0,1%. Un elemento è presente "in traccia" quando è al disotto di 0,1%, nel quale caso solitamente la concentrazione non viene espressa in percentuale ma in parti per milione (ppm).

Di regola l'analisi qualitativa richiede una quantità inferiore di campione e un minore tempo di esecuzione rispetto all'analisi quantitativa, da cui consegue un minore costo. La prima non fornisce però una caratterizzazione completa del materiale, quale è invece possibile ricavare dalla seconda.

Analisi qualitative e quantitative possono essere eseguite con differenti tecniche, dalla tradizionale analisi chimica per via umida a quelle eseguite mediante le moderne tecniche strumentali. Nella chimica tradizionale le operazioni analitiche sono in prevalenza eseguite manualmente, e richiedono all'analista estrema attenzione alle procedure e tempi molto lunghi. Nelle tecniche strumentali prevale l'uso di metodi fisici e di strumenti molto sensibili, rapidi, costosi, che non richiedono la presenza continua dell'analista. Oggi, le tecniche analitiche strumentali stanno diventando vieppiù numerose e perfezionate, e possono essere applicate praticamente a tutti i materiali. Tuttavia, poiché la presente trattazione è dedicata esclusivamente al materiale ceramico, vengono qui prese in considerazione soltanto le più sperimentate tecniche analitiche applicabili al materiale fittile, tralasciando altri campi.

A grandi linee e con l'intento di fornire allo studente una traccia per futuri ulteriori approfondimenti vengono quindi descritte le tecniche chimiche tradizionali per via umida:

- analisi volumetrica
- analisi colorimetrica
- analisi gravimetrica

e le tecniche strumentali:

- spettrometria in emissione di fiamma
- spettrometria di assorbimento atomico
- spettrometria di fluorescenza a raggi X
- analisi per attivazione neutronica

A parte le tradizionali tecniche chimiche, le altre tecniche rappresentano il risultato delle moderne conquiste tecnologiche e sono applicate alla ceramica soltanto da pochi decenni, con favore sempre crescente in quanto, oltre a permettere di misurare gli elementi presenti sia in percentuali elevate sia a livello di ppm, offrono grandi possibilità di automazione, fornendo risultati sempre direttamente confrontabili.

In archeologia, queste tecniche sono ancora allo stadio delle prime applicazioni, anche perché, almeno per ora, sono scarsi i laboratori che abbiano competenza specifica e siano disponibili per questo tipo di ricerca. A ciò si aggiunga che nelle riviste specialistiche viene solitamente impiegato un linguaggio estremamente tecnico, non facilmente comprensibile per chi abbia una formazione prevalentemente umanistica. D'altra parte, occorre riconoscere che i tempi moderni sollecitano un legame sempre più stretto con i mezzi scientifici, ragione per cui si può prevedere per il prossimo futuro una migliore interazione tra archeologia e scienze chimiche e fisiche.

A questo proposito è forse opportuno ritornare sul concetto già accennato nell'introduzione della presente trattazione. Nell'affrontare gli interrogativi che via via emergono dagli scavi archeologici, rientra nei compiti dell'archeologo impostare temi di ricerca, individuando problemi che spaziano dal localizzare i centri produttori all'esplorare gli itinerari commerciali e i mercati nelle diverse aree geografiche del mondo antico, e così via. Sono problemi di tale ampiezza e di tali ramificazioni nel tempo e nello spazio che talvolta l'esame storico-tipologico dei reperti riportati alla luce dagli scavi non è sufficiente per dare risposte esaurienti, potendo rimanere zone d'ombra e quesiti non risolti. Ad alcuni di questi problemi le analisi di laboratorio possono dare un apporto risolutivo, o quantomeno possono dare un contributo di conoscenza.

Risulta quindi evidente l'importanza della collaborazione interdisciplinare tra archeologo e ricercatore scientifico al fine di scegliere di comune accordo le analisi adatte allo scopo specifico, di programmare le modalità di esecuzione e di prevederne i costi. D'altra parte, questo lavoro d'equipe può essere anche uno stimolo alla ricerca scientifica: nel prendere conoscenza dei problemi archeologici il ricercatore scientifico può trovare spunto per sperimentare nuove metodologie e per affinarne altre già note, facendo sì, ad esempio, che una tecnica passi dal livello qualitativo al livello quantitativo, oppure facendo in modo che i tempi di esecuzione, e quindi i costi, vengano ridotti il più possibile.

Nell'ambito di tale collaborazione l'archeologo potrebbe rendersi conto direttamente delle esigenze delle analisi di laboratorio, ad esempio per quanto riguarda le modalità della campionatura. La scelta dei campioni è infatto un punto di fondamentale importanza agli effetti del successo della ricerca. I campioni debbono essere rappresentativi, ossia debbono racchiudere *in nuce* il problema che si intende risolvere. Soltanto rispettando questa basilare esigenza, la risposta fornita dall'analisi avrà valore non soltanto per quello specifico reperto, ma potrà essere estesa a tutta una serie di reperti dalle caratteristiche stilistiche e tipologiche analoghe.

È ancora da sottolineare che la rappresentatività dei campioni concerne non soltanto l'aspetto storico e formale ma anche l'aspetto fisico, ragione per cui il campione non deve essere alterato né subire alcuna manipolazione. Occorre inoltre che esso rispecchi effettivamente la composizione del reperto da cui è stato prelevato, in modo che i risultati dell'analisi possano essere estesi all'intero reperto. All'uopo è necessario verificare che la composizione sia omogenea: il microscopio stereoscopico costituisce il migliore strumento per una simile verifica preliminare. Per fare un esempio, il prelievo effettuato sul fondo di un vaso dovrebbe rappresentare il vaso nella sua interezza, ragione per cui occorre accertare che la composizione delle altre parti sia uniforme e corrisponda a quella del fondo. Di regola è consigliabile effettuare sul reperto una serie di prelievi in punti differenti (ad esempio sul fondo, sull'orlo, sull'ansa, etc.) in modo da potere poi mescolare insieme i diversi campioni ed ottenere un campione composito veramente rappresentativo. Questa procedura può creare delle complicazioni nel caso di reperti integri o dai quali non sia comunque possibile effettuare una serie di prelievi, mentre può essere adottata nel caso di materiale frammentario, ed anche nel caso in cui debbano essere sottoposte ad analisi delle argille, per le quali non si presentano problemi di quantità.

Si può ancora aggiungere che la collaborazione interdisciplinare potrebbe dare ottimi frutti anche per quanto riguarda la lettura e l'interpretazione dei risultati. Quando le analisi riguardano gruppi di reperti, come avviene nella maggioranza dei casi, è opportuno rappresentare i dati in diagrammi, o trattarli con metodi statistici appropriati in modo da collegare i dati tra loro, individuandone ogni possibile connessione. L'elaborazione viene oggi affidata ai calcolatori, con risultati vieppiù promettenti. È bene che l'impostazione dei programmi su calcolatore venga fatta contestualmente dall'archeologo e dall'informatico in quanto il primo ha disponibili i termini di confronto e di riferimento nel campo storico-archeologico, mentre il secondo può avvalersi della sua competenza tecnica per meglio concatenare tra loro i dati analitici (II.3.6 e Inserto S).

Nell'ambito del quadro generale che viene qui delineato, occorre sottolineare che le tecniche prima citate - la cui descrizione particolareggiata è oggetto dei capitoli successivi - possono essere considerate a volte alternative, a volte complementari, a volte utilizzabili in tempi successivi, e possono essere eseguite a livello sia qualitativo che quantitativo con risultati ugualmente validi. Nell'analizzare un campione, metodi chimici e metodi strumentali possono integrarsi a vicenda, permettendo di ottenere l'informazione in maniera rapida e a costi inferiori. Pertanto, la scelta della tecnica analitica da applicare dipende anzitutto dalle finalità che si propone il programma di ricerca, ossia dal tipo di problema archeologico cui l'analisi di laboratorio è chiamata a dare un contributo risolutivo, e, in secondo luogo, da fattori esterni, tra i quali sono essenziali la disponibilità di laboratori adeguatamente attrezzati e il costo delle analisi.

Ad esempio, optare per l'analisi per attivazione neutronica piuttosto che per la fluorescenza ai raggi X, o viceversa, è una scelta influenzata dalla situazione contingente. L'attivazione neutronica è un'analisi estremamente sofisticata che richiede l'uso di un reattore nucleare, ragione per cui è possibile avvalersi di questa tecnica soltanto quando sia possibile entrare in contatto con un laboratorio che abbia tale non comune strumentazione e che sia disposto a collaborare per una ricerca di tipo archeologico.

Per fare un altro esempio, la misura di un elemento quale il ferro può essere eseguita mediante analisi chimica con tecnica colorimetrica, così come può essere eseguita mediante una sofisticata tecnica spettrometrica. Nel primo caso occorre un'apparecchiatura di costo relativamente basso, che però richiede un lungo impiego del personale tecnico. Nel secondo caso occorre un'apparecchiatura molto costosa quale ad esempio quella per l'assorbimento atomico, però vengono drasticamente ridotti i tempi di esecuzione dell'analisi, si riduce la quantità di campione necessaria e si abbassa la soglia di rivelabilità dell'elemento.

Continuando la serie degli esempi, rileviamo la complementarietà di alcune analisi: in un campione la determinazione di Na_2O e K_2O può essere eseguita con un comune ed economico fotometro a fiamma; la determinazione di SiO_2 mediante analisi gravimetrica per via umida; la determinazione di Fe_2O_3 e di TiO_2 mediante analisi chimica colorimetrica; la determinazione degli altri ossidi caratterizzanti, quali Al_2O_3, CaO, MgO, MnO, può essere ottenuta con altre tecniche, ad esempio strumentali, quali l'assorbimento atomico.

Oppure si può avere il caso in cui una tecnica sia sfruttata a livello qualitativo, e un'altra a livello quantitativo. Ad esempio, una fluorescenza a raggi X eseguita a livello qualitativo richiede un tempo molto breve rispetto a un'analisi qualitativa tradizionale per via chimica, e può fornire un'indicazione di massima sugli elementi presenti in un campione. In un secondo tempo, qualora si voglia approfondire ulteriormente l'esame, un'analisi quantitativa può essere eseguita sempre per fluorescenza ai raggi X, oppure ricorrendo ad altra tecnica (ad esempio assorbimento atomico) qualora il laboratorio che ha eseguito la fluorescenza X qualitativa non abbia disponibili standard di riferimento nel campo delle argille e delle ceramiche (viene chiamato ''standard'' un materiale la cui composizione chimica sia ben nota e vicina a quella del materiale in esame).

Per arrivare a identificare un manufatto, è inoltre opportuno integrare i risultati dell'analisi elementare con quelli ottenuti tramite l'analisi petrografico-mineralogica: l'esame con il microscopio stereoscopico è da considerarsi il punto di partenza per una qualsiasi indagine cui si voglia sottoporre un manufatto fittile. Se è possibile prelevare un campione di dimensioni appropriate, il secondo passo dell'indagine è costituito dall'esame microscopico mineralogico su sezioni sottili, che permette una approfondita caratterizzazione della struttura e della composizione mineralogica del manufatto in esame. Successivamente si può sottoporre il reperto ad altre analisi, programmate secondo un ben preciso e logico coordinamento.

Qualora l'indagine miri a correlare l'argilla di una data area geografica con i reperti archeologici ritrovati in quella stessa area, conviene che vengano dapprima verificate le caratteristiche dell'argilla, quali la plasticità, la refrattarietà, il ritiro in crudo e in cotto, il comportamento in cottura e soprattutto il colore assunto dopo cottura (vedere al riguardo i capitoli sulle proprietà delle argille: I.1.1; I.1.2; I.1.3; I.1.4; I.6.2; I.6.4).

Nella successiva fase dell'indagine occorre ricorrere a differenti tecniche analitiche allo scopo di determinare non soltanto gli elementi presenti nell'argilla e la loro concentrazione, ma anche in quali minerali tali elementi sono legati. I dati emersi, ad esempio, da un'analisi per fluorescenza a raggi X devono essere integrati con i risultati di un'analisi per diffrazione di raggi X per riuscire ad individuare la forma di combinazione degli elementi, ossia le differenti fasi mineralogiche.

Occorre infatti tenere presente che i silicati, soprattutto in miscele, non sempre sono facilmente individuabili tramite la determinazione degli elementi presenti, per cui è spesso necessario verificare come essi sono combinati. Senza questa verifica si potrebbe incorrere in errori grossolani.

Per fare un esempio al limite dell'assurdo, si potrebbero mescolare opportune quantità di silicio metallico (Si), corindone (Al_2O_3), carbonato sodico (Na_2CO_3) o potassico (K_2CO_3), e sottoporre l'impasto così ottenuto a un'analisi elementare strumentale. I risultati indicherebbero gli stessi componenti di una comune argilla!!!

Un'analisi per diffrazione di raggi X rivelerebbe invece la verità, in quanto nel diffrattogramma la presenza del silicio metallico e del corindone sarebbe rivelata dai picchi caratteristici delle due fasi mineralogiche. L'andamento del tracciato individuerebbe anche la presenza degli alcali sotto forma di carbonati, e non legati chimicamente nel reticolo dell'illite, dei feldspati o delle miche, come si rinvengono normalmente nelle argille.

Prima di passare alla descrizione delle tecniche applicabili ai reperti fittili, si ritiene opportuno rimarcare che le analisi elementari permettono di misurare la concentrazione degli elementi chimici sia in via diretta sia in via indiretta. In altre parole, il valore percentuale dell'elemento ricercato può essere misurato direttamente (metodo seguito, ad esempio, nell'analisi per attivazione neutronica), oppure può essere ricavato come un composto qualsiasi dell'elemento stesso (solitamente come ossido, soprattutto nell'analisi tradizionale), e poi trasformato per mezzo di fattori di conversione nella forma che interessa. Questo secondo metodo si ricollega all'analisi chimica quantitativa per via umida ove i valori percentuali sono normalmente ottenuti come ossidi, e viene seguito ancora oggi per tradizione ed anche perché le caratteristiche di un manufatto ceramico rappresentano il risultato finale dell'azione svolta dai diversi ossidi presenti nell'impasto argilloso.

Come regola generale, i componenti ricercati sono quelli cosiddetti "caratterizzanti" in quanto servono a identificare il materiale in esame, sia esso un'argilla o il corpo ceramico di un manufatto. Nei silicati, l'analisi richiede la conoscenza di almeno una decina degli ossidi più importanti, quali: SiO_2, Al_2O_3, FeO, Fe_2O_3, TiO_2, CaO, K_2O, Na_2O, MgO, MnO, P_2O_5. Nelle argille per ceramiche vengono determinati anche solfati e cloruri. Inoltre, a seconda delle finalità che si propone la ricerca e a seconda della tecnica analitica impiegata, oltre ai macro-elementi l'indagine può essere estesa ai micro-elementi, talvolta presenti in qualche decimo di percento (ad esempio Ti), e talaltra in decimi o centesimi di ppm (ad esempio Ba, Sr, Pb, Cr, Ni).

L'H_2O, ossia l'acqua d'interstrato e gli ossidrili (OH) chimicamente combinati nella molecola dei minerali argillosi, vengono misurati attraverso la perdita al fuoco (P.F.), detta anche perdita alla calcinazione (P.C.), cioè la perdita di materie volatili che l'argilla subisce quando sottoposta a cottura a 1000°C. Questo valore include anche la perdita delle altre materie volatili, dovuta alla combustione delle sostanze organiche e alla dissociazione del carbonato di calcio (I.6.2; I.6.4).

La precisione dell'informazione ottenibile dall'analisi dipende dal tipo di tecnica applicata, pur non esistendo un forte divario tra le differenti tecniche prima citate in quanto tutte sono attendibili e forniscono risultati riproducibili entro i limiti dell'errore sistematico e accidentale. È infatti da tenere presente che molto di rado per uno stesso campione si possono ottenere risultati uguali, anche quando le analisi siano ripetute dallo stesso tecnico-analista sulla stessa apparecchiatura. Le differenze, più o meno lievi, sono dovute agli errori insiti nel sistema di misura (metodologie di preparazione del campione, taratura degli strumenti, etc.) che formano nel loro insieme il cosiddetto errorre sistematico che dal punto di vista statistico viene indicato come "deviazione standard". All'errore sistematico si sommano gli errori accidentali, ossia casuali, dovuti ad esempio a piccole disattenzioni da parte del tecnico che esegue l'analisi, oppure a improvvise variazioni strumentali o a molteplici altre cause collegate alla misurazione.

Da questo insieme di lievi malfunzionamenti e di piccole starature delle apparecchiature deriva il fatto che ben raramente un'analisi raggiunge il valore totale del 100%, sebbene in qualche laboratorio si usino metodi "pesati" che consistono nel distribuire le differenze ai vari elementi sino a raggiungere il 100%. Pertanto un'analisi può essere considerata soddisfacente anche se chiude intorno al 98-99%. Al contrario, sarebbe errato, e imprudente, accettare la percentuale di un elemento che sia stata dedotta per differenza. Capita infatti che qualche analista per risparmiare tempo non determini tutti gli elementi più importanti e ricavi l'ultimo per differenza: egli cioè attribuisce all'elemento non determinato la quota di percentuale rimasta scoperta. Ovviamente questo procedimento non è accettabile in quanto può indurre in errori grossolani. Infatti non è possibile stabilire a priori né la percentuale dell'elemento incognito né tantomeno l'eventuale errore sugli altri elementi, e neppure escludere la presenza di ulteriori elementi a livello di traccia.

Nel "leggere" i risultati di un'analisi è quindi buona norma essere a conoscenza delle caratteristiche della strumentazione impiegata, e appurare altresì se i valori percentuali forniti sono frutto di una sola misurazione, oppure rappresentano la media di più misurazioni. Quest'ultimo caso offre, naturalmente, maggiori garanzie di attendibilità.

INSERTO O

TAVOLA PERIODICA DEGLI ELEMENTI

Massa atomica calcolata rispetto alla massa atomica A_r (^{12}C) = 12
[Pure and Applied Chemistry - Vol 37, No. 4 - (1974)]

N.B. La Massa Atomica degli elementi radioattivi meno comuni è indicata fra parentesi.

A causa delle variazioni naturali della composizione isotopica, la massa atomica è considerata valida con una possibile variazione di ± 1 sull'ultima cifra.

Per la massa atomica seguita da · la validità è invece di ± 3 sempre relativamente all'ultima cifra.

Gruppo

Gruppo	Numero atomico	Simbolo	Nome	Massa atomica	Struttura elettronica
Ia	1	H	Idrogeno	1.0079	$1s^1$
Ia	3	Li	Litio	6.941*	$[He]2s^1$
Ia	11	Na	Sodio	22.98977	$[Ne]3s^1$
Ia	19	K	Potassio	39.098*	$[Ar]4s^1$
Ia	37	Rb	Rubidio	85.4678*	$[Kr]5s^1$
Ia	55	Cs	Cesio	132.9054	$[Xe]6s^1$
Ia	87	Fr	Francio	[223]	$[Rn]7s^1$
IIa	4	Be	Berillio	9.01218	$[He]2s^2$
IIa	12	Mg	Magnesio	24.305	$[Ne]3s^2$
IIa	20	Ca	Calcio	40.08	$[Ar]4s^2$
IIa	38	Sr	Stronzio	87.62	$[Kr]5s^2$
IIa	56	Ba	Bario	137.34*	$[Xe]6s^2$
IIa	88	Ra	Radio	226.0254	$[Rn]7s^2$
IIIb	21	Sc	Scandio	44.9559	$[Ar]3d^14s^2$
IIIb	39	Y	Ittrio	88.9059	$[Kr]4d^15s^2$
IIIb	57	La	Lantanio	138.9055*	$[Xe]5d^16s^2$
IIIb	89	Ac	Attinio	[227]	$[Rn]6d^17s^2$
IVb	22	Ti	Titanio	47.90*	$[Ar]3d^24s^2$
IVb	40	Zr	Zirconio	91.22	$[Kr]4d^25s^2$
IVb	72	Hf	Afnio	178.49*	$[Xe]4f^{14}5d^26s^2$
Vb	23	V	Vanadio	50.941.4*	$[Ar]3d^34s^2$
Vb	41	Nb	Niobio	92.9064	$[Kr]4d^45s^1$
Vb	73	Ta	Tantalio	180.9479*	$[Xe]4f^{14}5d^36s^2$
VIb	24	Cr	Cromo	51.996	$[Ar]3d^54s^1$
VIb	42	Mo	Molibdeno	95.94*	$[Kr]4d^55s^1$
VIb	74	W	Tungsteno (Wolframio)	183.85*	$[Xe]4f^{14}5d^46s^2$
VIIb	25	Mn	Manganese	54.9380	$[Ar]3d^54s^2$
VIIb	43	Tc	Tecnezio	[97]	$[Kr]4d^55s^2$
VIIb	75	Re	Renio	186.207	$[Xe]4f^{14}5d^56s^2$
VIII	26	Fe	Ferro	55.847*	$[Ar]3d^64s^2$
VIII	27	Co	Cobalto	58.9332	$[Ar]3d^74s^2$
VIII	28	Ni	Nichelio	58.70	$[Ar]3d^84s^2$
VIII	44	Ru	Rutenio	101.07*	$[Kr]4d^75s^1$
VIII	45	Rh	Rodio	102.9055	$[Kr]4d^85s^1$
VIII	46	Pd	Palladio	106.4	$[Kr]4d^{10}$
VIII	76	Os	Osmio	190.2	$[Xe]4f^{14}5d^66s^2$
VIII	77	Ir	Iridio	192.22*	$[Xe]4f^{14}5d^76s^2$
VIII	78	Pt	Platino	195.09*	$[Xe]4f^{14}5d^96s^1$
Ib	29	Cu	Rame	63.546*	$[Ar]3d^{10}4s^1$
Ib	47	Ag	Argento	107.868	$[Kr]4d^{10}5s^1$
Ib	79	Au	Oro	196.9665	$[Xe]4f^{14}5d^{10}6s^1$
IIb	30	Zn	Zinco	65.38	$[Ar]3d^{10}4s^2$
IIb	48	Cd	Cadmio	112.40	$[Kr]4d^{10}5s^2$
IIb	80	Hg	Mercurio	200.59*	$[Xe]4f^{14}5d^{10}6s^2$
IIIa	5	B	Boro	10.81	$1s^22s^22p^1$
IIIa	13	Al	Alluminio	26.98154	$[Ne]3s^23p^1$
IIIa	31	Ga	Gallio	69.72	$[Ar]3d^{10}4s^24p^1$
IIIa	49	In	Indio	114.82	$[Kr]4d^{10}5s^25p^1$
IIIa	81	Tl	Tallio	204.37*	$[Xe]4f^{14}5d^{10}6s^26p^1$
IVa	6	C	Carbonio	12.011	$1s^22s^22p^2$
IVa	14	Si	Silicio	28.086*	$[Ne]3s^23p^2$
IVa	32	Ge	Germanio	72.59*	$[Ar]3d^{10}4s^24p^2$
IVa	50	Sn	Stagno	118.69*	$[Kr]4d^{10}5s^25p^2$
IVa	82	Pb	Piombo	207.2	$[Xe]4f^{14}5d^{10}6s^26p^2$
Va	7	N	Azoto	14.0067	$1s^22s^22p^3$
Va	15	P	Fosforo	30.97376	$[Ne]3s^23p^3$
Va	33	As	Arsenico	74.9216	$[Ar]3d^{10}4s^24p^3$
Va	51	Sb	Antimonio	121.75*	$[Kr]4d^{10}5s^25p^3$
Va	83	Bi	Bismuto	208.9804	$[Xe]4f^{14}5d^{10}6s^26p^3$
VIa	8	O	Ossigeno	15.9994*	$1s^22s^22p^4$
VIa	16	S	Zolfo	32.06	$[Ne]3s^23p^4$
VIa	34	Se	Selenio	78.96*	$[Ar]3d^{10}4s^24p^4$
VIa	52	Te	Tellurio	127.60*	$[Kr]4d^{10}5s^25p^4$
VIa	84	Po	Polonio	[209]	$[Xe]4f^{14}5d^{10}6s^26p^4$
VIIa	9	F	Fluoro	18.99840	$1s^22s^22p^5$
VIIa	17	Cl	Cloro	35.453	$[Ne]3s^23p^5$
VIIa	35	Br	Bromo	79.904	$[Ar]3d^{10}4s^24p^5$
VIIa	53	I	Iodio	126.9045	$[Kr]4d^{10}5s^25p^5$
VIIa	85	At	Astato	[210]	$[Xe]4f^{14}5d^{10}6s^26p^5$
0	2	He	Elio	4.00260	$1s^2$
0	10	Ne	Neon	20.179*	$1s^22s^22p^6$
0	18	Ar	Argo	39.948*	$[Ne]3s^23p^6$
0	36	Kr	Kripto	83.80	$[Ar]3d^{10}4s^24p^6$
0	54	Xe	Xeno	131.30	$[Kr]4d^{10}5s^25p^6$
0	86	Rn	Radon	[222]	$[Xe]4f^{14}5d^{10}6s^26p^6$

Lantanidi:

Numero atomico	Simbolo	Nome	Massa atomica	Struttura elettronica
58	Ce	Cerio	140.12	$[Xe]4f^15d^16s^2$
59	Pr	Praseodimio	140.9077	$[Xe]4f^36s^2$
60	Nd	Neodimio	144.24*	$[Xe]4f^46s^2$
61	Pm	Prometeo	[145]	$[Xe]4f^56s^2$
62	Sm	Samario	150.4	$[Xe]4f^66s^2$
63	Eu	Europio	151.96	$[Xe]4f^76s^2$
64	Gd	Gadolinio	157.25*	$[Xe]4f^75d^16s^2$
65	Tb	Terbio	158.9254	$[Xe]4f^96s^2$
66	Dy	Disprosio	162.50*	$[Xe]4f^{10}6s^2$
67	Ho	Olmio	164.9304	$[Xe]4f^{11}6s^2$
68	Er	Erbio	167.26*	$[Xe]4f^{12}6s^2$
69	Tm	Tulio	168.9342	$[Xe]4f^{13}6s^2$
70	Yb	Itterbio	173.04*	$[Xe]4f^{14}6s^2$
71	Lu	Lutezio	174.97	$[Xe]4f^{14}5d^16s^2$

Attinidi:

Numero atomico	Simbolo	Nome	Massa atomica	Struttura elettronica
90	Th	Torio	232.0381	$[Rn]6d^27s^2$
91	Pa	Protoattinio	231.0359	$[Rn]5f^26d^17s^2$
92	U	Uranio	238.029	$[Rn]5f^36d^17s^2$
93	Np	Nettunio	237.0482	$[Rn]5f^46d^17s^2$
94	Pu	Plutonio	[244]	$[Rn]5f^67s^2$
95	Am	Americio	[243]	$[Rn]5f^77s^2$
96	Cm	Curio	[247]	$[Rn]5f^76d^17s^2$
97	Bk	Berkelio	[247]	$[Rn]5f^97s^2$
98	Cf	Californio	[251]	$[Rn]5f^{10}7s^2$
99	Es	Einsteinio	[254]	$[Rn]5f^{11}7s^2$
100	Fm	Fermio	[257]	$[Rn]5f^{12}7s^2$
101	Md	Mendelevio	[258]	$[Rn]5f^{13}7s^2$
102	No	Nobelio	[255]	$[Rn]5f^{14}7s^2$
103	Lw	Lawrencio	[260]	$[Rn]5f^{14}6d^17s^2$

Es. 1 Numero atomico   1.0079 Massa atomica   H Simbolo   Idrogeno $1s^1$ Struttura elettronica

II.3.1 ANALISI CHIMICHE QUANTITATIVE PER VIA UMIDA

Nell'ambito dei metodi chimici tradizionali, per eseguire l'analisi quantitativa di una sostanza si possono applicare l'analisi volumetrica detta anche per titolazione, l'analisi colorimetrica e l'analisi gravimetrica detta anche ponderale.

Sono tecniche che affondano le radici nella tradizione: esse rappresentano la naturale continuazione ed evoluzione dei primi esperimenti analitici compiuti empiricamente dagli antichi in campo chimico, ampliati ed affinati dall'alchimia nell'illusione di riuscire a trasformare in oro i metalli non nobili, sino a pervenire attraverso progressive conquiste alle sofisticate tecnologie moderne. Proprio per la loro lenta genesi, queste tecniche sono basate essenzialmente sull'esperienza e sulla sensibilità manuale dell'analista, e richiedono tempi molto lunghi. Nell'epoca moderna sono state superate da tecniche strumentali, più sensibili e soprattutto più rapide e automatizzate.

Per le due prime analisi, volumetrica e colorimetrica, ci si limita ad alcuni brevi accenni, mentre l'analisi gravimetrica viene descritta in maggior dettaglio, essendo tuttora utilizzata soprattutto per la determinazione della silice ed essendo il punto di partenza di tutte le analisi che richiedono campioni solubilizzati.

ANALISI VOLUMETRICA

È una tecnica basata sull'uso di soluzioni di reattivi a concentrazione esattamente nota, chiamate "soluzioni titolate", che sono preparate pesando con la massima precisione una determinata quantità di una data sostanza pura, e sciogliendola in un volume noto di solvente.

Per eseguire l'analisi, viene scelta la soluzione titolata di una sostanza capace di reagire completamente col composto presente nella soluzione che si vuole analizzare, e la si aggiunge gradualmente a quest'ultima. Viene anche aggiunto un indicatore, cioè una sostanza che dà origine a colorazioni differenti a seconda che sia più o meno combinabile con gli elementi da determinare.

La fine dell'operazione, chiamata "titolazione", è indicata da un cambiamento fisico della soluzione in esame, che consiste di regola in un viraggio del colore. Dal volume del reattivo impiegato nell'analisi si può risalire con opportuni calcoli agli elementi costituenti la soluzione analizzata. La fine della reazione può essere rivelata anche con altra metodologia, ossia attraverso un potenziometro che indica il cambiamento di potenziale avvenuto nella soluzione in esame quando ha reagito con la soluzione titolata. Con questo metodo non è necessario aggiungere l'indicatore di colore.

L'analisi volumetrica si distingue in diversi rami a seconda della reazione che avviene tra la soluzione incognita e la soluzione titolata impiegata per l'operazione. Abbiamo così l'acidimetria, l'alcalimetria, l'argentometria, l'ossidimetria, ed altri metodi analitici. Quando il materiale da esaminare è allo stato solido, come nel caso della ceramica, un campione del manufatto ceramico da analizzare viene pesato con estrema precisione, indi viene solubilizzato con appropriati solventi, ottenendo così la soluzione da sottoporre alla titolazione.

In mancanza di tecniche strumentali più rapide, questo tipo di analisi viene ancora oggi usato per la determinazione di Al_2O_3, CaO, MgO e FeO. Per ottenere dati attendibili e riproducibili, si richiede a chi esegue l'analisi un'approfondita esperienza nel campo specifico.

ANALISI COLORIMETRICA

È una tecnica basata sulla misura dell'intensità di colore di una soluzione — colorata — del composto da esaminare. È fondata sulla proprietà che hanno molte sostanze organiche e inorganiche di formare soluzioni colorate dove l'intensità del colore è direttamente proporzionale alla concentrazione della sostanza solubilizzata.

L'analisi si compie mediante il confronto del colore della soluzione incognita con una serie di altre soluzioni standard che contengono quantità differenti, ma esattamente note, dello stesso composto di cui si vuole determinare la concentrazione. Sino ai tempi recenti il confronto veniva eseguito visivamente. Oggi è possibile sostituire l'occhio dell'analista con lo spettrofotometro, che misura automaticamente e con grande precisione il punto in cui avviene la variazione del colore (II.1.3).

In mancanza di tecniche strumentali più rapide, questo tipo di analisi viene ancora oggi usato per la determinazione di Fe_2O_3 e TiO_2. Anche in questo caso, come per l'analisi volumetrica, si richiedono all'analista doti di precisione e grande attenzione alle procedure. Qualora non sia disponibile uno spettrofotometro, è necessaria anche una buona percezione visiva per stabilire il momento del viraggio del colore della soluzione.

ANALISI GRAVIMETRICA PER VIA UMIDA

L'analisi gravimetrica per via umida è un'analisi quantitativa basata sulla formazione, precipitazione e verifica del peso di un composto contenente l'elemento da determinare. Tale composto viene ottenuto dalla sostanza "madre" mediante una complessa e sistematica serie di operazioni che riguardano principalmente il prelievo di una quantità esattamente determinata della sostanza da esaminare che viene solubilizzata con apposite tecniche, e la precipitazione dalla soluzione dell'elemento ricercato, sotto forma di composto insolubile. Il composto così ottenuto viene poi separato mediante filtrazione dagli altri elementi rimasti nella soluzione. Viene infine stabilito il peso esatto del composto e rapportato al peso iniziale della sostanza, in modo da risalire alla percentuale dell'elemento ricercato.

È da aggiungere e da sottolineare che la metodologia che è alla base dell'analisi gravimetrica viene utilizzata anche per preparare i campioni da sottoporre ad altri tipi di analisi quali le due tecniche indicate in precedenza, l'analisi volumetrica e l'analisi colorimetrica. Anche molte tecniche strumentali richiedono che il campione sia solubilizzato prima di essere sottoposto ad esame. Ad esempio, l'analisi di assorbimento atomico prevede che il campione sia attaccato con una miscela di opportuni acidi, quali acido cloridrico, acido fluoridrico, acido solforico od altri ancora, e portato in soluzione (II.3.3).

Pertanto, la metodologia per via umida può essere considerata il punto di partenza di tutte le analisi che richiedono campioni solubilizzati.

STRUMENTAZIONE

Per eseguire l'analisi sono necessari strumenti quali la bilancia analitica, le dosatrici di volumi, i crogioli per fusione, i becchi Bunsen, le muffole elettriche, gli essiccatori ed altri. Di questa attrezzatura viene qui di seguito fornita una breve descrizione.

— La bilancia è uno strumento indispensabile per questo tipo di analisi, svolgendo un ruolo di primaria importanza. Dalla classica bilancia a doppio piatto, con lettura a specchio, alla moderna bilancia monopiatto completamente automatizzata, requisiti essenziali sono la precisione della pesata e la sensibilità, che arriva a stimare la decima ed anche la centesima parte di un milligrammo (10^{-5} g).

— Le apparecchiature dosatrici di volume sono rappresentate dalle comuni pipette e micropipette di vetro, aventi forma, dimensioni e capacità differenti. Servono per prelevare o per aggiungere quantità note di liquidi.

— I crogioli per fusione possono essere metallici, preferibilmente in platino, oppure in grafite in modo da poter sopportare temperature molto alte.

— I becchi Bunsen a gas e le muffole elettriche sono apparecchi per riscaldamento che servono per calcinare il materiale in esame. Una calcinazione a fiamma libera può essere ottenuta usando un becco Bunsen, o altro tipo di becco a gas, eventualmente potenziato da una soffieria per raggiungere temperature più alte. Oppure può essere adoperata una muffola funzionante a resistenza elettrica, munita di pirometro, con possibilità di graduare l'aumento termico. In questo secondo caso il materiale viene calcinato a fiamma indiretta, in condizioni costanti e riproducibili, con aumento controllato della temperatura.

— "Essiccatori" vengono comunemente chiamati due differenti tipi di apparecchi che assicurano la necessaria protezione dai fattori ambientali al composto insolubile contenuto nei crogioli appena estratti dalla muffola. Il primo tipo di essiccatore è una stufa termoregolata, funzionante a bassa temperatura, di regola sotto i 200°C. Il secondo tipo è rappresentato da contenitori di vetro speciale, a tenuta stagna, di forma simile a un barattolo, sul cui fondo è posto uno strato di sostanze disidratanti allo scopo di evitare che il peso del composto insolubile possa essere influenzato dall'umidità atmosferica. Di norma i due essiccatori sono complementari: appena estratto dalla muffola dove è avvenuta la calcinazione, il crogiolo contenente il composto insolubile viene collocato dentro un essiccatore di vetro, che a sua volta viene posto all'interno dell'essiccatore a stufa per un raffreddamento graduale, senza pericolo di contaminazioni e protetto dall'umidità atmosferica.

Per eseguire l'analisi gravimetrica, occorre compiere una serie di operazioni analitiche che differiscono a seconda del tipo di materiale in esame. A grandi linee, per i silicati la prima fase dell'analisi prevede l'esatta determinazione del peso del campione da analizzare. Segue la dissoluzione per mezzo di solventi adatti: il campione viene dapprima macinato, sottoposto se necessario a fusione, indi attaccato con acidi (HCl, H_2SO_4, HF, etc.) o miscele di acidi. La soluzione così ottenuta viene portata a volume, ossia diluita con acqua distillata sino ad ottenere un determinato volume.

Nella seconda fase delle operazioni, dalla soluzione viene prelevata una quantità esatta alla quale si aggiunge l'appropriato reattivo: questo fa precipitare l'elemento ricercato sotto forma di composto insolubile, che viene comunemente chiamato "il precipitato". Il precipitato così ottenuto viene filtrato attraverso carta da filtro quantitativa oppure mediante crogioli filtranti, indi essiccato nella stufa termoregolata alla temperatura prescritta dal metodo di analisi. Segue la calcinazione: posto dentro un crogiolo di platino, il precipitato viene calcinato a fiamma diretta mediante un becco Bunsen a gas oppure a fiamma indiretta all'interno di una muffola elettrica. Dopo il raffreddamento, il precipitato viene pesato con estrema precisione, e mediante opportuni calcoli il suo peso viene messo in rapporto al peso iniziale del campione. Indi, con altri calcoli, si ricava il valore percentuale dell'elemento ricercato, che viene sempre espresso come ossido.

Questa serie di operazioni viene ripetuta più volte, a seconda del numero degli elementi che si vogliono determinare. Ogni volta viene usato un reattivo diverso, appropriato per l'elemento ricercato, ottenendo alla fine delle operazioni il valore percentuale di quell'elemento specifico. Qualora la procedura venga continuata, si può arrivare a determinare tutti i più importanti elementi presenti nelle argille e nei manufatti ceramici.

APPLICAZIONE

L'analisi gravimetrica è una tecnica distruttiva in quanto il campione deve essere portato in soluzione. È l'analisi chimica quantitativa per eccellenza, che trae origine dagli esperimenti condotti dagli alchimisti medievali e che si è affinata lungo i secoli sino a raggiungere un alto grado di precisione.

A fianco degli aspetti positivi, essa ne presenta alcuni negativi: è una tecnica estremamente laboriosa che richiede lungo tempo per la sua esecuzione. Il controllo dei pesi e tutta la serie delle operazioni necessarie per arrivare a determinare la percentuale di un elemento comportano un forte dispendio di tempo e di energia umana. Inoltre questa tecnica presuppone una consolidata esperienza e grande sensibilità manuale da parte dell'analista, altrimenti possono aversi risultati non precisi.

Agli effetti del costo, l'analisi è relativamente poco costosa per quanto concerne l'apparecchiatura, mentre il lungo impiego di personale tecnico può causare, nei tempi odierni, un aumento notevole di spesa.

Nel complesso, questa analisi resta ancora oggi molto valida soprattutto per la determinazione della silice, che nei silicati rappresenta l'ossido maggiore non solo come quantità, ma anche come importanza. La silice è di difficile determinazione con altre tecniche, ad esempio con l'assorbimento atomico, ragione per cui i laboratori sono soliti integrare i dati mediante l'utilizzo di più tecniche.

È opportuno ricordare che l'analisi gravimetrica può essere utilizzata per via secca qualora si voglia determinare la perdita al fuoco, o perdita alla calcinazione, subìta dalle argille e dai manufatti ceramici.

Per le argille, il campione da esaminare viene essiccato in apposita stufa termoregolata a 110°C, per un minimo di due ore. Indi viene accuratamente pesato, poi sottoposto a cottura a 1000°C. Dopo il raffreddamento, il campione viene nuovamente pesato, e dalla differenza di peso si risale al valore percentuale della perdita di materie volatili subìta. La perdita in peso è dovuta soprattutto alla decomposizione dei minerali argillosi con relativa liberazione dell'acqua chimicamente combinata, alla combustione delle sostanze organiche e alla dissociazione del carbonato di calcio (I.6.2; I.6.4).

Non soltanto per le argille, ma anche per il materiale ceramico può essere talvolta opportuno eseguire la misura ponderale della perdita al fuoco, allo scopo di ottenere delle informazioni circa la cottura subìta dal manufatto in esame. In mancanza di una tecnica strumentale più raffinata quale ad esempio l'analisi termica differenziale (II.5.2), questa misura può fornire un'indicazione, seppure in prima approssimazione, sulla temperatura di cottura cui è stato sottoposto il reperto, specialmente nel caso in cui esso sia stato cotto in origine a una temperatura relativamente bassa, e comunque inferiore a 600-700°C. Occorre però che non sia presente del carbonato di calcio dovuto a fenomeni di carbonatazione causati dalla sepoltura del reperto nel sottosuolo, a diretto contatto con le acque percolanti del sottosuolo (II.2.1).

INSERTO P

PRINCIPI DI SPETTROMETRIA ATOMICA

SPETTRO ELETTROMAGNETICO

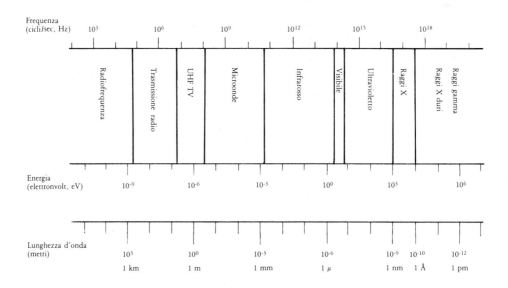

Zone dello spettro elettromagnetico che interessano la spettrometria analitica

Denominazione	λ in nm	equivalenze in Å
Raggi X	0,01 - 1	0,1 - 10
Lontano ultravioletto	1 - 200	$10 - 2 \times 10^3$
Vicino ultravioletto	200 - 400	$2 \times 10^3 - 4 \times 10^3$
Visibile	400 - 700	$4 \times 10^3 - 7 \times 10^3$
Vicino infrarosso	700 - 3000	$7 \times 10^3 - 3 \times 10^4$
Medio infrarosso	$3000 - 3 \times 10^4$	$3 \times 10^4 - 3 \times 10^5$
Lontano infrarosso	$3 \times 10^4 - 3 \times 10^5$	$3 \times 10^5 - 3 \times 10^6$

La spettrometria è una tecnica analitica che permette di identificare qualitativamente e quantitativamente una sostanza studiando la natura e l'intensità delle onde elettromagnetiche che la sostanza è in grado di emettere o di assorbire, in condizioni sperimentali appropriate. Può essere applicata mediante differenti tecniche strumentali, ciascuna con il suo specifico campo di applicazione nell'ambito dello spettro elettromagnetico, e precisamente nel settore tra l'infrarosso e i raggi X. (Per la spettrometria gamma vedi Inserto R e II.3.5). Ai fini analitici e applicativi la spettrometria qui presa in considerazione copre un settore avente una lunghezza d'onda (λ) compresa tra 10^5 e 0,01 nm circa. Come da tabella sopra riportata, tale settore viene ulteriormente diviso in diverse regioni dai limiti non esattamente precisabili in quanto sconfinanti tra loro.

In ogni analisi, la misura della radiazione di emissione o di assorbimento alle diverse lunghezze d'onda permette di analizzare qualitativamente il campione in esame, mentre un'analisi quantitativa richiede anche la misura assoluta dell'intensità della radiazione assorbita o emessa, mediante confronto con opportuni standard.

La spettrometria viene comunemente così divisa:

— Spettrometria di emissione: identifica gli elementi chimici presenti in una sostanza misurando la lunghezza d'onda e l'intensità delle radiazioni emesse dal campione in particolari condizioni. Per emettere delle radiazioni, gli atomi del campione debbono essere eccitati mediante assorbimento di energia: questa può essere termica, oppure elettromagnetica, nel qual caso l'emissione è indotta dall'assorbimento di radiazioni a frequenza maggiore di quella della radiazione emessa.

Di regola, il campo spettrale interessato dalla spettrofotometria di emissione va dall'ultravioletto all'infrarosso.

Ai fini che si propone la presente trattazione, verrà illustrato lo spettrometro in emissione di fiamma (II.3.2).

— Spettrometria di assorbimento (o semplicemente ''spettrofotometria''): identifica gli elementi chimici presenti in una sostanza misurando la lunghezza d'onda e l'intensità delle radiazioni assorbite dal campione in particolari condizioni. L'energia di eccitazione viene fornita sotto forma di radiazioni elettromagnetiche: il campione assorbe le radiazioni, passando allo stato eccitato. In corrispondenza si produce lo spettro di assorbimento che è tipico degli elementi componenti il campione.

Il campo spettrale interessato dalla spettrofotometria è molto più vasto che nel caso precedente, e va dal lontano ultravioletto al lontano infrarosso.

Ai fini che si propone la presente trattazione, verrà illustrato lo spettrofotometro per assorbimento atomico (II.3.3).

— Spettrometria a raggi X: identifica gli elementi chimici presenti in una sostanza attraverso la misura della lunghezza d'onda delle radiazioni emesse dal campione quando è colpito da un fascio di raggi X oppure è eccitato ad emettere raggi X. Lo spettro emesso in queste condizioni è detto "spettro di fluorescenza X". Di regola, questa tecnica viene trattata in maniera distinta dalle due precedenti in quanto la lunghezza d'onda utilizzata è nel campo delle radiazioni energetiche, e anche perché gli spettrometri a raggi X sono particolarmente complessi dal punto di vista strumentale.

Il campo spettrale interessato riguarda il settore dei raggi X (lunghezza d'onda compresa tra 10^{-1} e 10 Å; energia compresa tra 10^0 e 10^2 keV).

Ai fini che si propone la presente trattazione, verrà illustrato lo spettrometro di fluorescenza a raggi X (II.3.4).

— Spettrometria a raggi gamma: i raggi gamma sono radiazioni elettromagnetiche emesse nella diseccitazione dei nuclei atomici; sono caratteristici della specie nucleare da cui provengono, e hanno energie molto elevate, nell'ordine dei MeV. Dalle misure dell'energia dei raggi gamma è possibile risalire al tipo di radionuclide che li ha emessi.

I princìpi che sono alla base della spettometria gamma formano oggetto di un inserto successivo, con alcuni cenni sulla fisica nucleare (Inserto R).

Il campo spettrale interessato riguarda il settore dei raggi gamma (lunghezza d'onda compresa tra 10^{-3} e 10^{-1} Å; energia 10^3 keV).

Ai fini che si propone la presente trattazione, verrà illustrata la spettrometria gamma associata all'attivazione neutronica (II.3.5).

Prima di passare a descrivere le tecniche sopra citate, si ritiene opportuno fornire alcune indicazioni sul monocromatore e sul rivelatore, due componenti dell'apparecchiatura utilizzata sia nella spettrometria ottica di emissione e di assorbimento, sia nella spettrometria a raggi gamma. Difatti, i particolari costruttivi variano a seconda del tipo di spettrometro, ma le funzioni di questi due importanti strumenti restano invariate in quanto assolvono due compiti fondamentali che possono essere così sintetizzati:

— le radiazioni elettromagnetiche debbono essere separate una dall'altra a seconda della loro lunghezza d'onda allo scopo di studiarne l'interazione con il campione in esame (funzione svolta dal monocromatore);

— dopo l'interazione, è necessario misurare l'intensità delle radiazioni a ogni lunghezza d'onda (funzione svolta dal rivelatore).

MONOCROMATORE

In uno spettrometro, il monocromatore serve a separare le radiazioni a seconda della loro lunghezza d'onda, cioè a discriminare una radiazione di una certa λ. Ciò può aversi sia per la radiazione emessa dal campione in esame (spettrometria di emissione), sia per la radiazione di eccitazione che viene assorbita dal campione (spettrometria di assorbimento).

Parametro principale del monocromatore è l'efficienza di separazione (chiamata anche "risoluzione"). Tanto più alta è l'efficienza, tanto più fine è la separazione in λ delle radiazioni.

Tra i diversi tipi di monocromatori, oggi vengono particolarmente usati quelli a reticolo, formati da una superficie trasparente, percorsa da sottilissime incisioni verticali (da cui deriva il nome "reticolo"). La distanza tra un'incisione e l'altra è paragonabile, come ordine di grandezza, alle lunghezze d'onda del fascio di radiazioni che colpiscono il monocromatore. Per effetto di diffrazione, le diverse radiazioni vengono separate secondo angoli che sono funzione delle rispettive lunghezze d'onda. Nei reticoli impiegati a scopi analitici nel campo delle radiazioni luminose, il numero delle incisioni varia da 400 a 2.000 righe per mm.

Nel campo della spettrometria a raggi X, con lunghezza d'onda da 0,1 a 10 Å, sono usati come monocromatori i "cristalli analizzatori". Si tratta di cristalli di composti inorganici (fluoruro di litio, quarzo, germanio), oppure organici (pentaeritrite, fosfati e ftalati di elementi vari), tagliati secondo opportune direzioni cristallografiche. I piani cristallini svolgono funzione analoga a quella svolta dalle incisioni verticali nel monocromatore a reticolo, in quanto la distanza tra i piani è dello stesso ordine di grandezza della lunghezza d'onda di una radiazione X. È da tenere presente che ogni specifico problema analitico richiede uno specifico cristallo analizzatore, in quanto ciascun cristallo è adatto a separare soltanto intervalli di radiazioni con determinate lunghezze d'onda.

RIVELATORE

Il rivelatore serve a misurare l'intensità delle radiazioni emesse per ogni lunghezza d'onda selezionata dal monocromatore. È da aggiungere che alcuni tipi di rivelatori non richiedono l'uso del monocromatore in quanto forniscono una risposta che dipende dalle lunghezze d'onda.

Il rivelatore più usato è il fototubo moltiplicatore (chiamato comunemente "fotomoltiplicatore"). In esso il segnale luminoso viene trasformato in segnale elettrico per mezzo di un fotocatodo, formato da materiali speciali, che emette elettroni quando è colpito dalla radiazione luminosa. Gli elettroni vengono accelerati sull'anodo tramite un campo elettrico, per cui ne risulta una corrente elettrica di intensità direttamente proporzionale all'intensità della radiazione incidente. Per amplificare il segnale, tra fotocatodo e anodo vengono interposti degli elettrodi (chiamati "dinodi", a tensioni intermedie tra quelle del catodo e dell'anodo), sui quali gli elettroni si moltiplicano per effetto dell'emissione secondaria. Per fare un esempio, se dal fotocatodo parte un elettrone, l'amplificazione causata da dieci dinodi aventi opportune tensioni fa sì che sull'anodo arrivino circa dieci miliardi di elettroni.

Per rivelare i raggi X sono usati soprattutto i rivelatori proporzionali sigillati oppure a flusso di gas (chiamati in lingua inglese sealed detectors o flow-gas detectors), e i rivelatori a scintillazione (scintillation detectors), associati a fotomoltiplicatori (II.3.4).

È da notare che il rivelatore viene talvolta chiamato "contatore", essendo strettamente collegato all'apparecchio dove vengono contati gli impulsi elettrici corrispondenti ai segnali in ingresso.

3.2 SPETTROMETRIA IN EMISSIONE DI FIAMMA

Lo spettrometro in emissione di fiamma, chiamato comunemente "fotometro a fiamma", è uno strumento molto usato nei laboratori grazie alla semplicità costruttiva, alla economicità del costo e alla facilità di impiego. La sorgente di eccitazione ivi impiegata è costituita da una fiamma relativamente calda, ragione per cui questa tecnica permette di determinare soltanto quegli elementi che richiedono una bassa energia di eccitazione, quali i metalli alcalini e gli alcalino-terrosi. Per gli altri elementi la temperatura di questo tipo di fiamma è insufficiente.

La determinazione quantitativa dei diversi elementi chimici è ottenuta mediante il confronto con soluzioni standard a concentrazione nota per ogni specifico elemento.

L'apparecchiatura è realizzata in modo da ottenere la maggiore precisione e riproducibilità possibile.

STRUMENTAZIONE

— Sorgente di eccitazione termica

La funzione della sorgente termica (ossia della fiamma) consiste nell'eccitare gli atomi degli elementi della sostanza in esame, portandoli ad alta temperatura e facendo sì che essi passino dallo stato di energia fondamentale a uno stato eccitato. La temperatura massima raggiungibile dalla fiamma non è però sufficiente per eccitare tutti gli elementi: di regola non supera i 2000°C, per cui possono essere eccitati soltanto elementi quali litio, sodio, potassio, calcio e magnesio.

La fiamma è costituita da due componenti, gas combustibile e gas comburente. Come combustibile viene di solito usato il propano, oppure il butano, il metano, o il gas di città. Come comburente si ricorre all'aria, oppure all'ossigeno o al protossido di azoto. La scelta dipende dall'elemento che si vuole determinare, e di conseguenza dalla temperatura che la fiamma deve raggiungere.

— Bruciatore

All'interno dell'apparecchiatura, combustibile e comburente si mescolano nel bruciatore, e precisamente nella camera di miscelazione dove viene immesso anche il campione della sostanza in esame, che in precedenza è stato portato allo stato di soluzione, indi, opportunamente aspira-

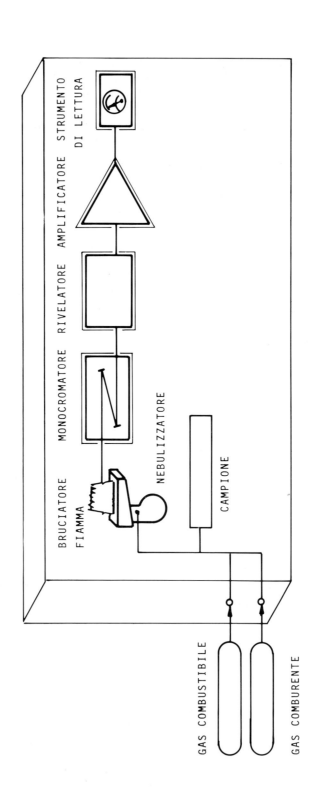

Fig. 32 - Analisi in emissione di fiamma - schema dell'apparecchiatura

to, è passato nel nebulizzatore formando uno *spray* di minutissime particelle. Nella camera di miscelazione il campione nebulizzato, una volta mescolato a gas comburente e gas combustibile, forma una nube che attraversa la testata del bruciatore, testata che di solito ha forma di cilindretto cavo con la parte superiore munita di una serie di forellini. Attraverso questi fori la nube entra nella fiamma: gli atomi degli elementi presenti nel campione vengono eccitati, quando ritornano allo stato fondamentale di energia essi restituiscono l'energia assorbita emettendo radiazioni della lunghezza d'onda tipica dell'elemento emettitore.

— Monocromatore e rivelatore

Lo strumento si avvale come monocromatore di filtri interferenziali, costituiti da sottili lamine metalliche semitrasparenti, poste tra la fiamma e il rivelatore. Quest'ultimo è costituito da un fotomoltiplicatore, a sua volta collegato al sistema di amplificazione del segnale.

— Strumento di lettura

La presentazione dei dati può aver luogo mediante indicatore analogico del tipo ad ago, oppure, nei modelli perfezionati, mediante indicatore digitale.

APPLICAZIONE

La spettrometria in emissione di fiamma è una tecnica distruttiva in quanto il campione della sostanza da analizzare deve essere portato in soluzione, prima di essere immesso nell'apparecchiatura.

Dato lo scarso livello di energia di questo tipo di fiamma, la tecnica è applicabile soltanto alla misura del contenuto di metalli alcalini e alcalino-terrosi: in campo ceramico essa viene utilizzata per determinare il valore percentuale del potassio e del sodio, talvolta anche del calcio. È dunque una tecnica analitica di applicazione limitata, però rapida, di modesto costo e che permette una lettura diretta dei risultati.

3.3 SPETTROMETRIA DI ASSORBIMENTO ATOMICO

Per la spettrometria di assorbimento (o ''spettrofotometria'', denominata comunemente AAS, *Atomic Absorption Spectrophotometry*), viene qui descritto lo spettrofotometro per assorbimento atomico, uno

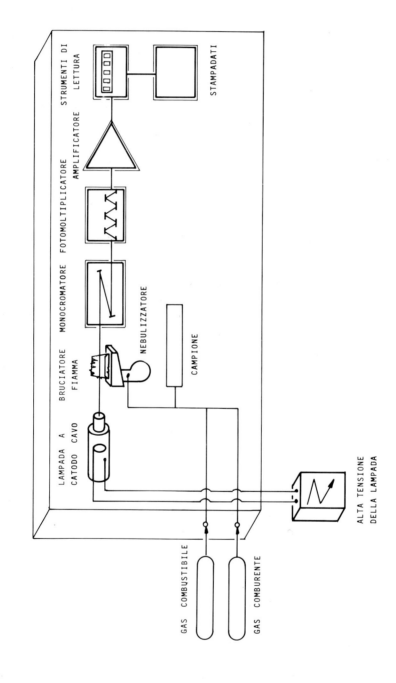

SPETTROFOTOMETRO PER ASSORBIMENTO ATOMICO

Fig. 33 - Analisi di assorbimento atomico - schema dell'apparecchiatura

strumento complesso che soltanto negli ultimi decenni è diventato di uso comune nei laboratori, dopo il superamento di non facili problemi costruttivi.

Come premessa, è opportuno ricordare che esiste una regola generale nella spettrometria atomica secondo cui, considerando lo spettro di emissione e lo spettro di assorbimento di un dato elemento, le righe di emissione corrispondono alle righe di assorbimento. Pertanto, lo spettrofotometro si basa sul principio che gli atomi di una soluzione nebulizzata, quando questa è attraversata dalle radiazioni elettromagnetiche fornite da una appropriata sorgente eccitatrice, assorbono soltanto le radiazioni di determinata lunghezza d'onda, ossia le radiazioni caratteristiche dello spettro di emissione dell'elemento ricercato. Ciò in quanto i salti di livello che compie l'elettrone corrispondono esattamente all'energia delle radiazioni emesse dalla sorgente eccitatrice.

Per ogni analisi da effettuare, nell'apparecchiatura viene inserita la sorgente luminosa che fornisce energia con lunghezza d'onda corrispondente all'elemento chimico che si vuole misurare. Il campione del materiale in esame, disgregato e portato in soluzione, viene vaporizzato in una fiamma che riduce gli elementi allo stato atomico. Nella fiamma gli atomi del campione sono sottoposti alle radiazioni emesse dalla sorgente, ma soltanto gli atomi dell'elemento ricercato assorbono parte di tale energia, passando dallo stato fondamentale (ossia non ionizzato né eccitato), a livelli energetici superiori.

Il fotomoltiplicatore, che è situato sul cammino dei raggi luminosi emessi sia dalla fiamma sia dalla sorgente eccitatrice, riceve l'emissione luminosa che corrisponde alla differenza tra la radiazione emessa dalla sorgente e quella assorbita dal campione. Tale differenza è proporzionale alla concentrazione dell'elemento ricercato. Il calcolo delle concentrazioni è effettuato in base al confronto con soluzioni standard, così come avviene nella spettrometria ad emissione di fiamma (II.3.2).

STRUMENTAZIONE

— Sorgente di emissione di radiazioni a lunghezza d'onda variabile.

È costituita da una serie di lampade a catodo cavo, che possono essere singole oppure multiple, a seconda che siano adatte per la determinazione di un solo elemento oppure di più elementi. Ogni lampada è formata da un piccolo recipiente cilindrico di vetro, sigillato, contenente catodo e anodo in un gas a bassa pressione. Il catodo ha la cavità interna rivestita da uno specifico elemento, e durante il riscaldamento emette lo spettro caratteristico di quel tale elemento. Cambiando lampada, si ha così la possibilità di rivelare volta per volta elementi differenti.

— Sistema di atomizzazione del campione, solubilizzato.

Dopo essere stato opportunamente trattato e portato in soluzione, il campione passa attraverso un sistema che lo aspira e lo nebulizza, ossia lo riduce in minutissime particelle prima di immetterlo nella camera di miscelazione.

— Bruciatore.

È alimentato da miscele di gas che raggiungono temperature molto elevate. Di regola, come gas comburente e gas combustibile vengono impiegate miscele di aria-acetilene, oppure protossido di azoto-acetilene qualora sia necessaria una temperatura molto elevata (oltre i 2500°C), per la determinazione di elementi quali alluminio, bario, titanio, etc. Nella camera di miscelazione, il campione nebulizzato si unisce alla miscela dei gas, passando poi nel bruciatore dove è immesso nella fiamma e atomizzato, ossia convertito in una nube di atomi.

— Monocromatore.

Ha il compito di selezionare la lunghezza d'onda specifica dell'elemento ricercato e che coincide con la λ della lampada di emissione. Le radiazioni elettromagnetiche provenienti dalla lampada a catodo cavo e quelle emesse nella fiamma entrano nel monocromatore, che le disperde nelle diverse lunghezze d'onda, inviando alla fenditura di uscita soltanto la radiazione con la lunghezza d'onda che interessa per l'elemento ricercato.

— Rivelatore.

Svolge la funzione di misurare l'intensità della radiazione discriminata dal monocromatore. L'intensità corrisponde a quella della lampada, diminuita per effetto dell'assorbimento da parte del campione. Viene adoperato come rivelatore un fotomoltiplicatore, di regola del tipo che copre la zona spettrale dall'ultravioletto al visibile.

— Catena elettronica.

Amplifica ed analizza il segnale generato dal fotomoltiplicatore, e permette di registrare la misura riguardante l'elemento ricercato.

— Strumento di lettura.

È composto essenzialmente da un lettore digitale, del tipo che permette di visualizzare direttamente le unità di concentrazione, collegato ad altri circuiti ed apparati accessori. A seconda del modello, lo spettrofotometro può essere munito di apposito apparecchio stampante, chiamato comunemente "stampadati", e di un microprocessore che ottimizza le condizioni di misura, effettua rette di calibrazione e correzioni varie.

APPLICAZIONE

La spettrometria di assorbimento è una tecnica distruttiva in quanto la sostanza da analizzare deve essere portata in soluzione. Il campione di materiale ceramico viene dapprima macinato, indi sottoposto ad attacchi acidi (acido cloridrico, acido solforico, acido fluoridrico, etc.) (II.3.1).

È una tecnica dotata di grande versatilità e sensibilità. Versatilità in quanto può essere impiegata per individuare oltre 70 elementi, una gamma cioè che copre pressoché tutti gli elementi che interessano il campo ceramico. Sensibilità in quanto arriva a limiti di rivelabilità molto bassi: per alcuni elementi può arrivare a misurare centesimi ed anche millesimi di ppm. È quindi una tecnica particolarmente adatta per l'analisi elementare in tracce, anche a causa della rapidità di esecuzione e delle possibilità di automazione.

Come aspetto negativo ricordiamo che la determinazione di elementi che siano presenti in forte percentuale richiede una complessa serie di operazioni di diluizione del campione, il che può comportare il rischio di incorrere in errori, talvolta macroscopici. Per taluni elementi, quali il silicio e l'alluminio, è quindi preferibile ricorrere ad altra tecnica analitica.

Un altro aspetto negativo di questa tecnica concerne la pericolosità derivante dall'uso di gas esplosivi in bombole e di fiamme molto calde. Ne consegue la necessità di adottare opportune protezioni in laboratorio. Infine, la necessità di impiegare tecnici specializzati comporta per ogni analisi un costo abbastanza rilevante.

INSERTO Q

ANALISI CHIMICHE E MINERALOGICHE

A titolo esemplificativo, vengono riportati i risultati delle analisi chimiche e mineralogiche eseguite sui campioni di alcune argille della Puglia che ancora oggi sono utilizzate dai vasai tradizionali per la modellazione dei manufatti ceramici.

Le prime tre argille sono calcaree, dotate di buona plasticità, con scarso tenore di ferro, e in cottura assumono colore tenui, dal giallo chiaro al rosato. Sono quindi adatte alla modellazione di manufatti destinati sia a contenere acqua sia per altri usi, domestici e di lavoro (Inserto E). Le successive tre argille, comunemente chiamate "argille da fuoco", contengono scarsi minerali argillosi mentre sono ricche di quarzo; hanno una buona percentuale di ferro e in cottura assumono colore rosso-bruno più o meno intenso. Sono poco plastiche, adatte alla modellazione di manufatti da fuoco utilizzati per cuocere vivande, a contatto diretto e ripetuto con il fuoco.

Seguono le analisi di altri tre tipi di argille, che vengono specificamente usate dai vasai tradizionali pugliesi per ingobbiare rispettivamente in rosso e in bianco i manufatti cotti in monocottura. La prima argilla, chiamata comunemente "bolo", è di tipo illitico e contiene una forte percentuale di ferro, il cui effetto colorante, potenziato dall'ossido di titanio, dà in cottura un ingobbio dal vivace colore rosso-bruno. Le ultime due argille, provenienti dalla Calabria, sono di tipo illitico-montmorillonitico, con basso tenore di ferro, e in cottura assumono colore bianco o comunque molto chiaro (I.4.1).

ANALISI CHIMICA eseguita col metodo della fluorescenza a raggi X (valori espressi in percento)

Denominazione campione	Provenienza	P.F. *	SiO₂	Al₂O₃	Fe₂O₃	TiO₂	CaO	MgO	K₂O	Na₂O	totale
1) Argilla	Grottaglie	15.9	49.9	10.3	4.1	0.4	12.0	3.1	2.6	1.3	99.6
2) Argilla	Grattaglie	19.1	44.7	10.1	2.6	0.35	18.0	2.8	2.0	0.2	99.8
3) Argilla	S. Pietro in Lama	16.2	49.2	11.9	3.2	0.4	13.1	2.8	2.4	0.3	99.5
4) Argilla da fuoco **	Rutigliano	6.7	57.5	20.3	9.4	0.8	0.9	1.2	2.6	0.25	99.7
5) Argilla da fuoco ***	Rutigliano	2.7	72.5	16.5	3.1	0.4	0.7	1.0	2.6	0.2	99.7
6) Argilla da fuoco	Ruffano (da Torre Paduli)	5.2	64.3	18.1	6.7	0.57	0.9	1.3	2.3	0.5	99.9
7) Bolo	Grottaglie	7.6	54.5	19.5	10.5	0.8	0.8	1.0	3.2	1.0	98.9
8) Ingobbio	Calabria	3.6	70.0	17.0	1.2	0.3	0.6	2.2	4.3	0.3	99.5
9) Ingobbio	Calabria	3.5	63.7	17.7	2.1	0.4	0.45	8.6	3.0	0.35	99.8

* : P.F. = perdita al fuoco.
** : chiamata in dialetto pugliese *creta rossa*.
*** : chiamata in dialetto pugliese *creta gialla*.

ANALISI MINERALOGICA eseguita col metodo della diffrazione di raggi X sugli stessi campioni di argilla di cui sopra.

1) Illite con montmorillonite, clorite e calcite. Quarzo subordinato.
2) Illite-montmorillonite e calcite. Quarzo subordinato.
3) Illite-montmorillonite e calcite. Quarzo subordinato. Plagioclasio minimo.

4) Illite con quarzo subordinato.
5) Quarzo e illite.
6) Illite-montmorillonite con quarzo. Plagioclasio e feldspato potassico subordinati.

7) Illite
8) Illite-montmorillonite-clorite e quarzo. Plagioclasio subordinato.
9) Clorite con illite-montmorillonite e quarzo.

Le analisi sono tratte da: N. CUOMO DI CAPRIO, Ceramica rustica tradizionale in Puglia, Galatina 1982, Congedo ed., Appendice N. 1, pp. 320-321.

II.3.4 SPETTROMETRIA DI FLUORESCENZA A RAGGI X

L'analisi di fluorescenza a raggi X (denominata comunemente XRF, *X-Ray Fluorescence*) è un'analisi strumentale che permette di individuare e misurare gli elementi chimici presenti in un materiale, solido o liquido, dal numero atomico 8 in su. Per gli elementi aventi numero atomico superiore a 20 è possibile misurare concentrazioni nell'ordine delle parti per milione.

L'analisi utilizza un tubo a raggi X, oppure una sorgente radioattiva, per eccitare gli atomi contenuti nel campione della sostanza in esame, in modo da produrre l'emissione di radiazioni di fluorescenza X tipiche degli elementi chimici presenti nel campione stesso. L'esame degli spettri di emissione di fluorescenza X viene realizzato secondo due differenti metodologie: 1) il metodo per dispersione di lunghezza d'onda, di maggior uso e adatto alla misura degli elementi leggeri. Rientrano prevalentemente in questa categoria gli elementi che compongono i silicati. 2) il metodo per dispersione di energia, per il momento ritenuto meno adatto all'analisi degli elementi a basso numero atomico. Questo secondo metodo viene indicato sommariamente in fondo al presente capitolo.

FLUORESCENZA A RAGGI X
PER DISPERSIONE DI LUNGHEZZA D'ONDA

Il fascio di radiazioni X di fluorescenza viene convogliato su un cristallo analizzatore che agisce come reticolo di diffrazione. Per poter esaminare l'intero spettro emesso dal campione, tale cristallo viene ruotato in sincronia con il rivelatore per esplorare tutta la regione angolare. I raggi X diffratti dall'analizzatore ad un angolo dipendente dalla lunghezza d'onda e dal tipo di cristallo analizzatore colpiscono il rivelatore, dando luogo a impulsi elettrici. Questi impulsi vengono amplificati, il numero di impulsi nel tempo di misura (conteggi per secondo, ''cps'') viene contato mediante un registratore o un apposito contatore digitale.

In prima approssimazione, l'intensità di emissione X è direttamente proporzionale alla concentrazione degli elementi presenti nel campione.

Per l'applicazione di questa tecnica, il campione della sostanza da analizzare deve subìre opportuni trattamenti che dipendono anche dal tipo di apparecchiatura e dalla metodologia impiegata. A seconda dei casi, il campione viene macinato e ridotto in pastiglie pressate, oppure sottoposto a fusione, oppure portato in soluzione. Si tratta dunque di una tecnica distruttiva.

STRUMENTAZIONE

— Generatore di alta tensione stabilizzato.

Si tratta di un apparecchio capace di generare alta tensione, nell'ordine delle decine di chilovolt (kV), e corrente di filamento, nell'ordine dei milliampere (mA), per alimentare il tubo a raggi X. L'apparecchio è dotato di una stabilizzazione molto spinta, ossia fornisce tensione e corrente rigorosamente costanti.

— Tubo a raggi X.

La sorgente di raggi X comunemente impiegata è un tubo ad alto vuoto; nel suo interno un fascio di elettroni, generati dal riscaldamento di un filamento al passaggio della corrente, sono accelerati dalla tensione fornita dal generatore, applicata tra filamento e anodo (o anticatodo). Gli elettroni colpiscono l'anodo, formato da una piastrina di metallo purissimo, che emette delle radiazioni X con lunghezza d'onda distribuita su uno spettro continuo (spettro di Bremsstrahlung), sul quale sono sovrapposte le righe di emissione X caratteristiche dell'elemento di cui è costituito l'anodo. Nelle applicazioni in campo ceramico si usa un tubo il cui anodo è costituito da Cr oppure da W, Rh, Ag, Au, od altri, e ne vengono sfruttati sia lo spettro di Bremsstrahlung (detto anche "fondo continuo"), sia le righe caratteristiche dell'anodo. Ad esempio, gli elementi leggeri vengono eccitati dal fondo continuo di un tubo al Cr più che dalla riga caratteristica di questo metallo, mentre elementi con numero atomico più alto richiedono energie maggiori, quali quelle delle righe caratteristiche.

Il fascio di raggi X del tubo va a colpire il campione, appositamente trattato, il quale emette le radiazioni caratteristiche dei vari elementi che lo compongono. Attraverso un sistema di collimatori intercambiabili, tali radiazioni vengono inviate al cristallo analizzatore.

— Cristallo analizzatore.

Svolge la funzione di selezionare le singole lunghezze d'onda sulle quali compiere le misure di intensità. Il riconoscimento delle varie righe di emissione permette di risalire agli elementi contenuti nel campione. In pratica, la radiazione proveniente dal campione viene collimata sul cristallo che la diffrange sotto un angolo che dipende dalla lunghezza d'onda e dalle distanze dei piani reticolari secondo i quali il cristallo è taglia-

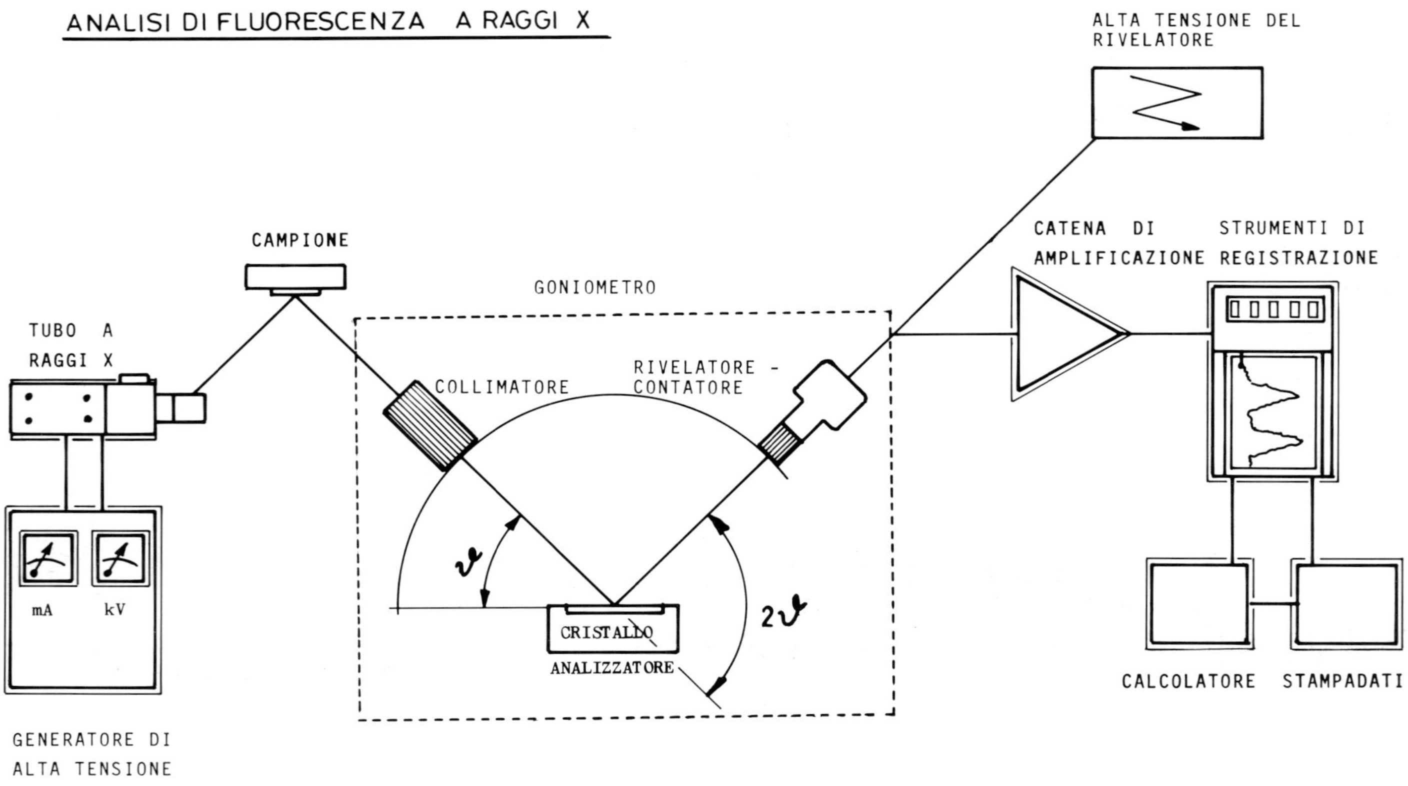

ANALISI DI FLUORESCENZA A RAGGI X

Fig. 34 - Analisi di fluorescenza a raggi X - schema dell'apparecchiatura

to. Per esplorare tutto lo spettro degli elementi misurabili, è pertanto necessario disporre di più cristalli, con diverse distanze dei piani reticolari, avendo ogni cristallo le sue particolari caratteristiche di riflessione, di potere separatore e di fenomeni di interferenza, che ne condizionano la scelta (Inserto P).

— Goniometro a grande raggio.

È lo strumento che permette di misurare l'angolo 2 ϑ formato tra la direzione del fascio di fluorescenza X uscente dal campione e la direzione del fascio diffratto dal cristallo analizzatore. Come già abbiamo visto nella diffrazione di raggi X (II.2.3), il cristallo ruota a una velocità angolare che è esattamente la metà di quella del rivelatore.

— Rivelatore per la misura dei raggi X di fluorescenza.

Questo strumento può essere di vario tipo: normalmente viene utilizzato quello a scintillazione per le piccole lunghezze d'onda (elementi pesanti dotati di alta energia), e quello a flusso di gas per le grandi lunghezze d'onda (elementi leggeri dotati di bassa energia).

Il rivelatore a scintillazione consiste in un cristallo di ioduro di sodio attivato al tallio. Il suo funzionamento si basa su un fenomeno di assorbimento di raggi X grazie al quale, dopo una serie di complicati processi, una parte dell'energia dei raggi X viene trasformata in radiazioni nel campo del visibile. Queste radiazioni luminose, il cui numero è proporzionale alla quantità dei raggi X, vengono successivamente trasformate in impulsi elettrici da un fotomoltiplicatore.

Il rivelatore proporzionale a flusso di gas consiste in un cilindro metallico nel quale è teso in senso longitudinale un filo metallico, isolato dalla parete e ad una notevole differenza di potenziale rispetto a questa. Nel cilindro fluisce continuamente una miscela di argon-metano nella quale i raggi X diffratti dal cristallo analizzatore producono una serie di ionizzazioni, e quindi una serie di variazioni nella tensione tra filo e parete. Tali variazioni vengono registrate come impulsi elettrici, il cui numero è proporzionale all'intensità dei raggi X entrati nel contatore.

— Dispositivi elettronici.

Servono per l'amplificazione dei segnali elettrici generati dal rivelatore e per il trattamento elettronico degli stessi, allo scopo di migliorarne la qualità ed eliminare le interferenze.

— Strumento di registrazione.

A seconda del tipo di apparecchiatura e del corredo di accessori, la registrazione dei segnali può avvenire mediante contatori digitali, oppure mediante una penna scrivente sopra un rotolo di carta graduata che avanza a velocità opportuna, in sincronia con il rivelatore. Le apparecchiature più moderne e automatizzate prevedono l'uso di una stampadati e di un calcolatore (Inserto S). Quest'ultimo è di grande vantaggio qualora si vogliano applicare metodi statistici, ed anche per la correzione del cosiddetto "effetto matrice", ossia la dipendenza dell'intensità della radiazione di un elemento dalla presenza o meno di altri elementi nel campione in esame.

APPLICAZIONE

La fluorescenza a raggi X per dispersione di lunghezza d'onda permette di eseguire misure qualitative e quantitative di un vasto numero di elementi, praticamente di tutti gli elementi compresi tra l'ossigeno e l'uranio. I tempi di analisi sono molto brevi, da pochi secondi a qualche minuto per elemento, e il tipo di analisi è semplice, avendo il pregio di non dare luogo ad ambiguità di interpretazione in quanto lo spettro di emissione di ogni elemento è composto fondamentalmente da poche righe intense.

Quando si effettua una misura qualitativa, si va ad esplorare lo spettro di fluorescenza X e si evidenziano i picchi di emissione. Per la misura delle lunghezze d'onda si ricorre alla legge di Bragg (2d sen ϑ = n λ), già ricordata per l'analisi per diffrazione di raggi X (II.2.3). In questo caso noi conosciamo i valori "d" dei piani reticolari del cristallo analizzatore e il seno ϑ dal valore misurato sul goniometro. Attraverso questi due valori è pertanto possibile rilevare le varie lunghezze d'onda, e di conseguenza, basandosi su apposite tavole sulle quali è riportato lo spettro di fluorescenza per ogni elemento, è possibile risalire ai vari elementi che hanno originato i picchi stessi. Si riesce così ad individuare gli elementi chimici presenti nel campione, senza misurarne il valore percentuale esatto, sebbene talvolta sia possibile arrivare a una valutazione semi-quantitativa.

Per effettuare una misura quantitativa, occorre confrontare il campione con uno standard di riferimento la cui composizione sia accuratamente nota e sia il più vicina possibile a quella del campione in esame. Registrando in un tempo prefissato e costante gli impulsi elettrici derivanti da ciascun elemento presente nel campione e nello standard, è pos-

242

sibile determinare il valore percentuale dei diversi elementi. Attualmente, alcuni complessi programmi di calcolo su elaboratore elettronico permettono il calcolo diretto delle concentrazioni degli elementi, senza bisogno degli standard di riferimento. Questi programmi si avvalgono di correzioni matematiche per ovviare agli effetti di interferenza interelementare, ossia per la correzione del già citato effetto matrice.

A seconda che l'analisi venga eseguita a livello qualitativo o quantitativo, varia la quantità di campione richiesto. Nel primo caso possono essere sufficienti pochi milligrammi, mentre nel secondo caso è necessario di regola un prelievo di alcuni grammi.

FLUORESCENZA A RAGGI X PER DISPERSIONE DI ENERGIA

L'analisi di fluorescenza a raggi X può in alcuni casi essere eseguita direttamente sulla superficie del reperto, senza prelevare alcuna campionatura. La possibilità di avvalersi di questa tecnica non distruttiva è dovuta al metodo per dispersione di energia, basato sull'impiego di rivelatori di silicio o di germanio allo stato solido. Questi rivelatori non richiedono un posizionamento geometrico accurato come è necessario per il cristallo analizzatore nel metodo per dispersione di lunghezza d'onda, per cui il reperto può essere analizzato senza particolari problemi di posizione.

Altri vantaggi offerti da questa tecnica consistono nel fatto che detti rivelatori possono facilmente essere inseriti in apparecchiature portatili, e che l'eccitazione degli elementi richiede tubi a raggi X di bassa potenza oppure sorgenti radioattive molto piccole. Ciò rende possibile effettuare le misure in loco, ad esempio in un museo, senza dover necessariamente trasportare il reperto in laboratorio.

I rivelatori allo stato solido forniscono un segnale elettrico direttamente proporzionale all'energia delle radiazioni X. Poiché, come è ben noto, l'energia è inversamente proporzionale alla lunghezza d'onda, ne consegue che al fine della determinazione degli elementi chimici presenti in una sostanza il misurare l'energia è perfettamente equivalente a misurare la lunghezza d'onda. Il metodo per dispersione di energia corrisponde quindi al metodo per dispersione di lunghezza d'onda trattato in precedenza.

In campo ceramico, questa moderna tecnica è stata applicata allo studio dei rivestimenti vetrosi: soddisfacenti risultati sono stati ottenuti per ceramiche di epoca rinascimentale (maioliche), valutando il tenore di stagno e di piombo presenti nello smalto, senza effettuare alcun prelievo.

Occorre però tenere presente che questa analisi, essendo di superficie, determina con sicurezza soltanto la concentrazione degli elementi chimici presenti nel rivestimento, e non quelli presenti nel corpo ceramico. Proprio perché si tratta di un'analisi di superficie, è necessaria molta cautela al fine di evitare la possibilità di contaminazioni, in quanto la fonte di eccitazione potrebbe eccitare anche gli atomi dello strato sottostante, con fenomeni di interferenza che non sono facilmente controllabili.

Il metodo permette l'analisi qualitativa, o al massimo semi-quantitativa. Infatti, per effettuare analisi quantitative è necessario che il manufatto abbia superfici perfettamente riproducibili, in pratica piane, il che avviene raramente nei reperti antichi. Inoltre, essendo l'analisi quantitativa un'analisi di confronto, occorre che il reperto abbia caratteristiche di superficie che siano il più possibile omogenee, ed occorre avere disponibili degli standard di riferimento di analoga composizione e di analoghe caratteristiche. Tutte queste esigenze possono essere soddisfatte soltanto nel caso di un vasto programma di ricerca che giustifichi la mole di lavoro necessaria.

INSERTO R

APPUNTI DI FISICA NUCLEARE

L'atomo è costituito da un nucleo centrale circondato da elettroni. Il nucleo, in cui è condensata praticamente tutta la massa dell'atomo, è carico positivamente, mentre gli elettroni, che hanno una massa molto piccola, sono carichi negativamente. In condizioni normali, la carica degli elettroni bilancia la carica del nucleo, per cui l'atomo nel suo complesso risulta neutro.

Il nucleo a sua volta è costituito da due tipi di particelle: neutroni e protoni. I primi sono particelle neutre, i secondi sono carichi positivamente. Si definisce "numero atomico", Z, il numero di protoni nel nucleo, che è uguale al numero di elettroni nell'atomo neutro. Si definisce "numero di massa", A, il numero di particelle nel nucleo, ossia protoni + neutroni.

Si definisce "elemento" una specie caratterizzata da un dato valore di Z. Il numero atomico determina da solo le proprietà chimiche dell'elemento, e viene indicato a sinistra del simbolo, in basso. Esempi:

$$_{14}Si \qquad _{13}Al \qquad _{1}H$$

Si definisce "nuclide" una specie caratterizzata da Z e da A. I nuclidi con lo stesso Z e differente A si chiamano "isotopi" (ossia hanno lo stesso numero atomico ma differente numero di massa). La maggior parte degli elementi possiede isotopi stabili, ognuno dei quali è caratterizzato dallo stesso numero di protoni ma da un differente numero di neutroni. Gli isotopi di uno stesso elemento formano quindi atomi aventi proprietà chimiche identiche e proprietà nucleari differenti. L'indice del numero di massa e l'indice del numero atomico vengono posti a sinistra del simbolo, rispettivamente in alto e in basso. Esempi:

$$^{28}_{14}Si \qquad ^{29}_{14}Si \qquad ^{30}_{14}Si \qquad ^{1}_{1}H \qquad ^{2}_{1}H \qquad ^{3}_{1}H$$

I due ultimi isotopi dell'idrogeno sono denominati deuterio e trizio.

Per inciso, rileviamo che, allorquando è indicato il solo numero di massa, nelle vecchie notazioni l'indice è posto in alto, però a destra del simbolo. Ad esempio:

$$Si^{28} \qquad K^{40} \qquad U^{238}$$

Nell'immettere i dati nel calcolatore si usa indicare l'indice sulla stessa riga del simbolo, preceduto da una lineetta. Ad esempio:

$$Si\text{-}28 \qquad K\text{-}40 \qquad U\text{-}238$$

Un nuclide può essere stabile o instabile. Se è instabile, si chiama "radionuclide" o "radioisotopo" e si trasforma spontaneamente con un suo caratteristico modo di decadimento, emettendo una particella energetica alfa o beta, quasi sempre seguita dall'emissione di radiazioni elettromagnetiche (raggi gamma). Esempi di radioisotopi:

$$^{40}_{19}K \qquad ^{238}_{92}U$$

Non è possibile prevedere esattamente quando un nuclide radioattivo subirà un decadimento: caratteristico di ogni nuclide è il "tempo di dimezzamento", ossia il tempo necessario affinché decadano il 50% dei nuclei di partenza.

I modi principali di decadimento sono i seguenti:

— Decadimento alfa: il nuclide radioattivo emette spontaneamente un nucleo di elio, formato da due protoni e da due neutroni, che viene chiamato "particella alfa". In conseguenza dell'emissione, il nuclide si trasforma nel nuclide di un altro elemento, caratterizzato dall'avere quattro nucleoni (due protoni e due neutroni) in meno, e il numero atomico inferiore di due. Esempi:

$$^{238}_{92}U \ \rightarrow \ ^{234}_{90}Th \ + \ ^{4}_{2}He; \qquad ^{226}_{88}Ra \ \rightarrow \ ^{222}_{86}Rn \ + \ ^{4}_{2}He$$

Le particelle alfa emesse dai nuclidi hanno energie caratteristiche dei nuclei emettitori.

— Decadimento beta: il nuclide radioattivo emette spontaneamente un elettrone o un positrone (particella identica all'elettrone ma con carica positiva), accompagnato da una particella senza massa e senza carica detta "neutrino". Il processo corrisponde alla trasformazione, all'interno del nucleo, di un neutrone in un protone, o viceversa. Esempi:

$$^{32}_{15}P \rightarrow \ ^{32}_{16}S \ + \ elettrone \ + \ neutrino$$

$$^{22}_{11}Na \rightarrow \ ^{22}_{10}Ne \ + \ positrone \ + \ neutrino$$

— In seguito al decadimento alfa o beta, accade in molti casi che il nucleo "figlio" sia anch'esso radioattivo. Esso pertanto decade allo stato fondamentale (ossia nello stato avente la più bassa energia possibile), con emissione e tempo di dimezzamento suoi propri. Come già annotato sopra, il decadimento è di regola accompagnato da emissione di raggi gamma, ossia da radiazioni elettromagnetiche (o fotoni) che hanno proprietà analoghe a quelle dei raggi X, ma che possono avere un potere penetrante assai maggiore, essendo dotati di maggiore energia. I raggi gamma sono caratteristici dell'elemento emettitore, e in taluni casi attraverso la misura della loro energia è possibile risalire all'elemento che li ha emessi.

Sia le particelle alfa e beta che i raggi gamma, essendo dotati di energia, si muovono nello spazio sino a quando non hanno ceduto tutta la loro energia alla materia circostante. La distanza che possono percorrere prima di fermarsi è chiamata "range", e dipende dall'energia di cui sono dotate le particelle e dalle caratteristiche della materia che le assorbe.

A causa della loro massa e carica elevate, le particelle alfa interagiscono molto facilmente con la materia che le attornia: nel materiale ceramico la loro energia viene assorbita dopo un percorso di poche decine di micron, mentre il range delle particelle beta arriva ad alcuni millimetri. I raggi gamma hanno un range che arriva ad alcune decine di centimetri, per cui in un manufatto ceramico di modesto spessore la maggior parte di essi ne attraversa la parete, sfuggendo all'esterno: l'energia gamma assorbita dal manufatto è in tal caso trascurabile.

Per concludere questi brevi cenni di fisica nucleare, ricordiamo che le principali sorgenti radioattive possono essere distinte in due gruppi:

1) Elementi radioattivi naturali prodotti nell'evento che ha dato origine all'universo, e che hanno un tempo di dimezzamento talmente lungo da essere sopravvissuti sino ad oggi. I più importanti sono:

$$^{238}_{92}U \qquad ^{235}_{92}U \qquad ^{232}_{90}Th \qquad ^{40}_{19}K$$

I primi tre sono i capostipiti delle tre famiglie radioattive naturali. Ogni famiglia comprende una decina di nuclidi; dopo una lunga catena di decadimenti si forma come nuclide finale stabile un isotopo del piombo.

Un altro nuclide importante è il ^{40}K, l'isotopo radioattivo del potassio, di cui in natura rappresenta lo 0,0118%. È comunemente presente nelle sostanze inorganiche e organiche, e nel decadimento emette particelle beta e raggi gamma.

Radionuclidi possono essere prodotti dall'interazione dei raggi cosmici con elementi presenti in natura. L'esempio più importante è il ^{14}C, che si produce continuamente nell'atmosfera grazie alla cattura di neutroni cosmici da parte dell'azoto presente nell'aria. La successiva combinazione di ^{14}C con ossigeno porta alla formazione di anidride carbonica che si mescola uniformemente all'anidride carbonica non radioattiva presente nell'atmosfera terrestre. Il ^{14}C viene così assorbito dalle piante e dai vegetali durante il processo di fotosintesi, entrando a fare parte di tutte le sostanze organiche (II.4).

2) Elementi radioattivi artificiali prodotti mediante bombardamento di un qualsiasi isotopo con radiazioni nucleari. Queste possono essere generate da reattori nucleari, oppure da acceleratori di particelle, o da altri radioisotopi. Chiamate anche "sorgenti isotopiche", le sorgenti radioattive trovano particolare uso nei trattamenti terapeutici e industriali. Esempi:

$$^{99}_{43}Tc \qquad ^{131}_{53}I \qquad ^{60}_{27}Co \qquad ^{137}_{55}Cs$$

Ricordiamo che l'utilizzazione dei materiali radioattivi comporta la necessità di adottare particolari precauzioni per quanto riguarda la sicurezza del personale tecnico addetto all'apparecchiatura.

3.5 ANALISI PER ATTIVAZIONE NEUTRONICA

L'attivazione neutronica (denominata comunemente NAA, *Neutron Activation Analysis*) è una tecnica analitica d'avanguardia utilizzata per determinare qualitativamente e quantitativamente gli elementi presenti in una sostanza.

L'analisi consiste nel sottoporre un campione della sostanza in esame a bombardamento da parte di particelle nucleari, in genere neutroni. Come risultato, il campione viene reso radioattivo; dallo studio della sua attività è possibile risalire agli elementi che lo compongono e alla loro concentrazione.

a) IRRAGGIAMENTO

Il bombardamento per rendere radioattivo il campione viene di regola eseguito mediante una sorgente di neutroni. Le principali sorgenti oggi impiegate sono le seguenti:

— Reattori di ricerca, di potenza intorno a 10 kW-1 MW, in grado di produrre flussi di neutroni nel range di 10^{11}-10^{13} n/cm^2 sec.

— Acceleratori di particelle cariche: permettono di produrre ed accelerare fasci di particelle cariche, ad esempio deutoni (nuclei del deuterio, radioisotopo dell'idrogeno), di energia nell'ordine di 200 keV. I fasci vengono inviati su bersagli di metallo puro contenenti trizio (radioisotopo dell'idrogeno), provocando una reazione nucleare che produce i neutroni. I tipi di acceleratori disponibili sono in grado di produrre flussi di neutroni nel range di 10^8-10^{11} n/cm^2 sec.

— Sorgenti isotopiche: sono costituite da pasticche in cui un isotopo emettitore di particelle alfa è mescolato uniformemente a berillio. Dalla reazione del berillio con le particelle alfa sono prodotti i neutroni. Le sorgenti più grosse oggi disponibili sono in grado di fornire flussi massimi di neutroni dell'ordine di 10^5 n/cm^2 sec. Il valore alquanto basso del flusso fa sì che queste sorgenti siano utilizzabili soltanto in casi limitati. Al contrario dei reattori e degli acceleratori sopra indicati, esse presentano però il vantaggio di non richiedere alcuna installazione o manutenzione particolare, salvo uno schermo appropriato di protezione.

b) SPETTROMETRIA GAMMA

In un campione ceramico che è stato sottoposto a irraggiamento sono in genere presenti varie specie radioattive. È quindi necessario discriminare ciascuna specie e misurarne l'attività.

Nella maggioranza dei casi, i radionuclidi prodotti dal bombardamento con neutroni, (chiamati "nuclidi genitori"), decadono β^-, ossia emettono elettroni. Dopo il decadimento, il nuclide "figlio" è di regola in stato eccitato, e torna al suo stato fondamentale emettendo uno o più fotoni (raggi γ). L'attività può quindi essere determinata sia attraverso un conteggio β, sia attraverso un conteggio γ. Per vari motivi di ordine strumentale è di gran lunga preferibile basarsi sul conteggio gamma, ed è questo il metodo che viene attualmente utilizzato nelle ricerche concernenti la provenienza dei reperti fittili archeologici.

Per eseguire l'analisi di spettrometria gamma, il campione irraggiato viene collocato a diretto contatto con il rivelatore. I fotoni emessi dal nuclide "figlio" sono assorbiti dal rivelatore, che per ognuno di essi produce un impulso di tensione avente altezza proporzionale all'energia assorbita. Opportunamente trattati ed amplificati, questi impulsi vengono inviati all'analizzatore multicanale che li classifica secondo la loro altezza. La risposta dell'analizzatore consiste in uno spettro in cui sono presenti tanti picchi quante sono le energie gamma emesse dal campione.

Mediante apposite tavole delle energie dei raggi gamma e opportuni calcoli, dalla posizione dei picchi dello spettro è possibile risalire all'energia dei fotoni e quindi al nuclide emettitore (analisi qualitativa). Proseguendo la ricerca, dall'intensità dei picchi è possibile risalire alla concentrazione dei singoli elementi presenti nel campione (analisi quantitativa). In quest'ultimo caso vengono anche eseguiti dei confronti con appropriati standard di riferimento che hanno una composizione analoga a quella del campione ceramico in esame.

STRUMENTAZIONE

— Alimentatore ad alta tensione.

Si tratta di un apparecchio capace di fornire l'alta tensione necessaria al rivelatore, ossia una differenza di potenziale nell'ordine delle decine di chilovolt (kV).

— Rivelatore Ge(Li)

I rivelatori oggi più usati sono i cristalli di Ge(Li) oppure Ge intrinseco, dotati di elevato potere risolutivo. Il cristallo è inserito dentro un apposito contenitore protettivo, di regola avente forma cilindrica, costruito in materiale metallico leggero (ad esempio, in alluminio). Il campione ceramico, che è stato reso radioattivo dall'irraggiamento mediante neutroni, viene appoggiato sull'estremità superiore di tale cilindro, a diretto contatto. Nel rivelatore le energie dei raggi gamma emessi dal campione vengono trasformate in impulsi elettrici, che costituiscono il "segnale" in uscita.

Per un buon funzionamento, il rivelatore deve essere mantenuto a temperatura molto bassa (circa -200°C), il che rende necessario un raffreddamento continuo. Si ricorre pertanto all'impiego di azoto liquido. Il cilindro che contiene il rivelatore è montato sopra un contenitore di azoto liquido chiamato Dewar (Inserto I), e il raffreddamento avviene attraverso un collegamento in materiale conduttore (rame) che "pesca" nell'azoto.

— Preamplificatore e amplificatore.

Sono strumenti che hanno la funzione di amplificare il segnale emesso dal rivelatore, che altrimenti sarebbe troppo basso per essere accettato dall'analizzatore.

— Analizzatore multicanale.

È uno strumento elettronico che classifica automaticamente e con grande rapidità, secondo la loro altezza, gli impulsi elettrici ricevuti dall'amplificatore.

— Strumento di uscita dati.

La visualizzazione dei dati può essere ottenuta tramite uno schermo televisivo incorporato nell'analizzatore, in modo da rendere visibile lo spettro formato dai picchi che corrispondono alle ampiezze degli impulsi elettrici provenienti dal rivelatore, e di conseguenza, attraverso un'apposita taratura dello strumento, alle energie gamma emesse dal campione.

La registrazione dei dati può anche essere ottenuta mediante una stampante digitale che registra il numero di impulsi elettrici inviati in ogni canale di classificazione dell'analizzatore.

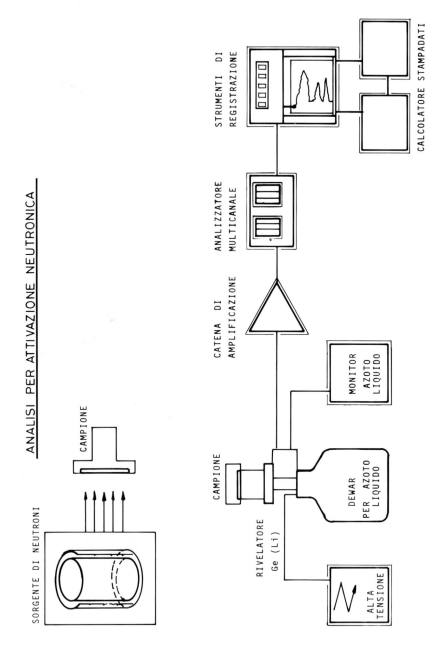

Fig. 35 - Analisi per attivazione neutronica - schema dell'apparecchiatura

APPLICAZIONE

I principali vantaggi offerti dall'analisi per attivazione neutronica possono essere così riassunti:

— il metodo è adatto a rilevare praticamente tutti gli elementi della tavola periodica. Per molti elementi è possibile misurarne la concentrazione da valori di pochi per cento sino al valore di parti per miliardo, senza variare apprezzabilmente la tecnica di analisi.

— il metodo permette grande semplicità e rapidità di esecuzione. Di regola, il campione del manufatto ceramico da sottoporre all'analisi non deve essere sottoposto ad alcun trattamento chimico: esso viene semplicemente macinato oppure ridotto a forme geometriche riproducibili. Ciò comporta scarsi rischi di contaminazione del campione stesso.

— è possibile analizzare simultaneamente diversi elementi, e il metodo è in larga parte automatizzabile. Per lavori di grande routine, è quindi possibile adottare questa tecnica anche per analisi di macro-componenti.

I principali svantaggi possono essere così riassunti:

— l'attivazione neutronica è una tecnica distruttiva, secondo il concetto archeologico, in quanto il campione deve essere polverizzato o comunque ridotto alle dimensioni richieste dal tipo di contenitore in uso nell'apparecchiatura.

— per gli irraggiamenti è necessario disporre di un'attrezzatura molto complessa e costosa, quale un reattore nucleare o un acceleratore di particelle, che non è alla portata di piccoli laboratori. Irraggiare i campioni in un centro munito di tale attrezzatura, e trasportarli successivamente in un altro laboratorio per la misura dell'attività gamma, presenta notevoli difficoltà, ragione per cui anche questa soluzione alternativa è di difficile realizzazione.

— se si considera il capitale richiesto per impianti di tale importanza e tutti i problemi di sicurezza connessi al loro funzionamento, il costo di ogni analisi viene a risultare molto elevato.

È opportuno aggiungere che l'analisi per attivazione neutronica può anche essere utilizzata in maniera non distruttiva, ossia può essere eseguita direttamente sul reperto senza prelevare campioni. Esistono però delle limitazioni all'applicazione del metodo, legate alla necessità che il reperto abbia dimensioni contenute entro limiti specifici, e abbia determinate caratteristiche di riproducibilità. Inoltre questo metodo è ancora allo stato sperimentale, e comporta una caratterizzazione del reperto non in base alla concentrazione assoluta degli elementi (come avviene nella tecnica prima descritta), ma in base ai valori del rapporto delle concentrazioni di determinate coppie di elementi, ad esempio Al-Mn, Mn-Na, Na-V, ed altre. Che il campione sia caratterizzato in base al valore di rapporti di concentrazioni anziché in base a valori assoluti, (come viene di regola fatto), potrebbe costituire un vantaggio ai fini della precisione della caratterizzazione. Sarebbe però necessario che i ricercatori scientifici raggiungessero un accordo su quale dei due metodi applicare, e ciò anche al fine di una standardizzazione delle procedure di analisi.

II.3.6 VALUTAZIONE ED ELABORAZIONE DEI DATI ANALITICI

Dalle differenti analisi di laboratorio scaturisce una massa di dati che per essere significativi vanno interpretati, confrontati ed elaborati.

Come si è già avuto occasione di annotare (II.3), il buon esito di una ricerca dipende da una corretta impostazione dei problemi sin dall'inizio: ipotesi di lavoro formulate in modo pertinente possono ricevere dalle analisi di laboratorio una risposta adeguata; al contrario, da ipotesi non bene impostate derivano risultati poco chiari, o che rimangono dispersi e senza collegamento tra loro.

Quando le analisi riguardano un singolo reperto, di regola l'interpretazione dei risultati non presenta eccessive difficoltà, fornendo una risposta che talvolta può essere risolutiva.

Per fare un esempio, l'archeologo può trovarsi di fronte all'interrogativo se un reperto sia ingobbiato oppure no (I.4.1). Come primo esame, si può ricorrere al microscopio stereoscopico (II.2.1). Se questo non permette di accertare con sicurezza la presenza di un ingobbio, si può effettuare un esame al microscopio mineralogico su sezione sottile (II.2.2). In linea di massima, i risultati dei due esami ottici dovrebbero essere sufficienti per dare una risposta al quesito.

Qualora fosse necessario un ulteriore approfondimento dell'indagine, si può ricorrere ad analisi che permetta di confrontare gli elementi chimici presenti nello strato superficiale del reperto (ossia nell'ingobbiatura, se realmente esistente) con quelli contenuti nello strato interno (ossia nel corpo ceramico vero e proprio). Tale analisi dovrebbe controllare se nei due strati i macro e micro-componenti sono presenti in valori percentuali diversi, e se in uno dei due strati è presente qualche elemento che invece è assente nell'altro strato. All'uopo si può ricorrere ad analisi strumentali quali la fluorescenza a raggi X (II.3.4), oppure l'assorbimento atomico (II.3.3), o l'attivazione neutronica (II.3.5). Qualunque sia l'analisi scelta, occorre tenere ben presente il rischio della contaminazione dei campioni. Infatti, nel prelevare lo strato superficiale del reperto è facile asportare anche piccole parti del corpo ceramico sottostante, con la conseguenza di inquinare i dati dell'analisi. In taluni casi, può anche essere possibile sottoporre il reperto tal quale all'analisi di fluorescenza di raggi X per dispersione di energia (II.3.4), sempreché esso abbia forma idonea, e sempreché sia disponibile un laboratorio con l'apparecchiatura adatta e che abbia esperienza in questo particolare metodo. In tale caso viene sottoposto al fascio di raggi X dapprima lo strato esterno (ossia l'ingobbiatura, se è veramente tale), indi, capovolgendo il reperto, lo strato interno (ossia il corpo ceramico).

Al termine dell'indagine, i risultati dei differenti esami eseguiti mediante lo stereomicroscopio, la sezione sottile e l'analisi chimica strumentale, vanno confrontati tra loro: essi si integrano a vicenda e confluiscono in un unico risultato che conferma o esclude la presenza dell'ingobbiatura, con ciò offrendo una risposta chiara e risolutiva al quesito posto dall'archeologo.

Per fare un altro esempio ancora nel campo dei rivestimenti, supponiamo per ipotesi che l'archeologo sia interessato a conoscere la natura di un'invetriatura, se si tratti di una vernice o di uno smalto (I.4.2). La risposta può essere ottenuta attraverso una tecnica spettrometrica, come nel caso precedente. Infatti sia la fluorescenza, sia l'assorbimento atomico, sia l'attivazione neutronica, permettono di accertare a livello qualitativo, ed anche a livello quantitativo, la presenza di metalli in un materiale. La presenza di stagno nel rivestimento, ad esempio, di maioliche rinascimentali può essere accertata anche con tecnica non distruttiva mediante l'utilizzo della fluorescenza a raggi X per dispersione di energia (II.3.4). Qualora l'analisi accerti la presenza di stagno si ha la conferma che l'invetriatura è uno smalto stannifero.

L'elaborazione dei dati analitici si complica quando la ricerca coinvolge non un singolo reperto, ma un largo numero di reperti da correlare tra loro nell'ambito degli studi di provenienza. Per l'archeologo, individuare i centri produttori dei manufatti ceramici, con tutte le implicazioni che ne derivano sul piano storico, economico e politico, riveste fondamentale importanza, ed è proprio in questo campo che le analisi di laboratorio, soprattutto quelle elementari, possono trovare proficua applicazione. Iniziato quasi casualmente, l'uso delle moderne tecniche analitiche per localizzare le fonti di produzione sta sempre più interessando i ricercatori scientifici, e dai primi tentativi embrionali si assiste a un'evoluzione verso obiettivi più ampi e delineati, grazie anche alla possibilità di avvalersi del computer per l'elaborazione dei dati su basi statistiche.

Il presupposto fondamentale su cui si basano gli studi di provenienza è che i macro e micro-elementi di un'argilla (e ancora meglio i rapporti tra alcuni di essi) siano peculiari dell'area geologica in cui l'argilla stessa si è depositata durante la sua formazione. Come logica conseguenza si può assumere su base statistica che i manufatti fittili prodotti in una specifica area abbiano una composizione chimica correlabile a quella dell'argilla di quell'area, e che manufatti provenienti da altre aree abbiano una diversa composizione chimica.

Ne scaturisce altresì l'ipotesi che manufatti aventi analoga composizione chimica provengano dallo stesso centro produttore anche se hanno caratteri stilistici differenti, e che manufatti aventi simili caratteri stilistici differiscano nella composizione chimica qualora provengano da centri differenti.

In linea generale uno studio di provenienza, dopo essere stato impostato lungo le direttrici indicate dall'archeologo che ha proposto la ricerca, viene condotto in più stadi successivi. In un primo stadio si cerca di individuare gruppi omogenei di manufatti, ossia che presentino composizione chimica analoga. In un secondo stadio si cerca di stabilire se esiste una correlazione sotto l'aspetto della composizione chimica tra uno dei gruppi individuati e le argille della località in cui si presume siano stati prodotti i manufatti di tale gruppo. Se questo assunto viene provato, si può ritenere che i manufatti siano di produzione locale, mentre in caso contrario si può ragionevolmente presumere che siano d'importazione. Va da sè che in questo secondo caso è necessaria una nuova serie di indagini per individuare l'area di produzione.

Nell'ambito di siffatta impostazione generale, ogni laboratorio applica le tecniche che ritiene più appropriate e secondo le apparecchiature di cui dispone. Qualunque sia la tecnica impiegata, regola generale è analizzare un numero di campioni sufficientemente grande (più grande è il numero, più significativi sono i risultati), e misurare per ogni campione la concentrazione del maggior numero possibile di macro e soprattutto di micro-elementi.

Il decidere quali e quanti elementi chimici sia necessario determinare assume fondamentale importanza per riuscire a correlare i manufatti con le argille prelevate nella località dove si presume tali manufatti siano stati prodotti. Sperimentalmente è stato constatato che agli effetti della composizione chimica le argille non variano molto tra loro a livello di macro-componenti, anche quando sono state prelevate in località molto distanti, per cui ne consegue che occorre rilevare un numero elevato di elementi in traccia. Va da sè che, tanto nelle argille quanto nei manufatti da correlare ad esse, vadano ricercati gli stessi elementi chimici, allo scopo di trovare una conferma statistica all'ipotesi della comune origine.

Queste molteplici esigenze postulano la necessità che gli studi di provenienza siano programmati secondo una linea predeterminata, ricorrendo a tecniche analitiche che siano riproducibili e che richiedano il minor tempo possibile per la preparazione dei campioni e per la misurazione. La riproducibilità dei dati è essenziale, e pure la rapidità di esecuzione è importante poiché, come già detto, per essere significativa la ricerca deve includere un largo numero di campioni ed avere il maggior raggio possibile. Sebbene tutte le tecniche spettrometriche siano ugualmente valide, la fluorescenza a raggi X, l'assorbimento atomico e l'attivazione neutronica sono le analisi che hanno oggi maggiore successo in questo campo di applicazione.

Sia nell'impostazione del programma delle analisi da eseguire, sia nell'interpretazione dei risultati, deve essere tenuto debito conto delle numerose varianti dovute al tipo di materiale, alla campionatura, all'errore sistematico e accidentale (II.3).

Per il tipo di materiale, occorre tenere presente che la composizione dei reperti fittili archeologici manca di omogeneità e può variare da punto a punto nello stesso reperto. Per la campionatura, occorre ricordare che la quantità di campione analizzata è minima in confronto all'intero reperto, per cui potrebbe non essere valido il presupposto che la parte sia rappresentativa del tutto. Per quanto riguarda l'errore sistematico occorre tenere in evidenza che da esso dipende la maggiore o minore entità del margine di incertezza: il confronto dei risultati ottenuti mediante l'impiego di tecniche di tipo diverso può servire a valutare l'entità degli eventuali errori.

Quando tutte le analisi di laboratorio sono state completate, i dati vengono elaborati con appositi metodi statistici che mediante diagrammi o altre rappresentazioni grafiche tendono a formare dei gruppi di manufatti omogenei tra loro. Oggi la correlazione tra i reperti viene eseguita con apposite procedure elaborate mediante calcolatore elettronico (Inserto S). Il calcolo è di norma eseguito basandosi sulle concentrazioni assolute degli elementi, sebbene talvolta si ricorra anche al calcolo del rapporto delle concentrazioni di determinate coppie di elementi (II.3.5).

Può essere qui opportuno descrivere brevemente un metodo di analisi statistica denominato *cluster analysis*, comunemente usato in molti laboratori. Grazie a un programma elaborato dal computer esso permette di individuare gruppi omogenei tra i campioni analizzati, ossia permette di stabilire se questi appartengano a una stessa "popolazione" (in altre parole, abbiano la stessa provenienza), oppure appartengano a "popolazioni" diverse (abbiano cioè differente provenienza).

Ogni campione viene considerato come un punto in un "iperspazio" a N dimensioni (cioè uno spazio ideale con più di tre dimensioni), dove con N si intende il numero degli elementi analizzati, e dove il punto corrispondente a ogni campione ha per coordinate il valore in percento o in ppm degli elementi determinati. Quando tutti i dati relativi ai campioni analizzati sono stati collocati nell'iperspazio, i punti corrispondenti ai campioni omogenei tra loro formano una specie di "nuvola" (termine corrispondente all'inglese *cluster*). I campioni aventi caratteristiche chimiche differenti danno invece luogo a punti raggruppati in altre nuvole, e la distanza tra le diverse nuvole è sempre maggiore della distanza tra due punti di una stessa nuvola. In altre parole, reperti aventi simile composizione chimica sono rappresentati da punti raggruppati uno vicino all'altro, formando appunto una nuvola di punti. Fuori di questa nuvola si trovano i punti relativi ai reperti aventi composizione differente, e tanto più essi differiscono dal gruppo, tanto più essi se ne allontanano. Un reperto che si trova totalmente al di fuori del gruppo (ossia di una nuvola) viene considerato *outsider* (o "straniero"). Se il gruppo è ritenuto locale, l'*outsider* viene ritenuto un manufatto d'importazione.

È chiaro che, quanto più grande è il numero dei punti, tanto meglio sono delineate le nuvole che rappresentano le varie popolazioni. Inoltre, quanto maggiore è il numero degli elementi analizzati, tanto minore è il pericolo di ambiguità. Infatti, due popolazioni distinte potrebbero avere uguale valore di concentrazione di un elemento, ma è pressocché impossibile che in entrambe le popolazioni siano uguali le concentrazioni di, poniamo per ipotesi, dieci elementi.

Ricordiamo che questi metodi di elaborazione statistica dei dati non portano ad affermazioni categoriche, ma piuttosto a risposte del tipo: "la probabilità che il campione in esame appartenga a una data popolazione è inferiore a uno per mille", e in tal caso è ragionevole supporre si tratti di un *outsider*.

Traducendo in linguaggio archeologico, possiamo dire che ogni nuvola indica un centro produttore. Se una di queste nuvole viene correlata all'argilla di una specifica area geografica (ossia se la popolazione della nuvola ha composizione chimica correlabile a quella dell'argilla prelevata in quell'area geografica), si ha la conferma di una comune origine. In tale caso la popolazione di quella data nuvola viene ritenuta "locale" rispetto all'area geografica in questione, mentre le popolazioni delle altre nuvole sono da ritenersi manufatti d'importazione.

ESEMPIO DI *CLUSTER ANALYSIS* CONDOTTA SU REPERTI DI LILIBEO

Per maggior chiarezza si riporta un esempio tratto da una ricerca condotta su un gruppo di reperti riportati alla luce negli scavi di Lilibeo (Marsala), e sottoposti ad analisi per attivazione neutronica (A. CESANA - N. CUOMO DI CAPRIO - C. DI STEFANO - M. TERRANI, *Provenance studies on Phoenician-Punic Pottery from Lilibeo by Neutron Activation Analysis*, Comunicazione presentata al "Symposium on Archaeometry", Napoli, 18-23 Aprile 1983).

La prima fase della ricerca è consistita nello scegliere dei manufatti che avessero buone probabilità di essere stati prodotti nella zona del loro ritrovamento, ossia nell'area della città di Lilibeo, l'odierna Marsala. La scelta è caduta sulla ceramica da fuoco che per la composizione grossolana, la modellazione poco curata e la cottura difettosa induce a supporre una lavorazione locale. Scelto un certo numero di manufatti, questi sono stati sottoposti ad esame stereomicroscopico onde avere una conferma, seppure in prima approssimazione, dell'omogeneità delle caratteristiche dei manufatti, in particolare del degrassante quarzoso.

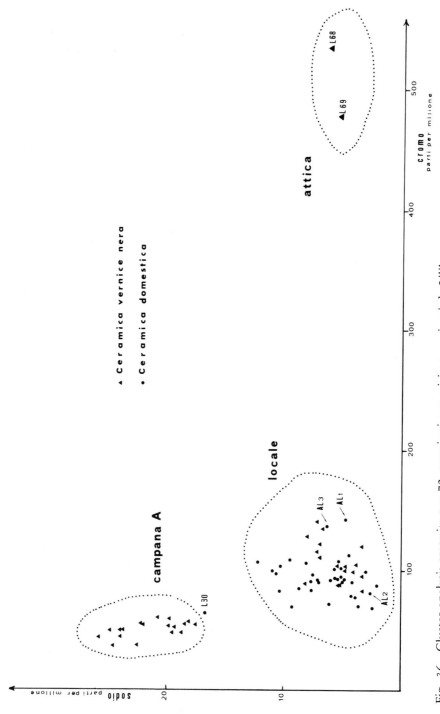

Fig. 36 - Cluster analysis eseguita per 72 campioni ceramici provenienti da Lilibeo. Distribuzione della concentrazione di sodio in funzione della concentrazione di cromo.

È stata pure scelta un'altra serie di manufatti decorati a vernice nera, del tipo Campana A, inquadrati cronologicamente tra la fine del IV e il III sec. a.C.: in base alle caratteristiche del corpo ceramico e della vernice nera, alcuni di essi potevano essere ritenuti di produzione locale, altri d'importazione. Infine sono stati scelti due campioni di ceramica presumibilmente attica. Tutti questi campioni sono stati sottoposti ad esame mediante stereomicroscopio per accertarne la composizione mineralogica.

In parallelo con la selezione dei manufatti, è stata condotta una ricerca intesa ad individuare le cave di argilla ove l'antico vasaio aveva presumibilmente prelevato l'argilla necessaria alla modellazione dei manufatti. L'espansione edilizia della moderna Marsala ha cancellato ogni segno delle antiche cave, ragione per cui è stato giocoforza accontentarsi di prelevare campioni dell'argilla portata occasionalmente alla luce da scavi per fondazioni edilizie, condutture idrauliche etc.

I campioni delle argille sono state sottoposti ad alcune prove per accertarne le principali caratteristiche quali la plasticità, la contrazione di volume e soprattutto il colore assunto dopo la cottura (I.1.1-I.1.4; I.6.2-I.6.4). Alcune delle argille sono state scartate perché sabbiose e non plastiche a sufficienza per poter essere modellate al tornio; altre perché in cottura si sono trasformate in biscotto di colore tendente al bianco, dimostrando di avere un basso valore di ossidi di ferro. Le prove di cottura sono state condotte in muffola elettrica, raggiungendo per ogni campione temperature via via più elevate, da 700° a 950°C, con raffreddamento per via naturale. Da queste prove sperimentali è risultato che soltanto tre argille avevano i requisiti necessari per poter essere accostate ai reperti archeologici in esame.

Nel complesso sono stati pertanto selezionati N. 72 campioni così composti:

— N. 32   campioni di ceramica domestica;
— N. 35   campioni di ceramica decorata a vernice nera, presumibilmente in parte locale e in parte di importazione;
— N. 2   campioni di ceramica presumibilmente attica;
— N. 3   campioni di argille prelevate nella zona di Marsala.

Dopo gli opportuni trattamenti i campioni sono stati sottoposti ad analisi per attivazione neutronica (II.3.5). Sono stati determinati 14 elementi, e precisamente: Na (sodio), Fe (ferro), Cr (cromo), Sc (scandio), Co (cobalto), As (arsenico), Rb (rubidio), Cs (cesio), La (lantanio), Ce (cerio), Eu (europio), Hf (afnio), Th (torio), U (uranio).

I risultati della ricerca sono evidenziati dalla fig. 36, basata sulla concentrazione di sodio in funzione della concentrazione di cromo. I campioni analizzati si ripartiscono essenzialmente in due ''nuvole'': la prima raccoglie i manufatti di produzione locale, ossia la ceramica da fuoco e la ceramica a vernice nera locale, mentre la seconda nuvola ingloba i manufatti a vernice nera del tipo Campana A d'importazione.

I campioni L68 e L69, prelevati da ceramica presumibilmente attica, sono evidentemente ben distinti dalle popolazioni delle due nuvole.

Il campione L30 ha una composizione chimica nettamente differente da quella della ''popolazione'' lilibetana. Dalla fig. 36 potrebbe sembrare che tale campione appartenesse al gruppo della vernice nera di tipo Campana A, però il confronto eseguito sulla base di tutte le concentrazioni dei 14 elementi analizzati (e non soltanto del sodio e del cromo) mostra una sostanziale differenza. Pertanto questo campione proviene sicuramente da una differente area geografica.

Per quanto riguarda le argille (AL1, AL2, AL3), soltanto l'argilla contraddistinta con la sigla AL2 può essere considerata omogenea con i campioni locali. Tuttavia le concentrazioni delle due altre argille, AL1 e AL3, non sono troppo lontane da quelle dei campioni a vernice nera.

Nel complesso, i risultati delle analisi hanno confermato che larga parte dei campioni esaminati possono essere attribuiti alla produzione lilibetana, pur essendo essi diversificati in più gruppi caratteristici. Accanto alla popolazione locale esiste una consistente importazione da altre zone: quali siano queste zone non è dato per il momento sapere. Opportune indagini dovrebbero essere svolte al riguardo, in particolare nell'Italia meridionale e nel Lazio.

Considerazioni finali

L'esempio di *cluster analysis* sopra riportato è indicativo delle possibilità che questo e altri metodi statistici offrono all'archeologo per rafforzare ipotesi formulate su basi tipologico-stilistiche.

Occorre però tendere a una standardizzazione delle ricerche affinché i dati provenienti dai laboratori che operano sia in Italia sia all'estero possano essere confrontati tra loro e utilizzati scambievolmente. Ciò può essere ottenuto ricorrendo a periodiche verifiche delle apparecchiature e delle tecniche operative mediante il confronto con standard primari, ossia con materiali aventi composizione chimica e caratteristiche ben certe. Oppure si può sottoporre ai differenti laboratori uno stesso campione e confrontare i risultati ottenuti, controllandone così il grado di attendibilità.

Sarebbe inoltre auspicabile un più stretto collegamento tra i laboratori impegnati in questo tipo di ricerca in modo da arrivare a creare mediante il computer delle basi di dati che possano agevolare l'individuazione dei centri produttori dei reperti riportati alla luce dagli scavi archeologici.

REPERTI DI LILIBEO
Risultati delle analisi eseguite per attivazione neutronica

Concentrazioni medie dei manufatti (N. 48) di produzione locale (*)				Concentrazioni medie dei manufatti (N. 18) a vernice nera, tipo "Campana A" (*)			
Na	7.09 ±	2.46	‰	Na	20.85 ±	2.49	‰
Fe	4.16 ±	0.35	%	Fe	3.66 ±	0.20	%
Cr	96.7 ±	7.9	ppm	Cr	50.0 ±	7.5	ppm
Sc	12.1 ±	1.1	ppm	Sc	8.19 ±	0.65	ppm
Co	12.7 ±	1.5	ppm	Co	8.72 ±	0.75	ppm
As	11.0 ±	2.0	ppm	As	11.0 ±	3.6	ppm
Rb	98.2 ±	18.3	ppm	Rb	277.1 ±	25.9	ppm
Cs	4.8 ±	0.9	ppm	Cs	19.5 ±	0.7	ppm
La	37.9 ±	4.93	ppm	La	78.1 ±	2.9	ppm
Ce	69.0 ±	6.4	ppm	Ce	130.3 ±	4.9	ppm
Eu	1.21 ±	0.15	ppm	Eu	1.50 ±	0.1	ppm
Hf	5.25 ±	0.86	ppm	Hf	6.85 ±	0.5	ppm
Th	10.9 ±	1.03	ppm	Th	27.2 ±	0.7	ppm
U	2.23 ±	0.39	ppm	U	5.24 ±	0.47	ppm

*) Le concentrazioni qui indicate sono state ottenute mediante la media aritmetica di tutti i valori ottenuti. I valori indicati dopo i segni ± indicano la deviazione standard delle misure e rappresentano il range tra valori massimi e minimi, ossia le variazioni massime e minime attorno al valore medio.

		Campione	Ceramica Attica		Argille		
		L 30	L 68	L 69	Al 1	Al 2	Al 3
Na	‰	16.91	6.14	5.31	4.59	2.63	6.18
Fe	%	3.81	5.74	5.91	4.86	3.08	5.45
Cr	ppm	64.2	536.4	477.6	142.1	80.0	134.6
Sc	ppm	9.96	19.81	21.02	16.22	9.13	16.39
Co	ppm	7.49	34.18	35.93	11.86	9.85	18.55
As	ppm	22.3	34.2	33.7	3.2	20.7	14.3
Rb	ppm	287.0	180.5	168.7	136.75	71.80	153.40
Cs	ppm	25.43	13.78	10.75	7.11	3.85	7.63
La	ppm	84.8	34.2	35.1	51.4	31.3	49.8
Ce	ppm	102.3	68.7	59.7	83.8	52.9	89.4
Eu	ppm	1.72	1.16	1.62	1.49	1.01	1.56
Hf	ppm	7.76	3.62	3.81	3.89	4.96	4.28
Th	ppm	33.69	11.79	12.77	13.19	8.42	12.64
U	ppm	5.97	2.28	2.35	2.97	2.07	3.54

Mentre per le concentrazioni medie di cui alla precedente tabella è stato indicato il range tra valori massimi e minimi (±), per i singoli campioni riportati nella presente tabella viene indicato soltanto il valore ottenuto dalle misurazioni. L'errore di tali misurazioni rientra nel range 5-10%.

INSERTO S

INFORMATICA E ARCHEOLOGIA

L'elaboratore elettronico, chiamato comunemente "calcolatore" o "computer", è uno strumento atto al trattamento automatico dei dati, caratterizzato dall'altissima velocità operativa. In altre parole, è uno strumento che riceve, archivia, manipola e comunica informazioni, effettuando le operazioni a centinaia di migliaia al secondo, e talvolta a milioni al secondo.

In base alla velocità con cui operano e all'ampiezza della memoria utilizzabile, gli elaboratori vengono suddivisi in:

— Calcolatori (sono sistemi grandi, molto veloci, normalmente usati per grandi volumi di lavoro quali sono richiesti dalle grandi aziende, ministeri, etc.)

— Minicalcolatori (sono sistemi veloci, sufficienti per quasi tutti gli usi pratici in medie aziende, etc.)

— Microcalcolatori (sono sistemi relativamente veloci, piuttosto piccoli). Appartiene a questa categoria il microelaboratore personale ("personal computer") caratterizzato da una buona capacità di contenere istruzioni, dalla possibilità di lavorare in linguaggi quali il Basic e il Fortran, e dalla flessibilità che gli permette di accettare un'ampia gamma di programmi rivolti ad applicazioni differenti.

In campo archeologico, le applicazioni dell'informatica sono ancora allo stato iniziale. A quanto risulta, il personal computer è il tipo di elaboratore più usato, almeno sino ad ora, nelle ricerche collegate all'archeologia, per cui si ritiene opportuno fornire qui un piccolo glossario ad esso specificamente riferito.

SCHEMA GENERALE DI UN ELABORATORE

Un elaboratore è un sistema costituito da una unità centrale e dalle unità periferiche.

L'unità centrale (CPU, Central Processing Unit) è il cervello dell'elaboratore, che esegue le funzioni aritmetiche e logiche fondamentali e controlla il funzionamento di tutto il sistema. In un personal computer la CPU è un circuito elettronico integrato su un chip (letteralmente una "scheggia") di silicio, avente dimensioni inferiori al centimetro per lato.

Altri chip costituiscono la "memoria primaria" del calcolatore, e servono a conservare le istruzioni necessarie al funzionamento del sistema. Parte della memoria può essere permanente (memoria ROM), nel qual caso costituisce l'archivio del sistema operativo del computer, altra può essere labile (memoria RAM), ossia può essere facilmente cancellata.

Le unità periferiche sono di tipo differente a seconda delle caratteristiche del computer. Regolano l'ingresso (input) e l'uscita (output) dei dati, ed eseguono operazioni di controllo. In un personal computer, le unità periferiche comprendono la tastiera per l'impostazione dei dati, il video, la stampante e il registratore per memorizzare i dati (quest'ultimo può essere del tipo a cassette oppure a dischi mobili denominati floppy disks). Possono inoltre essere compresi diversi accessori che dipendono dal modello di computer.

I chip e gli altri elementi elettronici, nonché le unità periferiche, costituiscono l'hardware di un calcolatore, ossia la sua parte strutturale.

Per funzionare, l'hardware ha bisogno di istruzioni, ovvero di una serie di "programmi" che vengono chiamati software. Componente essenziale del software è il "sistema operativo" che controlla le attività del calcolatore e gestisce il flusso di informazioni. Esso fa da tramite tra il computer e l'utente, e tra il computer e il programma. I programmi sono immagazzinati nelle cosiddette "memorie secondarie" e vengono portati nella memoria primaria della CPU quando è richiesta la loro applicazione.

PICCOLO GLOSSARIO PER UN PERSONAL COMPUTER

A) LINGUAGGI

— Linguaggio macchina, o assoluto.

Per trattare i dati, il computer divide ogni compito in operazioni logiche eseguibili su cifre binarie, 0 e 1, corrispondenti alla presenza o assenza di segnale (quale potrebbe essere una lampadina, accesa o spenta). È questo il linguaggio proprio dell'elaboratore, chiamato "linguaggio macchina" o "assoluto": ogni cifra si chiama bit (binary-digit = unità elementare di informazione). Seppure qualitativamente molto semplice,

*la monotona successione di 0 e 1 del linguaggio macchina è poco conge-
niale alla mente umana, e poiché il linguaggio umano è formato da parole, e queste a loro volta sono composte da caratteri alfabetici, cifre e altri
simboli, è stato ideato un codice, ASCII (American Standard Code for In-
formation Interchange), che trasforma i caratteri in forma utilizzabile dal
calcolatore. A ogni lettera, o cifra, è stato associato un gruppo di 8 bit,
chiamato* byte. *Per fare un esempio, la parola "dato" viene così tradotta
in codice: (D) 1000100; (A) 1000001; (T) 1010100; (O) 1001111.*

— *Linguaggi simbolici*

*Per impartire istruzioni in maniera comprensibile al computer sono
stati preparati dei linguaggi, detti "simbolici", in cui i dati, le operazioni, i caratteri, etc. vengono espressi mediante opportuni simboli. Ad
esempio, l'operazione del sommare corrisponde in alcuni linguaggi macchina a 0101011, mentre in linguaggio simbolico diventa* ADD *oppure*
SUM *(la lingua usata di regola dal computer è l'inglese).*

*Mediante appositi "programmi traduttori" o "compilatori", il
computer trasforma il programma scritto in linguaggio simbolico in un
programma scritto in linguaggio macchina, e su quest'ultimo si basa per
effettuare il proprio lavoro.*

I linguaggi simbolici oggi più usati nel personal computer sono il
BASIC *e il* FORTRAN.

— BASIC: *sigla di* Beginner's All-purpose Symbolic Instruction Code. *È un linguaggio interpretato, ossia di regola una istruzione per volta
viene tradotta ed eseguita. Caratteristica del* BASIC *è la possibilità di cor-
reggere e modificare rapidamente le istruzioni date, il che facilita la ricerca degli errori e la messa a punto dei programmi. Non essendo un linguaggio standardizzato, il* BASIC *si è rivelato utile per differenti impieghi, e ha subìto numerose modifiche che hanno fatto nascere dei "dialetti", che dipendono dalla Casa produttrice e dal tipo di utenza a cui è rivolto. Per fare un programma occorre pertanto adattarsi al dialetto del
computer con il quale si intende colloquiare.*

— FORTRAN: *sigla di* Formula Translator. *È un linguaggio universale, standardizzato, che non può essere modificato. Serve per la program-
mazione ad alto livello, specialmente in campo scientifico ed amministra-
tivo, e viene di regola utilizzato nei calcolatori molto grandi, di grado superiore. Proprio per la sua standardizzazione, può essere utilizzato in tutti i calcolatori che abbiano un compilatore* FORTRAN.

Altri linguaggi simbolici, quali il PASCAL *e il* COBOL, *vengono qui tralasciati in quanto poco usati nel personal computer.*

B) MEMORIE

— Memorie a semiconduttore.

Costituiscono la memoria primaria del calcolatore, e servono a conservare le istruzioni necessarie al funzionamento del sistema. Si dividono in ROM *e* RAM.

— ROM (Read Only Memory).
È la memoria permanente, a sola lettura; serve per le istruzioni che vengono inserite dalla Casa produttrice nel sistema centrale (CPU), *e che debbono rimanere immagazzinate nel computer in via permanente e non possono essere modificate. Se il computer è rivolto a una specifica applicazione, la* ROM *comprende il programma applicativo, mentre comprende soltanto i programmi fondamentali di sistema quando il computer è versatile.*

— RAM (Random Access Memory).
Sono memorie ad accesso casuale, che possono essere rilette ogni qual volta lo si desideri, e dove è possibile registrare nuove informazioni. Le RAM *sono generalmente labili, per cui di regola si perde l'informazione quando si spegne il calcolatore.*

— Memorie a disco.

Costituiscono le memorie secondarie del computer, e possono essere del tipo floppy disk *e* hard disk.

Il floppy disk *è in materia plastica (mylar), flessibile e facile da trasportare, rappresenta il tipo di memoria più usata nel personal computer; l'*hard disk *è in alluminio e ha maggiore capacità di memoria, per cui è usato nei computers professionali. Sia il* floppy disk *che l'*hard disk *sono rivestiti con uno strato magnetico. Sulla superficie di ogni disco, la registrazione viene effettuata a settori, ognuno identificato da un "indirizzo". Per la registrazione e per la lettura, il disco viene inserito in un'apposita unità periferica, dove una testina si muove sopra la superficie del disco, identificando per mezzo di un numero di codice sia l'indirizzo del settore libero su cui registrare, sia il programma già registrato, che deve essere letto.*

L'INFORMATICA APPLICATA ALL'ARCHEOLOGIA

In questi ultimi anni il calcolatore ha avuto un'evoluzione spettacolare e la riduzione dei costi ne ha diffuso l'impiego a tutti i livelli, basti pensare al personal computer e all'home computer. Inoltre, gli sviluppi tecnici e la preparazione di linguaggi via via più semplici hanno reso sempre più "amichevole" il collegamento con l'uomo, al punto tale da renderne accessibile l'uso anche a chi non abbia una preparazione tecnica specifica.

Volendo applicare l'informatica all'archeologia, il problema essenziale che l'archeologo deve affrontare non è tanto il computer in se stesso, quanto il modo di servirsene. In altre parole, è bensì opportuno che l'archeologo ne conosca il funzionamento per rendersi conto degli aspetti tecnici e dei limiti entro i quali deve circoscrivere le sue richieste e le sue aspettative, ma soprattutto è indispensabile che egli abbia ben chiaro cosa si aspetta dal computer, ossia le finalità della ricerca. Prima di fornire dati al computer occorre prevedere come si vuole utilizzarli, questa è la regola di base per sfruttare al massimo le capacità dello strumento.

Prendiamo quale esempio la catalogazione dei reperti archeologici di un museo. Per impostare il programma occorre individuare i dati necessari per una descrizione scientifica di ciascun reperto, quali possono essere la tipologia, il luogo di ritrovamento, la datazione, il tipo di materiale, il colore, ecc. Ognuno di questi dati deve a sua volta essere codificato, razionalizzando la terminologia in modo da rendere uniforme il linguaggio. Ad esempio, il colore va specificato mediante il codice numerico o alfanumerico di una carta di colore, mentre le dimensioni debbono rientrare entro determinati intervalli, e così via.

In sintesi, occorre ridurre una quantità estremamente ampia di dati entro limiti più ristretti e più maneggevoli, e prevedere nel contempo gli scopi della catalogazione, ad esempio effettuare dei confronti tra i reperti del museo e quelli di altri musei, raggruppare le differenti forme in tipologie, immettere nuove acquisizioni ed assegnarle nelle rispettive categorie, ecc.

Se l'applicazione del calcolatore è indirizzata a memorizzare i dati di uno scavo, la rilevazione dei reperti riportati alla luce pone difficoltà ancora maggiori a causa del vasto numero e dell'eterogeneità dei reperti stessi. La rilevazione dovrebbe comprendere i principali dettagli secondo un programma predeterminato in modo da rendere possibili, in un secondo tempo, dei confronti incrociati. Ciò potrebbe non soltanto soddi-

sfare le esigenze immediate dell'archeologo, ma anche fornirgli nuove idee e nuove concatenazioni di fatti, ad esempio per investigare i rapporti tra aree geografiche che, pur essendo molto lontane tra loro, hanno avuto un periodo di fioritura culturale in una stessa epoca, con caratteristiche simili.

Altra applicazione può riguardare la bibliografia. Se consideriamo l'enorme quantità di pubblicazioni oggi in circolazione e il ritmo delle nuove accessioni, ci rendiamo conto che è una impellente necessità immagazzinare razionalmente la massa di dati, sfruttando la memoria del calcolatore che ha capacità ben più ampie delle tradizionali schede. L'immissione dei dati nel calcolatore potrebbe anche permettere di conoscere rapidamente dove sono reperibili le pubblicazioni desiderate, dove sono ubicate le biblioteche che ne sono in possesso e altre notizie di riferimento.

Ovviamente, i programmi immessi nel calcolatore devono sempre permettere il continuo aggiornamento e l'eventuale correzione dei dati memorizzati in modo da costituire delle "basi di dati" (database) *in continuo incremento.*

L'elenco dei casi ove l'uso del calcolatore avvantaggerebbe l'archeologo potrebbe essere allungato a piacere. Al contrario, molto breve è l'elenco delle applicazioni concrete e dei risultati sinora raggiunti in Italia.

I pochi casi oggi noti si riferiscono alla preistoria: strumenti paleolitici sono stati sottoposti ad analisi statistiche che hanno permesso di dimostrare l'intenzionalità delle dimensioni degli strumenti stessi; in altri casi l'uso del computer ha reso possibile attribuire determinati oggetti a tombe maschili o femminili, permettendo altresì di evidenziare rapidamente la successione cronologica di alcune caratteristiche dei corredi tombali.

Rare, almeno sino ad oggi, sono le applicazioni del computer all'archeologia classica: il collegamento tra il mondo degli archeologi e quello del computer è ancora sporadico e stenta ad avviarsi. Tuttavia, è facile prevedere che in futuro il ricorso a questo strumento, sofisticato figlio della tecnologia moderna, diventerà sempre più necessario per l'archeologo per ridurre gli aspetti ripetitivi delle ricerche e consentirgli di trarre dalla massa di dati di cui dispone informazioni più ampie e significative di quanto sia possibile con i tradizionali metodi di schedatura.

I.4 ANALISI DI DATAZIONE

Allo scopo di inquadrare storicamente i reperti fittili non sufficiente-mente caratterizzati dal punto di vista stilistico, e non databili attraverso le sequenze stratigrafiche dello scavo da cui provengono, in questi ultimi decenni è stata messa a punto in laboratorio una tecnica di datazione de-nominata "analisi di termoluminescenza". Essa rileva l'emissione lumi-nosa emessa da un campione del reperto in esame quando viene sottopo-sto a riscaldamento in condizioni sperimentali appropriate, e tramite op-portune misurazioni e calcoli permette di determinare l'età del reperto stesso.

Per mezzo dell'analisi di termoluminescenza è possibile ottenere cronologie assolute, che sono cioè indipendenti da associazioni e confron-ti con altri reperti. Per il momento le datazioni derivanti da questa tecni-ca hanno un margine di incertezza che si aggira intorno al 10%, ragione per cui sono scarsamente utilizzabili per manufatti di epoca storica, men-tre possono essere di notevole aiuto per lo studio di epoche molto lontane e non ben definite (preistoria e protostoria), ed anche per collocare nel tempo testimonianze provenienti da Paesi poco noti dal punto di vista ar-cheologico (Africa, Medio e Lontano Oriente e così via).

L'analisi di termoluminescenza trova applicazione anche nel campo dell'autenticazione, offrendo un sussidio tecnico in grado di fugare i dubbi che possono presentarsi all'archeologo chiamato ad esaminare re-perti fittili di ignota provenienza. In tali casi questa tecnica può servire a convalidare l'autenticità dei reperti oppure a dimostrare che si tratta di manufatti di recente fabbricazione, cioè di falsi, immessi nel mercato di antiquariato per fini speculativi.

Prima di illustrare i princìpi fisici della termoluminescenza è oppor-tuno ricordare un'altra tecnica di datazione, il carbonio-14 (^{14}C), applica-bile però alla sola materia organica. Questo metodo è basato sul princìpio che ogni materia organica vivente contiene carbonio in continuo scambio con l'ambiente. A causa dei raggi cosmici, si forma senza posa nell'atmo-sfera un isotopo radioattivo del carbonio (^{14}C) che reagisce con l'ossigeno, formando anidride carbonica (CO_2) che gli organismi viventi scambiano continuamente con l'ambiente. Quando questi organismi, cessando di vivere, non hanno ulteriori scambi, il carbonio radioattivo incomincia a ridursi progressivamente, decadendo della metà in 5600 anni circa, e così via. Misurando il rapporto tra il carbonio radioattivo residuo e carbonio totale presente nel campione di materia organica in esame, e confrontandolo con i valori della materia vivente, si può calcolare l'età del campione stesso.

È opportuno sottolineare che il metodo del ^{14}C è applicabile *soltanto* alla materia organica, mentre l'analisi di termoluminescenza è applicabile *soltanto* alla ceramica, materiale inorganico. Ambedue i metodi possono quindi essere utilizzati in scavi archeologici che restituiscano alla luce sia reperti di natura organica, sia manufatti ceramici. Poiché ognuna delle due tecniche in reciproca indipendenza permette di delineare delle cronologie assolute, i rispettivi risultati possono essere tra loro confrontati, per cui l'archeologo ha a disposizione due validi strumenti per accertare la datazione di reperti dalla collocazione storica incerta.

II.4.1 ANALISI DELLA TERMOLUMINESCENZA (TL)

È stato osservato sperimentalmente che alcune sostanze cristalline, tra le quali i minerali quali quarzo, calcite e feldspati, presenti comunemente nelle ceramiche (I.1.2), se sono state sottoposte all'azione di radiazioni ionizzanti emettono una debole luminosità quando subiscono un riscaldamento a bassa temperatura, nell'intervallo tra 300 e 400 °C circa.

Tale emissione luminosa, chiamata "termoluminescenza" (TL), è dovuta al ritorno allo stato fondamentale di elettroni portati a livello eccitato dalle radiazioni e rimasti intrappolati nelle imperfezioni del reticolo cristallino, cioè in "trappole" da cui possono uscire soltanto con un nuovo apporto di energia (in questo caso, termica). Il riscaldamento libera nel campione gli elettroni che escono dalle trappole e in seguito a processi intermedi ricadono nello stato fondamentale, emettendo luce. Le trappole hanno diversa profondità, per cui vengono svuotate a energie diverse: tanto più esse sono profonde, tanto maggiore è l'energia necessaria per liberare gli elettroni intrappolati e tanto maggiore è la temperatura a cui viene emessa la luce (sempre, però, nell'intervallo tra 300 e 400 °C). L'emissione luminosa viene convertita per mezzo di un fotomoltiplicatore in impulsi elettrici, e viene registrata in funzione della temperatura del campione. La curva che ne deriva è definita da valori di ascissa compresi tra la temperatura ambiente e la temperatura in cui diventa prevalente l'incandescenza (verso 500 °C).

Causa dell'intrappolamento degli elettroni sono le radiazioni ionizzanti emesse dalle impurezze radioattive contenute nel manufatto ceramico e nel terreno (o nell'ambiente) di sepoltura. Tali impurezze sono di regola costituite da uranio, torio e potassio, e sono presenti in quantità infinitesimali, di norma da 1 a 10 ppm di uranio naturale, suddiviso nei due radioisotopi ^{235}U e ^{238}U, e da 5 a 30 ppm di torio, ^{232}Th, mentre il potassio è di regola presente in percentuali dell'ordine del 2-3%, da cui si calcola il radioisotopo ^{40}K, che ne rappresenta lo 0,0118%. Nel complesso le radiazioni ionizzanti sono di bassa entità, ma in un periodo di tempo nell'ordine di secoli esse riescono a provocare un accumulo di elettroni intrappolati (e quindi una quantità di energia) sufficiente a produrre una luminescenza misurabile per mezzo di strumenti molto sensibili.

Dall'intensità della TL, che in prima approssimazione è direttamente proporzionale al numero di elettroni intrappolati, si può dedurre la quantità di energia che il campione ha accumulato a causa dell'azione delle radiazioni ionizzanti, cioè la "dose". Misurando sia la dose totale assorbita, sia la dose che il campione ha assorbito per anno dal momento della sua cottura a oggi, si può risalire al numero di anni di irraggiamento, e di conseguenza all'età del reperto.

Si è detto: "dal momento della cottura ad oggi" in quanto la cottura di un manufatto ceramico, ossia quando l'argilla si trasforma in corpo ceramico, libera tutti gli elettroni che le radiazioni provenienti dalle impurezze radioattive contenute nell'argilla avevano fatto accumulare nelle imperfezioni del reticolo cristallino durante le passate ere geologiche. L'alta temperatura raggiunta nella fornace fa sì che gli elettroni escano dalle trappole e ritornino allo stato fondamentale. Il momento della cottura rappresenta dunque "l'anno zero", cioè l'inizio di un nuovo ciclo di accumulo di energia: agli effetti della termoluminescenza, la data di nascita del manufatto è rappresentata dal momento in cui esso viene estratto dalla fornace. Viene chiamato "periodo archeologico" di un manufatto il lasso di tempo che assomma il tempo d'uso e il tempo della sepoltura.

Prima di passare ad illustrare l'apparecchiatura, ricordiamo che il legame tra intensità di TL ed energia accumulata nel campione tiene conto delle due seguenti proprietà:

— ogni sostanza, nel nostro caso ogni tipo di ceramica, ha una diversa risposta termoluminescente a una stessa quantità di radiazioni. Ciò è dovuto alla composizione del manufatto, in particolare alla percentuale di quarzo e di altre inclusioni cristalline che hanno il ruolo di "registrare" la dose ricevuta, nonché alla granulometria di questi minerali, alla loro trasparenza e ad altre caratteristiche specifiche.

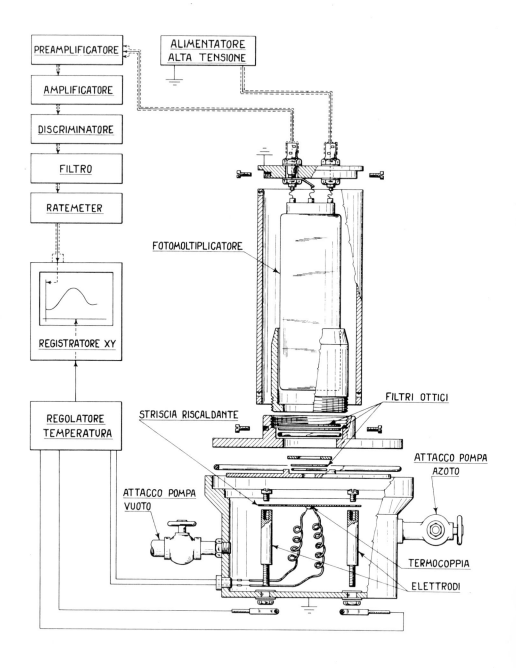

PREAMPLIFICATORE

ALIMENTATORE
ALTA TENSIONE

AMPLIFICATORE

DISCRIMINATORE

FILTRO

RATEMETER

REGISTRATORE XY

REGOLATORE
TEMPERATURA

FOTOMOLTIPLICATORE

FILTRI OTTICI

STRISCIA RISCALDANTE

ATTACCO POMPA
AZOTO

ATTACCO POMPA
VUOTO

TERMOCOPPIA

ELETTRODI

Fig. 37 - Analisi di termoluminescenza - schema dell'apparecchiatura

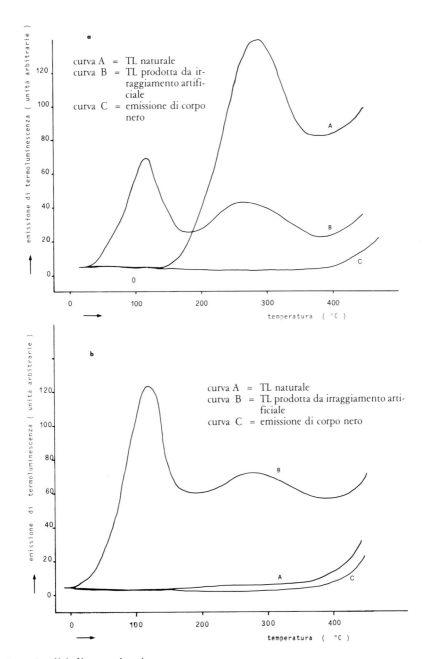

Fig. 38 - Analisi di termoluminescenza

a) Grafico con le emissioni luminose prodotte da un reperto fittile del IV secolo a.C.
b) Grafico con le emissioni luminose prodotte da un manufatto ceramico d'imitazione, di epoca recente

— la stessa quantità di energia, che venga fornita sotto forma di radiazioni di tipo diverso (alfa, beta e gamma), produce una differente risposta termoluminescente. In particolare, una dose di particelle alfa produce una risposta inferiore a quella prodotta da una stessa dose di particelle beta o di raggi gamma.

Per eseguire l'analisi di termoluminescenza si possono applicare differenti tecniche, denominate *fine-grain, inclusion* e *pre-dose*. (Poiché queste tecniche sono state messe a punto nel *Research Laboratory for Archaeology and the History of Art, Oxford University*, esse conservano tuttora il loro nome originale in lingua inglese). A seconda della tecnica, varia la preparazione dei campioni da sottoporre all'analisi.

PREPARAZIONE DEI CAMPIONI

Dal reperto da analizzare viene prelevato un campione dal peso di alcune decine di grammi. È preferibile che il campione sia il più abbondante possibile, e comunque in quantità tale da permettere di applicare, se necessario, più tecniche di analisi. Soltanto nel caso in cui l'analisi di TL sia indirizzata non alla datazione, bensì all'autenticazione di un reperto (vedi oltre), il prelievo della campionatura può essere ridotto ad alcune decine di mg.

Il prelievo viene effettuato in parti del reperto che non abbiano subìto restauri o altre manipolazioni. Allo scopo di eliminare eventuali contaminazioni e gli effetti prodotti dalla luce solare e artificiale, viene asportato e scartato lo strato superficiale per una profondità di 1 mm circa. Uguale procedura viene seguita nel caso in cui il reperto consista in un frammento. Si noti che il prelievo della campionatura e tutte le successive operazioni di preparazione del campione vengono eseguite in ambiente illuminato a luce rossa o con lampade schermate da filtri di assorbimento, e ciò allo scopo di eliminare le componenti ad alta frequenza della luce che potrebbero influire sulla TL del campione.

A seconda della tecnica che si intende applicare, il campione viene sottoposto ad appositi trattamenti. Essenziale è suddividerlo uniformemente in modo da ottenere una serie di mini-campioni dal peso uguale e dalle caratteristiche omogenee: l'analisi richiede infatti la disponibilità di una serie di mini-campioni, (e non di un unico campione come richiedono le tecniche analitiche descritte in precedenza), e ciò al fine di potere eseguire più misurazioni e mediare i risultati ottenuti. In altre parole, si determina la media aritmetica dei valori ottenuti dalle misurazioni, e vi si aggiunge la stima dell'errore calcolato (±).

— Nella tecnica denominata *fine-grain*, usando un trapano dalla punta metallica ruotante a bassa velocità. vengono praticati nel reperto alcuni forellini aventi diametro e profondità di alcuni mm. Il campione in polvere così ottenuto viene immesso in provette di vetro contenenti acetone e selezionato nella granulometria, sfruttando i tempi di caduta dei granuli secondo una nota legge fisica sulla forza esercitata dai fluidi su un corpo in movimento in funzione del diametro, detta "legge di Stokes". Si ottengono così granuli compresi tra 2 e 10 micron che vengono riportati in sospensione in acetone (viene usato di preferenza questo liquido per il suo basso grado di viscosità). La soluzione così ottenuta viene distribuita in quantità uguali in apposite provette, sul fondo delle quali è appoggiato un dischetto di alluminio avente diametro di 1 cm circa (le dimensioni dipendono dal tipo di apparecchiatura in uso nel laboratorio). Le provette vengono successivamente collocate dentro un essiccatore mantenuto alla temperatura costante di 50°C, sino a quando la sospensione evapora e i granuli si depositano sui dischetti. Si ottiene così una serie di dischetti (ossia di campioni) che sono omogenei nella preparazione e nel peso, pronti per essere sottoposti all'analisi. Di regola, il peso medio di ogni singolo dischetto, ossia del campione ivi depositato, si aggira su 1 mg.

— Nella tecnica denominata *inclusion*, il campione viene prelevato staccando dal reperto da analizzare un frammento di alcuni centimetri cubi. Il frammento viene ripulito, indi frantumato, dapprima in una morsa e successivamente in un mortaio di agata, sino ad ottenere una granulometria non superiore a 250 micron. Il campione in polvere così ottenuto viene setacciato al fine di selezionare la parte avente granulometria compresa tra 100 e 150 micron, che viene fatta passare attraverso un separatore magnetico in modo da separare il materiale non magnetico (quarzo, feldspati, calcite) dai componenti magnetici del corpo ceramico (silicati di alluminio ad elevato contenuto di impurezze magnetiche quali il ferro). I componenti magnetici vengono scartati, mentre il materiale non magnetico viene sottoposto ad attacchi con acido cloridrico e acido fluoridrico allo scopo di eliminare feldspati e calcite, lasciando unicamente il quarzo. Gli attacchi acidi hanno anche lo scopo di eliminare dai granuli di quarzo lo strato superficiale di una decina di micron, strato che ha subìto l'irraggiamento delle particelle alfa (Inserto R). I granuli di quarzo così trattati vengono infine fatti depositare sopra dischetti di alluminio, analoghi a quelli utilizzati per la tecnica *fine-grain*. Si ottiene così una serie di dischetti (ossia di campioni), uniformi nella preparazione e nel peso. Il peso medio di ogni singolo dischetto, ossia dei granuli di quarzo ivi depositati, si aggira su 10 mg.

— Nella tecnica denominata *pre-dose* si prepara un adeguato numero di dischetti seguendo la procedura della preparazione dei campioni *fine-grain* oppure seguendo la procedura dei campioni *inclusion*, a seconda della quantità di campione disponibile.

STRUMENTAZIONE

L'apparecchiatura comprende essenzialmente il sistema per il riscaldamento del campione, il sistema per la rilevazione e registrazione della termoluminescenza, e le sorgenti radioattive per gli irraggiamenti artificiali.

— Sistema per il riscaldamento del campione.

Il campione, ossia uno dei dischetti preparati secondo le procedure prima descritte, viene sottoposto a riscaldamento dentro un fornetto metallico, costruito in materiale resistente quale l'alluminio e avente dimensioni limitate. Il fornetto ha forma cilindrica aperta all'estremità superiore, sagomata in maniera tale da poter ricevere ad incastro un fotomoltiplicatore, cosicché durante l'analisi l'insieme fornetto-fotomoltiplicatore è a tenuta di vuoto.

Nell'interno, il fornetto contiene una striscia di Ni-Cr collegata a una termocoppia e comandata da un termoregolatore. Quando è avviato il riscaldamento, la striscia arriva sino alla temperatura di 500°C, con velocità costante di crescita della temperatura (di norma 20°C al secondo). Per eseguire l'analisi, il campione viene posto sopra la striscia riscaldante, in un apposito alloggiamento.

Poiché la TL emessa da un manufatto ceramico è di regola piuttosto debole, è importante ridurre severamente la termoluminescenza non indotta dalle radiazioni ionizzanti interne ed esterne del campione, ma bensì da altri complessi fenomeni non direttamente attinenti (chiamata "TL spuria"). A questo scopo le misure vengono eseguite in atmosfera inerte, facendo fluire nel fornetto azoto altamente purificato. Si elimina così la TL spuria dovuta all'ossigeno e ad altre impurezze presenti nell'aria.

È altrettanto importante riuscire a ridurre quella parte di emissione luminosa dovuta all'incandescenza della striscia riscaldante e del dischetto di alluminio su cui è depositato il campione. Poiché la lunghezza d'onda di emissione della TL è circa 4000 Å (zona del blu-violetto, vedere II.1), mentre la lunghezza d'onda dell'incandescenza è nella zona del rosso e infrarosso, è possibile ottenere una buona discriminazione interponendo appositi filtri ottici tra il campione e il sistema di rilevazione della TL. In questo modo, sino alla temperatura di circa 400 °C si riesce a ridurre a livelli trascurabili la parte di segnale dovuta all'emissione di corpo nero (ossia all'incandescenza). Oltre i 400 °C l'emissione di corpo nero diventa predominante e pone fine alla possibilità di interpretare le curve di termoluminescenza.

— Sistema per la rilevazione e registrazione della termoluminescenza.

Il segnale luminoso emesso dal campione durante il riscaldamento è rilevato dal fotomoltiplicatore alloggiato in un apposito contenitore metallico cilindrico, la cui base va ad inserirsi ad incastro nell'estremità superiore del fornetto. Durante la rivelazione della TL il fotomoltiplicatore viene quindi a trovarsi esattamente in corrispondenza del punto in cui è collocato il campione. Lo strumento è molto sensibile, ha un basso rumore di fondo ed è alimentato da un alimentatore stabilizzato, che fornisce cioè una tensione stabile e costante. Nel fotomoltiplicatore avviene la conversione della luce in impulsi elettrici, la cui frequenza temporale è direttamente proporzionale all'intensità del segnale luminoso. Il segnale in uscita viene inviato a un discriminatore attraverso un preamplificatore e un amplificatore che hanno la funzione di amplificare gli impulsi e renderli adatti per essere misurati. Dal discriminatore il segnale passa a un *rate-meter* che è un misuratore di frequenza di impulsi, ossia misura il numero di impulsi che provengono dal discriminatore per secondo.

L'uscita del segnale dal *rate-meter* è collegata all'ordinata Y di un registratore grafico, alla cui ascissa X viene invece inviato il segnale che proviene dal termoregolatore e che indica la temperatura del campione durante il riscaldamento. Sul registratore si ottiene pertanto una curva che rappresenta l'andamento dell'emissione luminosa al crescere della temperatura, da 20 °C (ossia dalla temperatura ambiente) a 500 °C circa (ossia alla temperatura di incandescenza della striscia riscaldante), allorché la rilevazione ha termine.

— Sorgenti radioattive per gli irraggiamenti artificiali.

Per verificare la sensibilità di un manufatto ceramico alle radiazioni ionizzanti occorre avere un termine di confronto che permetta di accertare quale è la sua risposta all'irraggiamento. Occorre pertanto sottoporre il campione a dosi note di radiazioni impartite mediante sorgenti radioattive di attività ben conosciuta, e successivamente misurare l'emissione luminosa provocata da tali irraggiamenti artificiali. All'uopo, in laboratorio vengono di norma utilizzate sorgenti beta e alfa.

Le sorgenti beta sono di regola costituite da radioisotopi ^{90}Sr-^{90}Y (emettitori di particelle beta). Sono racchiuse entro appositi contenitori schermati, in plexiglas e piombo, di forma e dimensioni adatte ad essere collocati sopra il fornetto, al posto del fotomoltiplicatore, in modo da poter direttamente irraggiare il campione, quando questo è posto sulla striscia riscaldante all'interno del fornetto.

Le sorgenti alfa sono di norma costituite dal radioisotopo ^{210}Po (emettitore di particelle alfa). Non esistono problemi di schermatura poiché nell'aria le particelle alfa hanno un range nell'ordine di qualche centimetro (Inserto R). Comunque, la sorgente è racchiusa dentro un contenitore di alluminio munito di una piccola cavità interna, entro la quale si spinge il campione quando occorre irraggiarlo.

Le sorgenti sia alfa sia beta sono opportunamente tarate, in modo da poter correlare la dose impartita con il tempo di irraggiamento. Dato il breve tempo di dimezzamento del ^{210}Po (138 giorni), le dosi della sorgente alfa per unità di tempo variano abbastanza velocemente nel tempo. Occorre quindi che la durata dell'irraggiamento venga via via allungata al fine di impartire al campione la dose appropriata di radiazioni.

APPLICAZIONE

Si ritiene opportuno illustrare dapprima il metodo seguito per la ricerca di datazione, indi il metodo per l'autenticazione.

DATAZIONE

Per eseguire una datazione occorre misurare i termini della seguente relazione:

$$\text{età archeologica} = \frac{\text{dose totale assorbita}}{\text{dose annua}} \qquad 1.$$

ove:

— Dose totale assorbita: rappresenta l'energia ceduta al manufatto ceramico dalle radiazioni naturali, interne ed ambientali, durante il periodo archeologico. Le radiazioni ionizzanti sono emesse dalle impurezze radioattive (^{235}U, ^{238}U, ^{232}Th, ^{40}K) contenute nel manufatto stesso e nell'ambiente esterno, intendendo per "ambiente esterno" sia il terreno o ambiente di sepoltura, sia i raggi cosmici (R.C.).

— Dose annua: è la dose che ogni manufatto ceramico accumula per anno a causa dell'azione delle radiazioni naturali, sia interne che ambientali, sopra specificate.

Le misure possono essere effettuate applicando diverse tecniche: *fine-grain, inclusion* e *pre-dose*.

a) Datazione con la tecnica *fine-grain*

Con le procedure prima descritte, il campione da analizzare viene trattato e suddiviso in modo da ottenere una serie uniforme di mini-campioni aventi una granulometria compresa tra 2 e 10 micron: la tecnica di analisi sfrutta pertanto le proprietà termoluminescenti di tutti i minerali (quarzo, calcite, feldspati) presenti nel corpo ceramico.

Sottoponendo via via i campioni a riscaldamento nell'apparecchiatura prima descritta, vengono eseguite le misure di TL atte a soddisfare alla relazione 1.A che, espressa in forma più dettagliata, diventa la seguente:

$$\text{età archeologica} = \frac{\text{Dose } \beta \text{ equivalente} + \text{Intercetta}}{k \cdot \text{Dose } \alpha \text{ annua} + \text{Dose } \beta \text{ annua} + \text{Dose } \gamma \text{ annua} + \text{Dose } \text{raggi cosmici annua}} \qquad 1.B$$

Si nota che la "dose totale assorbita" corrisponde alla somma della dose beta equivalente e dell'intercetta, mentre la "dose annua" corrisponde alla somma delle dosi annue alfa, beta, gamma e raggi cosmici. Esaminiamo più in dettaglio ognuno di questi termini, premettendo che la "dose", definita come energia assorbita per unità di massa, ha per unità di misura il "rad", che corrisponde all'assorbimento di un'energia di 100 erg per grammo, ossia:

$$1 \text{ rad} = \frac{100 \text{ erg}}{1 \text{ g}}.$$

— Dose beta equivalente: è la dose di radiazione beta che riproduce nel campione una termoluminescenza pari a quella indotta dalle radiazioni naturali (alfa, beta, gamma) assorbite nel periodo archeologico. Vengono dapprima misurate in un certo numero di campioni le intensità di termoluminescenza naturale (TL naturale) e le intensità di termoluminescenza naturale + dosi note di radiazione beta artificialmente aggiunte (TL artificiale), indi si calcola la dose beta equivalente elaborando i risultati delle misure.

— Intercetta di non linearità: è un termine maggiore o uguale a zero che tiene conto del fatto che all'inizio l'accrescimento della TL in funzione della dose assorbita può non essere lineare. L'intercetta viene calcolata estrapolando a zero la retta ottenuta congiungendo i punti che indicano le intensità di TL prodotte da dosi differenti di radiazione artificiale in campioni pre-riscaldati, nei quali cioè non sia più presente l'energia accumulata nel periodo archeologico. Il valore dell'intercetta viene aggiunto alla dose beta equivalente per aumentare l'accuratezza della misura.

Dopo aver considerato i termini del numeratore della relazione 1.B, esaminiamo ora in dettaglio anche i termini che appaiono nel denominatore di detta relazione.

— Per calcolare la dose alfa annua occorre tenere presente che le particelle alfa hanno una minore efficienza nel produrre TL rispetto alle radiazioni beta e gamma, le quali hanno invece efficienza praticamente pari. La minore efficienza delle alfa viene valutata irraggiando alcuni campioni con uguali dosi di radiazione alfa e di radiazione beta, e confrontando le rispettive emissioni luminose. Il rapporto che ne scaturisce prende il nome di "fattore kappa" (k), e normalmente ha un valore compreso tra 0,1 e 0,2. Esso va moltiplicato per la dose alfa annua.

— La dose alfa annua e dose beta annua sono determinabili misurando le concentrazioni di uranio, torio e potassio nel campione in esame: sulla base del numero e dell'energia delle particelle emesse dai vari isotopi delle relative famiglie radioattive è possibile conoscere la quantità di energia interna accumulata per anno. Nel valutare dette due dosi, occorre anche controllare fenomeni quali la fuga di radon, il "*fading* anomalo", la presenza di TL spuria, e altri fenomeni che possono influire sulla precisione dei risultati.

— La dose gamma annua è determinabile misurando le concentrazioni di impurezze radioattive nel terreno di rinvenimento del reperto in esame. Questo modo di operare è indiretto, poiché misura una quantità (cioè la concentrazione di un elemento radioattivo) per determinare attraverso una relazione di proporzionalità un'altra quantità (cioè l'energia assorbita per unità di massa, o dose).

È possibile operare anche in maniera diretta, facendo assorbire a un dosimetro termoluminescente la stessa dose di radiazioni che assorbiva il reperto per unità di tempo. In altre parole, si "sostituisce" al reperto un dosimetro: questo viene collocato nel luogo esatto di rinvenimento del reperto, e lì lasciato per un periodo di tempo, da alcuni mesi a un anno. Poiché il dosimetro ha una sensibilità termoluminescente molto più elevata del reperto, esso riesce a fornire rapidamente le informazioni necessarie sulla dose ambiente. Si ottiene così una misura diretta di dose, che è più accurata della misura indiretta in quanto può mediare nel tempo variazioni stagionali dovute a fattori climatici (temperatura, umidità, etc.), e inoltre permette di determinare con precisione il contributo dei raggi cosmici.

— La dose raggi cosmici annua è dovuta alle radiazioni provenienti dalla stratosfera. Analogamente alla dose gamma ambientale, per valutare con precisione questo contributo occorre collocare per un certo lasso di tempo un dosimetro termoluminescente nel luogo esatto di rinvenimento del reperto. Qualora ciò non sia possibile, la dose raggi cosmici viene calcolata in base a dati sperimentali secondo i quali il valore di essa è pari a circa 15 mrad/anno, a una profondità nel terreno di 80 cm.

La misurazione dei termini sopra indicati e l'elaborazione dei dati permette di risolvere la relazione 1.B e di ottenere la datazione del reperto in esame. Il margine di incertezza della datazione è più o meno grande a seconda che siano state più o meno soddisfatte alcune esigenze di base, quali avere disponibili un'abbondante campionatura del reperto e una campionatura del terreno di rinvenimento. Occorre inoltre avere a disposizione numerosi e precisi dati ambientali e di scavo (posizione stratigrafica del rinvenimento, dati riguardanti l'ambiente con particolare riguardo alle fluttuazioni metereologiche e ambientali, e così via). Soltanto quando queste esigenze sono pienamente soddisfatte, l'analisi di termoluminescenza con la tecnica *fine-grain* permette di fornire una datazione mediamente precisa, con un margine di incertezza che può anche essere inferiore al 10%.

b) Datazione con la tecnica *inclusion*

Con le procedure prima descritte, il campione da analizzare viene trattato in modo da separare i granuli di quarzo dagli altri componenti del corpo ceramico, e in modo da ottenere una serie uniforme di mini-campioni (depositati su dischetti) aventi una granulometria compresa tra 100 e 150 micron. Questa tecnica sfrutta pertanto le proprietà termoluminescenti del solo quarzo.

Si ricorre alla relazione:

$$\text{età archeologica} = \frac{\text{Dose } \beta \text{ equivalente} + \text{Intercetta}}{\text{Dose } \beta \text{ annua} + \text{Dose } \gamma \text{ annua} + \text{Dose raggi cosmici annua}} \qquad 2$$

Rispetto alla relazione 1.B, si nota che nel denominatore della relazione 2 non compare il contributo della Dose α annua. Infatti, la tecnica *inclusion* serve a misurare nel quarzo la dose beta equivalente prodotta esclusivamente da radiazioni beta e gamma, in quanto l'effetto delle radiazioni alfa è stato annullato eliminando lo strato superficiale dei granuli durante la preparazione dei campioni (ricordiamo che nel materiale ceramico il range delle particelle alfa è di poche decine di micron, vedere Inserto R). Poiché il range delle particelle beta è di alcuni mm e il range delle radiazioni gamma è di alcune decine di cm, la procedura di preparazione dei campioni adottata nella tecnica *inclusion* permette di misurare la frazione di termoluminescenza prodotta nel quarzo unicamente dalle radiazioni beta e gamma.

Rispetto alla tecnica *fine-grain*, la tecnica *inclusion* presenta alcuni vantaggi, tra i quali una maggiore intensità dell'emissione luminosa in conseguenza della migliore trasparenza dei campioni composti da soli granuli di quarzo, l'attenuazione della TL spuria, e l'eliminazione delle notevoli complicazioni che comporta il calcolo della dose alfa annua e del relativo fattore kappa (k). Essa presenta anche alcuni svantaggi in quanto la conoscenza dei dati ambientali assume qui particolare importanza. Diventa pertanto indispensabile effettuare misure dirette della dose ambientale, collocando dosimetri termoluminescenti nell'esatto luogo di rinvenimento del reperto in esame, come già accennato nel capitoletto precedente nella descrizione della dose gamma annua. Tutto ciò comporta ovviamente impegni di tempo, spostamenti di personale tecnico specializzato sino al luogo di scavo per collocare i dosimetri, e così via. Non è inoltre da dimenticare che questa tecnica richiede una quantità di campione di gran lunga superiore a quella richiesta dalla tecnica *fine-grain* in quanto occorre isolare e selezionare i granuli di quarzo di opportuna granulometria.

Nel complesso, la metodologia seguita di preferenza nei laboratori di termoluminescenza è quella di sottoporre il reperto archeologico alle due tecniche, *fine-grain* e *inclusion*, in modo da ottenere due datazioni distinte. I risultati vengono poi confrontati, ed eventualmente mediati tra loro.

c) Datazione con la tecnica *pre-dose*

La tecnica denominata *pre-dose* viene utilizzata soprattutto nella ricerca della datazione di reperti "giovani", ossia di epoca post-medievale, e si basa sulle proprietà termoluminescenti del quarzo, in particolare sull'emissione luminosa che a 110°C forma un picco molto evidente. Nelle curve di termoluminescenza naturale questo picco non compare, essendo decaduto perché instabile a temperatura ambiente (il suo tempo di dimezzamento è inferiore a un'ora), ragione per cui non può essere utilizzato nelle tecniche *fine-grain* e *inclusion*. Quando il campione è sottoposto a irraggiamento artificiale, l'emissione luminosa viene registrata immediatamente dopo l'irraggiamento: in risposta a una dose unitaria di radiazione, e a seguito di riscaldamento a temperature comprese tra 200 e 600°C, l'emissione luminosa varia, ed è direttamente proporzionale alla dose totale assorbita dal reperto nel periodo archeologico (da qui deriva il nome di questa tecnica, "*pre-dose*").

Per eseguire l'analisi, viene preparato un certo numero di campioni seguendo le procedure già indicate per la tecnica *inclusion*, sebbene talvolta si usi la procedura della preparazione dei campioni *fine-grain*, e ciò a seconda della quantità di campione disponibile. Indi vengono eseguite una serie di misure che permettono di confrontare la sensibilità del picco a 110°C dovuta alla dose assorbita naturalmente nel periodo archeologico, con la sensibilità dovuta a dosi note di radiazioni artificiali impartite nel laboratorio. Dal confronto è possibile risalire alla dose beta equivalente e, attraverso la relazione 2, è possibile calcolare la datazione del reperto in esame.

Poiché l'emissione luminosa che dà luogo al picco che si forma a 110°C presenta fenomeni di saturazione, l'applicazione della tecnica *pre-dose* è ristretta a reperti archeologici del millennio in corso.

AUTENTICAZIONE

L'analisi di termoluminescenza può servire non soltanto per datare un reperto archeologico ma anche per verificare l'autenticità di manufatti fittili di ignota provenienza, il cui esame stilistico non sia sufficiente a stabilire se si tratti di reperti antichi oppure di imitazioni recenti. Il dubbio può sorgere anche a livello di museo dove siano confluite per donazione o in deposito collezioni private di cui spesso l'unico dato conosciuto con sicurezza è il nome del donatore. Anche nelle raccolte private e soprattutto nel mercato di antiquariato abbondano le imitazioni messe in circolazione a scopo di lucro.

Per controllare l'autenticità di un manufatto, si ricorre alle tecniche di datazione descritte in precedenza, ma limitatamente alla ricerca dei valori espressi nel numeratore della relazione 1.A. È infatti sufficiente misurare la dose totale di radiazioni assorbite dal manufatto e verificare che tale dose sia compatibile con l'età che il manufatto dovrebbe avere, se autentico. In altre parole, dalla relazione:

$$\frac{\text{dose totale assorbita}}{\text{età archeologica presunta}} = \text{dose annua desunta} \qquad 3.A$$

deve scaturire l'indicazione di una dose assorbita per anno che sia compresa entro determinati limiti, e precisamente entro 0,3 e 0,8 rad/anno. In base ai dati oggi disponibili, che derivano da numerose ricerche sperimentali condotte in differenti laboratori di TL, si può infatti ritenere che la dose media di radiazioni assorbita in un anno da un manufatto ceramico sia compresa entro detti valori, pari a 30-80 erg/g per anno. Qualora la dose annua del manufatto in esame risulti anomala, cioè di entità molto inferiore al valore minimo di 0,3 rad, se ne deduce che il manufatto non è autentico, e che si tratta di un'imitazione prodotta in epoca recente.

In pratica, un'analisi di autenticazione viene effettuata applicando la relazione 3.A nella sua forma più dettagliata:

$$\frac{\text{Dose } \beta \text{ equivalente} + \text{Intercetta}}{\text{età archeologica presunta}} = \text{dose annua desunta} \qquad 3.B$$

I termini dose beta equivalente e intercetta di non linearità sono già 'stati illustrati nei precedenti capitoletti dedicati alla datazione con le tecniche *fine-grain* e *inclusion*, e anche le procedure per la preparazione dei campioni sono state descritte in precedenza. Viene effettuata una serie di misure per rilevare sia la termoluminescenza naturale del campione in esame, sia la risposta del campione stesso all'azione di radiazioni impartite artificialmente mediante una sorgente radioattiva di attività nota. Elaborando i risultati delle misure, si arriva a stabilire la quantità di energia accumulata nel reperto dal momento della sua cottura a oggi.

Quanto all'età archeologica del reperto, essa è presunta in base alle caratteristiche stilistiche e tipologiche del reperto stesso.

Conoscendo la dosa totale assorbita e l'età archeologica, si calcola la dose annua che, come già detto sopra, deve essere compresa tra 0,3 e 0,8 rad/anno, qualora si tratti di un reperto autentico. L'intervallo di variabilità della dose annua scaturisce dai dati ottenuti da un ampio numero di analisi di reperti archeologici effettuate nei differenti laboratori di termoluminescenza, in particolare nel *Research Laboratory for History and Archaeology* dell'Università di Oxford, che detiene la leadership nel campo della TL applicata all'archeologia.

Facendo un rapido confronto tra la metodologia applicata alla datazione e quella applicata all'autenticazione, si nota come per la datazione sia necessario misurare effettivamente la dose annua secondo le relazioni 1.B oppure 2, ragione per cui occorre prelevare un'abbondante campionatura dal reperto in esame, conoscere i dati ambientali esatti circa il luogo di rinvenimento, e, ovviamente, eseguire tutte le misure necessarie. Nel caso dell'autenticazione, la metodologia risulta molto semplificata, poiché non è necessario misurare la dose annua ma basta semplicemente desumerla e verificare che sia in accordo con i dati resi noti dalla letteratura specializzata. Ne consegue che il prelievo della campionatura può essere notevolmente limitato, essendo sufficienti alcune decine di mg. Anche i tempi di misura risultano notevolmente diminuiti. È da aggiungere che, in prima approssimazione, la curva di termoluminescenza naturale è di per sé stessa sufficiente ad indicare se si tratta di un reperto autentico oppure di un falso. Nel primo caso la TL naturale registrata sul grafico dà luogo a una curva alta, mentre nel secondo caso dà luogo a una curva quasi piatta essendo l'emissione luminosa pressoché nulla.

Si ritiene opportuno accennare a un'eventualità da tenere presente quando si effettuano controlli di autenticità mediante l'analisi di termoluminescenza. È già stato rilevato che i manufatti per i quali si desume una dose annua inferiore al valore minimo di 0,3 rad/anno sono da considerare delle imitazioni di epoca recente, ossia dei falsi. Potrebbe però capitare il caso in cui una dose annua inferiore al valore minimo sia desunta per un manufatto prodotto in epoca antica, ma sottoposto in epoca recente, per un qualsiasi motivo, a seconda cottura. Si avrebbe così il caso di un reperto autentico dal punto di vista archeologico, e falso agli effetti dell'analisi di TL, avendo la seconda cottura "azzerato" l'energia che si era accumulata nel periodo precedente, dal momento della prima cottura, antica, a quello della seconda cottura, recente. Si tratta però di un'eventualità che ben raramente trova riscontro nella realtà, ragione per cui se ne fa qui accenno soltanto per completezza d'informazione.

.5 ANALISI FISICHE

Rientrano nelle analisi fisiche alcune tecniche di indagine che permettono di acquisire informazioni sulla natura dei materiali, studiando-
ne determinate proprietà fisiche quali la porosità, la durezza, il comportamento alle variazioni di temperatura, la conducibilità elettrica, ed altre
proprietà.

Nel campo ceramico e agli effetti che qui interessano, ci limitiamo a
ricordare le prove di durezza che servono a stabilire il grado di resistenza
di un manufatto ceramico all'abrasione e alla scalfittura. La durezza è
una proprietà che dipende dalla coesione del manufatto, che a sua volta è
dovuta sia alla composizione mineralogica, soprattutto alle dimensioni e
alla forma dei granuli di degrassante, sia alla lavorazione e alla cottura
(I.1.3).

Torna qui opportuno notare che nel confronto tra due o più ceramiche non è possibile eseguire le prove di durezza in base alla scala di Mohs,
come avviene per i minerali (Inserto C), e ciò in quanto i manufatti ceramici hanno una composizione che può variare da punto a punto, il che
preclude la possibilità di costruire una scala di valori basata sul principio
del materiale più duro che scalfisce quello più tenero. È pertanto necessario adottare altre scale di misura e ricorrere ad appositi strumenti chiamati
''sclerometri'' e ''microdurometri''.

Lo sclerometro detto di Seebeck consiste in un piccolo carrello mobi-
le collegato a un piattello da caricare con pesi. L'apparecchio è munito di
un braccio metallico orizzontale che nella parte terminale reca una punta
di diamante o di acciaio, sotto la quale viene posto il manufatto da esaminare. Per effettuare la prova si fa scorrere il carrello, caricando progressivamente con pesi il piattello sino a provocare una scalfittura nel manufatto. Il grado di durezza di questo è direttamente proporzionale al peso che
è stato necessario per effettuare l'incisione.

La durezza, sempre intesa come resistenza alla penetrazione, può essere misurata per mezzo del microdurometro. Il modello più usato in
campo ceramico è costituito essenzialmente da uno strumento penetratore, azionato da un dispositivo elettrico, munito di una punta di diamante
e accoppiato a un microscopio nel cui oculare è inserito un micrometro a

rete. Durante la prova, il penetratore viene premuto con forza nota e costante contro il manufatto che ne riceve l'impronta. Il grado di durezza è indicato dall'area dell'impronta, che viene misurata per mezzo del micrometro a rete di cui è provvisto il microscopio (II.2.1).

Per il momento, non risulta che la prova di durezza sia da includere tra gli esami di prevalente importanza agli effetti dell'identificazione di un manufatto ceramico, anche in considerazione del fatto che si tratta di una tecnica distruttiva. A parte la scalfittura, per la buona riuscita della prova si richiede che la superficie del manufatto venga levigata, e talvolta trattata opportunamente con attacchi acidi, il che rende dannoso questo tipo di esame per l'integrità del reperto. È qui da ricordare che, seppure in via indiretta e in prima approssimazione, l'esame ottico microscopico può da solo essere sufficiente ad accertare il grado di coesione di un manufatto ceramico (II.2.1). Poiché i reperti archeologici hanno di regola corpo ceramico poroso e non vetrificato, l'esame stereoscopico del numero e del volume dei pori, della forma e della granulometria del degrassante, nonché della distribuzione delle dimensioni dei granuli di degrassante, può fornire un'indicazione sufficientemente attendibile circa il grado di consistenza di un manufatto fittile. Le prove di durezza da eseguire per via strumentale possono essere riservate a casi particolari.

Nel passare in rassegna le analisi fisiche di maggiore interesse in campo ceramico, è opportuno ricordare due analisi che rilevano il comportamento del materiale al variare della temperatura, l'analisi termogravimetrica e l'analisi termica differenziale, considerate complementari. Oggi, alcune moderne apparecchiature permettono di eseguire simultaneamente queste due analisi, su uno stesso campione.

II.5.1 ANALISI TERMO-GRAVIMETRICA

Questa analisi, (TGA, *Thermogravimetric Analysis*), denominata anche "termo-ponderale", registra immediatamente e in modo continuo le variazioni in peso di un materiale sottoposto a riscaldamento. Molto semplice ed economica, trovava in passato largo impiego per individuare i componenti mineralogici delle argille.

STRUMENTAZIONE

— Bilancia di grande precisione.

Serve a misurare le variazioni nel peso del campione.

— Piccolo forno elettrico.

Serve a contenere il campione durante il riscaldamento. Nel fornetto l'aumento della temperatura è comandato da un termoregolatore.

— Registratore.

Riporta sopra un grafico i cambiamenti che avvengono nel peso del campione in funzione dell'aumento della temperatura.

Le più moderne e sofisticate termobilance comprendono anche apparecchi che permettono di controllare la pressione all'interno del fornetto, di effettuare le misure nel vuoto oppure in atmosfera controllata, e di raggiungere temperature molto elevate, oltre 1500°C.

APPLICAZIONE

L'analisi viene di norma eseguita sulle argille, e serve a distinguerne i componenti mineralogici mediante l'esame delle curve che si formano sul grafico in corrispondenza delle perdite di peso subite dal campione quando sottoposto a graduale riscaldamento. Le perdite sono dovute alla disidratazione del campione e ad altri processi quali la combustione di sostanze organiche e la decomposizione del carbonato di calcio (I.6.2).

In linea di massima, questa analisi è stata superata da tecniche strumentali più moderne e di maggiore precisione, ma continua ad essere utilizzata per determinare complessivamente e velocemente la perdita al fuoco (P.F. o P.C.), ossia la perdita di sostanze volatili subìta dall'argilla quando viene riscaldata alla temperatura di 1000°C.

L'analisi termo-ponderale viene talvolta eseguita su manufatti ceramici cotti a bassa temperatura, allo scopo di accertare, seppure in prima approssimazione, il livello della cottura cui i manufatti stessi sono stati sottoposti. L'analisi viene considerata complementare a quella termica differenziale.

II.5.2 ANALISI TERMICA DIFFERENZIALE

Denominata comunemente DTA, *Differential Thermal Analysis*, questa tecnica strumentale viene utilizzata per riconoscere i componenti mineralogici dell'argilla attraverso l'esame delle trasformazioni provocate dal riscaldamento. Essa può servire anche per appurare a quale temperatura sia stato cotto un manufatto, purché non siano stati superati i 1000°C, limite oltre il quale sopraggiunge la fusione per cui non si hanno più delle variazioni legate alla temperatura. L'analisi trova pertanto applicazione in archeologia, avendo la maggioranza dei reperti antichi subìto una cottura a temperatura inferiore a 1000°C, e consiste nel porre a confronto un campione della ceramica da esaminare e una sostanza inerte, segnalandone la differenza di comportamento al crescere della temperatura. Nella curva registrata graficamente, tale differenza si rivela mediante picchi e flessi endotermici oppure esotermici (cioè variazioni di pendenza della curva), a seconda che nel campione si verifichino assorbimenti di calore oppure sviluppi di calore. Sul grafico, il punto ove compare il primo picco endotermico, oppure esotermico, può indicare che il campione aveva subìto una cottura a temperatura inferiore a quella corrispondente al picco.

STRUMENTAZIONE

— Fornetto elettrico.

È munito di dispositivo per cui la temperatura sale con una velocità di crescita costante, controllata da regolatori a termocoppia. Dentro il fornetto, in appositi crogioli sono posti a confronto il campione, opportunamente macinato, e una sostanza inerte, pure macinata (di solito si impiega dell'allumina, oppure del caolino che sia stato cotto a 1400°C per un minimo di quattro ore). Nei crogioli sono inserite le termocoppie, collegate tra loro in contrapposizione.

— Programmatore di temperatura.

Ha il compito di fare crescere in modo lineare la temperatura all'interno del fornetto.

— Strumenti di amplificazione e di registrazione.

A questi strumenti sono collegate le termocoppie inserite dentro i crogioli, dimodoché essi possono registrare su un grafico le variazioni di temperatura del campione rispetto alla sostanza inerte.

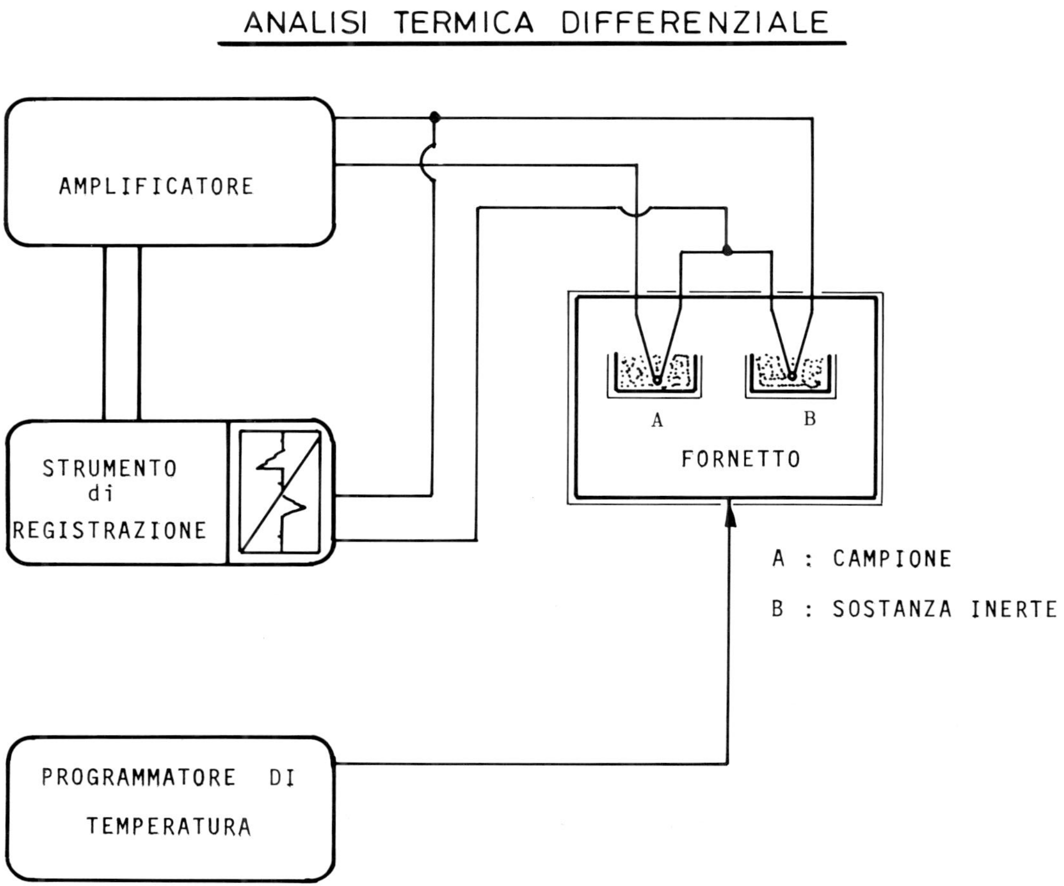

ANALISI TERMICA DIFFERENZIALE

A : CAMPIONE

B : SOSTANZA INERTE

Fig. 39 - Analisi termica differenziale - schema dell'apparecchiatura

Avviato il riscaldamento, mentre una termocoppia indica la crescita di temperatura nel fornetto, le termocoppie inserite nei crogioli contenenti il campione e la sostanza inerte ne segnalano la rispettiva temperatura. Sino a quando non avvengono delle reazioni nel campione, le termocoppie indicano la stessa temperatura, ed essendo collegate insieme in opposizione, producono un segnale nullo. Quando avviene una reazione nel campione, con sviluppo o assorbimento di calore, nei crogioli si hanno due diversi valori di temperatura che vengono segnalati come differenze di potenziale nelle termocoppie e che vengono inviati al registratore, traducendosi in curve di temperatura con flessi endotermici oppure esotermici.

APPLICAZIONE

Poiché gli effetti termici, sia per l'intensità sia per la temperatura alla quale avvengono, sono caratteristici di ogni materiale, l'analisi termica differenziale permette di individuare i componenti delle argille a livello qualitativo. Talvolta, con opportuni accorgimenti può anche fornire misurazioni a livello semi-quantitativo, misurando l'area dei flessi. I flessi endotermici rivelano un assorbimento di calore da parte del campione, quale può essere provocato dalla perdita dell'acqua d'impasto e dell'acqua chimicamente combinata nel reticolo dei minerali argillosi, nonché dalla perdita di altre sostanze volatili e dalla dissociazione del carbonato di calcio. I flessi esotermici rivelano sviluppi di calore, quali possono essere provocati dalla combustione delle sostanze organiche e dai cambiamenti strutturali di fase cristallina, ad esempio il passaggio da quarzo alfa a quarzo beta a 575°C, e le trasformazioni della caolinite in cristobalite e in mullite, a partire da 900°C circa (I.6.2).

Quando l'analisi termica differenziale viene eseguita su un manufatto ceramico, essa può talora permettere di accertarne la temperatura di cottura: occorre però una certa cautela, ed è opportuno che i dati dell'analisi siano forniti da tecnici di larga esperienza nel campo specifico della ceramica. Infatti, errate interpretazioni possono essere causate da un insieme di fattori.

Ad esempio, potrebbe verificarsi che per un manufatto cotto effettivamente a 900-950°C, l'analisi termica differenziale indichi una cottura inferiore a 800-850°C. Il divario può essere dovuto a più cause: si può supporre che l'argilla adoperata per modellare il manufatto fosse molto calcarea e che la cottura, pur raggiungendo 900-950°C, non avesse mantenuto tale alto livello per un tempo sufficientemente lungo per la decomposizione del carbonato di calcio, che di conseguenza è rimasto parzialmente dissociato. Un'altra causa potrebbe consistere nel fatto che, durante la "vita" del manufatto, l'ossido di calcio in esso contenuto avesse subìto una parziale reidratazione e ricarbonatazione ad opera degli agenti atmosferici. Inoltre, la ricarbonatazione può essersi intensificata durante i secoli in cui il manufatto è rimasto sepolto nel sottosuolo, a contatto con la falda freatica, sovente ricca di acquee calcaree. Da questo insieme di cause deriva che il manufatto ha accumulato nel suo corpo ceramico una quantità notevole di $CaCO_3$: quando viene riportato alla luce dagli scavi archeologici e viene sottoposto all'analisi termica differenziale, è probabile che si ottengano dei risultati incerti. Infatti, sul grafico dell'analisi apparirà per primo un flesso endotermico alla temperatura di circa 800°C, ossia alla temperatura in cui inizia la dissociazione del carbonato di calcio, e ciò in quanto l'apparecchiatura non è in grado di riconoscere le diverse epoche di formazione del carbonato stesso.

In casi siffatti, i risultati dell'analisi termica differenziale debbono essere integrati con altre analisi di laboratorio, e soprattutto con le conoscenze dell'archeologo che ha condotto lo scavo, e quindi è informato sulle condizioni del ritrovamento del manufatto in esame. Dati precisi sulla località di ritrovamento (ubicazione geografica, condizioni climatiche, etc.) e sullo scavo (posizione di ritrovamento del reperto, profondità dello scavo, tipo di terreno, grado di umidità, etc.) possono permettere di ricostruire la "storia" del manufatto durante il periodo del suo interramento. Ciò dimostra quanto sia importante la collaborazione tra il ricercatore scientifico, che esegue e interpreta l'analisi, e l'archeologo: l'esperienza del primo, unitamente alle conoscenze del secondo, possono collocare nella giusta prospettiva archeologica i risultati delle analisi di laboratorio.

INSERTO T

TABELLA RIASSUNTIVA DELLE PRINCIPALI TECNICHE DI INDAGINE SU ARGILLE E CERAMICHE

Tipo di analisi		Campo di applicazione	Quantità di campione (a)	Tempo occorrente (b)	Disponibilità laboratori attrezzati (c)	Costo apparecchiature (d)	Costo analisi (d)
Analisi mineralogico-petrografica	stereomicroscopica	analisi di superficie	reperto tal quale	+	+++	+	+
"	microscopica su sezioni sottili	anal. mineralogica e strutturale	+++	++	+++	+	+
"	diffrazione di raggi X	anal. mineralogica e strutturale qualitativa	++	+	++	+++	++
Analisi chimica quantitativa per via umida	gravimetrica volumetrica colorimetrica	anal. elementare qualitativa e quantitativa	++	+++	++	+	+++

Analisi strumentale per macro e micro elementi	fotometria a fiamma	misurazione di K_2O; Na_2O; CaO	++	+	+++	+	++	+
" "	assorbimento atomico	anal. elementare a livello di ppm	++	++	++	++	++	+++
" "	fluorescenza a raggi X	anal. elementare a livello di ppm	++	+	++	+++	+++	+++
" "	attivazione neutronica	anal. elementare a livello di ppm	++	+	+	++++	+++	+++
Analisi di datazione e di autenticazione	termoluminescenza	datazione e autenticazione	+++	++	+	++	++	+++
Analisi fisica	termica differenziale	verifica della temperatura di cottura	++	++	++	++	++	++

+ = *valore basso*   + + = *valore medio*   + + + = *valore elevato*

(a) *cfr. inserto M dedicato alle tecniche distruttive e non distruttive.*

(b) *tempo occorrente sia per la preparazione del campione sia per la misura.*

(c) *laboratori esistenti in Italia che abbiano esperienza nell'applicazione di queste tecniche all'archeologia.*

(d) *per costo delle apparecchiature si intende un valore nell'ordine dei milioni, decine di milioni, centinaia di milioni. Per l'attivazione neutronica si fa riferimento alla sola apparecchiatura di spettrometria gamma, escludendo il reattore nucleare il cui valore è nell'ordine dei miliardi. Il costo delle analisi comprende il tempo di utilizzo dell'apparecchiatura, il costo del personale tecnico e l'ammortamento del capitale.*

GUIDA ALLA BIBLIOGRAFIA

A completamento della bibliografia tecnica indicata in fondo alla prima parte della presente trattazione, si segnalano le seguenti pubblicazioni.

AA.VV., 1968, *Thermoluminescence of geological materials,* London and New York, Academic Press, a cura di D.J. McDougall.

AA.VV., 1971, *Dating Techniques for the Archaelogist,* Cambridge U.S.A. and London, The MIT, Massachusetts Institute of Technology, a cura di H.N. Michael e E.K. Ralph.

AA.VV., 1973, *An Introduction to Materials,* London, The Open University (traduz. it. 1976, *Introduzione ai materiali,* Milano, Mondadori ed., Biblioteca della EST).

AA.VV., 1974, *Archaeological Chemistry, Symposium on Archaeological Chemistry, 5th, Dallas, 1973,* Washington, American Chemical Society, Advances in Chemistry Series 138, a cura di C.W. Beck.

AA.VV., 1978, *Archaeological Chemistry II, Symposium on Archaeological Chemistry, 6th, Chicago, 1977,* Washington, American Chemical Society, Advances in Chemistry Series 171, a cura di G.F. Carter.

ALONSO M. - FINN E.J., 1967, *Fundamental University Physics,* II, Reading U.S.A., Addison-Wesley Publ. (traduz. it. 1969, *Elementi di fisica per l'Università,* II, Reading, Addison-Wesley Publ.)

AMANDOLA G. - TERRENI V., 1967, *Analisi chimica strumentale e tecnica,* Milano, Masson Italia ed. (4.a ediz. 1980).

BIANCHI A., 1966, *Corso di mineralogia con elementi di petrologia,* Padova, Cedam ed.

CARDINI G. - GALLI P., 1979, *Le apparecchiature scientifiche per laboratorio,* Roma, Il Cerilo ed., Guide merceologiche.

COLLI A., 1969, *Elementi di colorimetria tristimolo,* Milano, ACNA, Aziende Colori Nazionali Affini.

CROMER A.H., 1974, *Physics for the Life Sciences,* New York, McGraw-Hill ed. (traduz. it. 1975, *Fisica per medicina, farmacia e scienze biologiche,* Padova, Piccin ed.).

CUOMO DI CAPRIO N. - MAINONI I. - SACCHI F. - SPINOLO G., 1976, *Il metodo della termoluminescenza nella datazione ed autenticazione di reperti fittili archeologici,* Roma, C.N.R., Scienze sussidiarie dell'archeologia.

CUOMO DI CAPRIO N. - MARTINI M. - SIBILIA E. - SPINOLO G., 1983, *L'analisi di termoluminescenza nell'autenticazione di materiale fittile: alcuni esempi di applicazione,* in "Rivista di Archeologia", VII, pp. 75-102.

DICKERSON R.E. - GEIS I., 1976, *Chemistry, Matter and the Universe,* U.S.A. s.l., W.A. Benjamin Inc. (traduz. it. 1981, *Introduzione alla Chimica.* Bologna, Zanichelli ed.).

HECHT E. - ZAJAC A., 1974, *Optics,* Reading U.S.A., Addison-Wesley Publ.

HURLEY J.P. - GARROD C., 1978, *Principles of Physics,* Boston, Houghton Mifflin Co. (traduz. it. 1982, *Principi di fisica,* Bologna, Zanichelli ed.).

JOUKOWSKY M., 1980, *A complete Manual of Field Archaeology,* New Jersey, Prentice-Hall Inc., A Spectrum Book.

MALATESTA L., 1961, *Chimica generale,* Milano, Guadagni ed. (7.a ediz. 1980).

MICHELS J.W., 1973, *Dating Methods in Archaeology*, New York, Seminar Press.

WRIGHT W.D., 1944, *The Measurement of Colour*, London, Hilger Watts ed. (3.a ediz. 1964).

WYSZECKI G. - STILES W., 1967, *Colour Science, Concepts and Methods, Quantitative Data and Formulas*, New York, J. Wiley & Sons ed.

Riviste specialistiche

ARCHAEOMETRY, The Bullettin of the Research Laboratory for Archaeology and the History of Art, Oxford University.

BERLINER BEITRÄGE ZUR ARCHÄEOMETRIE, Staatliche Museen, Berlin.

MASCA JOURNAL, Museum Applied Science Center for Archaeology, The University of Pennsylvania.

PACT, Journal of the European Study Group on Physical, Chemical and Mathematical Techniques Applied to Archaeology, Strasbourg, Council of Europe.

REVUE D'ARCHEOMETRIE, Bulletin de liaison du groupe des méthodes physiques et chimiques de l'archéologie, Université de Rennes.

STUDIES IN CONSERVATION, The Journal of the International Institute for Conservation of Historic and Artistic Works, London.

Altre riviste

Journal of Archaeological Science, London.
La Recherche, Paris.
Le Scienze, Milano.
Prospezioni Archeologiche, Roma.
Scientific American, New York.

APPENDICE

FONTI LETTERARIE ANTICHE

Le fonti letterarie antiche riguardanti la ceramica comprendono tanto gli scrittori che in via occasionale e in modo indiretto hanno fornito notizie in questo campo, quanto gli scrittori che si sono soffermati in modo esplicito sull'argomento, indicando i manufatti fittili e talvolta anche le materie prime, gli attrezzi e i sistemi di lavorazione.

Nel gruppo delle fonti indirette, alquanto copioso, figurano storici, filosofi, medici, politici e letterati, che nelle loro opere hanno dato notizie sulla ceramica, talvolta utilizzandola come termine di confronto o come riferimento generico. Poeti, commediografi e drammaturghi offrono spiragli di conoscenza, servendosi dei vocaboli ceramici per metafore, paragoni, frasi scherzose e giochi di parole. Sotto il profilo tecnico, queste notizie hanno scarsa utilità; sono casuali, del tutto accidentali, e non si ravvisa in esse alcuna volontà di dare una spiegazione o una interpretazione. Per queste ragioni si è ritenuto, per le fonti indirette, di limitarsi a una mera esemplificazione che non segue alcun ordine cronologico, bensì spazia attraverso il tempo, attingendo liberamente sia a testi religiosi sia a scrittori latini classici.

Nel gruppo delle fonti dirette rientrano gli scrittori che hanno ritenuto meritevoli di osservazione i manufatti ceramici. Per non ampliare eccessivamente l'argomento, il presente commento inizia dalla latinità classica, prendendo come punto di partenza Vitruvio, uno dei pochi autori antichi che alla capacità di scrivere univa conoscenze tecniche acquisite per esperienza diretta. La disanima delle fonti è stata proseguita sino al Rinascimento, seguendo attraverso i secoli il cammino evolutivo sia del manufatto ceramico sia della trattazione che ne è stata fatta dagli scrittori.

Nelle opere di età classica e tardo-antica dominano gli argomenti religiosi, terapeutici e naturalistici, e la speculazione teorica prevale sull'osservazione diretta. Sovente gli autori hanno attinto a fonti precedenti, talvolta attraverso manuali e riassunti redatti a distanza di tempo e in lingua differente da quella del testo originale, riportando le notizie senza alcuna verifica e senza alcuna preoccupazione di indagare sulle cause che hanno provocato determinati effetti; gli argomenti sono slegati uno dall'altro, e la mancanza di ordine sistematico porta a ripetizioni.

In nessuna di queste opere la ceramica occupa il primo posto o perlomeno un posto di rilievo: forse per la sua funzione prevalentemente utilitaristica, essa non ha destato nell'antichità particolare attenzione nè è stata fatta oggetto di ampie disamine. Le fonti di epoca classica quali Plinio e Vitruvio contengono numerose osservazioni sui manufatti fittili, però poco approfondite. In epoca tardo romana le testimonianze consistono in elencazioni alfabetiche di manufatti dove la scarsità di descrizioni rende arduo individuare esattamente a quali oggetti si riferisce l'autore, sebbene sia doveroso riconoscere che, ieri come oggi, era difficile dare una precisa indicazione della forma di un vaso senza l'avallo di un disegno, e che le ambiguità sono spesso causate dal chiamare differenti vasi con lo stesso nome, oppure dall'usare nomi differenti per forme uguali.

Va peraltro ricordato che molte opere letterarie ci sono pervenute incomplete o attraverso trascrizioni scadenti e arbitrarie, e che le conoscenze chimiche degli antichi, basate su mero empirismo, non permettevano di dare spiegazioni plausibili sul piano teorico, condizionando anche quegli scrittori dotati di un acuto spirito indagatore ad accettare interpretazioni magiche e fantastiche. Nè va dimenticato che le notizie pervenuteci raccolgono i risultati di secoli di esperienze, e rappresentano le uniche fonti disponibili sul piano teorico per ricostruire la storia di come siano stati realizzati ed utilizzati attraverso i secoli i manufatti necessari per soddisfare importanti esigenze della vita.

Nei trattati medievali emerge una maggiore attenzione per i sistemi di lavorazione, specialmente per l'arte vetraria che, seppure in via indiretta, riveste un ruolo di grande importanza nell'evoluzione della tecnica ceramica. Dai procedimenti impiegati per la fusione del vetro ha infatti tratto spunto il vasaio per perfezionare e generalizzare l'uso del rivestimento vetroso sui manufatti ceramici, preparando la strada a quella perfetta invetriatura che è lo smalto, dominatore indiscusso nel Rinascimento. Nella prima metà del '500, Biringuccio, Agricola e Piccolpasso aprono la via alla trattazione sistematica di problemi tecnici attinenti alla ceramica, segnando il passaggio dalle fonti letterarie antiche a quelle moderne.

FONTI INDIRETTE

A titolo esemplificativo e nell'intento di raggruppare delle notizie che potranno costituire una base per ulteriori approfondimenti di tipo storico, vengono qui riportati alcuni passi tratti da opere di differenti autori, con un commento sul loro significato e sulla loro interpretazione. Estrapolare da tali passi quante più nozioni è possibile ha richiesto il confronto con le testimonianze lasciate da altri scrittori, benché i risultati siano forzatamente incompleti e lacunosi, esulando la presente trattazione da ricerche di carattere filologico su singoli temi.

Nè va sottaciuto il fatto che questo tipo di ricerca può facilmente offrire il fianco a critiche, essendo discutibile l'opportunità di mettere sullo stesso piano notizie tratte, ad esempio, da fonti greche e da fonti latine, oppure relative all'area occidentale e all'area orientale del mondo antico, senza dire che si può incorrere anche in un'eccessiva specializzazione tecnica, a scapito di altre indagini.

Tuttavia, pur nelle sue evidenti limitazioni, questa ricerca può essere fruttuosa in quanto permette di seguire il cammino di un manufatto (o di una materia prima, o di una tecnica di lavorazione, o di un qualsiasi altro argomento tecnico) attraverso il tempo e lo spazio, senza barriere di culture e di epoche storiche. Anche se possono talvolta risultare azzardati, i confronti hanno sempre una loro validità, non fosse altro perché permettono di constatare come la tecnologia, intesa nella sua accezione più ampia, non conosca frontiere, né ora né in passato.

GENESIS XI,3

"E dissero l'uno all'altro: Venite, facciamo dei mattoni e cuociamoli col fuoco. E si servirono di mattoni invece di pietre, e di bitume invece di malta".

La frase si riferisce alla costruzione della torre di Babele. Per i muri delle case si utilizzavano mattoni crudi, talvolta ponendo alla sommità del muro, sotto la copertura del tetto, uno strato di mattoni cotti, sporgenti all'esterno, a protezione dalla pioggia (Vitruvio, *De Arch.* II,8,16. *Cum ergo tam magna potentia reges non contempserint latericiorum parietum structuras ... II,8,18 Summis parietibus structura testacea sub tegula subiciatur...*).

Si può ragionevolmente supporre che la cottura dei mattoni avvenisse in focolari all'aperto, a diretto contatto con il combustibile, secondo un procedimento che continua tutt'oggi ad essere utilizzato nei paesi del Terzo Mondo ad economia industriale ancora sottosviluppata. Come già accennato in precedenza (1.6.3), i mattoni vengono accumulati all'aperto, posti di costa in più strati sovrapposti, con sfasature tra i pezzi e tra gli strati per permettere il passaggio dei gas di combustione. Il combustibile (carbonella, carbone di legna, legna in piccola pezzatura, etc.) è mescolato ai mattoni che formano una catasta, poi ricoperta con altro combustibile e con zolle di terra quale copertura di protezione. Il fuoco, acceso in un angolo della catasta, progredisce lentamente a seconda dei fori lasciati aperti nel manto protettivo per consentire il tiraggio. A seconda della quantità di materiale, la cottura dura più giornate consecutive, sotto la sorveglianza del fornaciaio. Le forti irregolarità nel tiraggio e nella temperatura provocano nei mattoni porosità e diversità molto accentuate di colore. Oggi come ieri, i mattoni spesso non raggiungono una elevata temperatura di cottura, per cui sono sgretolabili e facilmente soggetti a sfaldature e a venature quando, posti in opera, subiscono l'azione della pioggia e del gelo. (Vitruvio, *De Arch*. II,8,9: *...namque quae non fuerit ex creta bona aut parum erit cocta, ibi se ostendit esse vitiosam gelicidiis et pruina tacta*).

Quanto al bitume cui si riferisce il brano dalla Genesi, si tratta di un nome generico dato a miscele solide o semisolide di idrocarburi, aventi colore, volatilità e durezza variabili. Con lo stesso nome venivano talvolta indicati anche l'asfalto e le sostanze oleose e resinose in genere, sebbene di regola venisse usato in lingua greca il termine *asphaltos* e in lingua latina *bitumen*, mentre il petrolio veniva chiamato nelle due lingue *naphthas* oppure asfalto liquido o bitume liquido. Oggi, nella terminologia moderna, asfalto corrisponde a miscugli di bitume e di materie minerali inerti.

Facile a reperire in oriente in giacimenti naturali, secondo Erodoto (*Hist*. VI,119) in una località vicina a Susa l'asfalto veniva estratto da un pozzo insieme ad altre sostanze oleose, dalle quali veniva poi separato. Secondo Strabone (*Geogr*. XVI,1,15), Babilonia ne produceva una grande quantità; un giacimento affiorava vicino al fiume Eufrate: quando il fiume era in piena, la depressione si riempiva di acqua che poi si riversava nel fiume, le masserelle di asfalto che si formavano in superficie venivano raccolte e utilizzate nelle costruzioni degli edifici, per saldare i mattoni cotti, sovrapposti l'uno all'altro per costruire i muri. Notizie analoghe sono riferite anche da Vitruvio (*De Arch*. VIII,3,8).

"Gli Egiziani presero in avversione i figli di Israele, e resero loro amara la vita con duri lavori di argilla e di mattoni" … "Il Faraone ordinò 'Non date più la paglia al popolo per fare i mattoni, ma vadano essi a raccoglierla. Ed esigete da loro la stessa quantità di mattoni di prima, senza diminuzione alcuna' ".

Era tradizione, e lo è tuttora, aggiungere paglia tritata all'impasto argilloso preparato per modellare i mattoni affinchè le dilatazioni e le contrazioni che avvengono durante la cottura non provochino fessurazioni e rotture. Le variazione di volume, espresse dal coefficiente di dilatazione termica, dipendono da molteplici fattori fra i quali la composizione dell'impasto, la durata della cottura e la temperatura massima raggiunta nella fornace (Inserto G). Agli effetti del rischio di rotture, influiscono anche le differenze di temperatura che si stabiliscono tra l'interno e l'esterno del mattone a causa del suo forte spessore che ostacola una propagazione uniforme del calore. Dentro la fornace, la parte del mattone che si trova più lontana dalla fonte di calore resta a livello termico inferiore rispetto alla parte che si trova più esposta, provocando dilatazioni di differente intensità e di conseguenza tensioni cui la massa non riesce a resistere per cui si fessura.

Per ovviare a tale inconveniente, all'impasto argilloso viene mescolata della paglia, tritata più o meno finemente. Essa brucia durante la cottura, formando minuscole cavità nell'interno del mattone, da cui consegue una struttura porosa, omogenea, che favorisce la fuoriuscita dei gas di combustione e aumenta la resistenza alle variazioni di temperatura (Inserto I e I.6.2). L'uso della paglia quale degrassante organico offre anche il vantaggio di alleggerire la compattezza del mattone e di aumentare la temperatura interna in quanto, nel bruciare essa stessa, sviluppa calore durante la cottura nella fornace.

L. ANNAEUS SENECA, Epistulae Morales, XC,31

Anacharsis, inquit Posidonius, invenit rotam figuli, cuius circuitu vasa formantur.

Secondo la tradizione, l'invenzione della ruota da vasaio era attribuita a diversi personaggi quali Coroebus di Atene, Anacharsis di Scythia, Hyperbius di Corinto (Plinio, *N.H.*VII,56,198..*invenerut figulinas Coroebus Atheniensis, in iis orbem Anacharsis Scythes, ut aliii Hyperbius Corinthius*). Secondo Strabone (*Geogr.* VII,3,9) l'attribuzione ad Anacharsis è errata poiché già in Omero si trova un accenno alla ruota (*Ilias,*

XVIII,600). Diodoro Siculo (*Bibl.* IV,76) riteneva che l'inventore fosse stato Talos, nipote di Dedalo, artefice dei primi esemplari di sega e di mantice per il fabbro.

Altri riferimenti alla ruota da vasaio sono contenuti in Platone (*Res Publica*, IV, 420 E), in Plauto (*Captivi*, II,3,9) nonché nelle satire di Persio (*Saturae*, III,24), in Vitruvio (*De Arch.* IX,1,15), nelle favole di Aviano (*Fabulae*, 41,9), in Ateneo (*Deipnosophistae*, X, 449 B) e in altri autori ancora.

Ai fini che qui interessano, attribuzioni e allusioni hanno scarso rilievo in quanto non esiste un modello unico di ruota da vasaio, ragione per cui dovremmo piuttosto porci il quesito dell'evoluzione del tornio e delle tecniche di modellazione (I.3.1-I.3.2).

È ben nota agli archeologi la difficoltà che talvolta sorge nel distinguere un manufatto foggiato a mano da uno foggiato a tornio: un vaso modellato con accuratezza mediante la tecnica del colombino può avere caratteristiche tali (simmetria di forma, uniformità di spessore delle pareti, etc.) da poter sembrare frutto di lavorazione al tornio, così come un vaso modellato al tornio da un principiante maldestro può avere forma sbilenca, pareti di spessore non omogeneo e cordonature irregolari a rilievo, da potere essere attribuito a modellazione manuale.

Si aggiunga la difficoltà di stabilire quando la ruota da vasaio entra nella produzione ceramica, e quali caratteristiche essa debba avere per poter essere chiamata "tornio". Infatti, un semplice piattello poggiato sul terreno può essere mosso in senso rotatorio, facendolo ruotare su se stesso mediante veloci strappi dati con la mano, procedimento questo usato ancora oggi in paesi sottosviluppati e che permette la modellazione di vasellame grossolano e di piccole dimensioni. In un secondo tempo, il piattello viene collocato sopra un sostegno verticale sul quale ruota liberamente. È questa una ruota da vasaio che, seppure rudimentale, ha permesso al vasaio greco di modellare manufatti di ottimo livello artigianale. Ulteriori progressi portano al tornio a piede, ove il piattello è collegato mediante un asse verticale al volano, che viene azionato mediante spinte del piede. Resta incerto cogliere esattamente il passaggio tra una fase e l'altra nel perfezionamento di questo importante attrezzo di lavoro.

Q.HORATIUS FLACCUS, De Arte Poetica, 22

Amphora coepit institui, currente rota cur urceus exit?.

ALBIUS TIBULLUS, Elegiae, II,3,47

At tibi laeta trahant Samiae convivia testae fictaque Cumana lubrica terra rota.

Sebbene la frase di Orazio abbia tono scherzoso, è reale la difficoltà di riprodurre manufatti nella forma voluta, tanto è vero che il grado di abilità di un vasaio risalta non tanto nella modellazione di manufatti dalla forma complicata, quando nel sapere riprodurre una serie di manufatti uguali nella forma e nelle dimensioni.

I versi di Tibullo sottolineano invece una delle proprietà principali dell'argilla, la plasticità, grazie alla quale è possibile modellare una determinata forma (nella presente trattazione vedere I.1.3).

A parte ovviamente l'abilità personale del vasaio, sulla riuscita della modellazione influisce il tipo di tornio (I.3.2). Parametri principali agli effetti del rendimento sono la velocità di rotazione e la durata del movimento rotatorio, ambedue collegati alle caratteristiche strutturali dell'attrezzo. Una ruota non perfettamente centrata sull'asse di rotazione e pencolante provoca un movimento rotatorio irregolare, cresce la forza di attrito, portando a uno spreco di energia da parte del vasaio che, per quanto abile, non riesce a modellare manufatti simmetrici.

Per migliorare la qualità della produzione e per risparmiare energia, il vasaio mette in atto una serie di accorgimenti tecnici e di espedienti pratici a seconda del tipo di manufatto da modellare e delle esigenze di lavorazione. Questi adattamenti del tornio, che ne segnano l'evoluzione nel tempo, sono indicativi del grado di tecnicismo raggiunto dagli artigiani nelle diverse località nelle diverse epoche storiche, e potrebbero rappresentare una valida fonte di informazioni e di confronto. Purtroppo sino ad oggi sono molto scarsi i ritrovamenti di ruote da vasaio, e gli scavi archeologici ne hanno restituito rari esemplari e frammenti la cui interpretazione non è sempre sicura.

FONTI DIRETTE

In questa parte dell'appendice vengono commentati scrittori che nella stesura delle loro opere si sono proposti come finalità principale il fornire delle informazioni, talvolta sotto forma di trattato, talaltra di enciclopedia. Anche quando rivestono carattere eminentemente letterario, le opere qui prese in considerazione hanno sempre come sottofondo l'intenzionalità divulgativa, il che ne costituisce l'aspetto distintivo.

Come già annotato nell'introduzione, le scelte bibliografiche critiche citate al riguardo degli autori qui presi in esame sono limitate alle edizioni più conosciute e di più facile accesso nelle biblioteche universitarie. Beninteso, lo studente può allargare le ricerche anche in campo filologico, il che sarebbe quanto mai auspicabile.

Per ogni scrittore vengono forniti alcuni dati che aiutano ad inquadrarlo sul piano umano e su quello storico, nonché un sommario del contenuto delle opere che qui interessano. Segue un breve commento delle parti che concernono l'argomento ceramico.

App.1 FONTI LETTERARIE CLASSICHE E TARDO-ANTICHE.

App.1.1 *M.VITRUVIUS POLLIO, De Architectura X libri*

Loeb Classical Library, 2 voll. London 1970.

Rari sono i riferimenti a Vitruvio rintracciabili in altri scrittori, e le poche notizie conosciute sulla sua vita sono quelle contenute nei suoi scritti.

Contemporaneo di Cesare e di Augusto, Vitruvio ricevette un'educazione a carattere professionale. Iniziò la carriera pubblica come ingegnere militare lavorando in Africa sotto Giulio Cesare, indi ebbe l'incarico di soprintendere alle apparecchiature militari e studiare i miglioramenti da apportarvi, godendo dell'apprezzamento e del favore di Augusto e di sua sorella Ottavia. Come architetto non risulta che egli avesse grande successo: l'unica sua opera conosciuta è la basilica di Fano (*De Arch.* V,1,6).

Nella maturità della sua vita, Vitruvio si dedicò alla stesura di un trattato di architettura, forse sperando di ottenere come scrittore la fama che gli era stata negata dalla pratica costruttiva. Traendo spunto dagli scritti dei più rinomati architetti greci e romani, egli si proponeva di presentare all'imperatore un trattato che servisse a stabilire i canoni dell'arte del costruire, in modo da fornire un metro di giudizio per valutare correttamente pregi e difetti delle costruzioni edilizie. Si proponeva altresì di aiutare i giovani architetti ad apprendere le regole di una corretta progettazione.

L'opera consta di dieci libri, ognuno preceduto da una prefazione che riguarda sia la materia del libro sia altri argomenti. Dopo una dedica all'imperatore, il libro I contiene un commento sull'educazione appropriata per un architetto e una descrizione generale delle regole architettoniche, indicando i requisiti necessari per la scelta del sito adatto alla costruzione di una città e per la progettazione dei templi, delle fortificazioni e degli edifici pubblici. Il libro II commenta i progressi dell'arte costruttiva, riportando l'opinione dei filosofi sul tema, e tratta i materiali usati nelle costruzioni, tra i quali i mattoni. I libri III e IV sono dedicati alla costruzione dei templi e ai quattro ordini architettonici delle colonne; il libro V riguarda gli edifici pubblici, il VI le case private. Preceduto da una lunga introduzione che ricorda i più famosi architetti greci e romani, il VII libro riguarda l'interno delle costruzioni, dai pavimenti ai rivestimenti in stucco, e comprende anche alcuni capitoli sulle sostanze coloranti. Il libro VIII riguarda l'idraulica, i differenti tipi di sorgenti di acque calde e acque minerali, e il trasporto delle acque tramite gli acquedotti. Il libro IX tratta di geometria ed astronomia, descrivendo meridiane ed altri strumenti usati per misurare il tempo, mentre il libro X riguarda i macchinari adoperati per le costruzioni e per gli scopi militari.

Leggere Vitruvio significa scoprire l'attività dell'architetto romano, ossia penetrare nel vivo di una professione basata sulla conoscenza delle caratteristiche dei materiali da costruzione e sull'applicazione delle scienze matematiche e meccaniche note nell'epoca. L'arte costruttiva dell'architetto si sommava all'esperienza e alla capacità conoscitiva dell'artigiano, così come l'edificio e il luogo di costruzione, la forma dell'edificio e le .sue dimensioni erano considerati unitariamente, come elementi strettamente legati uno all'altro. Per Vitruvio, la conoscenza dei materiali e l'abilità manuale non potevano andare disgiunte dalle conoscenze tecnologiche teoriche, e soltanto l'unione dell'*ingenium* e della *disciplina* potevano produrre il perfetto *artifex* (... *Neque enim ingenium sine disciplina aut disciplina sine ingenio perfectum artificem potest efficere* (I,1,3). Altrove sottolinea ancora: ... *ex duabus rebus singulas artes esse compositas, ex opere et eius ratiocinatione* (I,1,15).

Per quanto attiene alla ceramica, notiamo che nel II libro il capitolo 3° è dedicato ai mattoni e alle relative tecniche di fabbricazione. Secondo Vitruvio, l'argilla (chiamata talvolta *terra*, talvolta *lutum*) troppo sabbiosa e quella troppo ghiaiosa devono essere scartate, altrimenti la paglia tritata che vi si aggiunge non farà presa nell'impasto, mentre sono da preferire l'argilla chiara e quella rossa. I mattoni debbono essere modellati in primavera o in autunno, ed è opportuno che subiscano un lungo essiccamento (della durata sino a due anni) onde evitare che si contraggano e provochino delle fessurazioni, quando messi in opera e ricoperti dallo stucco.

Dopo avere accennato ai tre tipi di mattoni comunemente in uso (*lydium, pentadoron, tetradoron*), Vitruvio accenna ai mattoni in pomice (*terra pumicosa*) prodotti in Spagna e in Asia, e dotati di tale leggerezza da galleggiare sull'acqua (II,3,4).

Nel capitolo 5° si trova un accenno alla *testa tunsa et succreta*, la terracotta macinata e setacciata fine che viene oggi chiamata chamotte, da usare quale degrassante (II,5,1) (nella presente trattazione vedi I.1.4). Il cap. 8° contiene alcune notizie sul sistema di valutazione delle pareti in laterizio, con l'indicazione delle città ove sono state costruite. Interessante è l'osservazione sul palazzo del re Mausolo ad Alicarnasso dove i mattoni sembravano avere la lucentezza del vetro (... *uti vitri perluciditatem videantur habere* II,8,10) il che starebbe a dimostrare che si trattava di mattoni dalla superficie invetriata. Seguono sparse altre notizie sui laterizi, usati crudi (*latericii*) oppure cotti in fornace (*lateres testacei* oppure *structura testacea*).

Per quanto riguarda specificamente i manufatti ceramici, Vitruvio dedica loro scarsa attenzione. Soltanto saltuariamente si trovano nell'opera dei riferimenti, ad esempio quando lo scrittore nota usi particolari quali i vasi utilizzati per migliorare l'acustica nei teatri (V,5,8), e usi generalizzati quali le tubature in terracotta per l'acqua, delle quali sottolinea i vantaggi sia per la facilità nelle riparazioni sia perché, al contrario delle tubature in piombo, non danno alcun gusto all'acqua (VIII,6,1-10).

Altri usi riferiti riguardano l'impiego di frammenti di terracotta per il drenaggio di locali umidi (VII,4,1) e per la costruzione dei pavimenti (VII,1,3), nonchè l'impiego di argilla (*lutum*) nella costruzione dei tetti (II,1,3-4), e quale rivestimento preliminare delle pareti di legno da ricoprire successivamente con stucco (VII,3,11).

È annotato pure l'impiego di *argilla cum capillo subacta* nella costruzione dei sostegni per i pavimenti dei *caldaria* (V,10,2), e nel creare degli strati protettivi sul parapetto della *testudo*, la macchina da guerra costruita per avvicinarsi alle città assediate (X,15,1).

Una nota tecnica che dimostra l'acuto spirito di osservazione di Vitruvio si rileva nel libro VI, allorchè egli rimarca che due vasi di uguale peso, cotti nella stessa fornace (quindi alla stessa temperatura) hanno uguale timbro sonoro quando vengono percossi (VI,1,8).

Nel libro VII, nella parte che riguarda la pittura parietale lo scrittore dedica alcuni capitoli (7°-14°) alla descrizione delle sostanze coloranti, suddividendole in naturali e artificiali e fornendo indicazioni sulla loro preparazione e impiego.

Poiché le sostanze coloranti rientrano tra i materiali usati nella lavorazione ceramica, si è ritenuto oppportuno trarne spunto per una ricerca che mettesse a confronto le notizie riferite da Vitruvio con quelle che sullo stesso argomento ci ha tramandato Plinio nella *Naturalis Historia*. Dal confronto di queste notizie è stato possibile raccogliere una serie di dati che sono stati utilizzati per preparare la tabella riportata dopo il capitolo dedicato all'opera pliniana.

.2 *C. PLINIUS SECUNDUS*, *Naturalis Historia XXXVII libri*

Loeb Classical Library, 10 voll. London 1967-1971.

Dalla natia Como Plinio andò giovanissimo a Roma, dove ricoprì cariche civili e militari sino alla morte, avvenuta a Stabia durante l'eruzione del Vesuvio. Dotato di un desiderio inestinguibile di conoscenza e di curiosità insaziabile verso la natura, nonchè di una capacità di lavoro fuori dal comune, Plinio dedicò la maggiore parte della sua vita alla lettura e all'annotazione degli scrittori della sua epoca e dei tempi precedenti, arrivando a raccogliere una tale massa di dati da rappresentare un monumento della laboriosità umana nel campo delle lettere. Da questa raccolta enciclopedica egli attinse liberamente e copiosamente, utilizzando e rimaneggiando gli scritti altrui per la stesura delle proprie opere.

Unica opera di Plinio pervenuta sino a noi, troppo famosa per richiedere lunghe descrizioni, la *Naturalis Historia* viene riassunta nelle sue linee principali, sottolineando i punti più importanti ai fini che qui interessano.

Dopo un'epistola dedicatoria all'imperatore Tito, il I libro contiene il sommario degli argomenti trattati nei libri successivi, un'innovazione per quei tempi, al pari dell'indicazione degli autori dai quali provengono le notizie riportate. Il II libro tratta di astronomia e meteorologia, soffermandosi su molti fenomeni naturali che a Plinio appaiono manifestazioni della natura intesa come divinità onnipotente e creatrice di esseri e di avvenimenti meravigliosi. I quattro libri seguenti sono dedicati alla geografia, con notizie tratte da fonti di epoche differenti fuse insieme. I libri III e IV sono dedicati all'Europa, mentre il V e VI spaziano in paesi lontani, dall'Africa all'India, e contengono notizie talvolta realistiche, talvolta fantasiose e prive di fondamento, quali, ad esempio, l'esistenza sia di tribù di uomini dalle orecchie talmente grandi da coprire l'intero corpo (IV,13,95), sia degli Hyperborei, una razza umana data per certa in base alla tradizione che essi solevano mandare offerte al santuario di Delo (IV,12,89-91).

I cinque libri seguenti (VII-XI) sono dedicati alla zoologia, iniziando con una dissertazione sul genere umano, di cui Plinio deplora i vizi. Segue un'enumerazione delle razze umane; lo scrittore riporta racconti fantasiosi e pieni di superstizioni, accettandoli acriticamente (VII,2,11-25). Dopo un elenco di personaggi, in maggioranza romani, additati ad esempio per le doti morali e intellettuali, il VII libro contiene preziose notizie nel campo delle arti e delle scienze, segnalando le scoperte più significative. Il libro VIII si occupa degli animali, anche mitici, mentre il libro IX riguarda i pesci, distinti in un'ottantina di differenti specie, con notizie dettagliate sulla porpora e sui metodi di lavorazione di questo importante e costoso materiale colorante (IX,60,125-65,141). Il libro X riguarda gli uccelli, terminando con una digressione sulla capacità di procreazione degli animali in genere, mentre il libro XI tratta degli insetti, dando ampio spazio alle api e all'anatomia.

Alla botanica è riservato il maggior spazio complessivo dell'opera: sedici libri, dei quali otto (XII-XIX) dedicati alla botanica in generale, e gli altri otto (XX-XXVII) ai medicinali ricavati dalle piante. Argomenti principali sono le spezie e i relativi sistemi di raccolta e di preparazione (XII); gli unguenti e le piante dalle quali sono estratti, nonchè palme, papiri ed altre piante esotiche (XIII), il vino nelle sue differenti qualità (XIV); i più comuni tipi di frutta (XV); i più noti tipi di legname (XVI), la coltivazione e le malattie delle piante (XVII) l'agricoltura (XVIII) e la coltivazione dei vegetali (XIX). Questi due ultimi libri sono ritenuti la parte migliore dello studio botanico per l'ampiezza delle notizie riportate e per le acute osservazioni.

Alberi, piante, fiori e la loro utilizzazione a scopo terapeutico offrono argomento ai libri XX-XXVII: secondo Plinio, madre natura fornisce per qualsiasi malattia umana un'ampia gamma di rimedi terapeutici. Non sempre però è possibile individuare esattamente quale sia il vegetale cui si riferisce lo scrittore, ragione per cui molti dei medicamenti descritti restano per noi ancora sconosciuti. Oggetto di esame sono i più importanti prodotti dei giardini dal punto di vista floreale e medicamentoso (XX-XXI), le piante coltivate (XXII), gli alberi coltivati (XXIII), gli alberi delle foreste (XXIV), le piante selvatiche (XXV), le malattie che possono essere curate con rimedi vegetali e le proprietà terapeutiche di erbe e fiori (XXVI-XXVII).

Nei tre libri seguenti (XXVIII-XXX) sono indicati i medicamenti ottenibili dagli animali, nonchè notizie sulla storia della medicina e della magia, quest'ultima considerata da Plinio come una derivazione dell'arte della medicina combinata con l'astrologia e la religione. Segue la descrizione delle proprietà terapeutiche delle acque (XXXI) e dei pesci (XXXII).

Dal libro XXXIII inizia la sezione dedicata alla mineralogia. Dopo una requisitoria contro la cupidigia dell'uomo che lo spinge a profanare le viscere della terra, sacre agli dei Mani, Plinio fornisce descrizioni di manufatti preziosi e delle proprietà curative dei metalli. Il bronzo fornisce occasione per una lunga digressione sui capolavori che abbelliscono i più celebri santuari (XXXIV). Dai pigmenti metallici lo scrittore passa alla pittura, esaltandone l'apprezzamento da parte dei Romani (XXXV). È questa una delle parti più importanti dell'opera, ricca di aneddoti e di commenti sui più famosi pittori e sulle innovazioni da loro apportate alle tecniche pittoriche, e ricca anche di dati sui materiali necessari per la lavorazione della ceramica, quali i pigmenti colorati.

Il libro XXXVI tratta del marmo, delle pietre da costruzione e del loro uso in campo terapeutico, con notizie sugli scultori e sulla scultura in generale, mentre il libro XXXVII è dedicato alle gemme e all'arte dell'incisione, terminando con un elogio dell'Italia per la bellezza del paesaggio e la fertilità del suolo.

Per quanto attiene specificamente alla ceramica, notiamo che Plinio ne fa oggetto di riferimenti di diverso genere, talvolta di carattere generale, talaltra di carattere tecnico, e talaltra di carattere casuale.

Hanno carattere generale le notizie sui manufatti ceramici necessari alle esigenze umane, che venivano prodotti con tale ritmo continuativo da far ritenere opportuno a Numa Pompilio di istituire la corporazione dei vasai (XXV,46,159). Per la ceramica da tavola, Plinio specifica che la Samia era molto apprezzata, così come la ceramica prodotta ad Arezzo. Molto pregio veniva anche attribuito alle coppe prodotte a *Surrentum*, *Hasta*, *Pollentia*, *Saguntum* e *Pergamum*. Erano accolti con favore i prodotti di *Trallis* e di *Mutina*, così famosi da essere largamente esportati, i vasi di *Cos*, celebri per la loro sottigliezza, e quelli di *Hadria*, di *Regium* e di *Cumae* (XXXV,46, 160-165).

Alle caratteristiche fisiche della ceramica Samia, cioè alla finezza della composizione e alla semi-vetrificazione della "vernice" rossa che la rendono molto tagliente quando spezzata, allude lo scrittore nell'annotare che frammenti di tale tipo di ceramica erano usati dai sacerdoti Galli per castrarsi, e dal carnefice per tagliare la lingua ai condannati (XXXV, 46,165).

Hanno carattere tecnico alcuni accenni a piatti di così ampie dimensioni da essere paragonati a "paludi", la cui cottura richiedeva la costruzione di apposite fornaci in aperta campagna. Da ciò si può dedurre che usualmente le fornaci da vasellame erano fornaci piccole, di capienza limitata, costruite nell'abitato o quantomeno nell'immediata periferia (XXXV, 46,163-164).

Hanno pure carattere tecnico le notizie che si desumono indirettamente allorchè Plinio tratta di alcuni medicamenti la cui preparazione richiedeva una lunga e lenta calcinazione: le materie prime sia minerali (ad esempio rame e solfuro) sia organiche (ad es. foglie di fico e di mirto) venivano messe in pentole di argilla cruda da collocare dentro la fornace. Il tempo necessario per la cottura della pentola (*donec figlinum percoquatur*) corrispondeva al tempo richiesto per la calcinazione delle materie prime ivi contenute (XXXIV, 23,106; XXXIV, 26,113; XXXIV,35,133). Per una buona chiusura, il coperchio della pentola veniva saldato con argilla (*in fictili circumlito argilla*, XXXIII,46,131; *in ollis novis luto circumlitis*, XXXV,16,35), un sistema a cui si ricorre ancora oggi in Puglia per chiudere la "pignata firriata", una pentola in terracotta rafforzata all'esterno da fili metallici incrociati, adoperata per la cottura di carne di cavallo o di altra carne coriacea. Altrove Plinio annota che la bocca del vaso veniva chiusa accuratamente prima che esso fosse posto in fornace. (*Uritur autem Cyprium in fictilibus crudis cum sulpuris pari pondere, vasorum circumlito spiramento, in caminis, donec vasa ipsa percoquantur*, XXXIV, 23,106).

[Per richiamare l'attenzione dello studente sull'importanza di avvalersi delle fonti primarie, rileviamo che nella versione inglese questa frase è stata tradotta: ... *the mouth of the vessels being stopped with oil*. Questa traduzione suscita delle perplessità anche perché l'olio, essendo una sostanza organica, sarebbe bruciato già a bassa temperatura e non avrebbe svolto la funzione di sigillare il coperchio].

Nel campo della terminologia, lo scrittore non sembra aver fatto accurate distinzioni nell'uso di termini quali *argilla, creta,* e *terra*. (Nella presente trattazione, vedi capitoli da I.1.1. a I.1.3., e inserto D).

Per fare alcuni esempi, egli usa *argilla* quando attribuisce a Butade, vasaio di Sicione, l'invenzione della modellazione plastica dei ritratti (XXXV,43,151), e quando descrive l'usanza di plasmare in argilla il modello delle statue per ottenere una reale rassomiglianza con l'originale, usanza introdotta da Lisistrato di Sicione (XXXV,44,153) e seguita da altri scultori (XXXIV,18,46) dal che Plinio deduce che l'arte della modellazione in argilla è più antica di quella della fusione in bronzo (XXXV,44,153).

Lo scrittore usa il termine *creta* quando descrive i diversi tipi di argilla di colore chiaro sia allo stato crudo sia dopo cottura, e ne indica gli impieghi in campo terapeutico: per guarire le affezioni tumorali, per fermare emorragie quando mescolata ad aceto, e per rinfrescare il corpo (XXXV,57,195). Queste proprietà sono ben note nel Meridione d'Italia dove ancora oggi impacchi di argilla sono usati contro i dolori di ventre e contro il gonfiore provocato da punture di insetti nelle zampe dei cavalli, mentre l'acqua che resta dopo la deposizione dell'argilla nelle vasche di depurazione viene utilizzata per alleviare l'infiammazione degli occhi. Plinio annota che la *creta* veniva anche impiegata nel lavaggio dei tessuti: la *creta Sarda* per i tessuti bianchi, la *creta umbra* e quella chiamata *saxum* erano considerate le qualità migliori in quando davano lucentezza alle stoffe. Egli annota pure che l'argilla *saxum* ha la proprietà di aumentare quando è messa a macerare in acqua, tanto è vero che veniva venduta a peso. È probabile che lo scrittore si riferisca alle ''terre da fullone'' usate nelle *fullonica* per lavare e smacchiare le vesti, ossia alle argille del tipo della montmorillonite e della bentonite (roccia con montmorillonite ed impurezze), che sono appunto caratterizzate dal forte potere assorbente (*creta fullonia*, XVII,4,46 e XXXV,57,196-197). (In questa trattazione, vedi I.1.1).

Plinio usa il termine *terra* allorchè tratta dei medicamenti: le *terrae Samiae* erano adoperate per le affezioni oculari (XXXV,53,191); la *terra Eretria*, nelle due qualità una bianca e una grigia, aiutava le ferite a cica-

316

trizzarsi e serviva ad arrestare le suppurazioni (XXXV,21,38; XXXV, 52,192); la *Chia terra candicans* era cara alle donne come cosmetico per la pelle (XXXV,56,194).

Talvolta lo scrittore usa i termini *terra* e *argilla* come se fossero contrapposti tra loro (*est namque terra ex quodam argillae genere glarea mixta, gangadiam vocant*, XXXIII,21,72); altre volte usa i termini *creta* e *terra* come se fossero equivalenti (*cretae plura genera*, XXXV,57,195; *praeterea sunt genera terrae*, XXXV,59,202). In taluni casi ricorre ad aggettivi per meglio definire il materiale: chiama *creta argentaria* l'argilla usata per pulire l'argento, nella qualità migliore, e per marcare i piedi degli schiavi posti in vendita, nella qualità più scadente (XVII,4,45; XXXV,58,199). Definisce *creta rubra* l'argilla usata per plasmare il modello delle statue (XXXV,43,152), e *terra candicans* l'argilla delle isola Egee (XXXV, 56,194).

Ai sistemi di lavorazione allude lo scrittore quando descrive la preparazione dell'argilla per uso terapeutico: dapprima l'argilla veniva bagnata con abbondante acqua e seccata al sole per una depurazione preliminare, indi veniva macinata, messa a macerare in acqua e lasciata riposare sino a quando si depositava sul fondo della vasca e poteva essere suddivisa in blocchetti. Al momento dell'uso veniva bollita in tazza e ben rimescolata. (XXXV,55,193).

Hanno carattere casuale le notizie che ricordano la modestia dei tempi antichi allorchè le statue degli dei erano in semplice terracotta (*fictilia deorum simulacra*, XXXIV,16,34), i consoli mangiavano in piatti di terracotta (*in consulatu prandentem in fictilibus*, XXXIII,50,142), e pure in terracotta erano le quadrighe poste sul tetto dei templi (*fictiles in fastigio templi eius quadrigas*, XXXV,45,157). Così come hanno carattere casuale numerose altre notizie che nominano la ceramica come puro e semplice contenitore. Valga quale esempio la descrizione del *thalassomel*, una miscela in uguali proporzioni di acqua marina, miele e acqua piovana, che per durare a lungo doveva essere conservata dentro un vaso di terracotta spalmato di pece (*fictili vaso et picato*, XXXI,35,68).

Alcune di queste notizie occasionali permettono degli spiragli di conoscenza sulle tecniche di lavorazione della ceramica, seppure in via indiretta. Ad esempio, quando lo scrittore indica gli usi terapeutici dell'orpimento, egli sottolinea che esistevano diversi tipi di *arrhenicum*, e che per aumentarne l'efficacia occorreva cuocerlo in un vaso crudo (*in nova testa*) sinchè cambiava colore (XXXIV,56,178). Da ciò si deduce che il vaso era modellato in argilla refrattaria, altrimenti non avrebbe resistito agli sbalzi rapidi di temperatura provocati dal fuoco diretto.

Copiose notizie vengono date sui luoghi di ritrovamento del *nitrum* (carbonato di sodio naturale), uno dei componenti essenziali dei rivestimenti vetrosi (nella presente trattazione vedi I.4.2.-I.4.4.). Plinio accenna all'uso del *nitrum* nella fabbricazione del vetro, di cui descrive l'origine e i metodi di preparazione (XXXI,46,106-122, e XXXVI,65,190-195).

Per quanto attiene ai laterizi, Plinio dedica alcune pagine (XXXV,49,170-173) alla descrizione dei diversi tipi di mattoni allora in uso, con un accenno a quelli di pietra pomice (*e terra pumicosa*, XXXV,49,171) che ricorda un'analoga descrizione fatta da Vitruvio (*De Arch.* II,3,4). È probabile che a questo scrittore Plinio abbia attinto anche quando indica i tipi migliori di argilla per modellare i mattoni (*ex solo cretoso et albicante aut ex rubrica*, XXXV,49,170), e per le altre informazioni sui mattoni in genere.

L'esame sotto il profilo tecnico della *Naturalis Historia* e del trattato *De Architectura* ha portato a considerare l'opportunità di raffrontare le osservazioni fatte da Plinio e quelle fatte da Vitruvio su un argomento riguardante direttamente o indirettamente i manufatti ceramici. Estrapolare dai due scrittori una serie di dati su un unico tema e metterli a confronto può servire a verificare l'attendibilità dei dati, fornendo l'occasione per completarli e integrarli. Il confronto può anche permettere di rilevare eventuali osservazioni contrastanti, a tutto vantaggio della conoscenza complessiva dell'argomento.

Volendo condurre una ricerca circoscritta, la scelta del tema è caduta sui materiali coloranti, un argomento preso in esame da entrambi gli scrittori che ne hanno fatto oggetto di una classificazione, per quanto limitata ad alcune caratteristiche.

Plinio e Vitruvio distinguono i materiali coloranti in "naturali" e "artificiali". Secondo Plinio, alcuni si trovano in natura, altri sono fabbricati artificialmente (XXXV,12,30: ... *ex omnibus alii nascuntur, alii fiunt*). Vitruvio distingue tra i coloranti artificiali quelli che si ottengono per miscela e quelli ottenuti per trattamento con altre sostanze, ossia a seguito di reazioni chimiche (VII,6,1: ... *Colores vero alii sunt, qui per se certis locis procreantur et inde fodiuntur, nonnulli ex aliis rebus tractationibus aut mixtionum temperaturis compositi perficiuntur, uti praestent in eandem operibus utilitatem*). Secondo Plinio, i coloranti sia naturali sia artificiali si distinguono in *austeri* e *floridi*, questi ultimi di maggiore pregio e prezzo, tanto da dovere essere forniti al pittore direttamente dal committente (XXXV,12,30: ... *Sunt autem colores austeri aut floridi, utrumque natura aut mixtura evenit. Floridi sunt, quos dominus pingenti praestat...*) Anche in Vitruvio si trova un'annotazione in tal senso (VII,5,8: ... *ideo quod pretiosa sunt, legibus excipiuntur, ut ab domino, non a redemptore repraesententur*).

Nella tabella che segue sono indicati i materiali coloranti secondo le classificazioni fatte dai due scrittori. La prima colonna indica il nome latino e i riferimenti bibliografici più importanti, la seconda colonna indica la tinta, oppure le tinte nel caso in cui uno stesso materiale assuma tinte differenti a seguito di particolari procedimenti, oppure nel caso in cui uno stesso nome indichi diversi materiali. Le colonne successive sono riservate alle suddivisioni in coloranti naturali o artificiali, *austeri* o *floridi*, secondo Vitruvio e secondo Plinio. Segue una colonna con annotazioni sulla composizione chimica e mineralogica dei materiali, mentre l'ultima colonna indica le sostanze utilizzate per imitare i colori originali, secondo quanto riferito dai due scrittori.

Ricordiamo che i diversi aspetti del colore, considerato uno dei parametri fondamentali per la classificazione dei reperti archeologici, sono stati esaminati nella seconda parte della presente trattazione (II.1.1.-II.1.4).

MATERIALI COLORANTI CLASSIFICATI DA VITRUVIO E DA PLINIO

Nome (1)	colore	Vitruvio materiale nat.	Vitruvio materiale art.	Plinio materiale nat.	Plinio materiale art.	Plinio materiale (2) aust.	flor.	Composizione (3)	Imitazioni/Adulterazioni (4)
AERUCA (aerugo) De Arch. VII, 12, 1-2 VIII, 3, 19 N.H. XXXIV, 26, 110 XXXIV, 28, 116	verde		X		X	X		mat. inorganico artificiale (composto, carbonato basico di rame: verderame)	a) marmo pestato; b) pomice; c) gomma; d) *atramentum sutorium* (nero da calzolaio)
ARMENIUM De Arch. VII, 9, 6 N.H. XXXV, 12,30 XXXV, 28, 47	verde/azzurro	X		X			X	mat. inorganico naturale (minerale, carbonato basico di rame: malachite/azzurrite)	*Inventa per Hispanias harena...*
ATRAMENTUM De Arch. VII, 10, 1-4 N.H. XXXV, 12, 30 XXXV, 25, 41-43 XXXV, 32, 50	nero		X		X	X		mat. organico artificiale (composto a base di carbonio: nerofumo/fuliggine)	a) legno resinoso; b) feccia di vino; c) ossa combuste; d) avorio combusto; e) raschiatura da superfici di pentole bronzee.
AURIPIGMENTUM (*arsenicon/arrhenicum*) De Arch. VII, 7, 5 N.H. XXXIV, 56, 178 XXXV, 12,30 XXXV, 31,49	giallo	X		X		X		mat. inorganico naturale (minerale, solfuro di arsenico giallo: orpimento)	
CAERULEUM De Arch. VII, 11,1 N.H. XXXIII, 56, 158 161-164 XXXV, 31, 49 Varietà: *Aegyptium/Scythicum/Cyprium/Vestorianum/Puteolanum/lomentum/cyanon/tritum*	azzurro		X		X	X		mat. inorganico artificiale (composto, silicato di rame e calcio). Talvolta sotto forma di minerale (lapislazzuli/azzurrite).	*creta Eretria* impregnata di infuso di viole.

Nome (1)	colore	Vitruvio materiale nat.	art.	Plinio materiale nat.	art.	Plinio materiale (2) aust.	flor.	Composizione (3)	Imitazioni / Adulterazioni (4)
CERUSSA (*psimithium*) De Arch. VII, 12,1-2 VIII, 3,18 N.H. XXXIV, 54, 175-176 XXXV, 19,37 XXXV, 31,49	bianco		X		X	X		mat. inorganico artificiale (composto, carbonato basico di piombo: biacca)	
CERUSSA USTA (*sandaraca / cerussa purpurea*) De Arch. VII, 12,2 N.H. XXXV, 12,30 XXXV, 20,38 XXXV, 22,39	rosso/arancio		X		X	X		mat. inorganico artificiale (composto, carbonato di piombo calcinato)	
CINNABARIS (*Indicus*) N.H. XXXIII, 38,115-117 XXXV, 12,30	rosso						X	mat. organico naturale di origine vegetale (ricavato da piante di palma: "sangue di drago")	a) sangue di capra b) succo di sorbe pestate
CHRYSOCOLLA De Arch. VII,9,6 VII, 14,2 N.H. XXXIII, 26,86-29,93 XXXV, 12,30 XXXV, 29,48	verde	X					X	mat. inorganico naturale (minerale, carbonato basico di rame: malachite)	a) *Appianum*; b) *herba quam lutum appellant*
(5) *CRETA ANULARIA* De Arch. VII, 14,2 N.H. XXXV, 30,48	bianco		X			X		mat. inorganico naturale (argilla silicea) mescolato con vetro macinato	

Nome (1)	colore	Vitruvio materiale nat.	Vitruvio materiale art.	Plinio materiale nat.	Plinio materiale art.	Plinio materiale aust.	Plinio flor.	Composizione (3)	Imitazioni/Adulterazioni (4)
(5) CRETA ARGENTARIA N.H. XVII, 4, 45 XXXV, 26, 44 XXXV, 58, 199	bianco					X		mat. inorganico naturale (argilla silicea con farina fossile/diatomee)	
(5) CRETA CIMOLIA N.H. XXXV, 56, 194, 57, 198	bianco/rosseggiante					X		mat. inorganico naturale (argilla silicea, con ossidi di ferro per la creta rosseggiante)	
CRETA ERETRIA N.H. XXXV, 12,30 XXXV, 21,38 XXXV, 54,192	bianco/grigio			X		X		mat. inorganico naturale (argilla silicea)	
(5) CRETA SARDA N.H. XXXV, 57,196	bianco					X		mat. inorganico naturale (argilla silicea montmorillonitica)	
(5) CRETA SELINUSIA N.H. XXXV,27,46 XXXV,56,194	bianco					X		mat. inorganico naturale (argilla calcarea)	
CRETA VIRIDIS De Arch. VII,7,4 N.H. XXXV,29, 48	verde	X				X		mat. inorganico naturale (argilla magnesiaca)	
INDICUM (purpurissum) De Arch. VII,9,6 VII,14,2 N.H. XXXV, 12,30 XXXV, 27,46 XXXV, 31,49	azzurro	X					X	mat. organico naturale di origine vegetale (ricavato da foglie di canna d'India)	a) *creta Selinusia* oppure *creta anularia* impregnate di guado vegetale; b) escrementi di colombo tinti con *indicum*; c) *...in purpurariis officinis innatans cortinis, et est purpurae spuma;*

Nome (1)	colore	Vitruvio materiale nat.	Vitruvio materiale art.	Plinio materiale nat.	Plinio materiale art.	Plinio materiale (2) aust.	Plinio materiale (2) flor.	Composizione (3)	Imitazioni/Adulterazioni (4)
MELINUM De Arch. VII,7,3 N.H. XXXV, 12,30 XXXV, 19,37 XXXV, 31,49-32,50	bianco	X		X		X		mat. inorganico naturale (argilla calcarea)	
(6) *MINIUM* (cinabro) (*milton/argentum vivum*) De Arch. VII, 8, 1-4 VII, 9, 1-5 N.H. XXXIII, 36, 111-37,114 XXXIII, 40, 118-122 XXXV, 12,30 XXXV, 14,33	rosso	X					X	mat. inorganico naturale (minerale, solfuro di mercurio: cinabro)	a) *secundarium minium;* b) *syricum;* c) *sphragis;* d) *vitiatur minium admixta calce.*
MINIUM SECUNDARIUM N.H. XXXIII, 40,119	rosso/arancio				X	X		mat. inorganico artificiale (composto, ossido di piombo calcinato: litargirio o minio)	
OCHRA (vedi *SIL*) (*sil atticum/rubrica*)	giallo/rosso	X		X		X		mat. inorganico naturale (ossidi e idrossidi di ferro, talvolta sotto forma di ematite (rossa) e di limonite (gialla)).	a) argilla impregnata di infuso di viole; b) ocra di qualità scadente, calcinata.
OCHRA EXUSTA De Arch. VII,7,1-2 VII,14,1 N.H. XXXIII, 56, 158-160 XXXV, 12,30 XXXV, 15,35 16,35	rosso				X	X		mat. inorganico artificiale (ricavato dalla limonite calcinata)	

Nome (1)	colore	Vitruvio		Plinio		Plinio		Composizione (3)	Imitazioni/Adulterazioni (4)
		materiale nat.	art.	materiale nat.	art.	materiale (2) aust.	flor.		
OSTRUM (purpura) (vedi PURPURISSUM) De Arch. VII,13,1-3 VII,14,1-2 N.H.IX,60,125-62,135	porpora	X						mat. organico artificiale di origine animale (ricavato dalle conchiglie marine del genere *Murex brandaris*) (vedi nota (3)).	a) argilla impregnata di infuso di robbia o di fiori di isgino; b) infuso di fiori di giacinto mescolato a latte.
PARAETONIUM De Arch. VII,7.3 N.H. XXXIII,27,91 XXXV,12,30 XXXV,18,36	bianco	X		X		X		mat. inorganico naturale (argilla calcarea frammista a detriti marini)	*... creta Cimolia decocta conspissataque.*
PURPURISSUM (vedi OSTRUM) N.H. XXXV,12,30 XXXV,26,44 XXXV,31,49	porpora				X	X		mat. composto da differenti sostanze: *creta argentaria* impregnata di *ostrum*.	argilla impregnata di infusi vegetali (vedi *ostrum*)
RUBRICA (sinopis/ /cicerculum/pressior) De Arch. VII,7.2 N.H. XXXV,12,30-16,35 XXXV,32,50	rosso	X		X		X		mat. inorganico naturale (argilla ferruginosa, ricca di ematite: ocra rossa).	ocra gialla calcinata.
(7) SANDARACA (realgar) De Arch. VII,7.5 ' VII,12,2 N.H. XXXIV,54, 176-55,177 XXXV,12,30 XXXV,22,39	rosso	X			X	X		mat. inorganico naturale (minerale, solfuro di arsenico rosso: realgar)	cerussa calcinata.

| | | Vitruvio | | Plinio | | Plinio | | | |
Nome (1)	colore	materiale nat.	art.	materiale nat.	art.	materiale aust.	flor.	Composizione (3)	Imitazioni/Adulterazioni (4)
(8) *SANDYX* N.H. XXXV,12,30 XXXV,23,40	rosso				X	X		mat. inorganico artificiale (composto da *cerussa* e da *rubrica* in eguali quantità, calcinate)	
SIL (ocbra) De Arch. VII,7,1 VII,14,1 N.H. XXXIII,56,158 XXXV,32.50 Varietà: *Sil Atticum/marmorosum/pressum o Scyricum/ ex Achaia*	giallo	X				X		mat. inorganico naturale (argilla ferruginosa, ricca di ossidi e idrossidi di ferro: ocra gialla)	a) argilla calcarea impregnata di infuso di viole gialle; b) ocra di qualità scadente, calcinata.
SINOPIS (vedi *RUBRICA*)	rosso								
SYRICUM N.H. XXXIII,40,120 XXXV,12,30 XXXV,24,40	rosso				X	X		mat. inorganico artificiale (composto da *sinopis* e da *sandyx*, mescolati insieme)	
SPUMA ARGENTI N.H. XXXIII,35,106-111 Varietà: *chrysitis/argyritis/molybditis*	giallo/arancio				X	X		mat. inorganico artificiale (composto, ossido di piombo calcinato: litargirio) (vedi *minium secundarium*)	

NOTE

1) Nome.

Nella prima colonna della tabella è indicato il nome delle sostanze coloranti, talvolta seguito tra parentesi dal nome usato con significato equivalente. Da notare che a volte l'equivalenza è errata dal punto di vista chimico: ad esempio la *cerussa usta* (carbonato di piombo calcinato) non corrisponde alla *sandaraca* (solfuro di arsenico rosso). Comunque, i nomi sono stati riportati con il significato loro attribuito da Plinio e/o Vitruvio.

Ricordiamo ancora che la tabella non comprende tutte le sostanze coloranti citate dai due scrittori, ma soltanto quelle che sono state oggetto di una classificazione, per quanto limitata alla proprietà di essere una sostanza naturale o artificiale.

Può essere interessante ricordare che una tavola dei sinonimi dei colori è stata compilata nella prima metà del 1400 da un francese appassionato d'arte, Johannes Le Begue. Redatta in latino, e in ordine alfabetico (il che costituiva un'innovazione per quei tempi) la tavola indica un'ampia gamma di sostanze coloranti, molte delle quali già note a Plinio e a Vitruvio. La natura tecnica dei termini e le oscurità di linguaggio rendono la tavola di comprensione non sempre facile (J. LE BEGUE, *Tabula de vocabulis synonymis et equivocis colorum*, riportata da: M.P. MERRIFIELD, *Original Treatises on the arts of Painting*, London 1849, vol. I, pp. 18-39).

2) Materiali: *austeri* o *floridi*.

Secondo Plinio, soltanto sei erano i colori *floridi* (*minium, armenium, cinnabaris, chrysocolla, indicum, purpurissum,*) mentre tutti gli altri erano *austeri*, ossia più comuni e di minore pregio (N.H. XXXV,12,30). Pertanto nella tabella è stata seguita la classificazione pliniana, sebbene essa non sia sempre convincente. Ad esempio, se il *minium* (cinabro) e la *chrysocolla* sono considerati colori floridi e brillanti, altrettanto dovrebbero essere giudicati l'*auripigmentum* (solfuro di arsenico giallo) e la *sandaraca* (solfuro di arsenico rosso).

3) Composizione.

Nella tabella la composizione dei materiali coloranti viene indicata genericamente, senza entrare in dettagli che richiederebbero analisi di laboratorio e verifiche a livello sperimentale.

È stato seguito il criterio di suddividere tali materiali in ''inorganici'' e ''organici'', a loro volta suddivisi in ''naturali'' e ''artificiali''.

Nei materiali inorganici sono stati considerati ''naturali'' i minerali, le ocre, etc., mentre sono stati considerati ''artificiali'' i composti chimici quali ad esempio la *cerussa*.

Altrettanto è stato fatto per i materiali organici, sebbene qui il confine sia talvolta molto incerto. Come regola generale è stato considerato "naturale" il materiale organico che non ha subìto trattamenti o manipolazioni da parte dell'uomo salvo quelli indispensabili per l'uso (ad es. *cinnabaris*), mentre è stato classificato "artificiale" il materiale organico che ha subìto dei trattamenti complessi, a livello pre-industriale, che hanno portato delle profonde modifiche alla struttura originaria (ad es. *ostrum*, ossia la porpora).

Le composizioni chimiche indicate nelle tabelle si basano essenzialmente sulle seguenti pubblicazioni:

— I. GUARESCHI, Sui colori degli antichi, Torino 1905

— S. AUGUSTI, I colori pompeiani, Roma 1967

È probabile che alcuni risultati ottenuti dai due chimici vadano approfonditi sia mediante l'uso delle moderne tecniche analitiche sia mediante studi interdisciplinari condotti da specialisti nei vari campi interessati alle materie prime naturali e artificiali. L'applicazione delle nuove tecniche analitiche alle sostanze coloranti usate nell'antichità potrebbe forse chiarire molti punti che oggi sono ancora oscuri o contraddittori.

Un contributo alla chiarificazione del significato di taluni vocaboli usati da Plinio e da Vitruvio è stato anche dato da:

— G. BALLARDINI, L'eredità ceramistica dell'antico mondo romano, Roma 1964, Appendice D, pp. 260-265.

4) Imitazioni e adulterazioni.

È stato trascritto il testo latino quando esso dà adito a incertezze di interpretazione. Tali incertezze potrebbero essere chiarite soltanto da verifiche sperimentali.

5) *Creta*.

Pur non essendo oggetto di classificazione da parte di Plinio né da parte di Vitruvio, i materiali coloranti contrassegnati con il numero (5) sono stati ugualmente riportati nella tabella in quanto si tratta di *crete* che presentano composizione e caratteristiche analoghe a quelle della *creta eretria* e della *creta viridis*.

6) *Minium*.

È forse opportuno ricordare che nella terminologia moderna il minio corrisponde a ossido di piombo (Pb_3O_4) ossia al materiale che Plinio chiamava *minium secundarium*. Sempre nella terminologia moderna, il *minium* indicato da Plinio corrisponde al cinabro, cioè solfuro di mercurio naturale (HgS).

Secondo Plinio, i Greci chiamavano il minio anche con i nomi di *milton* e di *cinnabaris* (*Milton vocant Graeci miniumque cinnabarim*. N.H.XXXIII,38,116). Il *milton* dovrebbe corrispondere a ocra rossa, il *cinnabaris* a un materiale organico di origine vegetale.

7) *Sandaraca*.

Secondo Plinio, il nome potrebbe indicare anche una sostanza organica (*Praeter haec convehitur erithace quam aliqui sandaracam, alii cerinthum vocant*. N.H. XI,7,17).

8) *Sandyx*.

Secondo Plinio, Virgilio riteneva che *sandyx* fosse un'erba (*Sponte sua sandyx pascentis vestiet agnos*. N.H. XXXV,23,40)

1.3 *IULIUS POLLUX, Onomasticon X libri*

Lexicographi Graeci, IX, E. Bethe, 2 voll. Leipzig 1900 e 1930.

Di origine greca, Giulio Polluce nacque a Naukratis in Egitto nel II secolo d.C. Sebbene criticato da molti suoi contemporanei per la scadente qualità della sua oratoria, egli fu nominato maestro di grammatica e di retorica ad Atene dall'imperatore Commodo del quale pare si fosse guadagnato il favore con un'assidua e garbata adulazione.

Scarse sono le notizie sulla sua vita: la Suidas ha tramandato i titoli delle sue opere, delle quali soltanto una è pervenuta sino a noi: il trattato denominato *Onomasticon*, in dieci libri. Si tratta di una sorta di enciclopedia che senza alcun ordine sistematico registra svariati argomenti, raggruppando attorno ad essi una serie di cognizioni erudite nell'intento di fornire al lettore (lo studente di allora) i mezzi per acquisire un vocabolario il più esteso possibile. Nel suggerire l'uso appropriato dei termini lessicali, l'autore indica come modello le opere degli scrittori più famosi del tempo. Sebbene l'esposizione sia frammentaria e manchi una successione logica ed organica degli argomenti, la compilazione è utile per le ricerche storiche in quanto annovera opere letterarie altrimenti ignote.

Ogni libro forma un trattato a sè: inizia con una breve dedica a Commodo e comprende differenti argomenti, per ognuno dei quali sono riportati numerosi termini, talvolta con sommarie spiegazioni etimologiche e con citazioni di passi tratti da altri scrittori.

Indichiamo sommariamente i principali argomenti per ogni libro.

Il I libro riguarda la religione, il moto, il commercio, la fertilità e la sterilità, il tempo e le divisioni temporali dell'anno, l'agricoltura. Il II l'uomo, gli occhi e le membra del corpo. Il III la vita politica, gli amici, l'amore, i rapporti tra padroni e schiavi, i viaggi. Il IV il sapere e le scienze. Il V la caccia e gli animali. Il VI gli alimenti, i vizi umani, i delitti. Il VII il commercio. L'VIII i tribunali e l'amministrazione della giustizia. Il IX gli edifici, i giochi, le monete. Il X il vasellame, i veicoli, le armi equestri.

Ai fini che concernono la presente trattazione i libri di maggiore interesse sono il VI, VII e X; ne riassumiamo i riferimenti al campo ceramico.

Nel libro VI il capitolo 2° è dedicato ai vasi da vino tra i quali sono annoverati: *lagena, crater, trulla, urna, hydria, urceus, amphora, cotyle, cantharus, cyathus*, ed altri. I capitoli 12° e 13° citano il vasellame da mensa (vasi argentei e aurei) e da cucina (quali *abacus, cacabus, patanium*, etc.), mentre il capitolo 16° riguarda i nomi dei vasi da bere tra i quali sono annoverati: *calix, phiala, ancyle, cymbium, poculum, cothon, bombylius, etc.*

Nel libro VII il capitolo 33° indica tra i differenti mestieri quello del figulo, fornendo numerosi termini attinenti a tale lavoro (*ars figulina et fictilis, testa vinaria, fictilium venditores, figulinum forum, fictilia mixta, terra figulina, lutum omnis figulorum materia, lateres, tegula*, etc.), mentre tra i vasi fittili (*vasa fictilia et terrena*) cita *dolia, doliola, amphorae, cothones, urnae, urceoli*, etc.

Nel libro X numerosi sono i capitoli che citano termini attinenti all'arte del vasaio. Nel cap. 1° l'autore si prefigge di raccogliere nomi di vasi relativi agli usi familiari, agrari e artigianali, progetto che però si limita nella sostanza ad indicare nomi di insiemi di vasi (*armamentarium, supellex reliqua, supellex domestica, domestica vasa, necessaria vascula, manualia*, etc). Il cap. 2° attiene ai posti dove il vasellame viene trasportato o venduto, mentre il cap. 5° registra i termini pertinenti ai contenitori di acqua (*urceus, hydria, amphora, amphoriscus, vas fictile, cothon, stamnus, calpe, vas terrenum, testaceum aut aeneum*) e al trasporto dell'acqua (*acquae ductus, riui, canales*). I capitoli 15°, 16 e 17°, molto brevi, registrano i nomi di vasi usati nei tribunali (*clessydra, gutturnium, calculi* etc.), per l'uso ginnico (*lecythus*), e per l'uso termale (*labrum, urna, fons, cyathus, hydria, fistula*). Il cap. 19° tratta del vasellame da acqua (*cacabus, lebetes, cothon, cotylae, phialae, calices, schyphos*, etc.); il cap. 20° del vasellame da vino (*oenophora, amphorae, amphorisci, lagena, crater, stamnus, cotyle*, etc.), i cap. 21° e 22° del vasellame per il vomito (*pelvis, lebes*) e per il lavaggio dei piedi (*pelvis, lebes*). Il cap. 23° registra i nomi di vasi da mensa (*pelvis, lecanides, lebetuli, cophini* etc.), il 24° i nomi di vasi da cucina (*ollae, ollulae, aulae, patinae, patellae, cacabi, aheni, lebetes, foculi*, etc.); il 26° i nomi di vasi per unguenti (*vasa unguentaria, lecythus unguentaria, ollae, ollula, acetabulum, matula, pelvis, mortaria, cantharus*, etc.). il 28° i nomi di vasi da gineceo (*fiscella, calathos*, etc.). Infine il cap. 48° registra i termini usati per indicare l'argilla da vasaio (*terra figulina, terra fictile, terra lutosa*), mentre il cap. 52° accenna all'argilla (*lutum*) usata per modellare plasticamente le opere statuarie.

Questa breve rassegna dell'*Onomasticon* permette di rilevarne il carattere essenzialmente letterario. Si tratta di un lessico dove, forse per lo spirito acritico dell'autore, forse per il tipo stesso dell'opera, le notizie consistono in pure e semplici indicazioni di termini, senza alcuna altra informazione.

1.4 *ATHENAEUS, Deipnosophistae libri XV*

Loeb Classical Library, 7 voll. London 1961-1973

Nato a Naukratis in Egitto, Ateneo è vissuto tra la fine del II e la prima metà del III secolo d.C. Delle sue opere resta soltanto *Deipnosophistae*, in 15 libri, alcuni dei quali incompleti e in epitome.

Tipico gentiluomo greco dell'epoca romana imperiale, molto colto ed amante della buona tavola e dei piaceri della vita, lo scrittore descrive sotto forma di dialogo un banchetto dato da un nobile romano a cui partecipano una ventina di ospiti illustri, tra i quali il fisico Galeno di Pergamo, il giurista Ulpiano di Tiro, il grammatico Plutarco di Alessandria, oltre allo stesso Ateneo. Il banchetto fornisce occasione per illustrare aneddoti e opere letterarie di filosofi, storici, poeti. Sebbene l'argomento principe sia la gastronomia con tutti i suoi accessori, dai cibi alle bevande, dai menu ai cuochi e ai giochi di carte, Ateneo trova modo per puntare l'attenzione su ogni possibile argomento di conoscenza allora diffusa. Basandosi sulla sua ampia cultura e sulla sua capacità di ricordare innumerevoli opere letterarie, egli ha composto un trattato ricchissimo, contenente numerosi frammenti della commedia attica, resti di storiografia greca e di erudizione ellenistica, discussioni grammaticali e notizie pertinenti alla storia naturale. Molti dati sono confusi e di difficile interpretazione, e le lunghe citazioni nonché le interminabili discussioni tra i banchettanti spesso interrompono il filo del discorso.

Ai fini che qui interessano, tra i quindici libri che compongono l'opera è il libro XI a fermare la nostra attenzione, essendo dedicato al vasellame sia fittile sia metallico. Si tratta di un catalogo redatto non sempre in ordine strettamente alfabetico dove sono elencati circa un centinaio di vasi collegati in qualche modo al bere. Ogni vaso è accompagnato dalla citazione di brani di commedie e di opere letterarie, alcuni dei quali si riferiscono ad oggetti non ceramici che portano lo stesso nome del vaso, il che fornisce ad Ateneo l'occasione per fare lunghe digressioni che esulano dall'argomento ceramico.

Il libro inizia con l'invito rivolto a uno dei commensali, Plutarco di Alessandria, di illustrare i vasi potori. Segue una lunga dissertazione su argomenti generali, dalla passione di collezionare tazze d'oro e d'argento, talvolta decorate a rilievo con scene figurate oppure arricchite con pietre preziose, alla tradizione di donare tazze in particolari occasioni o come premio nelle gare. Segue il catalogo dei vasi: ne passiamo qui in rassegna alcuni dei più noti, riassumendo le informazioni che presentano maggiore interesse in questa sede.

— *Aryballos*: vaso largo in fondo e stretto in alto, a somiglianza delle borse che per chiuderle vanno strette in alto.

— *Bombylios*: vaso rodio che lascia fuoriuscire il contenuto goccia a goccia.

— *Deinos*: vaso di ampia capienza; il nome, che indica anche una danza, deriva da quello del suo primo artefice.

— *Heracleion*: tazza di enormi dimensioni che Eracle aveva avuto in dono dal Sole (oppure aveva rubato), utilizzandola poi per traversare l'oceano. Era una tazza d'oro, appositamente fabbricata da Hephaestus, che serviva al Sole come mezzo di trasporto per farsi condurre verso ovest.

— *Therikleios*: tazza dalla forma concava e dalle anse corte, simile alla *kylix*. Avrebbe tratto il nome dal vasaio Therikles di Corinto oppure perchè recava dipinte pelli di animali selvaggi (*theria*).

— *Kantharos*: nome usato per indicare sia una barca, sia una spilla femminile, sia una tazza. Quest'ultima avrebbe preso il nome dal vasaio che l'aveva modellata, un povero modellatore di lucerne di miserevoli condizioni.

— *Karchesion*: tazza dalla forma molto slanciata, con manici che arrivano alla base. Deriva il nome dalla parte più alta dell'albero maestro delle navi. A Sparta era conservata la tazza che Zeus avrebbe regalato ad Alcmena.

— *Kelebe*: vaso per bere. È incerto se *kelebe* corrisponda a una forma speciale di vaso, oppure se tragga il nome dall'atto generico di versare una libagione. Era usato anche per contenere il miele.

— *Keras*: prende il nome dal corno dei buoi usato per bere nelle epoche più antiche. È anche chiamato *rhyton*.

— *Kernos*: piatto recante numerose minuscole tazzine unite insieme, usate per contenere offerte di primizie.

— *Kotylos* o *kotile*: tazza per bere, monoansata, molto usata dai Tarantini; *kotyliskos* è il nome dato al bacile sacro di Dionisio usato dagli iniziati ai misteri dionisiaci.

— *Kottabis*: bacile in terracotta per il vino da usare per i brindisi augurali. Nel gioco del *kottabos*, messo in auge dai Siciliani, al centro della stanza circolare appositamente costruita viene posto il *kottabos*, e i giocatori lanciano il vino contenuto nelle tazze chiamate *kottabides*, modellate in forma adatta allo scopo. Per effettuare bene il lancio occorre scioltezza di movimenti.

— *Kylix*: tazza modellata al tornio in forma arrotondata e labbro sottile. Eccellenti esemplari sono modellati in Naucratis, città ricca di vasai: l'ingresso posto vicino al quartiere da loro abitato è infatti chiamato ''Porta dei vasai''.

— *Kothon*: tazza usata dai Lacedemoni, preferita dai soldati perché facile da trasportare nello zaino, e perché, avendo il bordo girato all'interno, trattiene alcune delle impurezze contenute nell'acqua fangosa.

— *Metaniptron*: vaso contenente il vino che viene offerto ai commensali al concludersi della cena, subito dopo le abluzioni.

— *Manes*: è una specie di tazza; lo stesso nome indica anche la figurina bronzea posta in cima all'asta del *kottabos*, da colpire con lo spruzzo di vino durante il gioco omonimo.

— *Nestoris*: tazza usata da Nestore, in argento con ornamenti d'oro, e anse doppie alla base. Le decorazioni auree sembrano ricordare le stelle.

— *Oxybaphon*: vaso usato per contenere l'aceto.

— *Pelike*: è identificata sia con la *kylix*, sia con l'olpe, sia con l'*oinochoe*.

— *Rhyton*: tazza a forma di corno oppure di testa di animale, modellata per la prima volta per ordine di re Tolomeo Philadelphus come ornamento per le statue della regina Arsinoe.

— *Skyphos*: vaso rotondo di legno usato come ciotola per il latte, prodotto anche in argilla e in argento. Noti sono gli *skyphoi* della Beozia.

— *Phiale*: un piatto di bronzo, simile nella forma a un bacile. Lo stesso nome viene però usato per indicare altri vasi, di forma differente tra loro.

— *Psykter*: vaso usato per raffreddare il vino.

Allo stato attuale delle nostre conoscenze e per quanto ci risulta, molti dei vasi elencati da Ateneo non hanno un diretto collegamento con materiali o forme reali, nè trovano corrispondenza con i vasi riportati alla luce dagli scavi archeologici.

Lo scrittore non sembra interessato né alle materie prime adoperate per la fabbricazione e per la decorazione dei manufatti, né alle tecniche di lavorazione, e la sua attenzione verso la ceramica sembra esaurirsi nell'elencare i nomi di numerosi vasi, corredandoli con citazioni di opere letterarie che gli permettono di deviare dal tema del discorso per scivolare in altri argomenti più generali. Quale esempio di siffatte divagazioni basti citare la descrizione della tazza chiamàta *nestoris*, seguita da intere pagine dedicate alla costellazione delle Pleiadi descritte in tutti i più minuti particolari, con alcuni aneddoti finali sull'abilità degli scrittori di fornire di una stessa frase interpretazioni opposte.

Soltanto in pochi casi Ateneo dà qualche informazione di carattere tecnico, come quando accenna a vasi di terracotta il cui uso è gradevole essendo modellati *ex terra cum multis aromatibus irrigata* (XI, 464).

Ci si può chiedere come sia possibile ottenere un vaso fittile profumato, e in proposito si possono formulare alcune ipotesi.

Si può supporre come prima ipotesi che l'argilla usata per modellare il vaso fosse effettivamente irrorata con una sostanza intensamente profumata. Questa, essendo una sostanza organica, durante la cottura del vaso si sarebbe decomposta e volatilizzata a causa del forte calore sviluppato dentro la fornace, ragione per cui non ne sarebbe rimasta traccia nel corpo ceramico. Pertanto l'ipotesi che il profumo possa essere stato aggiunto all'argilla prima della cottura del vaso è da scartare.

Come seconda ipotesi si può supporre che il profumo fosse acquisito dal vaso durante la cottura, mediante l'impiego di combustibili profumati quali mirto, menta, ginepro ed altri. Per fare impregnare il vaso di fumo odoroso, il fornaciaio doveva creare all'interno della fornace un'atmosfera fortemente riducente, povera cioè di aria comburente e ricca di fumi carboniosi (nella presente trattazione vedere I.6.1-I.6.3). Ne sarebbero derivate alcune conseguenze importanti quali la difficoltà di raggiungere alte temperature (il fuoco condotto in atmosfera riducente tende naturalmente a smorzarsi e a spegnersi), e il ristagno all'interno della fornace dei prodotti di combustione (in particolare dell'anidride carbonica derivante dalla decomposizione del calcare presente nell'argilla, nonchè delle ceneri prodotte dai combustibili). Un manufatto cotto in siffatte condizioni risulterebbe mal cotto (il corpo ceramico sarebbe sgretolabile e poco compatto), e avrebbe un aspetto buccheroide (il corpo ceramico avrebbe colore nerastro, sia in superficie sia alla frattura). Ateneo non fornisce elementi tali da permettere di verificare se i vasi modellati *ex terra cum multis aromatibus irrigata* avessero o meno queste caratteristiche. Sembra però improbabile che egli definisca ''gradevole'' l'uso di vasellame di scarso valore estetico. Di conseguenza, anche questa ipotesi sembra da scartare.

Come terza ipotesi si può supporre che il profumo fosse trasmesso al vaso dopo la cottura, ad esempio strofinandone la superficie con erbe aromatiche. Ancora oggi in alcuni paesi africani, ad esempio in Etiopia, vige la tradizione di estrarre dalla fornace il vasellame ancora tiepido e strofinarlo lungamente con foglie di eucalipto che ne anneriscono la superficie rendendola lucente. Poiché i manufatti sono cotti a bassa temperatura, essi sono molto porosi, per cui è facile che si impregnino dell'essenza dell'eucalipto, acquisendone il profumo che permane per qualche tempo. Ammettendo che un simile procedimento fosse seguito ai tempi di Ateneo, quest'ultima ipotesi sembrerebbe la meno improbabile tra quelle sin qui formulate. Essa resta però allo stato di pura ipotesi poichè, non conoscendo le caratteristiche dei vasi cui allude Ateneo, non è possibile verificare sperimentalmente l'attendibilità delle sue affermazioni.

.5 *NONIUS MARCELLUS, De conpendiosa doctrina libri XX*

Bibliotheca Teubneriana, W.M. Lindsay, 3 voll. Leipzig 1903.

Scarse e incerte sono le notizie sulla vita del grammatico latino Nonio Marcello, forse nato in Numidia e vissuto tra il III e il V secolo d.C. Delle sue opere è pervenuto sino a noi il trattato dal titolo *Nonii Marcelli Peripatetici Tuburticensis de Conpendiosa Doctrina per litteras ad Filium* diviso in 20 libri, alcuni incompleti. I primi dodici costituiscono dei trattati indipendenti, non legati tra loro, riguardanti ognuno un diverso argomento.

Il I libro (*De proprietate sermonum*) elenca parole fuori uso; il II (*De honestis et nove veterum dictis per litteras*) parole usate dai primitivi scrittori latini con un senso differente da quello riconosciuto nell'età di Nonio; il III (*De indiscretis generibus per litteras*) parole di genere variabile; il IV (*De varia significatione sermonum per litteras*) parole che possono avere differenti interpretazioni; il V (*De differentia similium significationum*) sinonimi; il VI (*De inpropriis*) parole aventi senso figurato; il VII (*De contrariis generibus verborum*) verbi usati in modo transitivo e intransitivo; l'VIII (*De mutata declinatione*) nomi che variano in forma e in declinazione; il IX (*De numeris et casibus*) citazioni esemplificative della declinazione dei casi; il X (*De mutatis coniugationibus*) verbi e differenti coniugazioni; l'XI (*De indiscretis adverbiis*) avverbi; il XII (*De doctorum indagine*) una mescolanza di argomenti eterogenei.

I libri XIII-XX hanno lunghezza inferiore ai precedenti, e contengono ognuno una serie di termini riguardanti uno specifico argomento, accompagnati da citazioni di opere letterarie. I titoli sono i seguenti: XIII (*De genere navigiorum*); XIV (*De genere vestimentorum*); XV (*De genere vasorum vel poculorum*); XVI (*De genere calciamentorum*); XVII (*De coloribus*); XVIII (*De genere ciborum vel potiorum*); XIX (*De genere armorum*); XX (*De propinquitatum vocabulis*).

Per gli scopi che si prefigge il presente lavoro, soltanto il libro XV offre materia di interesse in quanto sono in esso elencati, seppure in disordine, i nomi di 35 vasi nonchè brani letterari che contengono dei riferimenti ai vasi stessi. Riportiamo qui di seguito il nome dei vasi e le scarse notizie fornite da Nonio, tralasciando le citazioni letterarie.

— *Aula vel olla, quam nos ollam dicimus, et est capacissimum vas.*

— *Matella, aquarium vas.*

— *Mortarium, in quo teruntur quae solvenda sunt.*

— *Pelvis, sinus aquarius in quo varia pelluuntur: unde ei nomen est.*

— *Fidelia, Samium vas ad usus plurimos.*

— *Patella.*

— *Cupas et tinas... id est oris longi cum operculo...*

— *Urnula est vas aquarium.*

— *Cadi, vasa quibus vina conduntur.*

— *Urnarium.*

— *Polybrum, quod... nos trullium vocamus.*

— *Simpuium.*

— *Lines, vasi genus.*

— *Obba, poculi genus vel ligneum vel ex sparto.*

— *Cantharus.*

— *Dolia, vasa grandia quibus vinum reconditur.*

— *Alabaster.*

— *Scyphus.*

— *Batiola.*

— *Calices.*

— *Cymbia.*

— *Crateres, vasa vini... vasa olearia.*

— *Orcae.*

— *Nassiterna, vas aquale.*

— *Catinus.*

— *Calamistrum, fistula brevis, qua cirri concinnantur.*

— *Carchesia, genera poculorum.*

— *Hirnea, vasa vinarium.*

— Mixtarium, quo miscemus.

— Calpar nomine antiquo dolium.

— Trulleum, quo manus perluuntur.

— Armillum, urceoli genus vinarii.

— Sinum et galeola, vasa sinuosa.

— Lepistae.

— Creterra est quam nunc situla vocant.

Le scarse, talora inesistenti, descrizioni fornite da Nonio rendono molto arduo identificare i vasi e trovare una corrispondenza tra nome e forma. Alcuni termini ci sono pressoché sconosciuti; i pochi nomi che indicano forme note aggiungono ben poco alle nostre conoscenze sotto il profilo tecnico.

6 *ISIDORUS HISPALENSIS, Etymologiarum sive Originum libri XX*

— Patrologia Latina, J.P. Migne, Paris 1878, t. 82, coll. 74-728
— Bibliotheca Oxoniensis, W.M. Lindsay, Oxford 1911

Nato da nobile famiglia spagnola nel VII sec. d.C., Isidoro è ricordato come illustre vescovo di Siviglia e uomo tra i più dotti della sua epoca, nonchè come abile prelato che diede il contributo della sua fede ai lavori dei Concili della Chiesa che si tennero in quel tempo. Le sue numerose opere letterarie rappresentano un'eccezione nell'epoca oscura in cui furono scritte, in quanto in esse l'autore spazia in ogni branca del sapere, seppure a livello superficiale, attingendo a piene mani ad autori greci e latini. Uno degli aspetti più importanti delle opere di Isidoro consiste appunto nel riportare informazioni tratte da fonti ormai perdute, per quanto rimanga il dubbio se l'autore si sia avvalso degli scritti originali oppure di riassunti compilati da amanuensi nella tarda romanità.

Tralasciando le altre opere a carattere storico e religioso, il testo che interessa ai fini della presente trattazione è quello denominato *Etymologiarum sive Originum libri XX*, un'enciclopedia di arti e scienze che ha influenzato il mondo culturale dei secoli successivi. Nel generale scadimento culturale dell'epoca, l'enciclopedia ebbe larga popolarità e permise di mantenere un legame, seppure tenue, con i classici greci e latini durante i secoli del Medioevo.

Concepita senza alcun ordine sistematico, l'opera è ripartita in venti libri, suddivisi in capitoli. Ognuno di questi indica nel titolo un argomento senza però trattarlo a fondo e limitandosi a una elencazione di termini più o meno pertinenti, con spiegazioni talvolta accompagnate da citazioni letterarie.

Il I libro (*De grammatica*) tratta la grammatica e la storia; il II (*De rhetorica et dialectica*) la retorica e la dialettica; il III (*De quatuor disciplinis mathematicis*) le quattro discipline matematiche, ossia l'aritmetica, la geometria, la musica e l'astronomia; il IV

(*De medicina*) la medicina; il V (*De legibus et temporibus*) la giurisprudenza e le misurazioni del tempo, con una digressione di tipo storico che va dalla creazione del mondo al regno di Heraclius; il VI (*De libris et officiis ecclesiasticis*) le Sacre Scritture e i libri in generale; il VII (*De deo, angelis et fidelium ordinibus*) Dio, gli angeli e i differenti ordini dei fedeli; l'VIII (*De ecclesia et sectis diversis*) gli ebrei, la chiesa cristiana, le eresie e le magie dei pagani; il IX (*De linguis, gentibus, regnis, militia, civibus*) i linguaggi, i nomi delle genti, i titoli dei magistrati e delle autorità militari; il X (*Vocum certarum alphabetum*) alcuni argomenti etimologici e la derivazione di numerosi vocaboli; l'XI (*De homine et portentis*) l'uomo e i portenti; il XII (*De animalibus*) gli animali domestici e selvatici, il XIII (*De mundo et partibus*) il mondo e le sue parti; il XIV (*De terra et partibus*) la geografia e la matematica, nonché i fenomeni atmosferici; il XV (*De aedificiis et agris*) gli stati e i regni, gli edifici pubblici e privati; il XVI (*De lapidibus et metallis*) la composizione del suolo, la mineralogia, i pesi e le misure; il XVII (*De rebus rusticis*) l'agricoltura; il XVIII (*De bello et ludis*) le guerre, i giochi e gli sport; il XIX (*De navibus, aedificis et vestibus*) le navi, l'architettura, il vestiario e i tessuti; il XX (*De penu et instrumentis domesticis et rusticis*) il cibo, gli utensili domestici, i trasporti e gli arnesi rustici.

La nostra attenzione è attirata dal capitolo 1° del libro XVI e da alcuni capitoli del libro XX che contengono notizie sui manufatti ceramici, in buona parte ripresi da Plinio e da altri scrittori.

Nel libro XVI il capitolo 1° (*De pulveribus et glebis terrae*) fornisce alcune notizie su materiali quali:

— *argilla ab Argis vocata, apud quos primum ex ea vasa confecta sunt*;

— *creta ab insula Creta ubi melior est*;

— *creta cimolia candida est, a Cimoea Italiae insula dicta, quarum altera vestimentorum pretiosos colores emollit, et constristatos sulphure quodam nitore exhilarat, altera gemmis nitorem praestat*;

— *creta argentaria et ipsa candida appellata, eo quod nitorem argento reddat*;

— *terra Samia a Samo insula dicta, candida, et levis, et linguae glutinosa, medicamentis et vasculis necessaria*;

— *pulvis Puteolanus in Puteolanis Italiae colligitur collibus, opponiturque ad sustinenda maria, fluctusque frangendos*.

Nel libro XX, il capitolo 4° (*De vasis escariis*) contiene alcuni commenti sul materiale ceramico quale *fictilia, testa, Aretina vasa, Samia vasa* etc.; il cap. 5° (*De vasis potoriis*) su manufatti quali *phyalae, paterae, cratera, cyathi, amystis, baccea, calices, ampulla*; il cap. 6° (*De vasis vina-*

riis et aquariis) cita: *lagena, hydria, situla*, etc.; il cap. 7° (*De vasis olea-riis*): *hemicadium, scortea, alabastrum, pyxides, lenticula*; il cap. 8° (*De vasis coquinariis*): *olla, patella, cacabus, cucuma, lebetes, sartago*, etc.; il cap. 10° (*De vasis luminariorum*) le lucerne.

Nell'enciclopedia sono fornite brevi descrizioni dei manufatti, tal-volta corredate con citazioni tratte da altri noti autori, senza però appro-fondirle nè tantomeno interessarsi alle tecniche di lavorazione che hanno reso possibile la produzione dei manufatti stessi. Nei pochi casi in cui Isi-doro accenna alle materie prime, egli sembra interessato soltanto alle ca-ratteristiche esteriori, sorvolando sulle differenze sostanziali. La voce *ar-gilla* riporta che il nome deriva da Argis, dove sarebbero stati modellati i primi vasi, mentre la voce *creta* riporta che il nome viene dall'isola di Cre-ta, dove si trova la migliore qualità (XVI, 1,6). Altrove i termini *terra* e *creta* sono usati indifferentemente, come se avessero significato equiva-lente (*fictilia dicta quod fiant, et fingantur ex terra. ... fictilia vasa in Sa-mo insula prius inventa traduntur, facta ex creta* (XX,4,2-3).

La rassegna qui fatta delle opere di Polluce, Ateneo, Nonio Marcello e Isidoro è sufficiente a metterne in evidenza il carattere prevalentemente letterario. Nel complesso si tratta di miscellanee composte da differenti argomenti accostati senza uno schema logico né spirito critico. Tuttavia, esse sono una buona fonte di notizie sul livello delle conoscenze dell'epo-ca, e potrebbero fornire lo spunto per ricerche di tipo lessicale che segua-no l'evoluzione dei termini ceramici e rintraccino il significato di parole oggi prive di riferimenti sicuri, verificando i possibili accostamenti con le forme dei reperti restituiti alla luce dagli scavi archeologici. Tali ricerche potrebbero portare a un recupero di terminologia, e ridare altresì a taluni manufatti il loro contesto storico.

App.2 FONTI LETTERARIE NEL MEDIOEVO

Si è tenuto opportuno estendere il commento delle fonti letterarie sino all'età medievale e rinascimentale allo scopo di ampliare il numero, invero esiguo, delle fonti di epoca classica e tardo-antica, e anche al fine di evitare una cesura temporale in un campo come quello ceramico che per sua stessa natura è contraddistinto dalla continuità di applicazioni attraverso i secoli.

Nei trattati medievali il riallacciarsi al mondo antico è reso evidente dall'uso di termini tecnici derivati da Plinio, Vitruvio e altri autori classici. Sebbene col passare del tempo alcuni termini mutino valore e l'ignoranza degli scrivani amanuensi contribuisca a creare confusioni lessicali, non sempre oggi risolvibili, resta tuttavia il legame ideale con il mondo antico.

Denominati anche enciclopedie, i trattati si presentano solitamente sotto forma di "ricettari", ossia di insieme di istruzioni che indicano la composizione delle materie prime e i metodi di lavorazione. Non si tratta di trattazioni organiche nè tanto meno di esposizioni basate su rigorosi criteri metodologici, affiorando in esse reminescenze delle antiche filosofie mescolate a strane credenze. Fa da substrato l'alchimia, con le sue ingarbugliate teorie sull'origine e sulla composizione dei metalli, nonchè sulle trasformazioni che l'alchimista presume di ottenere con metodi oscuri e talvolta bizzarri.

Si notano, però, le prime avvisaglie dell'abbandono della speculazione teorica, tanto cara al mondo classico, in favore dell'osservazione diretta, e un passaggio dal linguaggio aulico, tipico degli scrittori antichi, al gergo di bottega, tipico degli artigiani. Innovazione fondamentale è rappresentata dal fatto che gli autori dei trattati medievali non sono più, e soltanto, raccoglitori di notizie, ma sono uomini del mestiere, oppure che hanno avuto la possibilità di osservare dal vivo le diverse tecniche di lavorazione e sono quindi in grado di descriverle con competenza. Affiora in essi uno spirito di osservazione più acuto di quello degli autori classici e che prelude ai tempi del Rinascimento. Nel complesso, i trattati medievali hanno non soltanto conservato numerosi resti del naufragio del mondo antico, ma hanno anche tramandato sino a noi importanti documenti di arti e mestieri, permettendoci di seguirne l'evoluzione.

In questi trattati, all'arte del vasaio è dedicato scarso spazio. Poiché la trascrizione dei testi era fatta a mano, quindi lunga e costosa, gli scrivani amanuensi preferivano riservare il loro tempo alla copiatura di trattati di interesse generale, per cui le poche notizie sulla ceramica sono inglobate entro testi a carattere eciclopedico. Queste stesse enciclopedie costituiscono però una fonte molto ricca di notizie specialmente sulle tecniche di lavorazione del vetro, tecniche che proprio nel Medioevo il vasaio fa sue per apportare alla ceramica quel miglioramento essenziale sotto l'aspetto sia funzionale sia estetico che è rappresentato dal rivestimento vetroso. L'interesse dei didascalici medievali verso l'arte vetraria e la preparazione delle leghe metalliche, in particolare delle leghe piombifere, è talmente vivo che ogni trattato contiene ''ricette'' su metalli, vetri e sostanze coloranti. La continua sperimentazione e la vasta pratica di mestiere che ne è logica conseguenza sono alla base del rivolgimento tecnico che a partire dall'età medievale coinvolge anche la ceramica: l'invetriatura acquista importanza preponderante per i manufatti ceramici, rendendoli impermeabili, migliorandone la funzione di contenitori di liquidi e creando superfici così splendenti da accontentare i re, come scrive Eraclio: ... *nitentia tandem regibus apta satis ex furno vascula tollet* (App.2.2).

La superficie invetriata in brillante monocromia costituisce già di per sè stessa un miglioramento dal punto di vista estetico: grazie all'aggiunta di ossidi di rame essa acquista cangianti tonalità dal verde al blu; con ossidi di ferro spazia in una vasta gamma di tinte dal giallo al bruno e con ossidi di manganese nei bruni più o meno scuri. Inoltre la superficie invetriata può essere decorata a graffito oppure con macchie di colori differenti, offrendo al vasaio nuove occasioni per creare motivi ornamentali. La profonda conoscenza dell'arte vetraria acquisita dagli artigiani medievali costituisce la necessaria premessa per comprendere l'evoluzione del rivestimento del manufatto ceramico e per rendersi conto di come si arrivi in epoca rinascimentale ad un ulteriore miglioramento qualitativo con il passaggio dall'invetriatura piombifera, tipica del Medioevo, all'invetriatura stannifera, tipica del Rinascimento. Grazie alle sue caratteristiche di bianco nitore, lo smalto coprirà la superficie del manufatto ceramico, rendendola simile a una tela da dipingere e permettendo al pittore di adornarla con disegni e raffigurazioni policrome.

Nel mentre rimandiamo alla prima parte della presente trattazione per quanto riguarda l'aspetto tecnico dei rivestimenti vetrosi (I.4.2.), indichiamo qui di seguito alcune delle opere didascaliche medievali di maggior spicco agli effetti che qui interessano.

App.2.1 (Autore ignoto), *Compositiones ad tingenda musiva, pelles et alia, ad deaurandum ferrum, ad mineralia, ad chrysographiam, ad glutina quaedam conficienda, aliaque artium documenta, ante annos nongentos scripta.*

in: L. A. MURATORI, Antiquitates Italicae Medii Aevi, Milano 1739, tomus II, Dissertatio XXIV, pp. 365-388.
(Bibliografia aggiuntiva: A. PELLIZZARI, I trattati attorno le arti figurative, Napoli 1915, pp. 459-502; G. BALLARDINI, L'eredità ceramistica dell'antico mondo romano, Roma 1964, pp. 217-219)

Denominato comunemente "Codice di Lucca" per il fatto di essere conservato nella Biblioteca Capitolare di Lucca, il manoscritto è di autore ignoto e si ritiene risalga all'VIII sec. d.C. Scritto in latino decadente, che spesso non rispetta le regole grammaticali, è giunto sino a noi incompleto, mancando della prima parte, e in condizioni non perfette essendo alcune righe poco chiare e talvolta illeggibili.

Il testo riguarda vetri, pelli, dorature, minerali, e i relativi sistemi di lavorazione, e contiene numerose ricette sulla preparazione del vetro nonché sui procedimenti di lavorazione e di tintura delle tessere vitree da mosaico. La *decoctio vetri* è ottenuta mescolando una sabbia particolare a opportuni fondenti e facendo fondere il tutto in una fornace da vetraio (*Arena est quae nascitur in diversis locis, nascitur autem in partibus Italiae in montibus...* p. 367). Tra i materiali coloranti adoperati per tingere il vetro da utilizzare per i mosaici sono ricordati la limatura di rame (*Tinctio vitri prasini. Tere vitrum bene, limas heramen mundum...* p. 369), il cinabro (*Tictio sanguinea in libr. mittes cinnabarim...* p. 370), l'orpimento (*Auripimentum metallum est terre...* p. 372) [sic].

Per imbianchire il vetro e dargli una colorazione lattea, si prescrive di aggiungere a una libbra di vetro tre once di stagno, e di cuocere la miscela per due giorni. La quantità di stagno si aggira sul 25% del peso totale, una percentuale elevata e tale da permettere di ottenere uno smalto bianco e setoso, simile al rivestimento stannifero che in epoca rinascimentale diventerà la caratteristica essenziale del vasellame ceramico (*De alia lactis colore*, p. 370).

Anche la lavorazione del piombo riceve approfondita attenzione: nella parte iniziale del manoscritto quattro ricette una di seguito all'altra trattano la *decoctio plumbi*, descrivendo la preparazione e la fusione del metallo (pp. 366-367), mentre verso la fine del testo si susseguono due ricette che riguardano il litargirio (*De littargirium, De alia compositione litargii*, p. 384).

Tra le ricette che riguardano le colle, una indica la lega di stagno e di rame da utilizzare per le saldature (*Stagni gluten. Stagni partes duas, et plumbi unam*, p. 382).

Sotto l'aspetto tecnico-operativo ricordiamo che l'ignoto autore del manoscritto distingue le fornaci in vari tipi: le fornaci da vetraio (*fornace vitriari*, p. 365) quelle per il ferro (*fornace ferri*, p. 367), e quelle per la ceramica (*fornace figuli*, p. 383). Per le fornaci da vetraio egli fornisce anche una descrizione delle principali caratteristiche strutturali e relative dimensioni ... *Et ipsa fornace debet fieri pedes duos alta a terra; ponatur tegula pertusa super murum de uno latere, tres pertusa, de alio tres, in medio unum, alia tegula ponatur super semisse unum altum a terra*, (p. 373). Vengono pure fatte delle distinzioni tra i vari tipi di legname: ... *ex carbonibus pini aut de habetem*, (p. 367); ... *tolle lignum cerrinum*, (p. 370); ... *ex ligno cedrino coquitur*, (p. 372); ... *lignorum vero pinus, salsepinus, giniperum, ciparissus, cinere autem, glande et ficus*, (p. 372). Una ricetta riguarda le regole per la buona conduzione del fuoco (*De extinguendum ignis*, p. 378).

.2 *ERACLIUS, De coloribus et artibus Romanorum III libri*

in: M.P. MERRIFIELD, Original Treatises dating from the XII-XVIII centuries on the Arts of Painting, London 1849, vol. I, pp. 182-257
(Bibliografia aggiuntiva: A. PELLIZZARI, op. cit. pp. 503-515; G. BALLARDINI, op. cit. pp. 220-224)

Nulla si conosce della biografia di Eraclio, e contrastanti sono le ipotesi affacciate sulla sua vita. Alcuni studiosi lo ritengono originario del ducato di Benevento, altri un latino di Roma, vissuto probabilmente tra l'VIII e il X sec. d.C. Il suo nome è riportato nel titolo apposto all'inizio del trattato: "*Incipit primus et metricus liber Eraclii, sapientissimi viri. De coloribus et artibus Romanorum*".

Il trattato consiste in tre libri, i primi due in versi, il terzo in prosa. Secondo l'opinione degli studiosi, soltanto i primi due sarebbero opera di Eraclio, mentre il terzo sarebbe un'aggiunta di epoca posteriore, forse ad opera di un francese vissuto nel XII o XIII secolo.

I primi due libri comprendono 21 capoletti o ricette che nel proemio l'autore chiama "fiori" e dedica a un non ben definito "fratello" affinchè ne faccia l'uso che ritiene migliore. Nel proemio l'autore sottolinea che tutto quanto ha scritto è frutto della sua personale esperienza, e che le ricette sono state oggetto di sperimentazione pratica. In esse, numerosi sono i riferimenti all'arte dei Romani.

Il terzo libro, in prosa, contiene 58 prescrizioni, e differisce notevolmente nello stile dai due precedenti: mancano i riferimenti all'arte romana mentre si notano dei termini di probabile origine francese, ad esempio *Galienum* (... *vitrum rubeum quem Galienum vocamus*, III,7). Queste ed altre osservazioni giustificano l'ipotesi che il manoscritto sia opera di due autori distinti, vissuti in epoche differenti.

Il testo riguarda l'arte del miniare e della pittura, la doratura, le gemme e i vetri, con numerosi riferimenti all'arte del vasaio.

Alcune ricette descrivono la composizione del rivestimento vetroso da applicare al vasellame; col *vitrum romanum*, accuratamente macinato e mescolato ad acqua gommosa, si ottiene un'invetriatura tanto brillante da essere degna dei re (I,3). È lo stesso tipo di vetro che nel III libro è chiamato *plumbeum vitrum, Judeum scilicet* (III,49), il che dimostra le variazioni avvenute nella terminologia nel volgere di pochi secoli.

Notiamo che l'argilla viene chiamata talvolta *terra (terra figulorum*, III,3) e talvolta *argilla* (III,7). Notiamo pure la conoscenza dell'uso della chamotte, ossia della terracotta macinata fine, quale degrassante inerte da aggiungere all'argilla per ottenere un impasto refrattario, molto resistente al fuoco (III,3). Un buon impasto refrattario era necessario se il vaso doveva essere estratto dalla fornace ancora caldo, come prescrive la ricetta 21 del libro II (... *pictam fornacibus injice testam, postquam lucentem dabit ipsi flamma colorem, accipe*). È probabile però che, per non incorrere in rotture, il vaso venisse estratto appena tiepido e che l'enfasi della frase sia di tipo letterario, ben sapendo l'autore che sotto il profilo tecnico le sue prescrizioni sarebbero state correttamente intese dai colleghi vasai.

Eraclio dedica molta attenzione alle sostanze coloranti, in particolare al verde, da ottenersi mediante l'impiego di ossidi di rame (II,18; II,21; III,1; III,3). Durante la cottura in fornace egli indica l'opportunità di collocare il vaso invetriato dentro un apposito contenitore onde evitare che il contatto diretto con fumo e cenere possa danneggiare l'involucro vetroso (I,3; III,3).

Per quanto riguarda il metodo seguito per applicare il rivestimento sul manufatto, Eraclio "secondo" (come viene chiamato convenzionalmente l'ignoto autore del terzo libro del manoscritto) prescrive che la superficie del vaso sia inumidita con acqua in cui siano stati cotti dei cereali, indi sia cosparsa con polvere di piombo calcinato (III,3). Questo metodo era seguito ancora nell'800 in Bretagna, usando come collante il fermento di birra anzichè la pappetta di cereali.

Nella descrizione della fornace da vasaio, costruita in pietra, vi è un accenno all'uso di argilla mischiata a sterco equino (... *argilla mixta de stercore jumentorum*, III,7) quale impasto adatto per foderare l'interno della fornace. È questa un'usanza continuata sino a nostri giorni nelle fornaci del Meridione: per proteggere dal fuoco le pareti interne della camera di combustione e della camera di cottura, il fornaciaio vi applica regolarmente un intonaco, a guisa di camicia, preparato con scarti di argilla e sterco animale. I residui di paglia che vengono così a trovarsi nell'impasto ne aumentano la possibilità di dilatazione e riducono il pericolo di fessurazioni.

.3 *THEOPHILUS, De diversis Artibus libri III.*

— R. HENDRIE, An Essay upon Various Arts by Theophilus called also Rugerus, London 1847.
— C.R. DODWELL, Theophilus, De Diversis Artibus, London 1961.
(Bibliografia aggiuntiva: G. BALLARDINI, op. cit., pp. 230-234).

Scarse e controverse le notizie su questo scrittore, che nel prologo del primo libro si dichiara: *Theophilus, humilis presbyter, servus servorum Dei, indignus nomine et professione monachi...* Alcuni studiosi ritengono tuttavia che il suo vero nome fosse *Rugerus* (come risulta da un manoscritto), e che *Theophilus* fosse il nome assunto nel prendere i voti religiosi. Controverse sono pure l'origine, forse greca o lombarda o, più probabilmente, germanica, e l'epoca della sua vita, forse la fine dell'XI-inizio XII, ossia circa un secolo dopo Eraclio "primo" e circa un secolo avanti Eraclio "secondo".

Dal trattato si può dedurre che Teofilo ha viaggiato, acquisendo conoscenze geografiche e politiche. Nei differenti paesi ha visitato attentamente molte botteghe, formandosi un'esperienza diretta nelle varie tecniche di lavorazione. Le arti manuali vengono da lui descritte con tale chiarezza e dovizia di particolari da preludere ai trattati rinascimentali.

L'opera, denominata anche *Diversarum artium schedula*, è nota attraverso diverse copie manoscritte, alcune delle quali ritrovate in località della Germania, il che potrebbe convalidare l'ipotesi dell'origine tedesca dello scrittore. È in prosa ed è divisa in tre libri: il primo tratta dei colori, il secondo dei vetri e il terzo dei metalli.

Nel primo libro, dopo un lungo prologo in cui si dichiara pronto a spartire con gli altri la sua conoscenza e la sua esperienza, Teofilo riporta 40 prescrizioni riguardanti le sostanze coloranti, l'arte del miniare e le numerose regole che governano la composizione dei colori per ottenere le più sapienti sfumature. Importante è il riferimento alla pratica di dipingere con colori ad olio, pratica che in base alle affermazioni del Vasari si riteneva invece fosse stata introdotta all'inizio del '400, per merito dei fratelli Van Eyck.

Il secondo libro verte sull'arte vetraria, di cui fornisce una serie di informazioni che attestano il livello tecnico raggiunto nell'epoca dall'arte medesima. I primi tre capitoli descrivono i differenti tipi di fornaci necessarie per la lavorazione del vetro. Costruita con pietre e argilla, la prima fornace presenta nel suo interno un ripiano ove, entro apposive cavità, vengono collocati a diretto contatto col fuoco i recipienti contenenti le sostanze da fondere. La seconda fornace serve per raffreddare il vetro, e la terza per appiattirlo in lastre. Le sostanze componenti il vetro sono ceneri vegetali e sabbia, nella proporzione di due a uno, da cuocere per due notti e un giorno circa, sino alla completa fusione. Segue la descrizione dei procedimenti per produrre le lastre di vetro, sia lucido sia opaco, per le vetrate delle cattedrali, per le tessere da mosaico e per altri usi.

Il terzo libro è dedicato alla metallurgia e contiene copiose notizie su varie tecniche, tra le quali il niello, lo smalto applicato sull'oro e la fusione delle campane.

Scarsi sono i riferimenti alla ceramica. Nel cap. 16 del II libro Teofilo descrive la preparazione della miscela usata per decorare i manufatti ceramici (*vasa fictilia*), miscela formata da un pigmento colorato e da vetro dello stesso colore, ambedue finemente macinati e poi stemperati in acqua. Con questa miscela il pittore decora la superficie dei vasi, da cuocere successivamente nella fornace, con ciclo termico condotto prevalentemente in atmosfera ossidante (nella presente trattazione vedere I.6.1-I.6.4).

Teofilo, come Eraclio, menziona l'uso dell'argilla mescolata a sterco equino, nelle proporzioni di tre parti di argilla contro una di sterco, cui va aggiunta della paglia, per preparare l'impasto da utilizzare per la costruzione della fornace (*Deinde macerabis argillam fortiter cum aqua et fimo equi, ita ut tres partes sint argilla et quarta fimus. Qua optime macerata, miscebis ei foenum siccum*, II,22). (*... accipe argillam maceratam et fimo equi mixtam, et compone fornacem et larem eius*, III.3). (*... super ipsos ferros ponatur argilla fortiter macerata et fimo equi commixta*, III,64). Simile impasto veniva utilizzato anche per ricoprire i vasi di terracotta entro i quali si fondeva il piombo (*... ponas testam ollae magnam, quam linies interius et exterius argilla cum fimo macerata, ut firmior sit*, II,25).

Rileviamo che Teofilo usa indifferentemente i termini *argilla* e *terra*, sia pure facendo una distinzione tra argilla bianca e argilla grigia (*Deinde accipe terram, ex qua fiunt ollae, cuius genera sunt duo, unum album aliud grisium; ex quibus album ualet ad colorandum aurum, aliud uero ad haec uasa componenda*, III,65). È probabile che venisse chiamata ''bianca'' un'argilla di tipo caolinico, refrattaria, molto resistente al calore (nella presente trattazione vedere I.1.3), adatta quindi per la modellazione dei crogioli (*Accipe argillam albam et tere eam minutissime, acceptisque uasis ueteribus, in quibus aurum uel argentum prius infusum fuit, comminue singulariter. Quae si non habeas, accipe partes albae ollae, et mitte eas in carbones donec candescant, et si non resiliunt, sine refrigerari et tere singulariter. Deinde pone duas partes argillae tritae et tertiam coctae testae, et commiscens cum aqua tepida macera fortiter, et inde compone uascula maiora et minora, in quibus liquefacias aurum et argentum*, III,22).

2.4 Riportiamo i titoli di alcuni altri trattati che, sebbene riguardino essenzialmente l'arte vetraria e l'arte pittorica, contengono anche dei riferimenti all'arte del vasaio.

— *PETRUS DE S. AUDEMAR, De coloribus faciendis* (attribuito al XIII-XVI sec.) in: M.P. MERRIFIELD, Original Treatises dating from the XII-XVIII centuries on the Arts of Painting, London 1849, vol. I, pp. 116-165.

— *JOHANNES ARCHERIUS, De coloribus diversis modis tractatur* (XIV secolo) in: M.P. MERRIFIELD, op. cit., pp. 258-291

— (Autore ignoto), *De arte illuminandi* (attribuito al XIV secolo) in: I. GUARESCHI, Sui colori degli antichi, Torino 1905, pp. 60-84

App.3 FONTI LETTERARIE NEL RINASCIMENTO

Per completare l'arco del cammino idealmente tracciato nella presente trattazione, il commento sulle fonti letterarie riguardanti la ceramica si conclude nel Rinascimento. Ciò anche allo scopo di offrire allo studente la possibilità di rendersi conto dell'evoluzione che si è verificata lungo i secoli, a partire dal farraginoso ammasso di notizie disarticolate di Plinio sino alla chiara e lineare esposizione di Piccolpasso che anticipa la metodologia espositiva tipica dell'era moderna.

Mette conto accennare ai sistemi di lavorazione in uso nel Rinascimento anche per sottolineare l'importanza del rivestimento del manufatto ceramico: l'invetriatura è elemento di fondamentale importanza nella storia ceramica, e risale proprio al Rinascimento la posizione preminente che tuttora detiene. Appunto in quell'epoca la ceramica viene impreziosita con un involucro stannifero, ricco, setoso: lo smalto bianco latteo diventa una tela su cui il pittore può fissare motivi decorativi, paesaggi, figure. Grazie anche alle progredite tecniche islamiche di smaltatura, filtrate in Italia tramite i traffici commerciali con Majorca e attraverso i Musulmani di Sicilia, i metodi di lavorazione vengono affinati sino a raggiungere livelli di capacità tali da permettere la produzione di piccoli gioielli quali i piatti istoriati di Urbino, i lustri di Gubbio, i bianchi di Faenza.

La conoscenza delle caratteristiche del rivestimento è particolarmente importante per gli studenti che intendano dedicarsi all'archeologia orientale: Cina, Persia e tutto l'oriente in genere hanno una tradizione ceramica che risale all'economia stanziale, e l'eccellenza tecnica e artistica del vasellame prodotto in quei paesi è rimasta insuperata per secoli. L'arte di invetriare il manufatto ceramico, tecnica già conosciuta in oriente in tempi remoti, raggiunge livelli di eccellenza presso i Parti e presso i Cinesi dell'epoca Han, per limitarci a due esempi ben noti. A seconda della composizione, piombifera oppure alcalina o stannifera, e degli ossidi metallici usati quali agenti coloranti, nonchè a seconda dei sistemi di lavorazione e di cottura, l'invetriatura assume aspetti differenti, ma essa non è mai fine a sè stessa: essa è parte integrante della forma e della funzione del manufatto, in una indivisibile unità che il ceramista orientale per istinto e per dono naturale ha compreso meglio di ogni altro, arrivando all'acme della perfezione.

VANNOCCIO BIRINGUCCIO, De la Pirotechnia Libri X

I.a ediz. Venezia 1540 (copia anastatica: Il Polifilo ed., Milano 1977)

Nato a Siena, ove visse all'inizio del '500, Biringuccio sin da giovane lavorò in miniere di ferro e argento, e grazie all'appoggio dei signori di Siena ebbe occasione di viaggiare in Italia ed anche all'estero, in particolare in Germania, visitando miniere e studiando i metodi di estrazione dei metalli. Incaricato di sovrintendere alcune miniere toscane di ferro, egli introdusse notevoli miglioramenti tecnici nella fusione dei metalli, quale l'uso di una serie di mantici azionati da una sola grande ruota idraulica.

Messo al bando due volte da Siena per motivi politici, egli fu anche al servizio di Firenze con l'incarico di sovrintendente alla fabbricazione delle artiglierie. Rientrato a Siena fu nominato architetto e capomastro dell'opera del Duomo. A Roma, dove si era recato per invito della corte papale, morì improvvisamente nel 1537.

Non sappiamo con esattezza quando Biringuccio abbia scritto il trattato, probabilmente negli ultimi anni di vita, a coronamento della sua lunga esperienza nell'attività di estrazione dei minerali, di lavorazione dei metalli e di preparazione delle leghe metalliche. L'opera venne stampata postuma a Venezia nel 1540, seguita da altre tre edizioni nel volgere di pochi anni. Dopo la breve parentesi di successo, il trattato fu messo in disparte, oscurato dal *De Re Metallica* di Georgius Agricola apparso a neanche venti anni di distanza.

Scritto in italiano, il trattato è diviso in 10 libri, ognuno suddiviso in capitoli, intervallati da numerosi disegni esplicativi di ottimo livello. Dopo un proemio con regole generali sulla ricerca dei minerali e sugli attrezzi dei minatori, il I libro descrive le miniere dei principali metalli quali oro, argento, rame, piombo, stagno e ferro; il II alcuni minerali fusibili al calore (zolfo, antimonio, manganese, etc) e altri dissolvibili in acqua (salgemma, salnitro, etc.); il III la fusione dei metalli e i sistemi per separarli, per liquazione o coppellazione; il IV la separazione dell'oro e dell'argento, illustrando dettagliatamente la preparazione dell'acido nitrico, chiamato "acqua acuta"; il V le leghe di oro, argento, rame, piombo e stagno; il VI la fusione in bronzo di campane e di pezzi di artiglieria; il VII i forni a riverbero per la fusione dei metalli e i mantici azionati con energia idraulica; l'VIII la fusione di oggetti di "arte piccola"; il IX contiene capitoli dedicati all'alchimia e alle diverse specializzazioni del fabbro; il X tratta delle mine, degli esplosivi e delle miscele incendiarie da usare a scopi pirotecnici, "nel far allegreze publice nelle feste solenni". Il trattato termina con un capitoletto dedicato all'amore: "Del fuocho che consuma et non fa cenere et è potente più che altro fuocho del quale ne è fabro el gran figliol di Venere".

La Pirotechnia è un trattato a carattere prevalentemente minerario: i riferimenti alla ceramica non sono abbondanti, però meritevoli di attenzione.

Nel libro VIII, il cap. V (p. 121) descrive la preparazione delle forme di gesso. Per fare la matrice di un rilievo a tutto tondo, il vasaio cosparge il rilievo con olio oppure miele o altra sostanza antiadesiva, indi vi cola sopra il gesso, stemperato nell'opportuna quantità di acqua, in modo da ottenerne la madreforma. Quando il gesso ha fatto presa e si è indurito, il vasaio estrae delicatamente il rilievo, da riporre in quanto non più necessario, e rifinisce accuratamente la matrice, che verrà poi utilizzata per ottenere esatte riproduzioni del rilievo originale (nella presente trattazione vedere I.3.3). Scrive Biringuccio: "... Anchora, qua(n)do vi bisognasse fare la forma d'un tutto rilievo, con terra creta coprirete tutte quelle parti che tondeggiano et che il vostro giudizio vi dimostra che se la forma la bracciasse non l'havesse da lassare, et sol quella parte p(er) la prima che esce formate, et così andate a parte a parte facendo per fin che il circundiate tutto havendo sempre prima avanti che sopra buttiate el gesso onto d'olio o di grasso porcino o di mele el vostro maschio, et così ancho ognarete tutti quei pezzi che no(n) volete che insieme s'attacchino, et a ogni pezzo di forma farete li suoi rincontri et segni con alcune presette che gli susteghino per poterli alli loro luochi facilmente ritornare" (p. 121 verso).

Nel libro IX, il capitolo XIV è intitolato: "Discorso sopra a l'arte figulina con alcuni suoi secreti". Scrive l'autore: "... secondo el parere mio trovo tutta questa arte consistere in quatro cose. In buon iudicio universale. In disegno per potere fare li vasi belli et ben garbati, et dipoi ancho per poterli ornare di pittura. L'altra oltre al ben cocerli la prima et seconda volta sapere fare et darlo bene il vetro et con vari et appropriati colori dipegnarli. La quarta è il vedere d'haver terra buona sottile senza ghiarette o nocchi, che invero questa se ha da co(n)siderare come cosa prima" (p. 145).

L'argilla ("... che molti la chiamano terra creta e chi arzilla") deve essere ben lavorata, battuta e ripulita dalle impurezze, dopochè viene modellata sul tornio nella forma voluta. Dopo la modellazione: "... li vasi se li volete rozzi non accade altro si non seccarli et cuocerli. Ma se li volete dipegnere et farli belli, è di necessità darlo q(ua)n(do) sono secchi una coverta di color di terra bia(n)cha, et se fare li volete bia(n)chi se lo co(n)vien dare pri(m)a che del tutto si secchino" (p. 145 verso).

Sebbene il linguaggio dello scrittore non sia qui molto chiaro, la "terra bia(n)cha" dovrebbe corrispondere a un ingobbio, "el biancho che se lo da sopra p(e)r fare li vasi bia(n)chi" dovrebbe riferirsi allo smalto stannifero (p. 145 verso).

Per la cottura dei manufatti, Biringuccio descrive sia il tipo di fornace da usare sia le regole da seguire per un buon impilaggio degli oggetti all'interno della fornace stessa. Consiglia inoltre di caricare lentamente il combustibile onde evitare il rischio di rotture: "... a pocho a pocho si va cresce(n)do, no(n) però ta(n)to che (il fuoco) sia troppo pote(n)te, p(er)ché torcerebbe li vasi, overo gli farebbe colore, et le pri(m)e q(uat)tro hore se li da el fuocho ste(n)tato, et l'altre si van poi sempre augume(n)ta(n)do p(er) fin ch(e) vi pare d'haverlo co(n)dotto al suo termine i(n) color bia(n)cho, et ch(e) si vede li vetri e li colori scorsi, et allhora si lassa el fuocho, et dipoi fredi si cavano" (p. 145 verso).

Lo scrittore termina il capitolo constatando che i risultati della cottura dipendono anche dalla fortuna: "... par ancho che la fortuna havervi voglia p(ar)te. Delche ben spesso l'artifice si maraviglia sape(n)do d'havervi integrame(n)te usate le sua diligentie et vedervi la differe(n)tia. Il che da altro no(n) vi so dire che p(ro)ceda cha da l'influe(n)tie celesti che così op(er)ino ne vasi co(m)e nelli huomini" (p. 146).

Fig. 40 - Vannoccio Biringuccio, *De la Pirotechnia*, (libro IX)

App.3.2 *GEORGIUS AGRICOLA, De Re Metallica XII libri*

I.a ediz. Basilea 1556 (traduz. inglese con ampio corredo di note tecniche di H.C. Hoover-L.H. Hoover, London 1912; copia anastatica: Dover Publications Inc., New York 1950)

Il nome originale dello scrittore è Georg Bauer, latinizzato secondo la moda del tempo in Georgius Agricola. Nato in Sassonia nel 1494, Agricola frequentò l'Università di Lipsia, diventando professore di greco e di latino. Trascorse alcuni anni in Italia dove proseguì gli studi di filosofia, medicina e scienze naturali. Nominato medico condotto in un centro minerario della Bohemia, ebbe occasione di visitare le numerose miniere dell'area circostante, acquistando una profonda conoscenza dell'arte mineraria e apprendendo i metodi di lavorazione dalla viva voce dei minatori. Trasferitosi in Sassonia, dedicò l'ultima parte della sua vita alla pubblicazione di numerosi libri concernenti la geologia e la mineralogia. Amico di Erasmo da Rotterdam, Agricola non aderì alla riforma luterana, e soltanto grazie alla sua fama di uomo dotto e integerrimo poté rivestire in un Paese protestante importanti cariche pubbliche, pur rimanendo cattolico.

Tra le sue numerose opere, le più famose sono : *De Ortu et Causis, De Natura Fossilium* e *De Re Metallica*. In geologia egli enuncia nuove teorie circa l'origine dei depositi minerali, la circolazione delle acque sotterranee e la formazione di minerali per deposito da soluzione. In mineralogia egli propone una prima suddivisione sistematica dei minerali basata su elementi diagnostici quali durezza, colore, peso specifico, omogeneità, solubilità ed altre proprietà fisiche; riconosce numerosi nuovi minerali e li descrive con accuratezza, fondando le scienze naturali sull'osservazione diretta e rifiutando le speculazioni filosofiche in auge nei secoli precedenti.

Il *De Re Metallica*, la cui stesura lo aveva tenuto impegnato per circa venticinque anni, venne pubblicato postumo nel 1556, un anno dopo la morte dell'autore, ed è tuttora considerato uno dei testi fondamentali per la conoscenza della metallurgia.

Scritto in latino e corredato da una serie di splendide tavole esplicative, il trattato è diviso in 12 libri. Il I libro indica le argomentazioni che possono essere addotte a favore e contro la metallurgia, indicando numerosi esempi dei danni e dei vantaggi che derivano dall'uso dei metalli. Il II descrive i requisiti di un bravo minatore, ed inizia il discorso sulla ricerca dei filoni metalliferi. Il III amplia la descrizione dei filoni metalliferi, illustrandone i diversi tipi. Il IV indica come si possano acquistare diritti legali sulle aree metallifere e i doveri dei funzionari preposti alla conduzione delle miniere. Il VI descrive gli arnesi e le attrezzature necessarie al lavoro. Il VII tratta sia della tecnica di saggiare i minerali onde accertare la qualità di metallo presente, sia delle tecniche di arricchimento. L'VIII descrive l'estrazione dei minerali, dalla cernita alla raffinazione, nonchè l'ampia gamma di arnesi e apparecchiature occorrenti. Il IX tratta della fusione per ottenere metalli il più puri possibile, delle fornaci e dei mantici per migliorare il tiraggio. Il X spiega i metodi per separare i metalli preziosi, l'oro dall'argento, il piombo dall'oro e dall'argento. L'XI tratta della separazione dell'argento dal rame. Il XII tratta delle tecniche per preparare sale, soda, solfuri e altre sostanze.

Il trattato non è sempre di facile lettura in quanto, mancando in latino molti termini tecnici riguardanti la metallurgia, Agricola li ha coniati *ex novo*, senza una base stori-

Fig. 41 - Georgius Agricola, *De Re Metallica*, (libro VIII)

ca che ne giustifichi l'adozione. Servono ad agevolare l'interpretazione del testo le numerose illustrazioni, circa 300, che rappresentano uno specchio della vita di lavoro dell'epoca.

Per quanto attiene al campo ceramico, l'opera di Agricola è di grande interesse per la conoscenza dei metalli usati per la preparazione delle invetriature, quali piombo e stagno, e degli ossidi metallici usati come agenti coloranti, quali gli ossidi di ferro e di rame. Ad essi lo scrittore dedica ampio spazio, descrivendone le caratteristiche fisiche e i metodi di lavorazione.

Ricordiamo la descrizione della lavorazione del vetro nel libro XII ove l'autore prende in considerazione le materie prime, le fornaci per la fusione e le tecniche di lavorazione. Come materie prime indica la silice quarzifera e taluni alcali quali soda e ceneri di piante marine. A proposito delle fornaci, ne indica tre tipi: le prime due per la fusione e rifusione del vetro, la terza per il raffreddamento dei manufatti, essendo le prime due rotonde e a cupola, la terza rettangolare e munita di nicchie interne entro le quali venivano collocati i manufatti a raffreddare lentamente. Agricola descrive infine i metodi di lavorazione che aveva avuto occasione di seguire personalmente durante i due anni da lui trascorsi a Venezia.

App.3.3 *CIPRIANO PICCOLPASSO, Li tre libri dell'arte del vasaio.*

I.a ediz. Roma 1857 (ediz. it.: All'Insegna del Giglio ed., Firenze 1976).

Nato a Casteldurante nella prima metà del '500, Piccolpasso fece pratica di apprendistato nella bottega del fratello, vasaio, imparando i segreti del mestiere. Indi fu paggio di corte a Padova, appassionandosi all'alchimia e all'astrologia, ed ebbe occasione di compiere frequenti viaggi al servizio di alcuni grandi personaggi dell'epoca.

Nominato provveditore della fortezza Paolina a Perugia nel 1558, fu incaricato di curare i lavori di riparazione e di miglioria della fortezza stessa, e in qualità di architetto pontificio ebbe anche l'impegno di fortificare le città del litorale adriatico in previsione di scorrerie da parte dei Turchi, meritandosi la benevolenza della corte papale e la cittadinanza onoraria di Perugia.

Nel 1575 Piccolpasso cadde improvvisamente in disgrazia per un diverbio avuto con un giovane di nobile famiglia locale. Messo al bando e privato dei suoi incarichi, umiliato ed amareggiato egli si ritirò nella natia Casteldurante, dove morì dopo alcuni anni.

In quest'ultima fase della sua vita Piccolpasso riprese in mano il trattato dell'arte del vasaio che aveva scritto molti anni prima, in data tuttora incerta ma comunque prima del 1558, su commissione di un alto prelato appassionato dell'arte ceramica. Egli però morì prima di vederlo pubblicato: il manoscritto fu letto da molti studiosi nei secoli successivi, ma soltanto nel 1857 si ebbe a Roma la prima edizione a stampa, però incompleta, così da dovere essere integrata con un "supplemento" l'anno successivo.

L'opera ebbe vivo successo nei circoli intellettuali del tempo, tanto da interessare alcuni letterati inglesi che acquistarono il manoscritto e velocemente lo portarono a Londra. Da allora l'originale cinquecentesco è conservato presso il Victoria and Albert Museum, che nel 1934 ne ha curato la pubblicazione ufficiale. In Italia una nuova edizione è stata pubblicata nel 1976 (a questa edizione si richiamano i riferimenti fatti qui di seguito).

Scritto in italiano, il trattato è composto da tre libri, suddivisi in capitoli, preceduti da un prologo ove lo scrittore si difende dai "morsi dei detrattori" e dalle critiche malevole che prevede gli saranno mosse. Per controbatterle egli spiega le ragioni che lo hanno indotto alla stesura dell'opera: vuole mettere a disposizione di tutti "certe regolette" che di solito sono tenute rigorosamente segrete, e ciò in quanto "meglio è che molti sappiano il bene che pochi lo tengano ascosto" (p. 25). Il testo è intervallato da numerosi disegni che servono a chiarire concetti non completamente espressi nello scritto, e che ne costituiscono parte integrante.

Il primo libro è dedicato all'argilla e agli strumenti di lavorazione. Varia può essere la provenienza dell'argilla: raccolta sulle rive dei fiumi o scavata nelle cave di montagna, essa viene seccata al sole, più volte spezzata in zolle per essere ripulita da sassolini e radici vegetali, indi battuta con mazzuoli di ferro, messa in vasca a decantare per far depositare sul fondo le impurezze pesanti, e messa a rassodare sul terreno asciutto e pulito o addirittura "stesa" sui muri della case.

Piccolpasso usa il termine "terra" per designare l'argilla, differenziando "la terra da testi" (ossia per pignatte da cucina) da quella "da vasi", "che l'una (da vasi) è bianca e legiera, l'altra (da testi) è rossa e pesa" (p. 37). Al "modo di fare gli pigniatti" è dedicato un capitoletto nel terzo libro (p. 190).

Minuziosa è la descrizione del tornio: girella ("mugiuolo"), asse ("gamba") e volano ("rota") sono di legno, il volano ben pesante "a ffine che la rota pesi più perché nel lavorare va con più prestezza" (p. 59). Nel rimandare alla parte prima della presente trattazione per un approfondimento delle caratteristiche del tornio (I.3.2.) si nota qui come il sistema di sostegno all'asse sia simile a quello usato nel nostro Meridione sino a pochi decenni addietro: l'asse è mantenuto verticale "con un ferro che lo abraccia" (p. 64), e una striscia di cuoio o di cotica di maiale diminuisce l'attrito: "Gli è anco sapere che, d'intorno al ferro del mugiolo, si avolge un pezzo di chuoro onto, o vogliamo una cotica, acciò che, cogliendo detta tra quel ferro che gira e quel che tiene, il torno vadi più dolcemente" (p. 65).

A seconda del tipo di manufatto da modellare, sulla girella il vasaio pone una "scodella" ossia un disco rotondo di forma emisferica che facilita la foggiatura dei "lavori sutili" (p. 74), e usa stecche di differente forma per levigarne la superficie, così come usa differenti tipi di sgorbie per assottigliarne lo spessore. La stecca è impugnata con la mano sinistra per i "lavori sutili" e con la mano destra per "il lavoro chupo" (p. 82).

Alla preparazione delle forme in gesso Piccolpasso dedica poco spazio perchè: "... nella Pirotechnia del signor Vannuccio Beringuccio, nobile senese, al'VIII libro, dove tratta del formar diversi rilievi, si vede tutto quello che si può dire d'intorno al fare delle forme. Però chi appieno vol saperne, raccorra a gli studi di questo signore, che harà quanto dessidera" (p. 84).

Chiude il libro una descrizione delle rifiniture cui sottoporre il manufatto che comprendono anche l'attaccatura del piede e dei manici mediante "barbatina", ossia una densa sospensione argillosa, molto raffinata e morbida "la quale pare unguento" (p. 94).

Il secondo libro è dedicato ai rivestimenti e ai colori, nonchè a importanti attrezzature quali il fornetto a riverbero per la calcinazione del piombo e la fornace.

Inizia con la descrizione del modo di trattare e di bruciare la feccia, il sedimento del mosto, per ottenere il cremor tartaro (tartrato acido di potassio), sostanza prevalentemente alcalina. La feccia bruciata è aggiunta a sabbia quarzifera, in proporzioni variabili a seconda degli usi e che si aggirano intorno a 70% di quarzo e 30% di feccia, indi il tutto è sottoposto a fusione. Si ottiene così un silicato di potassio, fusibile a bassa temperatura, chiamato "marzacotto", che viene usato come fondente nella preparazione dei rivestimenti, siano essi piombiferi o stanniferi. Ad esempio, il "bianco comune" è ottenuto mescolando circa 70% di marzacotto e circa 30% di "stagno accordato" (composto da circa 20% di stagno e 80% di piombo), mentre il "bianco urbinate" è ottenuto aggiungendo circa 35% di marzacotto a 35% di sabbia e a 30% di "stagno accordato",

Fig. 42 - Cipriano Piccolpasso, *Li tre libri dell'arte del vasaio*, (libro II)

(pp. 141-142). Questi componenti sono poi sottoposti ad accurata macinazione.

Per ottenere rivestimenti colorati, l'autore indica l'uso di sostanze coloranti quali l'ossido di rame per il verde, gli ossidi di ferro e di antimonio per il giallo, e così via. Per l'ingobbiatura, indica l'uso della "terra bianca o ver terra visentina": "... et è di bisognio, per fare questi colori, havere una sorta di terra che vien da Vicenza; né gli so trovar altro nome che terra bianca o ver visentina. Questa si macina come si fa il bianco. Macinata, s'invetriano gli lavori da crudo, puoi si cuocano una volta, ma che non siano troppo cotti; habbino più tosto un poco del crudo; puoi se invetriano con il detto bianco, ma diasi sutile" (p. 149).

Le ricette sono completate dall'indicazione della composizione della "coperta", ossia del rivestimento cristallino da applicare sul manufatto dopo la decorazione, e che alla cottura si trasforma in un involucro vetroso, trasparente e brillante. Non è possibile in questa sede indicare e commentare le numerose ricette fornite da Piccolpasso; è importante però sottolineare che la conoscenza dei rivestimenti e dei relativi procedimenti di lavorazione è fondamentale per l'arte ceramica.

Nel secondo libro è anche contenuta la descrizione del fornetto a riverbero per calcinare il piombo e trasformarlo in ossido di piombo (litargirio) mediante la fusione in atmosfera ossidante; segue la descrizione del mulino per la macinazione degli smalti utilizzato per ottenere miscele dalla granulometria più fine ed omogenea possibile, e infine della fornace per la cottura dei manufatti (nella presente trattazione vedere I.4.4.; I.6.2.; I.6.3.).

Il terzo libro riguarda principalmente le tecniche di lavorazione, dalla macinazione a mano dei "coloretti" (p. 172) all'applicazione del rivestimento per immersione o per aspersione (p. 177), ai modi di dipingere (p. 183), alle precauzioni da usare nell'infornare i manufatti: ... "cominciasi a mettere le case da gli lavori sutili, avertendo sempre di spianarle bene e menare il fil ritto in muodo che non s'impedischi le saglite del fuoco e che gli vasi feniti non si tocchino l'uno l'altro, perché verebono attachati" (p. 194).

Chiude il libro una serie di disegni "trofei, rabesche, cerquate, grotesche" proposti al vasaio quali modelli per la decorazione e l'ornato del vasellame.

L'opera di Piccolpasso si impone per la chiarezza e novità, e costituisce il primo trattato sull'arte figulina, con accurate descrizioni delle materie prime e delle tecniche di lavorazione, corredate da ottimi disegni esplicativi. Essa contiene anche notizie storiche sui più famosi ceramisti dell'epoca e sulle località dove prosperava l'arte del vasaio, e non mancano alcuni richiami agli antichi scrittori quali Plinio e Dioscoride, ma è soprattutto sotto il profilo tecnico che l'opera si qualifica.

Sobrio nel linguaggio ("ho parlato nella materna mia (lingua) durantina", p. 25). Piccolpasso usa un gergo di bottega rimasto vivo tutt'oggi. Abile nel dipingere festoni, cartigli e mascheroni del genere istoriato ma anche nel dipingere arnesi ed attrezzature per meglio esprimere le tecniche di lavorazione, esperto nei metodi di lavoro e soprattutto nella composizione dei rivestimenti, egli ha lasciato un'opera che ancora oggi conserva il suo valore e che rappresenta un punto fermo nella storia dell'arte ceramica.

INDICE

Finito di stampare
nel mese di febbraio 1985
dalla Tipografia
Grafiche Mazzucchelli di Milano
per conto de
«L'ERMA» di BRETSCHNEIDER
Roma